^{현대} 한국교육사상사

^현_대 한국교육사상사

김 선 양 著

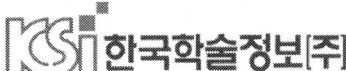
한국학술정보(주)

복 간 사

「현대 한국교육사상사」를 출간한지 금년으로 꼭 5년이 되었다.

한국인의 체취를 새삼 느끼는 기회가 되었으면 하는 뜻에서 복간하기로 하였다. 그동안 미진했던 부분을 교정·보완하였다. 뜻있는 독자들의 심성을 새롭게 경작할 수 있는 기회가 되었으면 하는 마음간절하다.

여러 가지로 출판사정이 어려운 상황에서 복간을 허락해 주신 한국학술정보(주) 채종준 대표이사님과 한국학술정보(주) 여러분께 충심으로 감사드린다.

2006. 3
一山 대화동에서
김 선 양

머 리 말

대학에서 교육학개론, 교육철학, 교육사상사, 비교교육학, 교사론 등을 40여 년간 강의를 하면서 오늘에 이르렀다. 특히 전공과목으로 교육사상사를 강의하면서 마땅한 교재를 찾아보기 어려웠던 그때의 아쉬움이 이 책을 쓰게 된 동기가 되었다.

교육사상사를 넓게 보면 서양교육사상사, 동양교육사상사, 한국교육사상사로 구분할 수 있는데, 시대별로 다루어도 보았고, 교육사조를 중심으로 강의한 때도 있었고, 고대에서 현대에 이르는 교육사상가를 중심으로 강의를 한 때도 있었다.

이러한 경험에서 보면 대부분의 학생들이 교육사, 교육철학 등의 강의를 듣고 교육사상사 강의를 접하기 때문에, 특히 현대에 초점을 두고 서양교육사상사와 한국교육사상사를 중심으로 엮어볼 생각을 하고 이번에는 현대 한국교육사상사를 먼저 펴내기로 하였다.

이 책에 실린 글들은 지금까지 학술지에 발표되었던 것들을 다시 한번 수정·보완하여 새롭게 편집하였다. 인물의 선정 기준은 민족의 사표가 되는 교육자로 하였고, 이를 연대순으로 정리하여 후학들에게, 그리고 한국교육의 올바른 혁신에 도움이 되었으면 하는 심정으로 세상에 내 놓았다.

인류가 농경사회에서 산업사회로 전환하는 데 국가마다 차이가 있겠으나 거의 1세기 이상의 시간이 걸렸다. 산업사회에서 지식정보사회로 전환하는 데는 20년 이내의 시간이 걸릴 것으로 미래학자들은 예측하고 있다. 그러나 산업사회에서는 물질, 자본, 노동, 원자재와 같은 하드웨어(hardware)가 그 사회를 지배하였으나 앞으로의 사회는 정보화, 지식화, 세계화가 그 사회를 이끌 것이다. 또한 미래사회는 하드웨어(hardware)나 소프트웨어(software)보다는 휴먼웨어(humanware)가 그 사회를 지배하는 인간화 시대가 펼쳐질 것이다.

　이러한 추세에 비추어 이 책은 민족의 지도자, 교육사상가, 선각자의 사상과 교육활동을 재조명하고, 양대 교육사상의 산맥을 이루고 있는 페스탈로찌(J.H. Pestalozzi)와 듀이(J. Dewey)의 교육사상이 한국교육에 미친 영향을 개괄하고 마지막으로 광복 후 한국 지식인의 주체의식을 다루어 보았다.

1999년 4월 인하대학교 연구실에서
저자

차   례

제1장 애국계몽운동과 근대교육활동

애국계몽운동은 빼앗긴 국권을 회복하기 위하여 우선 국민의 실력양성을 이루어 궁극적으로 이 배양된 실력에 의하여 국권을 회복하려는 운동이었다. 실제로 1905년 을사조약으로부터 1910년 한일합방 이전까지의 교육활동은 한국신교육사상사에 비추어 볼 때 민족교육의 방향을 그어 준 새로운 분수령이라 하겠다. 민중운동으로서의 애국계몽운동은 국권회복이라는 그 당시의 역사적 사명을 달성하려는 의지로 국민실력충실(國民實力充實)을 위한 힘의 양성에 전력을 기울였다. 애국계몽운동의 몇 가지 내용을 살펴보면 ① 신교육구국운동, ② 언론계몽운동, ③ 민족산업진흥운동, ④ 국채보상운동, ⑤ 신문화운동, ⑥ 국학운동, ⑦ 민족종교운동, ⑧ 해외독립군기지창건운동 등과 같은 것이었다.1) 애국계몽운동으로서의 신교육구국활동은 애국계몽단체들의 주도하에 민중들의 자발적 참여로 성립된 많은 사학(私學)을 들 수 있다.

따라서 다음에서는 애국계몽운동과 학교활동, 애국계몽운동과 단체활동, 애국계몽운동의 현대 교육적 의의를 살펴보고 한국교육의 현재와 미래의 과제에 시사점을 찾고자 한다.

---

1) 愼鏞廈, 「韓國近代史와 社會變動」, 서울: 文學과 知性社, 1984, p.80.

1. 애국계몽운동의 개념과 지적 자원

일반적 개념으로서의 애국계몽활동은 1905년 이전에도 있었고, 1910년 이후에도 있었다. 그러나 여기서는 한말애국계몽운동을 일반적 개념이 아니라 역사적 개념으로서 1905년 을사조약에 의하여 국권을 박탈당한 후 개화자강회(開化自强會)가 중심이 되어 완전한 국권회복을 목적으로 전개한 1905년에서 1910년 사이의 민력계발과 민족독립역량양성 운동을 총칭하는 개념이다. 일부 학자들은 애국계몽운동이 국권을 상실하고도 총을 들지 않은 소극적 운동이라는 점을 지적하여 경시하는 경향이 없지 않다. 당시는 국권회복운동이 장기적으로 들어갈 때 우리 국민의 실력양성운동의 태두는 하나의 객관적인 역사의 요청이 아닐 수 없었다. 그렇기 때문에 애국계몽운동이 전개한 부분은 정치, 경제, 교육, 사회, 문화, 언론, 종교, 문학, 예술, 학술, 군사 등 전 분야에 걸친 것이었다. 애국계몽이라는 용어를 처음 사용한 사람은 손진태(孫晋泰)로 다음과 같이 정의한다.

> 愛國啓蒙運動: 이렇게 武力으로써 反抗하는 運動이 일어나기는 했으나 그 힘은 처음부터 問題가 되지 않는 것이었다. 그래서 知識者간에는 教育의 必要를 痛切하게 느끼게 되었으니, 조국의 完全한 獨立은 國民이 전체적으로 覺醒하지 아니하면 안될 것을 알게 된 까닭이었다. 지금까지의 運動은 지식층만이 하여 온 것이요, 또 所謂 獨立이란 外國의 힘에 의해 얻은 것이며, 그 外國이 朝鮮을 獨立시킨 것은 朝鮮을 위해서가 아니라 一時方便으로 한 것이었으므로, 日本이 中國과 露西亞를 격파하고, 英國과 美國의 同意를 얻어 朝鮮을 恣意로 하게 된 마당에 그들이 朝鮮을 併吞하려고 한 것은 帝國主義

의 당연한 생각이었다. 이에 朝鮮의 지식층들은 「他力에 依賴
한 것이 亡國의 張本이었다. 우리 自力으로 獨立을 戰取하여
야 하겠다」는 自意가 일어나게 된 것이었다. 그래서 그들은
많은 私立 學校를 創設하고, 學會를 組織하고 宗敎團體(天道
敎, 耶蘇敎, 大倧敎 등)를 創設하여, 新學問을 敎授하고, 政治
思想을 선전하고, 民族精神을 鼓吹하여, 全 民族을 一團의 대
세력으로 하여 完全한 自主獨立을 戰取하고자 하였다. 그들은
모두 헌신적으로 노력하였다. 李容翊, 安昌浩, 兪吉濬, 孫秉熙,
李商在, 羅喆 등은 그 유명한 人士들이었으나 그들에게는 돈
이 없었다. 그리고 一方으로는 이 新文明 運動에 대하여 보수
적인 儒敎派들이 反對도 맹렬하였으니 그들의 事業은 理想대
로 되지 못하였다. 그러나 이러한 愛國的인 啓蒙運動이 지금
우리의 敎育과 宗敎의 基礎가 된 것은 歷史的인 大業이었으
며, 그때부터 겨우 敎育이란 것이 民衆에게 解放되기 비롯한
것이다.[2]

위에서 보듯이 애국계몽운동은 문화운동에 국한하여 신교
육운동과 민족종교운동을 중심으로 하고 의병활동을 경시하
고 있다. 당시의 개화자강파들은 민권사상 밑에서 국권을 확
장하기 위하여 민족의 실력을 신장하여 새로운 국민으로 만
들어 민력을 길러야 한다고 생각하였다. 당시 「대한매일신보」
는 국권회복의 지름길을 교육이라고 하였다.

　　……本記者所見에는 舊 敎育一事만 興旺하게 되면 綴旒한 國
　脈은 可以回泰할 것이오 墮地한 國運을 可以克復할지니 ……韓
　國人事는 將來에 奴隷와 牛馬를 免하고 自由獨立을 回復하고저
　하거든 急急히 學校를 設立하여 學校를 設立하여 보시오라고
　하며 교육을 강조하였다.[3]

―――――――――――――

2) 孫晋泰, 「國史大要」, 서울: 乙酉文化社, 1949, p.139 이하.

애국이란 말은 당시 애국계몽운동가들에 의하여 널리 쓰여
진 말이었다. 박성흠(朴聖欽)은 「西友」에서 다음과 같은 말을
하였다. "나라의 나라되고 나라되지 않음은 오직 국민의 애국
여하에 있을 뿐이니 나라를 사랑하지 않을 수 있겠는가"4)

한말 애국계몽가들은 전 국민을 신국민(新國民)으로 만들어
서 그들이 가지고 있는 민지(民智)를 계발하고 민력을 양성하
여 이것을 조직화해서 자강을 실현하여야 일본제국주의와 열
강의 침략에 대항할 수 있는 자기의 실력이 갖추어지고 경쟁
에서 승리가 가능하게 된다고 확신하였다.5)

이상에서 살펴본 것과 같이 애국계몽운동은 하나의 일반적
개념으로 파악되는 것보다는 하나의 역사적 개념으로 파악되
어야 할 것이고 특히 1905년에서 1910년에 이르는 기간에
국권회복을 목적으로 민력계발과 민족독립역량의 양성운동을
총칭하는 것으로 그 중에서도 애국계몽운동가들은 신교육과
신산업을 강조하였다.

이렇듯 애국계몽운동이 추진될 수 있었던 배경에는 당시
그토록 개화할 수 있었던 역사적 파(派) 내지 그에 대한 지적
(知的) 자원이 있었기 때문이다. 애국계몽운동의 지적 자원을
설명하기 위해서는 먼저 개화사상과 애국계몽사상과의 관계
를 구명할 필요가 있다. 개화(開化)라는 어원은 고개지(顧凱
之)의 「定命論」6)에서 찾을 수 있으나 한국사회에서 일반적으

---

3) 「大韓每日申報」, 1906년 1월 6일자 논설.
4) 朴聖欽, "愛國論" 「西友」 제1호, 1906년 12월, p.27. '國之國興不國 維在
   乎 國民之愛國 如何而己 國家以不愛乎'
5) 張志淵, "自强會 問答", 「大韓自强會月報」, 제2호, 1906, p.5.
6) 顧凱之, 「定命論」, '未建極開化 樹聲胎則 典防之興由來久矣'(洪一植, 韓
   國開化期의 文學思想研究, 서울: 悅話堂, 1980, p.19에서 재인용.)

로 쓰여지기 시작한 것은 1894년 갑오경장을 전후한 때가 아
닌가 한다. 이돈화(李敦化)는 "우리가 처음으로 開化의 말을
듣고 開化라 함을 임의로 불러보기는 甲午年으로써 第一期를
삼지 아니치 못할지니……"7)라고 한 것은 이를 뒷받침하는
것이라고 본다.

　황현(黃玹)8)은 개화란 본질적으로 '開物化民', 즉 문명의 개
발과 인간지혜의 계몽이라고 규정한 후 이러한 개화는 '本'을 무
시하고 '末'만으로 달성할 수 없다는 것이다. 그리고 개화의 '本'
은 친현(親賢)·원간(遠姦)·애민(愛民)·절용(節用)·신상필벌(信
賞必罰)이 되고, '末'은 군사·기술·무역이 된다. 따라서 '本'
은 사회윤리나 정신면이고, '末'은 물질적인 면에 해당되는데
'末'에 앞서 '本'의 개화가 선행될 것을 주장하였다.9)

　유길준(兪吉濬)은 「西遊見聞」 속에서 "대개 개화라 ᄒᆞᄂᆞᆫ者
는 人間의 千事萬物이 至善極美ᄒᆞᆫ 境域에 抵ᄒᆞᆷ"10)이라고 하
였다. 즉, 개화란 인간의 모든 삶의 현상이 지극히 선하고 가치
로운 경지로 발전하는 과정이라는 말이다. 우리는 나라가 없기
때문에 누구든지 더 높은 개화를 위해서 "千事와 萬物을 窮究
ᄒᆞ여 經營ᄒᆞ야 日新ᄒᆞ고 又日新ᄒᆞ기를 期約"11)해야 한다고 말

---

7) 李敦化, "混沌으로부터 統一에", 「開闢」(창간1주년 기념호), 1921년 7월, p.4.
8) 梅泉 黃玹은 1855년에 전라도 광양의 가난한 농촌에서 태어나 유학을
　공부한 대유학자가 되었으나 그의 애국과 개화의 심정을 시로 표현하
　며 지내다가 1910년 망국의 비운을 안고 자결한 애국지사였다.
9) 黃玹, "言事疏", 「梅泉集」, 卷之七 章5. "未開化云者 非別件也 不過開物
　化民之謂 則開物化民 可以無其本以之至乎 若親賢 遠姦·愛民·節用·
　信賞必罰之類 卽 所謂本也 若鍊軍伍 利器機通商販之類 卽 所謂末也 西
　人之法 雖與中國異今考 彼所謂萬國史 卽 其興也 必由於立基本 雖强必
　弊興之 之跡種種可考 由是 觀之 開化之明 雖創見其實 興中國之治 無以
　異也"
10) 兪吉濬, '開化의 等級', 「西遊見聞」, 제14편, 東京: 交詢社, 1895, p.375.

하고 있다. 그에 의하면, 개화에는 두 가지 유형이 있는데,
하나는 "事物의 理致와 根本을 窮究ㅎ며 考諒ㅎ야 其國의 處
地에 時勢에 合當케 ㅎ는者"12)라는 실상개화(實狀開化)요, 다
른 하나는 "事物上의 知識이 不足ㅎ더 他人의 景況을 見ㅎ고
欲養ㅎ야 然ㅎ든지 恐懼ㅎ야 然ㅎ든지 前後를 推量ㅎ는 智識
이 無ㅎ고 施行ㅎ기로 主張ㅎ야 財를 費ㅎ기 不少ㅎ기 實用
은 其今類를 抵홈 不及홈"13)이라는 허명개화(虛名開化)이다.
즉, 실상개화는 자국의 특성에 알맞은 창조적인 개화를 의미
하는 것이요, 허명개화는 함부로 외국 것을 모방하고 그에 따
라 경비만 소비하는 개화를 의미하는 것이다.

　이상에서 본 바와 같이 개화의 본질이란 결국 日新又日新
하여, 지금보다 더 낫게 개화, 문명화하는 것이다. 또 개화는
계몽과 교육에 의한 인간의 의식과 지식의 근대화를 말하는
것이다. 따라서 개화사상이나 계몽사상은 전근대적 사회에서
근대사회로 발전하기 위한 과정의 사상이라고 할 수 있다. 여
기서 개화사상과 애국계몽사상은 상호 관련을 갖고 특히 교
육과 밀접한 관련이 있음을 알 수 있다.

　신용하(愼鏞廈)는 애국계몽운동의 지적 자원을 설명하면서
개화사상이 국권침탈을 당하여 애국계몽사상으로 전환한다고
하면서 애국계몽운동의 지적 자원으로서 연원을 다음 네 가
지 사조로 들었다.14)

　첫째, 국내의 사상의 흐름으로서 조선왕조 후기의 실학사상

---

11) 위의 책, p.376.
12) 위의 책, p.380.
13) 위의 책, p.380.
14) 愼鏞廈, 앞의 책, pp.277－278.

이다. 실학사상은 개화사상을 통하여 영향을 끼치기도 했지만 또한 직접적으로 애국계몽사상의 형성에 지대한 영향을 미쳤다. 한말 계몽운동가들은 당시에 실학사상을 재발견하고 열심히 공부했으며, 실제로 실학사상은 그들에게 끊임없이 많은 지식과 사상과 시점(視点)과 신념과 자부심을 공급해 주었다.

둘째, 국내의 사상의 흐름으로서 개화사상이다. 한말의 애국계몽사상은 1905년 국권을 침탈당한 후 국권회복의 목적을 주축으로 하여 개화사상이 전환한 것이며 바로 새로운 시대에 대응한 개화사상의 변형인 것이었다. 개화사상의 영향 중에서도 특히 독립협회와 만민공동회의 흐름의 영향이 가장 컸다. 즉, 한말의 애국계몽사상과 운동은 국권의 침탈이라는 새로운 사태 변화의 도전에 대한 종래의 개화파, 독립협회, 만민공동회파의 흐름의 응전의 양식이었다는 것을 볼 수 있다.

셋째, 서구 시민사상의 도입의 흐름으로서의 사회진화론의 영향이다. 다윈, 스펜서, 키드, 헉슬리 등의 물경론(物競論), 천택론(天澤論), 우승열패론(優勝劣敗論), 진화론(進化論) 등이 제국주의의 원리를 설명해 주었고, 이에 대항하는 자강론의 형성을 뒷받침해 주었다. 애국계몽사상의 형성에 대한 사회진화론의 영향은 매우 큰 것이었다.

넷째, 서구시민사상의 도입의 흐름으로서의 영향이다. 루소, 홉스, 록크, 몽테뉴 등의 사회계약론, 민권론, 국민주권론, 헌정론, 삼권분립론, 국민국가론 등이 제국주의의 침략에 대항하여 응전함에 있어서 국민, 민중을 발견하여 국민을 주체로 한 국권회복운동을 전개하도록 하는데 사상적 기초를 뒷받침해 주었다. 애국계몽사상의 형성에 대한 서구계몽사상의 영향은 매우 큰 것이었다.

이상에서 보면 애국계몽운동의 지적 자원은 ① 실학사상, ② 개화사상, ③ 서구시민사상, ④ 서구계몽사상 등으로 요약할 수 있다.

2. 애국계몽운동과 학교활동

신교육구국운동을 살펴보기 위하여 먼저 기독교계 학교의 건학이념과 개화운동 등을 알아보고, 민족계 사학의 근대 교육활동과 건학이념을 알아보고, 당시 민족계 사학의 중심세력이었던 평양의 대성학교, 정주의 오산학교의 신교육실천을 통한 교육구국운동을 살펴본다.

1) 기독교계 학교의 교육과 구국운동

일본 제국주의로부터의 국권회복운동에는 관·공립학교보다 사학·기독교계 학교가 중심이 되고 있다. 우리나라가 서구의 근대교육을 직접적으로 수용하기는 1884년으로 소급된다. 그 후 한국 교육사에서 기억해야 할 2개의 기독교계 학교가 미국인 선교사들에 의하여 설립되었다. 하나는 '배재학당'이고, 다른 하나는 '이화학당'이다. 아펜젤러(H.G. Appenzeller)가 설립한 배재학당의 훈(訓)인 "욕위대자, 당위인역(欲爲大者, 當爲人役)", 즉 크게 되려는 사람은 마땅히 남에게 봉사하는 사람이 되어야 한다는 내용은 바로 예수의 교훈에서 나온 것이다.

스크랜턴(M.F. Scranton)이 설립한 이화학당의 설립 목적은 "학생들로 하여금 저들의 친구와 동족 가운데 십자가의 증거

자가 되는 데 있다"고 하였고, 기포드(D.C. Gifford)도 "이 학
교의 설립 목적은 기독교 교육의 실시요, 훌륭한 한국 여성을
양성하는 데 있다"고 하였다.15) 한국에서 선교사들이 근대학
교를 설립하는 목적에 대해 스크랜톤은 "이 女兒들은 우리 외
국 사람의 생활, 의복 및 환경에 맞도록 변하게 하는데 있지
않다. ……우리는 단지 한국인을 보다 나은 한국인으로 만듦
으로 만족한다. 우리는 한국인이 한국적인 것에 대하여 긍지
를 가지게 되기를 희망한다."16) 이 말은 단순히 기독교의 선
교뿐만 아니라 개화를 갈망하는 한국 사회에 개화한 여성을
배출하여 한국 사회 발전에 이바지하겠다는 의지가 함께 있
다고 하겠다.

기독교계 각 종파가 세운 학교는 1909년 현재, 장로교
501, 감리교 158, 성공회 4, 안식교 2, 종파미상 1, 각교파합
동 84, 천주교 46, 합계 796개교였으며, 1910년 현재로는
823개교였다.17) 한국의 초대 교회들이 교육구국에 얼마나 진
력하였는지는 다음과 같은 당시의 신문기사들이 잘 말해 주
고 있다.

> 개명한 나라에서는 이 폐단을 막기 위하여 사람들을 교육하
> 는 기계가 세 가지, 교당과 학교와 신문이다.18)

> 그런 즉 개화하는 데는 인재를 교육하는 것이 긴요한 일이

---

15) D.L. Gifford, *Education in Capital of Korea*, Seoul: The Korean
    Repository, June 1896, p.410.
16) L.G. Paik, *The History of Protestant Missions in Korea*, Pyung
    yang: Union Christian College Press, 1939, p.119.
17) 俵孫一, 「韓國敎育の現狀」, 學部, 1910, pp.49-50.
18) 「독립신문」, 1898년 3월 1일자.

요, 교육하는 데는 하나님 도를 흥왕케 하는 것이 긴요한 일
로 우리는 아노라.19)

　이처럼 기독교계 학교의 설립 정신은 유교적 구습에 사로잡
힌 한국인을 무지로부터 해방하여 근대문명의 지식을 이해케
하여 국가와 사회에 봉사할 수 있는 인재를 양성하는 데 그
목적을 두고 있다. 그리피스(W.E. Griffis)는 "한국 사람의 가
슴속에 기독교가 스며들자 그들은 자기 자신 이외에 다른 나
라 그리고 민족을 생각하게 되었으며 자기 자신의 심성을 탐
구하게 되었고, 자신과 이웃의 복리증진을 시도하게 되었고
세계에 대하여 새로운 견해를 가지게 되었다"20)고 하였다.
　기독교계 학교는 우리에게 새로운 생활을 시작하게 하였으
며 나아가 인류의 차원에서 국제적 안목을 가지게 하였다. 또
한 기독교계 학교는 지금까지 수직적 윤리질서에서 수평적
윤리질서를 이해하게 되어 자유·평등·박애의 정신 밑에 남
녀평등의식을 고취하여 나아가 근대 시민의식으로 확대되어
갔다. 그뿐만 아니라 민족 자주의식이 점차로 정립되어 갔다.
기독교계 학교의 설립 정신은 기독교 정신의 보급과 유교적
구습의 개혁, 민주적인 새 사회 건설의 방향 제시와 자주의식
의 정신자세를 고취하였다. 기독교계 학교는 신교육을 통해
우리에게 근대의식, 새로운 생활양식, 민주주의 이념, 민족자
주의식 등을 심어 주어 일제하에서 국권회복운동으로서의 애
국계몽운동의 터전을 마련하는데 일조를 하였던 것이다

---

19) 「대한그리스도 회보」, 1899. 4월 12일자.
20) W.E. Griffis, Corea: *The Hermit Nations*, New York: Charles Scribners
　　Sons, 1970, p.448.

일제 침략기의 민족운동가들은 기독교도 내지 친기독교도
들이었다. 독립협회의 서재필(徐載弼), 윤치호(尹致昊), 이상재
(李商在), 남궁억(南宮檍) 등과 1905년 이후 안창호(安昌浩),
김구(金九), 이승훈(李昇薰), 그리고 남북지방의 유력한 인사
들이 대부분 기독교에 입교함으로써 이들은 항일 민족운동의
구심점을 기독교와 기독교 교육에서 찾으려 하였다.

2) 민족계 사학의 교육과 구국운동

민족계 사학의 설립 이념은 선진 외국의 문물을 받아들이
려는 개화사상에서 출발하여 일제하에서는 신교육구국운동의
인재 양성이라는 민족적 요청에서 설립되었다. 당시 개화라고
하는 근대화를 실천하기 위하여 세워진 사학은 흥화학교(興化
學校, 1895), 한성의숙(漢城義塾, 1895), 중교의숙(中橋義塾,
1896), 낙연의숙(洛淵義塾, 1901), 우산학교(牛山學校, 1902)
등이다. 1905년 2월에 엄주익(嚴柱益)은 '국가와 민족의 비운
을 당하여 구국하는 길은 신교육뿐임을 통감"하여 "몽이양정
양심정기(蒙以養正養心正已)"라는 이념하에 양정의숙(養正義塾)
을 설립하였다. 1905년 5월 이용익(李容翊)이 세운 보성학교
의 설립정신을 보면 '청광개교 교육인재이후국권(請廣開校 敎
育人材以後國權)"이라 했고 그가 1907년 1월 노령(露嶺) 해삼
위(海蔘威)에서 '我死後에 韓國主權을 회복하기 전에는 運柩以
歸치 말라"고 유언한 것을 보면 신교육 구국열에 얼마나 불
타 있었는가를 알 수 있다. 남궁억(南宮檍)은 '국권 갱생의 길
은 오직 하나인 교육밖에 없다"21)는 정신으로 현산학교(峴山
學校), 모곡학교(牟谷學校)를 설립하였다. 안창호는 자아혁신

과 자기 개조를 통하여 민족혁신과 민족개조를 이룰 수 있다고 하면서 점진학교(漸進學校, 1899), 대성학교(大成學校, 1907)를 세웠다. 안창호는 대성학교의 교육방침으로 ① 건전한 인격의 함양, ② 애국정신에 강한 민족운동가 양성, ③ 국민으로서의 실력을 구비한 인재의 육성, ④ 강장한 체력의 훈련 네 가지를 들었다.22)

그는 인격의 3요소를 덕(德)·체(體)·지(知)라고 보았고, 덕은 다시 무실(務實)·역행(力行) 충의(忠義)·용감(勇敢)의 사대정신으로 표현된다.23)

첫째, 무실의 실은 진실의 실이요, 성실의 실이요, 실질·실력의 실이다. 그러므로 무실은 참되기를 힘쓰자는 것이다. 둘째, 역행은 행을 힘쓴다는 뜻이다. 공리공론을 버리고 실천궁행(實踐窮行)하라는 것이다. 우리 민족을 망하게 한 것이 '거짓'과 '입'이라고 했다. 백 가지 논설보다 하나의 본보기가 더 힘이 있고 효과가 크다고 하였다. 셋째, 충의는 충성과 신의이다. 일에 대하여 충성을 다하고 사람에 대하여 신의를 지키자는 것이다. 충은 마음의 중심을 의미한다. 한자에 진기지위충(盡己之謂忠)이라 했다. 즉, 자기의 최선을 다한다는 것이 충이다. 넷째, 용기는 의와 불의를 준엄하게 구별하고 언제나 義의 편에서 살아가는 자세를 말하며 참된 신념의 소산이기도 하다.

그의 교육사상의 또 하나의 특징은 주인정신이다. 주인정신

---

21) 金世漢, 「翰西 南宮檍 先生의 生涯」, 서울: 翰西南宮檍先生紀念事業會, 1960, p.136.
22) 朱耀翰, 「安島山全書」, 서울: 三中堂, 1963, pp.80-82 참조.
23) 徐英勳, "永遠한 겨레의 스승 島山 安昌浩", 「스승의 길」, 서울特別市 敎育委員會, 1984, pp.137-138.

은 책임의식이며, 자주정신이며, 주체성이다. 그는 주인정신이
야말로 구국이념의 핵이라고 하였다. 그는 '동포에게 고하는
글'에서 다음과 같이 준열한 자기 반성을 촉구하였다.

> 묻노니 여러분이시어, 오늘 대한 사회에 주인되는 이가 얼
> 마나 됩니까? ……주인이 아니면 나그네인데 주인과 나그네는
> 무엇으로 구별합니까? 그 민족 사회에 대하여 스스로 책임심
> 이 있는 자는 주인이요. 책임심이 없는 자는 나그네입니다. 우
> 리가 한때 우리 민족 사회를 위하여 뜨거운 눈물을 뿌리는 때
> 도 있고 분한 말을 토하는 때도 있고 슬픈 눈물과 분한 말뿐
> 아니라 우리 민족을 위하여 몸을 위대한 곳에 던질 때도 있다
> 할지라도 이렇다고 주인인 줄로 자처하면 오해입니다. 지나가
> 는 나그네도 남의 집에 참변이 있는 것을 볼 때에 눈물을 흘
> 리거나 분한 말을 토하거나 그 집의 위급함을 구제하기 위하
> 여 투신하는 수도 있습니다. 그러나 주인이 아니고 나그네인
> 때문에 한때 그러고 말뿐, 그 집에 대한 영원한 책임심은 없
> 습니다. 내가 알고자 하고 요구하는 주인은 우리 민족 사회에
> 대하여 영원한 책임심을 진정으로 품고 있는 주인입니다.24)

이렇듯 대성학교의 교육정신은 민족주의를 고취하고 장래
항일투사를 양성하는 데 있었다. 그의 교육방침은 건전한 인
격을 가진 애국심 있는 국민의 양성에 있었다. 오산학교 역시
민족운동의 인재, 국민교육의 지도자를 양성할 목적으로 세워
진 학교다. 오산학교의 교훈은 사랑·정성·존경으로 이어져
내려오고 있다. 1907년 12월 24일 대망의 오산학교의 개교식
이 거행되었다. 이승훈은 다음과 같은 말을 하였다.

---

24) 朱耀翰, 앞의 책, pp.473-474.

　　지금 우리나라 형편은 날로 기울어져 가는데 우리가 그저 남아 있을 수는 없다. 우리 先祖들이 살던 땅, 우리가 자라난 고향, 이것을 원수의 일인에게 내어 맡긴다는 것이야 차마 할 수 있을 것인가. 총을 드는 사람, 칼을 드는 사람도 있어야 할 것인지를 모르고 있으니 그 사람들을 깨우치는 것이 제일 급 선무다. 우리는 일본 사람을 나무랄 수는 없다. 우리가 못생겼으니까 이러한 푸대접을 받는 것은 아니냐. 옛날 성인의 말씀대로 '人必者侮後에 人侮之'라 하지 않았는가. 내가 오늘날 이 학교를 세운 것도 후진을 가르쳐 만분의 일이라도 나라에 도움이 될까 하야 설립한 것이니 오늘 이 자리에 일곱 명의 학생밖에 없는 것이 유감된 일이나 이것이 차츰 자라나 70명 내지 700명에 이르도록 완성할 날이 머지않아 올 줄로 믿는 바이니 여러분은 一心協力하여 주기 바란다.25)

　　그가 학교를 세운 목적은, 첫째는 민족운동에 이바지하는 재목을 기르는 것이고, 둘째는 백성을 교육시키는 선생을 양성하자는 데 있었음을 알 수 있다. 그의 첫째 열매인 제1회 졸업식이 1910년 7월 10일에 거행되었다. 그는 떠나는 졸업생들에게 다음과 같은 말을 하였다.

　　너의들이 이 學校에 들어온 지 임이 4년이 되었다 할지라도 初創時代가 되어 設備가 不足하여 工夫도 변변히 하지도 못하고 門을 떠나 보내게 된 것을 매우 遺憾되는 일이나 至今 우리의 形便은 편히 앉아 充分한 공부만 하고 있을 때가 아니다. 하루라도 빨리 나아가 너의들이 배운 것만치라도 우리 同胞를 깨워주어야 하겠다. 이 거츨고 險惡한 世上에 보내는 것이 마치 이리떼를 獅子들 틈바구니에 보내는 것 같다. 그러나 그 거츨고 險惡한 것은 征服하고 새 길을 여는 것이 너의들의

---

25) 金道泰, 「南岡 李昇薰傳」, 서울: 文教社, 1950, pp.205－206.

任務라 여기에 한 가지 付託할 것은 어듸를 가든지 거짓말을
말고 남을 속이지 말고 자기의 마튼일을 게을리 말고 行한다
면 世上사람들이 五山學校의 出身이 훌륭하다고 할 것이다.26)

참으로 의미 심장한 말이었다. 그가 있을 때는 조회의 훈화
는 거의 그가 맡아서 하였다. 그는 웅변가도 아니고 더욱이
학식을 고루 갖춘 학자도 아니었으나, 항상 그의 관찰과 신념
을 백성으로 호소하였기 때문에 듣는 학생들에게 깊은 감명
을 주었다. "10년 앓은 병에 10년 묵은 쑥이 약이 된다고 하
는데 그 쑥이 현재 없으면 이제부터라도 길러서 묵혀야 할
것이다. 나는 우리 학교 졸업생들이 방방곡곡에 흩어져 백성
속에 들어가 그들을 깨우치고 그들의 힘을 길러 민족광복의
참된 기틀을 마련하는 자가 되기를 바란다"27)고 하였다.

1909년 말 현재 전국의 학교 총수는 5,727교로 이 중 사립
학교 수가 2,250교이며, 이 외의 정부 미인가 사립학교 수가
약 700여 교가 있어 사립학교만 3,000교에 달하고 있다.
3,000교에 달하는 이들 사립학교에서는 주로 국권회복을 위
한 민족교육이 수행되고 있었다.28) 이렇게 보면 민족계 사학
은 처음에는 신문화교육과 개화의 방법으로 비롯되었으나 을
사조약 이후 1905년부터는 그 양상을 달리하여 신교육 구국
의 이념으로 옮겨진 것을 알 수 있다. 손인수(孫仁銖)는 우리
나라 근대학교의 건학 이념은 민족적 자각에서부터 싹텄고
이를 실천하는 데 두었다고 하였다. 이를 요약하면 다음과 같

26) 위의 책, p.231.
27) 「五山八十年史」, 서울: 五山中・高等學校, 1987, pp.121-122.
28) 국사편찬위원회, 「韓國史」, 19권(近代), 서울: 국사편찬위원회, 1981,
    p.281.

다.29) 첫째, 윤리면에서 신도덕관의 확립과 인습 및 미신의
타파, 그리고 고루한 계급주의와 봉건적인 구습을 혁신하는
데 두었다. 둘째, 사상면에서 신학문·신교육·신문화를 받아
들이고 국가를 부강케 하여, 우리나라도 하루 빨리 개화를 해
야 한다는 데 그 목적을 두었다. 셋째, 교육면에서 신교육사
상과 제도 및 방법의 수용·소개를 통하여 국가생존을 위한
민족보전과 애국사상의 고취에 그 목적을 두었다. 그리고 국
가생존과 민족보전에 있어서 교육구국운동이 차지하는 비중
이 매우 컸으며, 그 궁극적인 목표는 국권회복이었다.

3. 애국계몽운동과 단체활동

1905년 을사조약을 계기로 애국계몽운동을 통한 국권회복
의 역할을 띠고 많은 단체와 학회들은 교육으로서 자강(自强)
을 이루고 자강을 통해서 구국을 성취하자는 의지로 국권회
복에 노력하였다. 이들은 앞을 다투어 학교를 설립하고, 월보
(月報)와 도서를 편찬하였으며 계몽강연을 통하여 민중을 깨
우치기에 바쁜 나날을 보냈다. 여기서는 애국계몽운동에 주력
적인 역할을 한 독립협회(獨立協會), 신민회(新民會), 대한자
강회(大韓自强會), 대한협회(大韓協會)와 지방단위학회인 서우
학회(西友學會), 서북학회(西北學會), 호남학회(湖南學會), 기
호흥학회(畿湖興學會)들의 사회교육활동을 살펴본다.

---

29) 孫仁銖 韓國近代學校의 建學精神과 敎育救國運動에 關한 硏究, 世宗大
    學校 博士學位 論文, 1983, p.87.

1) 독립협회

독립협회는 1896년 7월 2일에 서재필·이상재·남궁억·오세창(吳世昌) 등에 의하여 창립된 한국 최초의 근대적 정치계몽단체였다. 박은식(朴殷植)은 "徐載弼이 미주로부터 환국하여 한국 독립의 기초를 공고히 하고자 하여 獨立門과 獨立館을 創建하고 독립신문을 발행하여 國文를 혼용하여 人事를 모집하여 獨立協會를 組織하니 여러 가지 시설이 우리나라 사회의 曙光을 實現한 것이다"30)고 하였다. 독립협회는 처음에는 개화파 인사, 현직 및 전직관료 등으로 일종의 신사구락부 같은 인상을 주었으나 그 중의 소장파가 점차 중책을 맡으면서 실효있는 민중운동단체로 성장하기 시작하였다. 또한 "委員은 何項事件이든지 各其 意見을 見ᄒ야 會席에 提出ᄒ야 可否問 多數로 議決ᄒ事"31)라고 한 것을 보면 운영규칙이 민주화되어 있음을 알 수 있다. 그러면 독립협회의 사회교육적 활동을 살펴보면, 1897년 8월 29일부터 1898년 12월 3일까지 34회에 걸쳐 토론회가 개최되었다. 여기서는 정치, 교육, 산업 등 당면 문제의 하나를 주제로 정해 놓고 회원 다수가 각기 찬반개선방향 등에 대한 자유의사를 발표하고 끝에 가서는 회원과 방청인 모두의 다수의견으로 승부를 결정하는 방식을 취하였다. 이러한 토론회가 독립협회를 사회계몽활동단체로 만들어 갔다.

독립협회는 참으로 유용한 지식정보를 배포하는 중심기관이

---

30) 朴殷植, 「韓國獨立運動之血史」, 서울: 서울신문사, 1946, p.8.
31) 「大朝鮮 獨立協會 會報」, 第1號, 1896년 11월 30일자.

다. 따라서 그것은 어떤 사람들이 생각하는 바와 같이 정치적
대회장이라기보다는 하나의 교육기관이다. 매주의 토론회는
회원들의 사고에 놀라운 영향을 미치고 있다. ……그들은 점
차 단체의 정신과 민족주의와 자유주의 관점과 교육의 중요성
이 고취되고 있다.32)

독립협회 토론 주제는 교육진흥, 산업개발, 미신 타파, 도
덕심 앙양, 자주민권 등 다양한 내용이 채택되고 있다. 또 독
립협회는 토론회와 만민공동회,33) 독립신문과 황성신문을 발
간하여 개화교육적 의지를 폈을 뿐만 아니라 1896년 11월
30일자로 대조선독립협회회보를 발간하였다. 이 회보에는 교
육이 급선무인 이유를 다음과 같이 밝히고 있다.

大凡人民은 國家成立의 基礎요, 敎育은 國民養成의 礎石이
라 故로 國을 文明의 域에 樹코져 흘진대 브드시 民을 敎育의
道에 納34)

해야 한다고 강조하였다. 서재필은 독립신문을 발간하고 독립
협회를 통한 사회교육적 활동을 하는 한편 배재학당의 초빙
교사로 학생들을 가르쳤다. 그는 그렇게 배재학당에서 학생들
을 가르치면서 협성회(協成會)를 조직하여 독립협회의 자매단
체로 구성한 바 있다. 이 협성회는 배재학당의 학생들로 이루
어진 청년계몽조직단체로서 1896년 11월 30일 창립35)되었는

---

32) *The Korean Repository*, Vol. 5, 1898. 8.
33) 독립협회가 자주독립의 의지를 밝히고 민중적 힘을 실현하기 위하여
    1898년 3월 10일 종로집회를 시작으로 하여 대규모 민중집회를 개최
    하였던 일이 있었다.
34) 「大朝鮮獨立協會會報」, 第5號, 1897년 1월 28일자 論說.

데 그 후 200여 명의 회원을 가진 대단체로 성장하였고36) 사
회교육적 활동도 지대하였다. 이 단체의 목적은 충군애국지심
(忠君愛國之心)을 기르고, 상호 협조하여 좋은 학습과 선행을
주고받을 뿐만 아니라, 나아가서는 전국 동포를 빠른 지식으
로 계몽할 것을 목적으로 하였다.

　독립협회는 이 협성회 외에도 광성협회를 조직하고37) 여기
서도 "문명지화 ㅎ랴면 신(信)을 직히는 것이 가ㅎ다"38) 등과
같은 교육논제로 토론을 하도록 지원하였다. 그 외에도 인천
에 박문협회(博文協會)를 두고39) 이를 통하여 토론회를 개최
하였고 또 학교를 설립하고 운영하였다. 그리고 부인단체로
순성회(順成會)를 두어 여성교육의 필요성을 사회에 널리 펴
고 직접 순성여학교를 설립하였다.40) 이러한 독립협회의 활
동은 근대적 국민의식의 고취를 위한 근대적 학교설립운동에
불멸의 업적을 남겼다. 1900년대 이후의 애국계몽운동을 확
실히 독립협회운동의 연장선에서 전개되었으나, 일본은 보부
상 등으로 황국협회(皇國協會)를 조직하여 이 독립협회를 견
재하고 나중에는 중심 인물을 투옥하고 이 독립협회 해산의
칙령을 내리게 되었다.

---

35) 「協成會會報」第1號, 1896년 12월 1일자 논설참조.
36) 「독립신문」, 1897년 12월 4일자.
37) 「협성회회보」.
38) 「협성회회보」, 제7호, 1898년 2월 12일자, "늬보".
39) 「독립신문」, 1898년 7월 4일자 "잡보" 참조.
40) 「황성신문」, 1898년 9월 1일자 "별보".

2) 신민회

1905년 을사조약이 체결되자 국권회복을 목표로 하여 전국
규모의 새로운 사회단체가 성립되었는데 그 단체가 대한자강
회(1906. 3.~1907. 8.)와 신민회(1907. 4.~1911. 9.)였다. 이
두 단체는 1896년에서 1898년 사이에 활동했던 독립협회와
만민공동회의 지도급 인사들이 재결합하여 형성된 단체였다.
신민회는 1907년 4월에 미국에서 귀국한 안창호의 발의에 찬
동한 양기탁(梁基鐸), 전덕기(全德基), 이동휘(李東輝), 이동녕
(李東寧), 이갑(李甲), 유동열(柳東說) 등 7인이 창건위원이 되
고 노백린(盧伯隣), 이승훈, 안국태(安國泰), 최광옥(崔光玉),
이시영(李始榮), 이상재, 윤치호, 이강(李剛), 김구, 신채호(申
采浩), 임치정(林蚩正), 김홍량(金鴻亮) 등 각계각층의 개화
선각자들이 참여하여 비밀리에 결성된 구국계몽단체였다. 이
단체의 취지는 "凡我 韓人은 內外를 莫論하고 統一聯合으로
써 그 進路를 定하고 獨立 自由로써 其 目的을 세우니 이 新
民會의 發願하는 바며 新民會의 懷拘하는 所以이니 略言하면
오직 新精神을 喚醒하여 新團體를 組織한 後 新國을 建設할
뿐"41)이라고 하였다. 이와 같이 신민회의 신민이란 용어는
교육적 의미를 암시하는 것으로 신민은 반드시 자기 스스로
의 힘으로 하는 자신(自新)이어야 한다는 것이다. 이 자신은
사회·국가·국민의 모든 부분에서 시급한데 그 자체적 내용
은 다음과 같이 8개 항으로 제시하였다.42)

---

41) 國史編纂委員會, 「韓國獨立運動史」, 資料編, p.1024. "大韓新民趣旨書",
    참조.
42) 위의 책, p.1027 참조.

① 민습의 완부(頑腐)에 대해서는 신사상(新思想)으로
② 민습의 우미(愚迷)에 대해서는 신교육(新敎育)으로
③ 열심의 냉각(冷却)에 대해서는 신제창(新提唱)으로
④ 원기의 모패(秏敗)에 대해서는 신유양(新柚養)으로
⑤ 도덕의 타락(墜落)에 대해서는 신윤리(新倫理)로
⑥ 문화의 쇠퇴(衰退)에 대해서는 신학술(新學術)로
⑦ 실업의 조췌(凋悴)에 대해서는 신규범(新規範)으로
⑧ 정치의 부패(腐敗)에 대해서는 신개혁(新改革)으로

교화되어야 한다는 것이다.

신민회가 전개한 국권회복을 위한 신교육 구국운동의 기본
방침은 첫째, 국권회복을 위한 신교육의 필요성을 민중에게
계몽하고, 둘째, 관민(官民)이 각처에 설립한 학교의 교육목적
과 내용이 국권회복에 적합하도록 유도하고, 셋째, 신민회 정
신에 따라 신민회원이 직접 학교를 설립 운영하여 모범을 보
였던 일이다. 이 같은 구국교육방침에 따라 신민회는 ① 학교
를 설립하고, ② 계몽강연 및 학회조직을 확대하고, ③ 잡지
및 개화서적을 출판하고, ④ 청년을 지도하였다. 결국 신민회
는 한국이 일본 제국주의에 의하여 식민지로 강점되기 직전
의 아주 절박한 시기에 독립협회, 만민공동회, 대한자강회 등
에서 눈부신 구국교육활동을 전개했던 인사들이 총동원되어
때로는 정치, 때로는 교육, 때로는 강연, 때로는 출판, 때로는
청년지도를 담당했던 사회교육적 활동을 한 단체였다.

3) 대한자강회

대한자강회는 독립협회 계통의 개화파 인사들이 공개적으로 조직한 전국 규모의 애국계몽단체였다. 1906년 3월에 장지연(張志淵), 윤효정(尹孝定), 심의성(沈宜性), 임진수(林珍洙), 김상범(金相範) 등이 발기인이 되어 결성하였다. 대한자강회의 취지는 다음과 같다.

> 今我韓은 三千里疆土가 無缺ᄒ고 二千萬民族이 自任ᄒ니 苟能奮勵自强ᄒ야 團體公合이면 猶司望富强之前 途面國權之回復也라 治比今日ᄒ야 豈比汲汲奮發之時乎아 然이나 如究其自强之術이면 無他라 在振作敎育也요 在殖産興業也니 夫敎育이 不興則民 智未開ᄒ고 産業이 不殖則國富英增ᄒ느니 然則開民智養國力之道ᄂ 豈不在敎育産業之 發達乎아 是知敎育産業之發達이 卽惟一自强之術已라 雖然이나 抑欲實徹比自强之目的이된 (현대어로 표기) 不得不先培養 其國氏之精神ᄒ야 使檀箕以來 四千年自國之精神으로 灌注於二千萬人 人之腦髓ᄒ야 一呼吹一瞬息之頃이라도 不忘於自强之精神 然復에야 方可鍊自强之心膽而作復權之活機也리니 內養其 祖國之精神ᄒ며 外吸乎之明之學術이 卽今日 時局之 急務也ᄒ새(현대어 표기) 比自强之所以發起者也라43)

이 취지서에는 삼천리 강토가 결함이 없고, 삼천리 민족이 망하지 않았으니 민족끼리 자강하고 단체의 활동만 있으면 국권은 반드시 회복될 것이라는 신념에 차 있다. 자강의 두 개의 기둥은 교육과 산업으로 보았는데 자강이란 말이 13회나 반복된 것은 신교육을 통한 구국운동이 얼마나 절실했는

---

43)「大韓自强會月報」, 제1호, 1906년 7월 31일, p.9.

지를 보여주고 있다. 대한자강회는 25개 지회를 두었고 기관
지로 자강회월보를 발행하였다. 대한자강회월보(大韓自强會月
報)는 한마디로 교육을 통한 자각과 이를 통한 애국계몽운동
으로서 신교육구국활동을 담은 교육잡지였다. 그러나 대한자
강회는 고종 양위(讓位)에 대한 시위를 주도하였다는 이유로
1907년 8월 19일 강제로 해산되었다

4) 대한협회

대한협회는 대한자강회의 후신(後身)으로 조직된 애국계몽
단체이다. 이 회는 1907년 11월 11일 권동진(權東鎭), 남궁억
(南宮檍), 여병현(呂炳鉉), 이우영(李宇榮) 등 해산하기 전의
자강회 간부 10명이 발기인이 되어 설립하였다.44) 대한협회
가 창립 당시 설정한 본회강령에는 애국계몽운동으로써의 신
교육활동을 강조하고 있다.45)

① 교육의 보급
② 산업의 개발
③ 생명재산의 보호
④ 행정제도의 개선
⑤ 관민폐습의 교정
⑥ 근면저축의 실행
⑦ 권리·의무·책임 복종의 사상을 고취할 것 등이다.

---

44) 「大韓協會會報」, 제1호, 1908. 4. 25, p.38.
45) 「大韓協會會報」, 제2호, 1908. 5. 25, p.65.

강령은 마치 대한협회가 통감부의 정책에 순응하는 것으로 인상을 주기까지 하나 당시 식민지정책 당국자의 압력을 회피하면서 독립자주의식을 배양하겠다는 대한협회 창립의 근본 목적 달성을 위해서는 부득이한 표현의 조항이었다고 볼 수 있다. 그렇기 때문에 대한협회회보(大韓協會會報) 역시 독립자강의 정신으로 교육시키려는 의지가 역력하다. 이 회보의 목적은 계발문명, 지식 증진에 두고 있다. 또한 이 회보의 목차를 보면 교육관계 논설과 교육부의 목차에서 교육정신을 계몽교육하려는 의지를 알 수 있다.46) 대한협회는 한국 강점의 기회를 포착하기에 급급했던 일제 식민주의 정책당국의 압력 때문에 우회적 표현과 방법을 사용하며 활동하였음을 알 수 있다. 그러나 이 학회도 1909년 3월에 해산되었다. 이 대한협회는 주권 상실의 위기에 놓여 있던 민족적 비운을 극복하기 위하여 국민 전체에게 강력한 애국심을 고취시켜야 하며, 모든 청년자제에게 발달된 신학문과 기술을 체득시켜 자강역량을 배양해야 한다는 취지로 출발하였으므로 애국계몽운동으로서의 신교육활동을 한 단체로 인정해야 할 것이다.

5) 서우학회

서우학회는 1906년 10월 재경 평안도, 황해도 출신인사였던 박은식(朴殷植), 김기주(金基柱) 등 12인이 발기하고 이갑, 유동열, 노백린, 안창호 등이 참여하여 이끈 단체 중의 하나이다.47) 서우학회는 교육구국을 위하여 서북(西北)지역을 중

---

46) 南宮勇權, 한국개화기의 사회교육적 사상과 활동에 관한 연구, 중앙대학교 박사학위논문, 1984, pp.135－136 참조.

심으로 애국계몽활동과 근대학교 설립 및 유학청년을 지원하는 한편 1906년 12월 1일에는 기관잡지로서 「西友」를 창간하였다. 이 학회의 취지서는 "국권회복을 위하여 신교육을 통한 인재양성과 중지(衆智) 계발에 기여할 목적으로 창간한다고 밝히고 있다. 「서우」의 창간 목적도 이 학회의 설립 목적과 같이 문명사회로 나아가기 위하여 긴요한 학문을 매월 게재하여 민중의 지식을 계발하고 산업을 장려하여 국권회복의 기초를 마련하는 데 있었다. 그러기에 「서우」의 내용을 보면 교육의 필요, 학교의 필요 등을 강조하는 논설과 문명적인 생활개선을 위한 실천적 지식교과는 물론 주체적 민족정신교화를 위한 국사지식 등을 위주로 하여 발간되고 있다는 것을 알 수 있다.48) 서우학회는 서우사범학교를 설립하고 초대 교장으로 박은식, 교감으로 김달하(金達河)를 총회에서 피선하였다. 서우사범학교는 비록 한성에 소재하고 있었으나 여기서 배출된 졸업생들은 황해도, 평안도 등에 산재해 있는 사립학교의 교사로 파송되어 향토의 근대교육을 이끈 주역으로 활약했다. 학회는 서우사범학교 외에도 평안남도 관찰사 이시영이 평양에 세운 수선사범학교(首先師範學校)의 운영권을 인수받은 후 실효를 걷도록 전 회원의 협조를 바란다는 기사를 대대적으로 게재49)하고 있는 것을 보면 학교의 운영면까지 적극적인 관심이 있었던 것으로 짐작된다.

이상에서 살펴 본 바와 같이 이 학회는 ① 민중계몽지 발간, ② 계몽강연회 개최, ③ 학교설립운영, ④ 유자격교사 배출 등

---

47) 「西友」, 제1호, 1906년 12월 1일자, p.2 참조.
48) 南宮勇權, 앞의 논문, pp.126－137 참조.
49) 「西友」, 제5호, 1907. 4. 1, p.3 "사범양성의 급무".

애국계몽활동으로서의 신교육구국활동을 전개한 학회이다.

6) 서북학회

이 학회는 기존의 서우학회와 한북흥학회가 통합하여 창립된 것으로 1908년 1월에 발족되었다. 서북학회 월보에 게재된 취지서는 다음과 같다.

> 西道人士가 慨然奮發ㅎ야 文明進步의 思想과 敎育擴張의 目
> 的으로 西友學會를 立立ㅎ얏고 継而 北道人士가 同一思想과
> 同一目的으로 漢北學會를 組成ㅎ니 其思想也同ㅎ고 目的也同
> 홈으로 由ㅎ야 于今日에 銅種이 相應하고 磁針이 相引ㅎ야 合
> 而 爲一홈애(현대어 표기) 이 會눈 西北學會라50)

이 학회의 목적은 교육과 학회 및 학교 설립에 있었다. "生存競爭은 天演이요, 優勝劣敗는 公列"51)이라는 뜻을 지니고 교육진흥으로 부국강병할 수 있다는 민중의 기대에 부합하려는 것이었다. 그러기에 서북학회는 서북협성학교를 설립하고 농림강습소를 운영하고 또한 서북지방의 많은 사립학교에 인적·물적 지원을 계속하였다. 이 서북학회는 다른 지방 출신의 개화주의 인사들에게 앞을 다투어 지방단위의 학회를 창립하는 데 직접적인 영향을 주었던 것이다. 이 학회는 ① 서북지방의 근대교육을 발흥케하는 데 큰 몫을 하였고, ② 지방사립학교에 대하여 교재와 교사를 지원하였으며, ③ 지방단위의 학회 창립에 영향을 주는 등 애국계몽운동으로서의 신교육활동에

---

50) 「西友學會月報」, 서우통권 제15호, 1908. 2. 1, p.1.
51) 「西友」, 제15호, 1906. 12. 1, p.1.

지대한 공헌을 하였다.

7) 호남학회

호남학회는 호남지역 출신으로서 개화파 지도급 인사였던 이기(李沂), 백인기(白寅基), 고정주(高鼎柱), 윤경중(尹敬重) 등이 주동이 되어 1907년 7월 6일에 조직되었다.[52] 호남학회는 국권회복과 국가부강의 기초를 오직 교육일사(敎育一事)에 있음을 확언하고, 호남지역의 근대교육 발전을 목적의 시발로 하여 호남 곳곳에 근대학교를 설립하고 신 교과를 직접 교육하여 많은 성과를 거두었던 학회이다. 호남학회의 취지서는 다음과 같다.[53]

> 未回已之運하고 確立未亡之其者는 惟有敎育一事ᄒ야 可以跋
> 奮는此智 愚賢不肖之所共諒則 僕等學會之說이 赤豈得已者耶아
> ……伏乞諸公은 試以其法으로 設學松立敎科ᄒ야 行之十數年에
> 卒無效力則僕等이 富伏妄議誅矣리다.

호남학회의 활동으로 두드러진 내용은 학보 간행, 지회 설립, 교육에 대한 강연, 재경 호남학생조사후원, 회관 운영, 학습소 설치, 학교 설립 등이 있었다. 이 학회는 호남지역의 많은 사립학교에 교사를 파송하였고 교과서를 지원하여 주었으며, 학교 운영을 위한 재정적인 지원을 호남지방의 근대구국 교육발전에 눈부신 활동을 하였다.

---

52) 「湖南學報」, 제1호, 1908. 6. 25, p.51 참조.
53) 「湖南學報」, 제1호, 1908. 6. 25, p.52.

8) 기호흥학회

기호흥학회는 경기도(서울 포함), 충청도 출신의 개화 지식인들인 정영택(鄭永澤), 이우규(李禹珪), 이광종(李光鍾) 등이 발기하여 1908년 1월 19일에 창립된 신교육활동을 위한 학회이다. 이 학회를 이끌었던 주요 인물은 이용식(李容植), 김원식(金元植), 정교(鄭喬), 이상재, 유길준, 윤치호, 지석영(池錫永), 심의성, 윤효정, 유근(柳瑾), 신채호, 남궁억, 김가진(金嘉鎭), 어윤적(魚允迪), 한규설(韓圭卨), 이종일(李鍾一), 오세창 등 한국 개화기의 애국계몽사상가들이 대거 참여하고 있다. 한편 기호흥학회의 취지서 일부분을 소개한다.

> …… 玆設 一會ᄒ고 命名 曰 畿湖興學會라 ᄒ노니 盖一片之精神이 不乎振興 學問一事也一라 擬欲建設 學校ᄒ야 養成俟又ᄒ고 派遣各地ᄒ야 敎育 全國靑年ᄒ노니 此誠不可少緩之急務也夫인져 嗚乎 ……54)

여기서 보면 이 학회의 일편지정신(一片之精神)이 개명지식(開明知識)을 진흥하는 데 있기 때문에 학교를 건설하고 인재를 양성하여 각지에 파견함으로써 나중에는 전국 청년이 개명한 지식인이 되게 하는 데 그 목적이 있었다. 이 학회도 기호흥학회 월보를 간행하여 애국계몽, 신교육구국운동을 전개하였다. 월보의 목차를 보면 흥학강구(興學講究)를 통하여 교육정신과 그 필요성을 계몽하고 학문집성(學問集成)은 각종 교과를 직접 소개하였다. 이 학회는 기호학교를 설립하였는데

---

54) 「畿湖興學會月報」, 제1호, 1908. 8. 25, p.2.

개화기 당시는 근대교육을 추진함에 있어서 가장 큰 난점의 하나가 자격을 갖춘 교사가 부족한 것에 있다고 보고 이 기호학교에서는 교사양성을 위한 본과와 특별과를 우선적으로 개설하였다. 따라서 이 학교는 신지식을 가르칠 수 있는 유자격교사를 양성하여 고향의 각 학교로 파송할 것을 최상의 목적으로 하여 설립되었던 것이다. 이상에서 본 바와 같이 기호흥학회는 국권회복의 기초를 세우기 위하여 창립 전후 월보 간행, 학교 설립 및 지원, 지회조직 등을 통하여 애국계몽운동으로서의 신교육활동에 큰 몫을 하였다.

4. 애국계몽운동의 현대교육적 의의

애국계몽운동은 빼앗긴 국권을 회복하기 위하여 우선 국민의 실력양성을 이루어 궁극적으로 이 배양된 실력에 의하여 국권을 회복하려는 운동이었다. 이러한 애국계몽운동의 현대교육적 의의는 다음과 같다.

첫째, 저항적 민족의식은 발전적·자강적 민족교육으로 전환되어야 한다.

둘째, 각종 활동을 통하여 교육의 중요성을 자각케 하고 전인교육이 이루어지도록 다각적인 측면에서 연구 검토되어야 한다.

셋째, 아국아신(我國我身)에 대한 신념을 돈독히 하여 역사의식과 국민정신을 심어 주는 애국교과에 중점을 두어야 한다.

넷째, 언론 사회단체들의 교육적 의지를 강화하여 민중을 계몽하고 민족의 정신적 공동체 의식을 심어 주는 노력이 필요하다.

다섯째, 애국계몽운동은 실학사상 내지 개화사상에 연원을 두고 있기 때문에 과학적 태도를 일상성에 정착시켜야 한다.

여섯째, 한국 문화의 터전 위에서 외국 문화를 수용하려는 교육적 의지로 민족주체성을 심화시켜 나가야 한다.

일곱째, 우리나라의 사학은 특수한 여건 속에서 출발되었기 때문에 이 전통과 학통은 보다 활발히 계승되어야 한다.

여덟째, 남녀평등사상과 여성교육의 활성화를 계속 밀고 나가야 한다.

아홉째, 민족주의 교육사상의 보급으로 인간존중 풍토는 계속 저변 확대하여 나가야 한다.

열째, 개화사상, 민족자주독립사상, 기독교사상 등을 하나로 연결하여 민족의 자강이라는 초점에 맞추어 민중에 뿌리를 내렸다는 사실은 깊이 음미할 만하다.

제2장 남강(南岡) 이승훈(李昇薰)의
교육사상

1. 생애와 활동

남강은 잘 다듬어지지는 않았으나, 인간의 이상적 본체(本體)를 고루 지닌 분이다.

先生의 一生을 간단히 말하여 보면 實業家요, 救國의 元老요, 敎育界의 恩人이요, 光復運動의 先驅者요, 獨立運動의 巨頭였다.[1]

先生은 實行에 힘쓸 뿐이요, 理想家는 아니었다. 누가 말하든지 옳은 일이면 그대로 實踐에 옮길 뿐이었으니 實踐, 躬行이 先生의 일평생 걸어온 길이라고 보는 것이 옳을 것이다.[2]

남강은 페스탈로치의 일면도 있고 마찌니의 일면도 있고 오우웬의 일면도 있고, 엘리야의 일면도 있다. 南岡을 우리 歷史에 나타난 이에 비기면 그에게는 栗谷의 일면도 있고 忠武公의 일면도 있고 어떻게 보면 崔塋의 일면도 있고 洪景來의 일면과

---

1) 金道泰, 「南岡 李昇薰傳」, 서울: 文敎社, 1950, p.2.
2) 위의 책, p.4.

崔水雲의 일면도 있다.3)

남강의 수재자인 김도태(金道泰), 김기석(金基錫)은 모두 그
의 인격과 인간됨을 총체적으로 묶어 표현하려는 노력을 이
상의 인용문에서 엿볼 수 있다. 그러나 남강의 일생을 과감하
게 규정한다면, 실업인으로 출발하여 교육자로 열매를 맺고
간 분이라고 본다. 남강의 생애는 1907년을 분기점으로 한
전반기의 생애와 후반기의 생애로 대별할 수 있다. 전반기의
생애는 적수공권(赤手空拳)으로 출발하여 자수성가한 실업인
의 모습이며, 후반기는 교육입국(敎育立國)을 통한 눈부신 모
습이다.

1907년 남강은 평양에서 도산 안창호의 강연에 감동하고
이를 계기로 청년교육이 이 나라를 구하는 길이라는 것을 깨
달았다. 도산이 말을 마치고 단에서 내려서자, 그는 앞으로
나아가 도산의 손을 굳게 잡고 "참 좋은 말씀이요, 사람이란
옳은 말은 곧 행하는 것이 제일이요, 나는 곧 행하기를 맹세
하는 의미로 머리를 깎겠소"하고 그는 그 다음 날 머리를 깎
았다. 그 길로 고향에 돌아와 손을 댄 것이 '강명의숙(講明義
塾)'의 창설이었다. 용동(龍洞)에 세웠던 서당을 새로 수리하
고 흑판을 달고 백묵으로 글씨를 쓰게 한 후에 '강명의숙'이
란 현판을 달았다. 한문만 가르치던 훈장을 돌려보내고 김덕
용(金德庸)이라는 신학문에 조예가 깊은 선생을 데려다가 신
식 교육을 시작하였다. 그는 동네 사람들을 모아 놓고 신교육
을 받는 기간이 빠르면 빠를수록 그만큼 나라의 힘이 커진다
는 것을 역설하였다. 이 용동 글방은 며칠 사이에 신식 학교

3) 金基錫, 「南岡李昇薰」, 서울: 太極出版社, 1976.

의 모습으로 바뀌었다. 남강은 배우는 아이들의 지식이 날로 늘어가는 것이 대견하기만 하였다. 같은 해 그는 조국의 독립과 광복을 위하여 정주향교(定州鄕校)의 재산 삼백석 토지를 기본 삼아 드디어 「오산학교(五山學校)」를 창립하였다. 남강이 세운 오산학교는 신민회(新民會)[4]의 정신 아래 민족운동의 주축이 될 인재 배출, 국민운동의 동량재를 양성할 목적으로 세워졌다. 1907년 12월 24일 오전 10시 대망의 오산학교의 개교식이 거행되었는데, 남강의 주관 아래 여준(呂準), 서진순(徐進淳) 두 선생이 소개되고 이덕수(李德洙)의 축사와 대한제국 만세 삼창으로 마쳤다. 이날 입학한 학생은 김도태 외 6명이었다.

이 날 남강은 이런 말을 하였다.

　　지금 우리나라 형편은 날로 기울어져 가는데 우리가 그저 남아 있을 수는 없다. 우리 先祖들이 살던 땅 우리가 자라난 고향, 이것을 원수의 일인에게 내어 맡긴다는 것이야 차마 할 수 있을 것인가. 총을 드는 사람, 칼을 드는 사람도 있어야 할 것이다. 그러나 그 보다 더 중한 것이 무엇이냐. 우리가 세상 일이 어떻게 돌아가는 것인지를 모르고 있으니 그 사람을 깨우치는 것이 제일 급선무다. 우리는 일본사람을 나무랄 수는 없다. 우리가 못생겼으니까 이러한 푸대접을 받는 것이 아니

---

4) 1906년 조직된 이 독립운동 단체는 을사보호조약이 체결된 후 미국에서 귀국한 안창호가 이갑, 전덕기, 양기탁, 안태국, 이동녕, 이동휘, 조성환, 신채호 노백린 등과 함께 만든 비밀결사로서 정치, 교육, 문화, 경제 등 각 방면의 진흥 운동을 전개, 국가의 실력을 기르는 데 그 목적을 두었다. 당시 800여 명의 회원을 지니고 평양에 대성학교, 정주에 오산학교를 창설, 또 「대한매일신보」, 태극서관과 마산동에 자기회사 등을 세워 진력하던 중 1912년 寺內 총독 암살음모의 사건에 타격을 받아 회원들이 투옥되고 또 망명하여 자연히 해체되었다.

냐. 옛날 성인의 말씀대로 '人必自悔而後 人悔之'라 하지 않았
는가. 내가 오늘날 이 학교를 세운 것도 후진을 가르쳐 만분
의 일이라도 나라에 도움이 될까 하야 설립한 것이니 오늘 이
자리에 일곱 명의 학생밖에 없는 것이 유감된 일이나 이것이
차츰 자라나 70명 내지 700명에 이르도록 왕성한 날이 머지
않아 올 줄로 믿는 바이니 여러분은 一心 協力하여 주기를 바
란다.5)

그가 학교를 세운 목적은, 첫째는 민족운동에 이바지하는
재목을 기르는 것이고, 둘째는 백성을 교육시키는 선생을 양
성하자는 데 있었음을 알 수 있다. 남강의 첫째 열매인 제1
회 졸업식이 1910년 7월 10일 거행되었다. 그는 떠나는 졸업
생들에게 다음과 같은 말을 하였다.

　너의들이 이 學校에 들어온 지 임이 4년이 되었다 할지라도
草創時代가 되어 設備가 不足하여 工夫도 변변히 하지도 못하
고 門을 떠나 보내게 된 것은 매우 遺憾되는 일이나 至今 우
리의 形便은 편히 앉어 充分한 공부만 하고 있을 때가 아니
다. 하루라도 빨리 나아가 너의들이 배운 것만치라도 우리 同
胞를 깨워주어야 하겠다. 이 거츨고 險惡한 世上에 보내는 것
이 마치 이리떼를 獅子들 틈바구니에 보내는 것 같다. 그러나
그 거츨고 險惡한 것을 征服하고 새 길을 여는 것이 너의들의
任務라 여기에 한 가지 付託할 것은 어듸를 가든지 거짓말을
말고 남을 속이지 말고 자기의 마튼 일을 게을리 말고 行한다
면 世上 사람들이 五山學校의 出身이 훌륭하다고 할 것이다.6)

참으로 의미 심장한 말이었다. 4년 동안 이들을 직접 지도한

---

5) 金道泰, 앞의 책, pp.205-206.
6) 金道泰, 위의 책, p.231.

시당(是堂) 여준(呂準)은 자기가 생각한 바를 다 가르치지 못
한 것은 큰 한이나 배운 것만이라도 실행을 당부하면서 천만
가지 재주를 배웠더라도 실행이 없으면 아무 소용이 없는 것
이니 우리가 4년 동안에 '나라를 사랑하라, 민족을 구하여라'
는 말은 남강 선생 이하 여러 사람이 귀가 아프도록 말한 것이
니 그것만 실행하여 준다면 아무 근심이 없노라는 말을 하였
다. 그 후 이들은 그때의 결단을 가슴깊이 품고 여러 방면으로
활약하여 열매의 사명을 다했던 것이다. 남강이 학생들에 미친
영향은 과목을 담당하는 선생들을 훨씬 넘어섰다. 학교 교정에
흙으로 동그랗게 쌓아 대(臺)를 만들고 그곳을 이름하여 '丹心
臺(단심대)'라고 하였다. 매일 아침이면 교정에서 조회를 하였
는데, 남강이나 시당이 단심대 위에 올라서면 구령에 따라 탈
모 국궁의 경례를 하고, 다음으로는 애국가 제창을 하고, 그리
고는 남강이나 다른 선생 또는 내빈의 훈화가 있었다. 남강이
있을 때는 거의가 조회나 훈화는 그가 맡아서 하였다. 그는 웅
변가도 아니고 더욱이 학식을 두루 갖춘 학자도 아니었으나,
항상 그의 관찰과 신념을 열성으로 호소하였기 때문에 듣는
학생들에게 깊은 감명을 주었다. 그는 "우리는 일본 사람을 인
격적으로 눌러서 이겨야만 한다",[7] "밝고 덕스럽고 힘있는 사
람이 되기 전에는 모든 일이 헛수고가 될 것이다. 10년 앓은
병에 10년 묵은 쑥이 약이 된다고 하는 데 그 쑥이 현재 없으
면 이제부터라도 길러서 묵혀야 할 것이다. 나는 우리 학교 졸
업생들이 방방곡곡에 흩어져 백성 속에 들어가 그들을 깨우치
고 그들의 힘을 길러 민족광복의 참된 기틀을 마련하는 자가

---

7) 「五山八十年史」, 서울: 五山中・高等學校, 1987, p.121.

되기를 바란다."8)고 하였다. 남강은 1911년 2월 '안중근 사건'
과 '105인 사건' 등으로 제주도 유배와 대구와 경성에서의 옥
살이를 끝내고 만 5년만인 1915년 2월에 가출옥하였다. 그는
제일 먼저 오산학교에 들러 학생들을 대면하였으나 말할 자유
마저 빼앗긴 환경에서 그는 학생들과 수없는 침묵의 대화를
하였고, 기도를 드리고 용동 집으로 돌아왔다.

그 후 그는 틈만 있으면 학생과 졸업생을 모아놓고 다음과
같이 말하곤 하였다.

> 나는 감옥에 있으면서 잠시라도 학교를 잊은 적이 없었다.
> 추운 감방에서 자면서 학교에 관한 꿈을 여러 번 꾸었는데,
> 학생들과 선생들이 배우고 가르치고 하는 얼굴들이 떠올랐다.
> 우리가 할 일은 빼앗긴 나라를 다시 찾는 일이요, 나라를 찾
> 아서 영광스런 나라로 만드는 일이다. 그런데 이 일을 위해서
> 는 해외로 나가는 일도 필요하고, 밖에서 군대를 길러 쳐들어
> 오는 일도 필요하다. 또 세계의 여론을 환기시켜 우리의 입장
> 을 유리하도록 이끌어 남의 지원을 받는 일도 필요하다. 그러
> 나 백성 한 사람 한 사람이 깨어 일어나 밝고 덕스럽고 힘있
> 는 사람이 되기 전에는 이 모든 것이 헛된 수고가 될 것이다.
> 나는 우리 학생들이 우리나라 방방곡곡에 흩어져서 겨레 속에
> 파고 들어가 그들을 깨우치고 그들의 힘을 길러 민족 광복의
> 참된 기틀을 마련하는 자가 되기를 바란다.9)

남강은 감옥에서 나온 후 오산학교를 더 크고 새롭게 하고
자 하는 마음으로 새 교사를 짓기로 하고 곧 이에 착수하였
다. 그를 비롯한 교직원과 학생들이 일심동체가 되어 주야로

---

8) 위의 책, pp.121-122.
9) 위의 책, pp.130-131.

헌신한 결과 1917년 11월에 아담한 교사를 낙성할 수 있었다. 이 교사를 지을 때 그는 학생들과 같이 자고 먹고 일하였다. 그는 이와 같이 선생과 학생이 한 몸이 되어 일하는 것이 오산의 전통이 되어야 한다고 믿었다. 이 때 그는 재목을 박천(博川)이나 곽산(郭山)에서 매수하여 바다로 10리가 넘는 해창(海滄)에서 날라왔던 것이다. 이와 같이 학생들과 한덩어리가 되어 함께 일하면서 더불어 숙식하였다는 것은 물론 그가 지닌 성품이기도 하지만 그가 지닌 민족관 내지 교육관에서 온 것임을 알 수 있다. 그것은 첫째, 학생들로 하여금 육체노동의 고귀함과 노동이 얼마나 힘들다는 것을 알게 하는 것이었고, 둘째, 협동과 봉사의 정신을 기르자는 것이었으며, 셋째로는 이렇게 하여 이루어진 건물에 대한 애착심과 그리움을 갖게 하자는 것이었고, 넷째로는 대자연과 삶의 공감을 체득하자는 것이었다.

1922년 7월 21일, 남강은 독립선언 사건으로 33인 중 제일 나중으로 3년형을 치르고 오산으로 돌아왔다. 무쇠는 두들기면 두들길수록 강해지는 것처럼 감옥에서 돌아온 남강의 무쇠같이 굳은 교육에 대한 의지는 더 한층 강인해졌다. 그는 감옥에서 쇠약해진 몸을 잠시 쉬기 위하여 부산 해운대로 갔다. 전과는 달리, 즉 105인 사건으로 복역하였다가 감옥에서 나왔을 때와는 달리 이번에는 눈에 띄게 온몸이 쇠약해진 것을 누구나 느낄 수 있었다. 해운대에서 두 주일 동안 쉰 그는 졸업생이 활동하고 있는 창원과 마산으로 제자들을 만나러 떠났다. 그는 비단 마산과 창원뿐만이 아니라 당시 교통이 불편한 진주나 순천 등지까지 다니며 졸업생들을 격려하였다.

그리고 남강은 1922년 12월, 약 2개월에 걸쳐 일본 시찰을 다녀왔다. 이때 일본 관헌은 남강에게 일본을 시찰시킴으로써 배일사상을 누그러뜨리고자 하였다. 시찰을 마친 남강은 일본의 발전상을 보고는 우리가 모든 면에서 뒤떨어진 것을 직감하였으나 우리가 쉬지 않고 노력하면 능히 일본을 능가할 수 있다고 믿었다. 시찰을 마치고 학교로 돌아온 남강은 학생들에게 다음과 같은 말을 하였다.

> 일본이 장족의 발전을 한 것은 놀랄 만한 일이다. 거기에는 유위한 인물들이 무한한 노력을 하였기 때문일 것이다. 우리도 그와 같은 노력을 할 인물만 있으면 근심할 것은 없다. 학생들은 국가장래를 위하여 노력하겠다는 결심을 하여라. 결심만 있으면 위인이 되고 학자가 되고 실업가가 되어 독립운동의 지사가 될 것이다. 일본이 발달하였다 할지라도 결국 사람이 해놓은 것이니 걱정할 것 없다. 학생들은 노력하여라.10)

남강은 감옥에서 나온 뒤 학교에 대한 생각, 교육에 대한 태도가 좀 달라졌다. 그 전에는 모든 정열과 노력을 주로 학교에만 쏟았는데, 지금부터는 학교를 중심으로 하는 하나의 이상촌을 세우려는 것 같았다. 오산에다 유치원에서 농과대학에 이르는 체계적인 교육기관을 둘 계획과 오산을 우리나라에 있어서의 하나의 모범적인 경제적, 문화적 및 윤리적인 지역으로 건설하여 전민족이 이것을 본받게 할 생각을 하고 있는 모양이었다. 그러려면 우선 오산의 주민부터를 새롭게 해야 된다는 생각에서 있는 주민들을 깨우치는 한편 그가 아는 건실한 사람들을 오산에 이주시켜 마을의 생활, 정신, 분위기를 바꾸고자 힘썼다.

---

10) 위의 책, p.28.

1922년 11월에 민립대학기성회(民立大學期成會) 준비회가
월남 이상재, 남강, 백은(白隱) 유진태(兪鎭泰) 등이 중심이
되어 조직되었다.

남강은 민립대학운동의 선두에서 지휘하였고, 민립대학 설
립 신청서를 누차 총독부에 제출하였으나 번번이 기각되었다.
일본 당국자들은 서둘러 1923년 5월에 경성제국대학령(京城
帝國大學令)을 공포하고 경성제국대학에 1924년에 예과를,
1926년에는 법문학부와 의학부를 개설함으로써 민립대학 설
립운동은 실패로 돌아갔다. 이에 남강은 오산에 농과대학을
세울 것을 구상하였다.

1926년 남강은 총독부에 농과대학 설립허가를 신청하였으
나 동년에 일어난 6·10만세운동으로 역시 실패로 돌아갔다.
그럼에도 불구하고 남강의 교육을 통한 민족 중흥에 대한 신
념은 더욱 굳어갔다. 그는 일인일기(一人一技)의 실업교육이
제1차적으로 중요하다고 생각하고 우선 연습림 임해농장(演
習林 臨海農場)과 학교 재단이 경영하는 직조공장 및 제사공
장(製絲工場)을 두어 오산을 새로운 전원도시로 만들어 산업
과 교육을 연결한 오늘의 산업협동과 같은 체제로서 종합교
육 계획을 구상하였다.

1930년 「성서조선(聖書朝鮮)」은 '이승훈선생기념호'로 출간
되었는데, 여기서 함석헌(咸錫憲)은 남강의 인간됨을 다음과
같이 서술하였다.

　　…… 學生을 對하야 말할 때도 「義」라는 말을 할 때에는 그
　　허잇한 수염난 입술이 부들부들 떨니는 것을 볼 수 잇섯다. 마
　　지막 證據를 하던 날에도 ·將來 일을 알 수 업스니 이 다음은
　　몰으겟으나 지금까지는 義를 위하야 죽으라면 조곰도 辭讓할

生覺은 업서·라고 하였다. 監獄에서 그가 깊이 깨달은 것이 이
것이엇다. 하나님은 義롭다. 故로 自己가 그 義를 직히기만 하
면 조곰도 두려울 것도 念慮할 것도 업다는 것이엇다. 宋丞相文
天祥은 天地의 正氣를 길러서 ·哀哉沮洳場, 爲我安樂國·이라 하
엇으나 先生은 監獄 안에서 바로 實地로 팔과 다리를 넛들거려
가며 춤을 추었다고 한다. 하나님의 義를 직히는 것이 너무도
즐겁어서 남이 몰느는 이것이 그의 모든 美德의 原動力이 된 것
이다.

이 證據를 한 지 바로 五日 後에 先生은 世上을 떠낫다. 朝
鮮에 이런 偉人이 잇엇슴을 朝鮮은 아는가 몰으는가. 그보다
도 이런 偉大한 魂을 通하야 朝鮮우에 일하는 全能者의 攝理
를 朝鮮의 子女들은 아는가 몰으는가. 五百名의 少年을 밤새
도록 痛哭식인 그는 自己가 죽지 안코 산 者인 것도 證明하엿
거니와 이 朝鮮우에 오히려 生命의 一線이 남아 잇슴을 이우
에 쉬지 안는 攝理의 일함이 잇슴을 힘잇게 證明하엿다. ·밋는
者는 永生한다·, ·義人은 信仰으로 산다·는 眞理가 朝鮮의 第
一人 그를 通하야 證明되는 同時에 이 百姓우에는 크고 感謝
헌 慰勞가 나리엇다. 그의 訃音을 듯고 四百餘通의 弔電을 보
내기보다도 百餘團體가 合하야 社會葬을 지나기보다도 數百틀
의 輓章弔辭와 數千圓의 賻儀金을 보내기보다도 一萬의 會葬
者가 千里驛路에 連하기보다도 우리가 원하는 것은 이 攝理를
깨달음이다. 죽은 南岡보다도 산 南岡, 살 南岡을 通하야 산
하나님의 經綸을 앎이다.

鍮器店의 使喚兒 우에 하나님의 經營이 잇고 그 우에 하나
님의 靈이 나릴 때 義를 爲하야 一身을 앗기지 안코 사랑하는
者를 爲하야 白骨을 밧치고 一生을 남을 爲하야 살고 自己를
爲하야서는 아무것이 업는 偉人이 나왓다. 偉大한 것은 하나
님의 眞理요 偉大한 것은 하나님의 사랑이다.11)

---

11) 「聖書朝鮮」 17(1930. 6), pp.12-13.

교권이 근본적으로 흔들리고 교원이 제자리를 제대로 찾지 못하고 방황하는 오늘, 남강의 교육의 얼은 새삼 우리들 마음의 깊이에서 빛을 발하고 있다.

교육－실천－의(義)－하나님의 질서는 현대를 책임지고 나아가는 교육자에게 새삼 하나의 지표가 된다고 하겠다.

2. 교육이념

남강에 있어서 시종일관 흐르는 정신은 지성(至誠)의 인(人)이요, 나라와 민족과 교육을 위한 희생적인 사랑의 화신(化身)이며 만년 청년으로 쉬임없이 향상하고 끊임없이 진리와 정의를 추구하며 경앙(敬仰)하여 마지않는 경(敬)의 구현자임을 알 수 있다.

그의 교육이념은 정성(誠), 사랑(愛), 공경(敬)으로 집약할 수 있다. 후일 신앙인이 된 남강은 이 세 가지를 목적으로 삼아 하나님을 공경하고 스승을 공경하며(敬), 민족을 사랑하고 국가를 사랑하며(愛), 진실하고 성실하게 거짓이 없이 사는 삶, 또 이를 따르는 학생들을 기르는 것(誠)을 목적으로 하고 있다. 이 목적은 오산학교의 교훈인 '사랑·정성·존경'으로 이어져 오고 있다.

1) 정성(誠)

남강이 어려서 고생한 것은 그만두고 임박천 집에서 나와 자력으로 장사를 시작하여 갖은 고초를 겪어가면서 실업계에 발판을 쌓아올린 것도 옛일이었다. 전란으로 10년 적공이 하루아침에 무너진 것을 눈앞에 보면서, 그는 지나온 일이 한마당의 꿈인 양 허무하기만 하였다. 남청정에서 남의 자본으로 사업하던 사람들이 많았는데, 전란으로 모두 허물어져 피난 갔다 와서 그것을 보상할 길이 없자 어디론가 슬슬 숨어버리고 말았다. 남강의 친구 중에는 "인제 별도리 있나. 일은 무얼로 계속하고 빚은 어떻게 갚겠나. 다른 곳으로 숨어버리는 수밖에 없지. 전란중에 죽은 줄 알거야. 가세 가, 도망가."이렇게 말하는 이도 있었다. 그러나 남강은 생각하였다. 남의 신세를 졌으면 갚아야 한다. 힘이 없어 못 갚을 경우에는 그 연유를 알려라도 주어야 한다. 이렇게 결심하고 그는 상점이며 공장을 세밀히 조사하여 잔재품을 기입하고 빌어온 자본에 대한 손해액과 이자를 계산하여 자기의 총 부채액이 얼마라는 명세서를 만들어 철산 오씨 집을 찾았다. 오삭주는 남강을 반갑게 맞아 주었다. 그는 "내 돈 가져다가 장사하는 사람이 수십 명이 넘는데 이번 난리 후 모두 숨어버리고 그림자도 얼씬 하지 않는거야. 자네는 찾아주는 것도 고마운데 이렇게 장기(掌記)까지 소상히 적어 왔으니 장사하는 사람은 이래야 쓰는 법이야. 장사하는 사람일수록 신의를 지키고 마음을 바로 먹어야 하거든"[12]하는 것이었다.

---

12) 金基錫, 앞의 책, pp.59-60.

남강이 학교 승격 문제로 몇 번 도청에 드나든 일이 있었
다. 졸업생 중에서는 승격이 못 되면 못 되었지 왜 깨끗한 어
른이 관청에 드나드냐고 하였다. 이 말이 남강의 귀에 들어갔
을 때 그는 "이 늙은 이승훈이가 무엇이 대견하냐"고 하면서
생각을 바꾸려 하지 않았다. 남강이 고보 승격 문제로 평북
도청에서 이쿠다(生田)라는 일본 사람 지사를 만난 일이 있었
다. 이쿠다는 남강의 풍모와 태도에 놀라면서도 시험으로 남
강이 오산학교를 세운 목적을 물어보았다. 남강은 즉석에서
한국 사람을 만드는 것이 자기가 학교를 세운 목적이라고 대
답하였다. 이쿠다 지사는 깜짝 놀라 선생은 일본의 뜻을 아실
터인데 그렇게 생각하면 곤란하지 않느냐고 하였다. 남강은
이쿠다를 정면으로 보면서 서력동점(西力東漸)의 현황을 말하
고 한국 사람이 한국 사람 구실을 못하면 일본이 장차 누구
와 더불어 이 사나운 물결을 물리칠 것이냐고 하였다. 이쿠다
는 이 말을 듣고 자리에서 일어나 절하고 자기의 짧은 생각
을 사과하면서 남강에게 잘 부탁한다고 하였다 한다.13)

하루는 남강이 최창학(崔昌學)더러 지갑에 돈을 좀 넣으라
고 하더니 차를 타고 동대문 밖으로 나가자고 하였다. 어느
조그만 골목에 차를 세우고 내려서 따라오라고 하였다. 남강
이 다 쓰러져가는 초가집 문을 두드려 주인을 찾자 그 안에
서 60이 가까워 뵈는 늙은 부인이 해진 옷을 입고 나왔다.
남강은 방에 들어가 부인 앞에 엎드려 인사를 하더니 고생이
얼마나 많았느냐고 하면서 눈물을 비오듯 흘리는 것이었다.
최창학은 영문을 모르고 서 있었다. 남강은 눈물을 거두고 최

---

13) 위의 책, pp.293-294.위의 책, pp.293-294.

창학더러 아까 넣은 돈을 부인에게 드리라고 하고 돌아오는
차중에서 양기탁 선생에 대한 자세한 이야기와 그 부인이 지
금 이렇게 고생한다는 것과 이러고서야 이 백성이 어떻게 흥
하겠느냐라고 하면서 독립지사와 그 가족을 잊어버리는 민중
의 완명(頑冥)함을 책하는 것이었다.14)

> …… 해운대 호텔의 남강의 거실에는 밤이 늦도록 불이 켜
> 져 있었고, 노인과 젊은이의 낮은 목소리가 번갈아 들렸다. 이
> 튿날 남강은 졸업생들을 서울로 올려 보내고 새로운 정세 아
> 래서 적과 싸울 방략을 생각하였다. 남강의 생각에는, 일은 작
> 은 일이나 자기가 만드는 것이고 남이 가져다 주는 것이 못
> 된다. 곡식이 땅에서 올라오는 것을 보아도 비나 이슬이나 태
> 양 광선이 이것을 도와는 줄지언정 大地를 들추고 올라오는
> 것은 결국 제가 올라오는 것이다. 알맹이가 부실할 때는 알맞
> 은 날씨가 계속되어도 종당 올라오지 못하고 올라온 뒤에도
> 고난을 뚫고 나갈 용기와 아름참이 있어야 대지 위에서 번창
> 할 수 있을 것이다. 남강은 이 간단한 진리를 여러 번 되새겨
> 보았고 또 스스로 물어보았다. 우리에게 튼튼한 알맹이가 있
> 느냐. 제 힘으로 무거운 땅을 들추고 올라올 알맹이가 있느냐.
> 이것이 없이는 비와 이슬과 태양 광선을 바라는 일은 헛된 수
> 고가 될 것이다. 그런데 사람들은 沛然作雨하여 기름진 비가
> 내리 퍼붓기만 바라는 것이 아니냐.15)

2) 사랑(愛)

1907년이 지나가고 1908년이 되었다. 지난 1년 동안 남강
은 문자 그대로 쉴 틈이 없었다. 선생을 초빙하고, 관청 일도

---

14) 위의 책, pp.299-300.
15) 위의 책, pp.308-309.

보고 비품과 책상을 만들고, 교실을 늘리고, 돈을 마련하고……, 그러면서도 학교에 돌아오면 종을 쳐 학생들을 모아 놓고 "부지런하라. 나라와 겨레를 사랑하라"는 훈화로 밤이 깊어가는 줄을 몰랐다. 그는 사람이 되고 나라를 사랑하는 길은 큰 일에만 있는 것이 아니고, 극히 예사로운 데서부터 시작해야 한다고 하였다. 아침에 일찍 일어나는 것, 뜰을 쓰는 것, 각각 자기 방을 치우는 것, 교실을 깨끗이 쓸고 정돈하는 것, 심지어 변소를 올바로 사용하는 것―이 모든 일이 곧 사람이 되고 나라를 사랑하는 데 통하는 길이라고 하였다. 그는 이런 말을 말로만 하는 것이 아니고, 이른 아침이면 학생들도 그대로 있을 수가 없어 뒤를 따라 비를 들고 뜰을 쓸고 변소를 치우고 교실의 먼지를 떨었다.16)

한 번은 남강이 밖에서 돌아와 혼자 학교를 돌아보았다. 추운 계절이었는데, 변소에 대변 무더기가 얼어 올라와 있었다. 남강은 도끼를 가지고 들어서서 얼어 올라온 덩이를 깨었다. 기숙사 학생들이 보고 뛰어나와 도끼를 빼앗고 선생을 올라 오게 하였다.

한편 남강은 학생의 친구가 되기도 하였다. 학생들의 얼굴과 이름을 잘 기억했고, 학생들과 만나고 이야기하기를 좋아했으며, 동문회 모임에 참석하여 같이 의견을 발표하였다. 남강은 선생이나 학생 대하기를 정다운 가족으로 대했고 동기와 어버이의 심정으로 그들의 어려움을 보살펴 주었다. 남강의 이 지극한 정성과 사랑이 학생들에게 번져나가 오산은 높은 소원에 불타오르는 헌신의 불도가니가 되었다.17)

---

16) 위의 책, pp.161-163 참조.
17) 위의 책, p.191.

오산은 남강이 이끄는 학교와 교회를 통하여 완전한 큰 가정이 되었다. 오산에 사는 주민들은 남강을 '우리 선생'이라고 부르고, 학교를 '우리 학교'라고 불렀으며, 학생들을 '우리 학생들'이라고 불렀다. 그들은 집에 학생들을 기숙시켰는데, 학교의 정신과 방침에 따라 부형으로서 학생들을 보살펴 준다는 생각이었고, 학생을 두고 그들에게서 대가를 받는 일로 생각지 않았다. 주민과 주민사이, 주민과 학생 사이에는 한 가지 소망 아래 같은 마을, 같은 지붕 밑에 있다는 가족 의식이 그들의 사이를 맑게 흘렀다. 학생들은 옆집 어린애들을 목말 태우거나 손목을 잡고 다녔고, 목욕탕에서는 아저씨와 노인들의 등을 밀어 드렸다. 오산을 다닌 학생이나 거기 살던 사람들은 아직도 북쪽 제석산 밑에서 벌어졌던 이 아름다운 이상향을 잊지 못하고 있다.18)

남강의 이상향의 특징은 자연이나 시설의 아름다움에 있는 것이 아니고, 그 속에서 사는 사람의 씩씩함에 있었다. 깨끗하고 부지런하고 서로 돕고……이것이 남강이 원하는 이상향의 기풍이었다. 이 기풍이 용동의 기풍이 되고 자기가 세운 학교와 교회의 기풍이 되어 소나무 냄새를 풍기는 맑은 공기가 되어 방방곡곡에 번져 나가기를 원하였다. 그는 한 사람이 덕스럽고 밝고 힘있는 사람이 되기를 바랐다. 남강의 이상향은 율곡의 향약과 통하는 바가 있었다. 깨끗하고 부지런하고 서로 돕는 향풍이 있는 것은 어디나 이상향이 될 수 있는 것이다. 비록 조그만 마을이고 넉넉지 못한 촌충이라고 해도 그 속에서 사는 사람들 사이에 강건한 기풍만이 흘러 넘친다고

---

18) 위의 책, pp.341-342 참조.

하면 거기는 넉넉히 기왓골이 연달아 있는 도성으로 넘어설 수 있는 것이다. 다른 사람들의 이상향이 종이 위에 그려 놓은 설계도인 데 반하여 남강의 이상향은 현실 속에서 자라 올라온 푸른 산줄기였다. 거기에는 자연의 경치와 시설의 완비함이 있거니와 여기에는 사람의 씩씩함과 생활의 협동이 있었다. 저기에는 제도와 시설이 소중했고, 여기에는 사람들의 심성과 그 살아가는 작풍이 소중하였다. 저기는 사람들이 만들어 놓은 인조 공원이고 여기는 산이 솟아 있고 들이 열리고 파도가 몰아치는 생명 어린 자연의 경관이었다.19)

3) 존경(敬)

제주에 유배가 있는 동안 남강의 생각은 역시 민족운동과 개화주의에서 잠시도 떠나지 않았다. 남강은 아침에 일어나는 대로 손수 비를 들고 안뜰과 거리를 깨끗하게 쓸어, 이것이 곧 동리 사람들의 주목을 끌었다. 그는 어린아이들의 코를 닦아주고 옷고름을 매어 주었다. 이 일로 하여 어린 아이들의 부모와도 알게 되었는데, 그들에게 그는 집을 깨끗이 치우는 것과 자녀를 학교에 보내는 것과 부지런히 일하는 것과 어려운 일이 있을 때 서로 돕는 것이 나라를 위하는 일이 된다고 설파하였다. 한 달 뒤에 그는 동리 청년들을 모아서 우물을 깨끗이 치기까지 하였다. 남강이 온 이후로 동리는 확실히 깨끗해졌고 싸움이 없어졌으며, 교회에 나오는 사람의 수효가 늘었다.20)

---

19) 위의 책, p.334 참조.
20) 위의 책, p.133.

오산학교를 세우면서 남강은 경의재(經義齋)를 수리만 했었는데, 교회를 일으키면서 교회당을 새로 지었다. 이 교회당은 교인들과 선생과 학생들의 힘으로 지었다. 돌도 날라오고, 재목도 날라오고, 흙도 바르고, 이 교회를 지을 때의 일이 하나의 전통이 되어 그 뒤 교사를 지을 때에도 남강은 재목과 돌을 선생, 학생들과 함께 손수 날라왔다. 오산은 이 교회로 하여 민족정신과 복음이 한데 합하여 놀라운 불꽃을 올리면서 타올랐다. 나라 잃은 설움 속에서 슬픈 연기에 잠겼던 기슭에는 새로운 희망과 용기가 돌아왔다. 나라 빼앗긴 설움으로 흘리던 눈물은 주의 은혜를 고마워하는 새로운 눈물로 바뀌었다.

> 다른 사람이 모두 출옥되고 나만 남아 있었는데 나는 실로 조석으로 기도하기를 이와 같이 나오게 되지 말고 하루라도 더 있으면서 우리 형제의 마음을 위로코자 하였다. 지금 경성 감옥에 있는 정치범이 수백 명인데 그 중에 종신 징역이 22명이요 그외 10년 이상의 징역을 받은 사람이 수십 명이라, 그들을 불덩이 같이 뜨거운 옥 속에 두고 나오는 생각을 하니 감옥문에 나서자 더운 눈물이 앞을 가리어 차마 발길이 돌아서지 못하였소. 내가 감옥에 들어간 후에 한 일은 2,700여 페이지나 되는 구약을 열 번 읽었고 신약전서를 40독을 하였으며, 그의 기독교에 관한 서적을 읽은 것이 7만 페이지는 될 터이니 내가 평생에 처음되는 공부를 하였소. 장래 나의 할 일은 나의 몸을 온전히 하나님에게 바치어 교회를 위하여 일할 터이니 나의 일할 교회는 일반 세상 목사나 장로들의 교회가 아니라 온전히 하나님이 이제로부터 한 민족에게 복을 내리시려는 그 뜻을 받아 동포의 교육과 산업을 발달시키고자 하오.[21]

---

21) 위의 책, pp.256-257.

남강은 신학교에 있으면서 구약을 통하여 의(義)를 배웠다. 기독교는 의의 종교, 여호와는 의의 신이라는 생각이 들었다. 남강에게는 여호와의 세계의 창조와 지배와 심판이 모두 그의 의에 이끌리는 것으로 생각되었다. 하늘과 땅을 지으심도 의, 만물을 만드심도 의, 나중으로 사람을 만들어 만물 위에 두심도 의, 아담과 하와를 동산에서 쫓아내심도 의, 노아 홍수도 의, 소돔과 고모라의 멸망도 의, 바로왕 때 내린 재앙도 의, 이스라엘을 애굽에서 이끌어 내심도 의, 예언자를 보내심도 의, 나중에 죽은 자와 산 자를 심판하러 오심도 의로서 만물은 이 여호와의 의에서조차 왔고 의로 말미암고 의 속에 있다가 의에 돌아가는 것이었다. 남강은 다시 생각하였다. 모세의 율법이 의였다. 행함과 가르침이 의였다. 거짓은 의가 못 된다. 도둑질은 의가 못 된다. 간음은 의가 못 된다. 이웃을 괴롭힘은 의가 못 된다. 자기를 높이고 자기만 잘 살려는 것은 의가 못 된다. 의 속에서 살리라. 의 속에서 살리라. 그는 이런 생각을 하면서 학생들과 같이 강의를 듣고 토론하고 방에 돌아와 성경을 읽고 기도를 올리고 하였다.22)

　나 같은 별로 한 일도 없는 사람을 위하여 이렇게 동상을 세워주고 제막식까지 성대하게 해 주니, 무엇이라 감사의 말씀을 드려야 할지 모르겠다. 나는 어려서 빈천한 가정에 태어나서 글도 변변히 못 읽고 여러 가지 고생을 했는데, 오늘 이 같은 영광을 입음은 내게는 너무나 과분한 일이다. 내가 민족이나 사회를 위해서 조금이라도 한 일이 있다고 하면, 그것은 백성된 도리에서 한 것이지 특별한 일을 한 것이 못 된다. 나

---

22) 위의 책, pp.367-368 참조.

는 하나님을 믿는 것을 가장 큰 영광으로 생각한다. 내가 후
진이나 동포를 위하여 한 일이 있다고 하면 그것은 내가 한
것이 아니고 하나님께서 내게 그렇게 시킨 것이다. 만일 사람
이 자기 자신의 영혼에 상처를 입었으면 저런 동상은 몇 백
개 세워도 참된 영생이 못 될 것이다.23)

3. 교육내용

남강의 교육의 향방은 크게 넷으로 볼 수 있다. 첫째는 근
대교육에로, 둘째는 산업교육에로, 셋째는 민족교육에로, 넷째
는 종교(기독교)교육에로 구분할 수 있다.

1) 근대교육에로

1907년 남강은 평양에 나아가 도산의 강연을 듣고 돌아와
새로운 결심을 실천하였다. 그것은 용동에 세웠던 서당을 새
로 수리한 후 구교육을 탈피하고 신교육을 실시한 것이었다.

> 글房에서 漢文만 배우든 사람들이 크나 적으나 모다 이 小
> 學校의 學生이 되어 算術도 배우고 地理, 歷史, 修身을 배우는
> 데 어떤 學生은 先生보다도 나이가 많은 사람도 있었다.24)

남강은 학교에 종각을 만들고 종을 달았다. 그리고 아침 저

---

23) 위의 책, p.394.
24) 위의 책, p.194.

녁으로 종을 울려 학생들의 모이고 헤어지는 것을 알렸다. 시
간표에 따라 배우게 했고, 또 조그만 손 종을 흔들어 시간이
바뀌는 것을 알게 하였다. 과목 중에서 학생이나 동리 사람들
이 이상하게 생각한 것은 산술과 체조였다. 상용수자라고 하
여 칠판 위에 1 2 3 4……를 쓰고 이것으로 가·감·승·제
를 가르칠 때 이 신기한 방법에 사람들은 깜짝 놀랐다. 그리
고 체조라고 하여 학생들을 밖에 데리고 나가 줄로 세워놓고
기착, 나란히, 앞으로 갓, 뒤로 돌앗, 돌아 우편 앞으로 갓,
구보라는 호령을 하면 여기에 따라 학생들이 줄 서고, 걸어가
고, 달리고 했는데 이것은 강명의숙 근처 사람들의 구경거리
가 되었다.

남강에게는 강명의숙(講明義塾)에서 배우는 학생들이 다시
없이 귀하게 보였다. 얼마전까지만 해도 이 애들은 글방에서
머리를 땋아 늘이고 천자문, 사략(史略), 무제시(無題詩), 동몽
선습(童蒙先習) 등을 읽었는데, 얼마 사이에 크게 변하였던
것이다. 이제 이 애들은 신학문, 신지식을 배우는 학생들이
되었고, 나라 일을 걱정할 줄 아는 어린 지사들이 되었다.

남강이 중학교를 세우기로 결심한 것은 강명의숙을 세운
지 두 달 뒤였다. 평양에서 도산을 만나 새로운 희망을 안고
용동에 돌아와 강명의숙을 세웠는데, 그때 남강은 학교를 세
워 신교육을 함을 적의 침략을 꺾는 거로 생각했다. 즉, 소학
교를 세우는 일이 한 소대(小隊)의 힘이 된다면 중학교를 세
우는 일은 한 연대(聯隊)의 힘이 되는 것이었다.

1907년 12월 24일 신고 끝에 승천제(昇薦齊) 자리에 오산
학교가 개교 되었다. 유림의 대표 백이행을 교장을 시키고 여
준(呂準),25) 서진순(徐進淳)26)을 선생으로 데려왔다.

여준은 수신(修身), 역사(歷史), 지리(地理), 산술(算術), 대
수(代數), 국가학(國家學), 법학통론(法學通論), 한문(漢文), 헌
법대의(憲法大意)27) 등을 가르쳤고, 서진순은 바지 저고리에
두루마기를 입고 갓 쓴 사람, 머리를 깎고 모자를 쓴 사람,
걸음을 걸을 때 팔과 다리가 한꺼번에 움직이며 걸음을 갈지
자 걸음으로 걷는 것을 기착, 우로 나란히, 좌로 나란히, 우
향우, 좌향좌, 앞으로 가, 뒤로 가, 돌아 우편 앞으로 가 등을
가르치면서 새로운 체육과 교련을 몸에 익히게 하는 데 진력
하였다. 이것은 통감부 시대의 학제 및 교육내용에 있어 종래
의 소학교를 보통학교로 개칭하고 그 수업 연한도 4년으로
단축하는 동시에 재래의 중학교를 고등학교로 고쳐 그 수업
연한을 3년 내지 4년으로 학생의 학급 정원제를 실시하였
고,28) 학부령 제23호로 공포된 韓末의 고등학교의 교육과정
수신, 국어, 한문, 일어, 역사, 지리, 수학, 박물(1, 2), 외국
어29) 등과 비교해 볼 수 있다. 당시 오산학교는 수신, 교육
학, 지지(地誌), 역사, 물리, 박물, 산술, 어학, 체조30) 등을 교

---

25) 본명은 조현(祖鉉), 호는 시당(是堂), 경기도 용인 출신으로 정주 오산
    학교에서 교편을 잡고 있다가 북간도에 건너가 이동녕, 이상설과 서전
    서숙(瑞甸書塾)을 세워 숙장으로 후진 양성에 힘썼으며, 1910년 한일합
    방이 되자 만주 통화현(通化縣), 합니하(哈泥河)로 이주 신흥무관학교
    (新興武官學校)를 창건하고 교장으로 있으면서 독립군을 양성하였다.
    1912년 대종교(大倧敎)에 입교, 1919년 3·1운동 후에는 서로군정서
    (西路軍政署) 부독변(副督辨)·한족회(韓族會) 간부를 역임, 독립운동에
    힘쓰다가 뒤에 장백산록에 은거, 여생을 마쳤다. 몽양(夢陽) 여운형(呂
    運亨)의 숙부가 된다.
26) 육군연성학교(陸軍鍊成學校) 출신으로 전라도 장성에서 출생하였다. 체
    육과 교련을 담당하였다.
27) 金道泰, 앞의 책, p.207.
28) 吳天錫, 「韓國新敎育史」, 서울: 현대교육총서출판사, 1964, p.182.
29) 孫仁銖, 「韓國近代敎育史」, 서울: 연세대출판부, 1971, p.50.

수하였다. 1910년 남강이 교육 主旨를 기독교로 정립한 후부
터는 새롭게 성경과목이 첨가되었으며, 그 후 유영모(柳永模)[31]
에 의하여 심화되었다.

　신민회의 이념을 구현하는 방법으로 세워졌던 오산학교는
평양의 대성학교(大成學校)와 함께 민족 간부 양성을 목표로
하여 민족정신의 함양이 학교교육의 주요한 이념이었다. 이
민족정신의 함양은 어느 한 과목으로 가르쳐지는 것이 아니
라 아침 조회부터 시작하여 모든 교과, 그리고 종례까지가 다
민족정신의 화염에 타고 서로 녹고 녹았던 것이다.

　남강에게 영향을 준 책은 「이태리삼걸전(伊太利三傑傳)」, 「월
남망국사(越南亡國史)」, 양계초(梁啓超)의 「음빙실문집(飮氷室
文集)」, 존 번연의 「천로역정(天路歷程)」 등이었다. 또한 당시
역사교재로 쓰여졌던 현채(玄采)의 「동국사략(東國史略)」, 「만
국사기(萬國史記)」 등을 탐독하였고, 특히 충무공(忠武公)의 일
생에 큰 감화를 받았다. 그는 여준으로부터 양계초의 「음빙실
문집」, 유길준의 「서유견문」 등을 강설받았다. 남강의 사상과
정신에 크게 영향을 미친 요인은 첫째 역사서류, 둘째 양계초
의 「음빙실문집」,[32] 셋째 유길준의 「서유견문」,[33] 넷째 성경

---

30) 「대한매일신보」, 1909년 11월 30일자 광고.
31) 1890년 서울 수하동(水下洞)에서 태어나 경신학교를 수석으로 졸업하
　　였는데, 그의 부친 유명근(柳明根)과 지면(知面)으로 오산학교에 오게
　　되었다. 1910년 오산에 올 때는 20세의 청년이었다. 그는 처음 와서
　　물리와 천문학을 가르쳤다. 연동교회 장로 아들로 그로부터 4년간 오
　　산학교에 봉직하였다. 그는 1914년 오산학교를 그만두고 동경 물리학
　　교에 입학하였다. 그는 1912년에서 23년까지 다시 오산학교에 와서 봉
　　직하면서 한때 교장까지 하였다. 그는 황폐한 1950년대에 세브란스 에
　　비슨관에서 또는 종로 YMCA에서 일요일 오후마다 강의를 하였고, 필
　　자도 맨 앞에 앉아 열심히 그 내용을 받아 적던 문하생 중의 한 사람
　　이다. 그는 1981년 2월 3일 91세를 일기로 세검정에서 타계하였다.

등으로 정리할 수 있다.

민족 私學으로 출발한 양정의숙(養正義塾, 1905), 보성학교(普成學校, 1905), 보성중학교(普成中學校, 1905), 서우학교(西友學校, 1907), 양산학교(楊山學校, 1907), 오산학교(五山學校, 1907), 융희학교(隆熙學校, 1908) 등의 교과과정을 일일이 열거치 못하나 몇 가지 공통점을 살펴보면 다음과 같다.

첫째는, 거의 모든 학교들이 구교육의 경전(經典) 중심의 교육내용에서 탈피하여 새로운 서양식 교육내용, 즉 자연과학 과목(물리, 화학, 생물, 수학, 산술 등)과 사회과학 과목(법학, 경제학, 지리, 역사, 정치학 등)을 도입한 점인데, 이것은 부국강병을 위하여 시급히 요청되었던 당시의 시대 사조와 깊은 관련이 있다.

둘째는, 사회과학 과목 중에서도 특히 역사와 지리 과목이 강조되었다는 점이다. 이것은 일제의 침략에 대항하여 민족의 자주독립 정신과 민족의식, 애국사상 등을 고취시키기 위한 것으로 해석된다.

셋째는, 거의 모든 학교에서 체조 과목을 도입하고 있다는

---

32) 상편(上篇)은 통론(通論)·시국(時局)·종교(宗敎)·교육(敎育)에 관한 논문을 모았고, 하편(下篇)에는 학술(學術)·학설(學說)·역사(歷史)·전기(傳記)·지리(地理)·잡문(雜文)·논총(論叢)을 모았는데, 저자의 날카로운 문장을 읽는 사람에게 큰 감동을 준다.

33) 1·2장에서는 지구의 내력과 6대주의 구역과 세계의 산과 강·인종·물산 이야기를 실었고, 3~9장까지는 인민의 권리·교육·정부형태·세금·화폐·법률·순찰을, 11~12장에서는 교양·풍속을, 13장에서는 학술·군제·종교의 내력과 학교의 교과목, 14장에서는 상업과 개화, 15~16장에서는 결혼식·의상·음식·금전제도·민속과 오락, 17장에서는 빈민원·병원·교정원(矯正院)·박람회·박물관·도서관·강연·신문을, 18장에서는 증기기관·전신 전화상사·백화점을, 19~20장에서는 구주 및 미주의 대도시의 경상을 다루고 있다.

점이다. 이것은 당시의 시대적 상황에서 국권회복을 위해서는 무엇보다도 강자가 되어야 한다는 생각에서 체력의 증강으로 국력 신장을 도모하고자 한 것으로 풀이된다.

넷째는, 음악, 미술, 등의 과목을 도입하였다는 점이다. 이것은 교육자로 하여금 심정을 쾌활하게 하고 미적 감각을 길러서 정서 교육을 함양케하고자 한 것으로 생각되며, 특히 음악에 있어서의 창가 교육은 일제의 침략에 대한 저항의식 및 배일사상의 고취에 큰 몫을 하였다고 볼 수 있다.

이에 더하여 오산학교는 다른 미션계 학교와는 달리 이와 같은 근대교육, 민족교육의 기초 위에서 기독교 교육을 첨가하였던 것이다.

2) 산업교육에로

남강이 평양에 나와 거상으로 성공한 데는 몇 가지의 이유가 있다. 첫째, 장사의 기회를 보는 데 민첩했고, 둘째, 치밀한 계획을 세웠고, 셋째, 동지와의 사이의 정의를 두텁게 했고, 넷째, 쓰는 사람을 믿고 또 가르쳤기 때문이다.

그가 평양에서 처음으로 서양사람 선교사들을 보았고, 그들이 학교와 병원을 경영하려 한다는 이야기를 들으면서 그의 머리에는 교육이 필요하다는 생각이 퍼뜩 지나갔다. 그가 어렴풋이 교육에 관심을 가진 것은 청정 유기공장에서 그릇 만들어지는 공정을 볼 때였다. 쇳물을 녹이고, 본을 뜨고, 거기에 쇳물을 붓고, 나중에 그릇 모양이 된 것을 두들기거나 하고, 다시 이것을 다듬고 하는 것을 보았다. 그 뒤 자기가 상점과 공장을 경영하면서 그는 사업을 하는 사람으로서 가장

힘써야 하는 일이 그 고용하는 사람을 가르치는 일임을 알았
다. 이렇게 하여 그는 산업과 교육의 연결을 구상하는 데 이
르렀다.

남강은 힘이 필요하다는 생각을 했다. 그리고 그 힘을 그는
산업의 힘으로 생각하였다. 우리도 철도를 깔고, 항만을 만들
고, 공장을 짓고, 물건을 만들어내고 또 군함과 대포를 만들
어 내면 힘이 생기고 또 그 힘을 인정받을 수 있을 것이라고
느꼈다.

그 후 그는 기술자 몇 사람을 데리고 마산동에 가서 거기
의 물과 토질을 자세히 조사하고 그 자리에 마산동 자기회사
를 세우려고 하였다. 남강은 우리로서 앞으로 해야 할 일이
산업이고, 우리나라 사람들 사이에 아직도 고려자기 만든 기
술이 전해 내려옴을 알기 때문에 자기회사에 착안한 것이었
다. 이러한 마산동 자기회사의 설립 계획은 확실히 민족산업
근대화의 중요한 시발점을 이루는 것이다.

1910년 그는 산란한 심사 속에서 용동 둑을 거닐고 있었
다. 그는 나라가 결국 힘이 없어 남에게 눌리는 것이 싫었다.
나라에 힘이 없는 것은 산업을 천하게 알고, 벼슬하는 것만
높다고 여겨 산업이 발달하지 못한 까닭이라고 느꼈다. 산업
이 발달되어 백성의 살림이 넉넉해지고 새로운 여러 가지 기
구와 기계를 만들어 내어 우리 손으로 철도를 놓고 광산을
하고 항만을 만들고 공장을 짓고 했으면, 누가 감히 우리에게
손가락을 댈 것이야고 생각하였다.

때마침 덴마크 교육사조가 우리에게 들어왔다. 덴마크에서
그룬드비히(Grundvig)에 의한 국민고등학교 교육이 나라를
일으켰다는 소문이 우리의 귀를 흔들었다. 신문과 잡지에는

그룬드비히의 사업이 소개되고 직접 덴마크를 다녀온 사람들
에 의하여 새로운 교육의 성과가 보고 되었다. 남강은 그때
우리의 식민지주의가 병이지 실업 치중이 병이 아니라고 하
였다. 도산도 국내에 있을 때 주장했거니와 우리에게는 정신
과 함께 기술이 필요하다. 남녀노소가 1인 1기를 습득하여
부지런히 일하고 물건을 만드는 일이 소중하다. 남강은 입으
로만 떠드는 사람을 싫어하였다. 얼굴이 희고 손이 해말쑥한
사람은 교육을 올바로 받은 사람이 못 된다. 소학교부터 대학
에 이르기까지 실천주의가 존중되어야 한다. ……남강은 덴마
크 교육사조를 알기 위하여 여러 사람을 만났고, 또 그들의
이야기를 들었다. 그러던 차에 신천(信川)에서 왕재덕(王在德)
여사가 가재(家財)를 던져 신천농민학교(信川農民學校)를 세
운다는 소식이 전해졌다. 남강이 이 소식을 듣고 신천에 나가
직접 왕 여사를 만나고 이 사업의 추진 인물이 안정근(安定
根), 김선량(金善亮) 두 사람과 만났다. 안정근은 안중근 의사
친동생으로 전부터 잘 알고 있었고, 김선량은 김용제(金庸濟)
의 아들로 친자식처럼 귀여워하는 사이였다. 남강은 그들과
만나 왕재덕 여사의 뜻과 농민학교의 방향에 대하여 자세한
이야기를 들었다. 남강이 왕 여사가 세우는 신천농민학교에
지극한 관심을 가졌던 것은 왕 여사를 만나러 일곱 번씩이나
신천에 나왔었고 손수 30여 통이나 편지를 학교로 써 보낸
것으로 보아 알 수 있다. 김선량이 전하는 바에 의하면 그때
의 남강은 덴마크 교육에 거의 취해 있었다고 한다. 그는 2주
일이 멀다 하고 트렁크에 모기장까지 넣어 가지고 신천에 나
왔는데, 농민학교 관계자들을 만나서 인제 우리에게 광명이
왔다는 말을 몇 번이고 되풀이했다고 한다. 남강은 신천농민

학교의 설립을 남의 일로 생각지 않았다. 신천농민학교가 바로 남강의 대오산 건설의 길잡이가 되는 것이었고, 이 학교에 대한 민간과 당국의 반영이 그대로 자기가 세우려는 농과대학의 운영에 직결되는 것이었다.34)

남강은 오산학교와 신천농민학교와 자매 결연을 하였다. 남강은 제석산과 연향산이 앞으로 학교의 연습림이 되고 안주의 매립된 개간지가 학교의 임해 농장이 될 것을 생각하였다. 고읍(古邑)과 운전(雲田)벌에는 학교 재단이 경영하는 직조공장과 제사공장을 두고 오산 일대를 새로운 교육 도시로 만들 것을 생각하였다. 이 같은 새 교육도시는 농촌과 도시가 연결된 전원도시로서 학교와 교회와 도서관이 도시 중앙에 있고 공장이 교외에 위치하고 그 사이가 푸른 마을로 메워져야 했다. 남강의 종합교육 계획은 교육 계획과 산업 계획을 연결한 새 국가의 설계도였다. 이러한 그의 종합교육 계획은 그의 생전에 실현되지 못하였다고 하여도 이 계획은 겨레의 운명을 걱정하는 사람들의 가슴속에 살아 움직이고 있어 언젠가 실현해야 할 깊은 책임과 이 땅에서 삶을 영위하는 모든 사람들의 의무가 되어야 할 것이다.

3) 민족교육에로

당시 「대한매일신보(大韓每日申報)」35)가 용동 글방에 배달

---

34) 金基錫, 앞의 책, pp.302-303.
35) 영국인 배설(裵說)이 사장을 하고 주필은 박은식, 총무에 양기택이 앉아 일본이 한국에 대한 침략정책을 공격하는 기사를 실어 읽는 사람에게 많은 감동과 자극을 주었다. 이때의 신문은 단순한 신문이 아니고

될 때마다 이것을 읽고 담화하는 것이 큰 일과 중의 하나였
다. 이 「대한매일신보」에는 여러 가지 소식들이 실려 있었다.

을사조약이 강제로 맺어졌다는 것과 「황성신문(皇城新聞)」
이 '시일야방성대곡(是日也放聲大哭)'이라는 논설을 싣고 폐
간 처분을 받았다는 것과, 민영환(閔泳煥)이 유서36)를 쓰고
자결했다는 것과, 이어서 조병세(趙秉世)도 자진(自盡)하였다
는 것과, 이갑(李甲)·정운복(鄭雲復)이 서우학회를 만든다는
것과, 손병희가 동학을 고쳐 천도교로 했다는 것과, 박제순
내각이 갈리고 이완용이 참정대신에 임명되었다는 것과, 해아
만국평화회의 우리 대표 이상설(李相卨)·이준(李儁)·이위종
(李瑋鍾) 세 사람이 참가했다가 이준이 거기서 분사했다는 소
식 등이 소상하게 보도되었다.

남강은 나라가 쓰러져 넘어가는 것이 크게 가슴이 아팠다.
그는 오욕의 역사를 씻지 못한 채 남에게 이 땅을 내어주고
나라 없는 백성이 되어 쫓겨날 것을 생각하였다. 그해 7월에
남강은 그대로 있을 수 없어서 평양에 나가 보기로 하였다.
평양에 나간 남강은 도산의 연설을 듣고 큰 감명을 받았다.
그리고 신민회37)에 참여하였다.

지금으로 하면 잡지나, 통신·강연·방송을 겸한 것 같은 것이었다.

36) 嗚呼國恥民辱乃至於此我人民行將殄滅於生存競爭之中矣夫要走者必死期死
者得生諸公豈不諒只泳煥決以一死仰報皇恩, 以謝我二千萬同胞兄泳煥死而
不死期助諸君於九泉之下幸我同胞兄弟千萬倍加奮勵堅乃志氣勉其學問澤心
戮力復我自由獨立則死者喜笑於冥冥之中矣嗚呼少勿失望譯告我大韓帝國二
千萬同胞.

37) 1907년 4월 미국에서 귀국한 안창호의 발의에 찬동한 「대한매일신보」의
양기탁, 상동 교회(尙洞 敎會)의 전덕기, 무관 출신의 이동휘, 이동녕, 이
갑, 유동열 등 7인의 창건위원이 되고 이승훈, 노백린, 안태국, 최광옥,
이시영, 이상재, 윤치호, 이강, 김구, 신채호, 임치정, 김홍량 등 각계 각
층의 개화 선각자들이 참여하여 비밀리에 결성된 구국계몽단체였다.

신민회에 나타난 조직 목적은 ① 국민에 대한 민족의식과 독립사상의 고취, ② 동지의 발견, 규합과 국민운동의 역량 축적, ③ 청소년 교육진흥, ④ 상공업의 증진에 있었다.38)

신민회가 전개한 국권 회복을 위한 신교육 구국운동의 기본 방침은, ① 국권회복을 위하여는 신교육이 필요함을 계몽, ② 관민이 각처에 설립한 학교의 교육목적과 내용이 국권 회복에 적합하도록 유도, ③ 신민회 정신에 따라 신민회원이 직접 학교도 설립, 운영하여 모범을 보이는 것 등이다.

이러한 신민회는 민족교육을 위하여 1907년 같은 해에 남강은 정주에 오산학교를, 도산은 평양에 대성학교를 설립하여 민족 교육의 정예(精銳)를 양성하였던 것이다.

1910년 8월 29일, 일본은 합병조약을 발표하면서 한토(韓土)를 자기 주머니 속에 거둬 넣었다. 한반도는 일시에 통곡의 골짜기로 변하였다. 남강도 처음에는 울었다. 그러나 그는 눈물을 거두고 새로운 결의를 실천에 옮겼다. 긴 여름방학이 지나가고 9월 신학기가 되었다. 학생들은 방학 동안 집에서 망국의 비보를 알고 학교에 나왔다. 개학하는 첫날 남강은 전교생을 데리고 학교 뒷산으로 올라가 언덕 위에 대열을 서게 한 다음 동쪽을 향하여 서게 하였다. 남강은 학생들과 마주보며 서서 5분, 10분 그대로 서서 말 없이 눈물만 흘렸다. 눈물이 하염없이 흘러 옷깃을 적셨을 때 모든 학생들도 소리없는 깊은 울음을 울었던 것이다. 얼마 뒤에 그는 학생들을 데리고 내려왔다. 이 침묵과 울음이 주는 강렬한 계시를 모든 학생들은 흡족히 받고 또 결의를 다졌던 것이다. 학생들의 가슴 속

---

38) 國史編纂委員會, 「韓國史」, 19(近代篇), 서울: 探究堂, 1975, p.293.

에는 그때 남강의 엄숙하고 진실된 모습과 순간이 영원히 지워지지 않는 印刻으로 아로새겨졌던 것이다.39)

김형석(金亨錫)은 남강의 활동을 다음과 같이 정리하였다.

新民會 活動－五山學校 設立－關西地方의 民族産業資本形成－基督敎入敎 등으로 이어지는 그의 초기활동이 開化主義的 색채가 강한 반면, 1920년대의 物産奬勵運動－民立學校 設立運動－硏政會－新幹會 등으로 이어지는 활동은 말년에 나타나는 현상들 理想鄕 建設에의 강렬한 의지와 朝鮮的 기독교로의 염원과 함께 민족적 색채가 강하게 나타나고 있다. 독립운동의 방법 또한 초기에는 애국계몽운동이 독립을 쟁취하는 최선의 방법으로 인식하고 독립에의 의지가 강렬하였던 데 반하여, 후기에는 당시의 사회 상황과 현실 여건을 인정하면서 기존 체제하에서 점진적인 개선과 민족 역량의 함양을 주장하고 있다.40)

남강의 일생은 민족주의와 애국운동에 기초를 두어 교육구국의 이상을 일관성있게 실천하였던 것이다. 그는 전재산, 명예, 생명, 나중에는 그의 뼈까지도 오산학교에 바쳤던 것이다. 그가 학교를 세운 것은 단순한 지식 전달만이 아니라 민족의 장래를 바라보는 민족교육의 차원에서였다. 학교를 사랑하는 것은 민족을 사랑함이요, 민족을 사랑함은 교육을 통하여 이 민족을 불러일으켜 세우기 위함이었다.

주기용(朱基瑢)41)은 '五山 精神에 對하여'에서 다음과 같은

---

39) 金基錫, 앞의 책, pp.184-185.
40) 金亨錫, "南岡 李昇薰 硏究", 「東方學誌」, 第 46·47·48 合輯, 延世大 國學硏究院, 1985, pp.628-629.
41) 五山 출신으로 남강의 壻郎이 된다. 1933~1942년까지 교장으로 五山學校 발전에 지대한 공헌을 하였다. 월남하여 1948년 제헌 국회의원을

실례를 들었다.

　　페스탈로찌(G.H. Pestalozzi)가 슈탄쯔(Stanz)孤兒院의 경영
　　을 위하여 여러 면으로 구걸한 것처럼 南岡 역시 五山學園의
　　유지를 위하여 눈부신 活動을 계속하던 중 한번은 郭山敎會에
　　서 뜻을 이루지 못하고 눈내리는 저녁 때 긴허리교회로 향하
　　여 가던 도중 눈보라는 길을 덮고 무릎을 지나치게 되어 방향
　　을 알 길 없어 드디어 그 자리에 꿇어 앉아 머리를 조아리며
　　기도를 계속하였다. 여기에는 五山을 위한 精誠뿐이요, 火焰처
　　럼 불타는 열이 心中에서 용솟음칠 뿐이다. 눈이 몸을 덮어
　　머리만 往來할 뿐이라. 다음날 아침 牛車가 지나다가 구제하
　　여 生命을 구하게 되었다는 거짓말 같은 사실이 있다. 南岡의
　　이 뜨거운 精誠에 어느 누군들 感化받지 않은 이 어데 있으리
　　오. 이 위대한 敎育的 鎔解爐 속에서 그도 불타고 학생도 불
　　타서 사랑의 불꽃 속에서 정성의 열 속에서 드디어 五山의 傳
　　統은 이루어지고 南岡의 얼은 傳授되어 뚜렷한 五山精神을 이
　　룩한 것이다.42)

4) 종교(기독교)교육에로

　1910년 8월 일본은 예정대로 한·일 합방을 발표하였다.
인제 나라가 망했으니 이 나라 없는 백성을 묶어 세우는 데
는 그들이 의지할 수 있는 새로운 정신이 필요하였다. 신민회
회원 중에는 기독교 신자가 많았다. 서울 상동교회의 전덕기
(全德基) 목사, 상동청년회 간부 이동녕(李東寧) 장로, 의주

　　거쳤다. 1953년 부산에서 오산학교를 개교, 교장이 되어 1961년 교장
　　으로 정년 퇴임하였으며, 1962~1966년까지 재단이사장을 하다가 동년
　　5월 8일 별세하니 五山學校葬으로 하였다.
42) 金道泰, 앞의 책, pp.337-338.

(義州)의 최광옥(崔光玉) 교장 등이 모두 독실한 신자였다. 그
들을 만나러 남강은 자주 교회로 갔다. 예수교는 앞으로 새로
운 세력으로 뻗어 나가고 그 세우는 학교와 병원과 청년회
활동에 의하여 많은 공헌이 있을 것으로 보여졌다.

그는 복잡한 심정으로 그해 9월 평양에 나갔다. 그는 평양
산정현교회(山亭峴敎會) 저녁 예배 때에 한석진(韓錫晋)목사
의 '십자가의 고난'이라는 설교를 들었는데, 깊은 감화를 받
아 신자가 되기로 결심하였다. 그 후 그는 학교로 돌아와 교
직원과 학생들을 모아놓고 예수를 믿기로 작정했다는 이야기
를 하고 학교에서 집회를 갖기로 하였다. 그는 다음 주일부터
정주교회(定州敎會)에 출석하였는데, 정주교회를 담당하고 있
던 선교사 나부열(羅富悅, Slacy L. Robert)이 "늘 겸손한 마
음으로 생활 정도와 문화 정도가 다른 무식하고 빈천한 山村
교인들과 高下의 차별 없이 한 자리에서 기도하고 간절히 설
교하며 진심으로 교도하는 것을 보고 감격하여 더욱 굳게 신
앙하게 되었으며,"43) 12월에는 오산학교의 교육 주지를 기독
교로 바꾸고 나부열 목사를 명예교장으로 초빙하였다.

1930년 5월 3일 동상제막식을 거행할 때 순서에도 없는데
남강이 다음과 같이 말하였다.

> 내가 오늘날까지 온 것은 내가 한 것은 조금도 없습니다.
> 모도 神이 나를 그렇게 만들었습니다. 여러분이 아시는 대로
> 나는 本來 不學無識합니다. 나는 이 뒤에 선 銅像과 같은 사
> 람입니다. 아무것도 아는 것이 없으나 神이 나를 이렇게 잇글
> 어서 오늘까지 왔습니다. 과연 神이 나를 指示하시며 도으심
> 뿐입니다. 이後로도 그럴 줄 믿습니다.44)

---

43) 金麟瑞, 「韓國敎會殉敎史와 그 說敎集」, 釜山: 信仰生活社, 1962, p.58.

1924년 3월 25일 학교 강당에서 조촐하게 열린 그의 회갑일에서는 다음과 같이 답사를 하였다.

> 저를 무엇이라고 여러분들이 이렇게 열어주시며 또 보고 싶어 멀리서도 오시게 되었습니까. 이 無識하고 하잘것없는 것을, 至今 平壤서도 오라고 합니다. 몇일 뒤에 오라고 하더니 오늘 電報가 왔습니다. 어서 오라고 이것이 무엇 때문입니까. 이는 다름이 안입니다. 제가 예수믿고 새로이 남을 닙음 때문입니다. 이것밖에 아모것도 없습니다.45)

3·1운동 뒤 남강은 33인 중 맨 나중으로 출옥하여 서울서 내려올 때 오산에 들러 많은 출영자(出迎者)들과 함께 용동 마을 동쪽에, 새로 지은 교회에 가서 감옥 안에서 있었던 작은 이야기를 들려 주었다.

> 監獄에 있어서 처음에 公判하려 할 때에 내 子息같이 사랑하는 金某가 어떻게 틈을 타서 몰래 나더러 "이것 큰일났습니다. 이제 內亂罪로 밀게 될 듯하다는데 그렇게 되면 最下가 十年 징역이요 그 이상은 엇지 될는지 몰으겟답니다"할 때 나는 책망하엿소. "무슨 소리냐 하나님이 우리를 버리실 줄 아느냐" 하엿소. 내가 미워 그런 것이 안입니다. 子息같이 사랑합니다. 그랫더니 이렇게 벌서 나왔어 기뿌게 맞나게 되었읍니다.46)

남강은 모든 사람들이 다 싫어하는 똥통의 청소를 자기가 솔선하여 독점하였다. 그는 손으로는 똥을 만지며 기도하는 말

---

44) 李贊甲, "南岡은 信仰의 사람이다", 「聖書朝鮮」, 64(1934. 5), p.9.
45) 위의 책, p.11.
46) 위의 책, pp.12-13.

이 "主여 感謝합니다. 바래건대 이 門에서 나가는 날 이 百姓을 爲하야 이 똥통 청소하기를 닛지 말게 하여 주십소사"[47]하였다. 그는 밤중에 눈이 뜨기만 하면 올리는 기도가 "主여 이때까지 이기고 오게 하야 주섯사오니 感謝합니다. 그와 갓치 이 後도 이기고 나가게 하야 주십소서"[48]하였다. 그가 몸소 우리를 앞에 놓고 하나님의 앞에서 한 증거다. 이제는 알만하다. 그가 왜 수백 수천의 이 땅의 善男善女들을 통채로 쓸어안을 수 있는지를. 아무도 모르는 동안에 그에게 이렇듯 위대한 신앙이 있었기 때문에 그만한 열매가 있었던 것이다.

4. 교육방법

앞에서도 서술한 바와 같이 남강의 교육이념은 정성(誠)·사랑(愛)·존경(敬)으로 요약될 수 있고, 그의 교육방법은 ① 자기 혁신의 원리, ② 實踐躬行의 원리, ③ 협동 창조의 원리, ④ 사제동행(師弟同行)의 원리, ⑤ 노작생활(勞作生活)의 원리, ⑥ 평생 학습의 원리 등을 들 수 있다.

1) 자기 혁신의 원리

남강은 평양에 나와 도산의 강연을 듣고 새롭게 다시 났던 것이다. "몸을 깨끗이 하는 것이 나라를 바로 세우는 길이라"고 한 도산의 말을 마음 깊이 간직하였다. 그는 전에도 그러

---

47) 咸錫憲, "南岡 李昇薰", 「聖書朝鮮」 64, p.11.
48) 위의 책, p.12.

했거니와 평양에 다녀온 후부터는 더 한층 일찍 일어나고 동리 어귀까지 나가 길을 쓸고 풀을 깎고 길을 넓혔다. 그는 사람들이 점차 자기를 이해하고 자기를 따라오는 방향으로 움직이는 것을 보고 이 기회를 통하여 새로운 개화운동을 일으킬 결심을 하였다.

남강은 어려서부터 장사를 시작하면서 산업으로 힘을 기르려 하였으나 도산을 몇 차례 만난 후부터는 민족운동과 개화주의를 위하여 교육과 산업의 연결로 생각이 옮겨갔다.

그의 민족운동에는 단순한 민족주의가 아니라 깊은 인도주의 정신이 깃들어 있었다. 민족운동은 단순히 민족의 광복에 그치는 것이 아니고 그 본래의 기상을 회복하여 한 사람의 굶주림과 눌리는 자도 없이 덕스럽고 부강한 조국을 이루는 것이었다. 나라를 위하여 자기 혁신을 기한 전환점은 역시 평양에서 도산을 만난 때부터이다. 그 뒤 이 결심을 사회에 펴기 위하여 세 번이나 감옥에 들어갔고, 제주도 유배, 105인 사건, 오산학교의 수난, 3·1독립운동으로 이어진 질풍노도가 모두 이 자기 혁신의 결의 때문이었다.

남강의 옥고는 105인 사건, 3·1독립운동으로 다시 옥고를 겪어 춘원(春園)은 동상문(銅像文)에 보인 대로 "옥에 들어가기가 세 번이요, 있기가 전후 아홉 해, 선생의 백발이 獄中에서 난 것"이라고 하였다. 남강은 뒤에 이 옥고를 회상하면서 이런 말을 하였다. "감옥이란 이상한 곳인 걸. 강철같이 굳어서 나오는 사람도 있고, 썩은 겨릅대같이 흩어져서 나오는 사람도 있거든……"49)

---

49) 金基錫, 앞의 책, p.144.

3·1독립운동으로 재판을 받은 남강은 법정에서 다음과 같이 말하였다.

> 나는 하나님을 믿는 사람이다. 하나님이 인류를 내실 때 각각 자유를 주었는데 우리는 이 존귀한 자유를 남에게 빼앗겼다. 자유를 빼앗긴지 10년 동안 심한 고난과 굴욕이 우리를 죽음의 골짜기로 이끌었다. 일본이 오랜 옛날 한국으로부터 입은 은의를 생각하라. 은의를 원수로 갚되 이렇게 심할 수 있느냐. 우리는 최후의 1인 최후의 1각까지 적의 칼 아래 쓰러지언정 부자유·불평등 속에서 남에게 끌리는 짐승이 되기를 원치 않노라. 우리의 이번 일은 제 자유를 지키면서 남의 자유를 존중하라는 하늘의 뜻을 받드는 일에 지나지 않는다. 한국의 독립은 한국의 영광뿐이 아니고 튼튼한 이웃을 옆에 갖는 일본 자신의 행복조차 되는 것이다.50)

자기 혁신으로 비롯된 출발이 이토록 철저하게 민족과 국가, 이웃 나라와 인류로 아득히 퍼져 나아가는 참된 지혜를 또 어디서 찾을 수 있겠는가?

2) 실천궁행(實踐躬行)의 원리

남강은 평양에서 도산의 강연을 듣고 머리를 깎고 술과 담배를 끊었다. 그는 올바른 것, 결심한 것을 곧 실천하였다. 그가 경영하던 서당을 강명의숙으로 바꾸고 모든 교육내용을 일신했고 그로부터 2개월 뒤 오산학교를 설립하였다. 남강의 개화주의에는 세 가지 면이 있다. 첫째는 겉에 나타난 모양을 바꾸는 일로 머리를 깎고 긴 담뱃대를 그만두는 일이었고, 둘

---

50) 위의 책, pp.242-243.

째는 생활태도를 바꾸는 일로서 아침 일찍 일어나고 부지런
히 일하는 것이었으며, 셋째는 마음을 새롭게 갖는 일이었다.
내 사사 이익을 물리치고, 나라를 위하여 몸바치는 일이다.
그러므로 남강의 개화주의는 신기함을 세우고 새 것에 취하
는 일이 아니라 백성 한 사람 한 사람의 힘과 생명을 불러
일으키는 하나의 청향운동(淸鄕運動)이었다.[51] 남강은 1910년
평양 산정현교회에서 한석진 목사의 설교를 듣고 곧 정주교
회에 출석하고, 나부열 목사를 오산학교 명예교장으로 초빙하
였고, 불과 3개월만에 오산학교의 교육 주지를 기독교로 바꾼
것도 모두 그의 실천궁행에 대한 강렬한 인상이었다. 이와 같
이 그의 생활에 있어서 실천은 어디까지나 사랑이었고 봉사
였다. 이 생활의 정신이 당시의 교사나 학생들에게 깊은 감명
을 주었다. 남강은 학과를 가르치는 교사가 아니고 참된 인간
을 가르치는 교육자였다.

그 인격의 가장 깊은 자리에서 발하는 의와 사랑이 작열된
불꽃은 주위에 있는 이들을 이끌고 이끌어서 나중에는 그들
을 녹이고야 마는 것이었다. 그의 교육은 이같이 녹이는 교육
이었다. 남강은 오산이 우리 민족을 녹이고, 높이고, 우리 민
족이 다시 나아가 세계의 여러 민족과 여러 국가를 녹이기를
바랐다.

3) 협동 창조의 원리

평양의 대성학교가 도산과 좌옹(佐翁)의 공동 작업으로 이루

---

51) 위의 책, p.106.

어졌다면 오산학교의 초창기는 남강과 시당(是堂)의 공동 작업
으로 이루어진 것이었다. '남강'이란 아호(雅號)도 시당이 지은
것이다. 오산학교 창업의 기틀은 시당으로 인해 다져졌고 그는
남강의 교육이념을 구현하는데 탁월성을 발휘하였다.

> 新學問을 배웠다는 사람들이 한번씩 五山으로 찾아와 南岡
> 의 愛國熱과 民族觀을 배우고 是堂의 新舊學問에 접해 본 사
> 람들은 異口同聲으로 이렇게 열의를 가진 學校 經營者와 학문
> 에 깊은 敎授가 있는 한 우리나라의 前途는 참으로 밝다.52)

남강이 한 번은 서울에 다녀오는 길에 태극기와 애국가를
베껴왔다. 학교에는 교실마다 태극기가 걸리고 당시의 애국가
가 흘러나왔다. 얼마 뒤에 시당의 발의로 교가가 지어졌는데,
학생들이 모일 때마다 교가가 불리어졌다. 그때 교가의 첫절
은 이러하였다.

> 뒷뫼의 솔빛은 항상 푸러 서리에나 눈에나 변함없이
> 이는 우리 정신 우리 학교로다 사랑하는 학교 오산학교53)

그는 비단 오산학교 내에서만 협동 창조에 그치지 않고 전
일생을 통하여 그러하였다. 오산학교에서 배운 제자들은 어떤
지식이나 기술보다도 자기 자신도 모르게 신의를 배웠고, 열
과 성을 배웠고, 일상생활의 도리를 배웠고, 민족의 미(美)를
배웠고, 돌 하나, 풀 한 포기라도 바로 옮겨놓고 가꾸는 근본

---

52) 金道泰, 앞의 책, p.210.
53) 이 교가는 찬송가 중에서 "내 주를 가까이 하려거든", 곧 합동찬송가
　　364장 L. Marson이 1856년 작곡한 곡에 붙여 불렸고, 지금도 오산의
　　동문들이 어디서나 오산을 기억하며 당시의 교가를 부르고 있다.

태도를 배웠다.

남강이 평양에서 자기회사(磁器會社)를 크게 일으켜 세운 것도, 신민회에서의 눈부신 활동도, 3·1독립운동을 주도한 것도, 어려운 시기에 동아일보사를 이끌어 나간 것도, 모두 이 협동 창조의 원리에서 우러나온 것이었다. 일본 사람들은 진흙과 같아서 물에 들어가면 응집력이 강한 반면에, 우리나라 사람들은 마치 모래알 같아서 물 속에 들어가면 서로 흩어진다는 비유를 자주 듣는다. 또 우리나라 사람들은 재질이 빼어나고 개성이 강하여 독창은 잘하지마는 합창으로 전체적 조화를 이루는 데는 미흡하다는 말을 가끔 듣는다.

남강에 있어 협동 창조의 모범을 보인 많은 사례는 아무리 세월이 흐르고 사회가 변화한다고 하여도 우리 민족의 귀감으로 길이 남겨져야 할 것이다.

4) 사제동행(師弟同行)의 원리[54]

그는 젊은이들을 좋아해서 그들과 같이 이야기하고 일하기를 좋아했다. 남강은 의와 열의 사람이었기 때문에 지극한 정성과 사랑이 학생들에게 번져나가 오산학교는 높은 소원에 타오르는 현신의 불도가니가 되었다.

남강이 즐겨 쓴 말 가운데는 "일꾼이 되라", "나음 나음 나아가라", "그것은 의가 아니다", "절대로 안 되는 것이다", "남의 종이 되지 말라", "먼저 사람이 되라"는 것이 대부분으로, 이는 모두 남강의 전인격전신념에서 우러나온 피어린 구

---

54) 金善陽, "南岡 李昇薰", 「스승의 길」, 서울특별시 교육위원회, 1984, pp.101-106 참조.

절로서 어린 학생들의 가슴을 울렸다.

그는 학교의 선생과 학생과 책상 하나와 돌 하나를 자기 몸 이상으로 사랑하였다. 이 사랑에 움직여 오산은 선생과 제자, 제자와 제자 사이의 굳게 얽힌 사랑이 그 빛나는 전통이 되었다.

남강은 사제동행을 몸소 실천할 뿐만 아니라 젊어서부터 사람을 보고 사람을 찾아내고 사람을 키워 올리는 데 비상한 재질을 가지고 있었다.

유영모와 춘원을 나이 어린데도 오산학교의 교원으로 쓰기로 결정한 것도 역시 그가 사람을 보는 안목이 있었기 때문이었다. 3회 졸업생 서춘(徐椿)도 남강이 거두어 공부시킨 소년의 하나였다. 서춘은 어려서 정주에서 일본 집 애를 보아주며 심부름하는 애로 있었다. 남강이 지나가다 보니 일본 애와 조선 애가 싸움이 붙었는데 어린애를 보다 말고 소년 하나가 뛰어가 게다짝을 벗어 일본 애를 때리는 것이었다. 남강이 가까이 가 "너 공부 안하겠느냐?"고 하니 "돈이 없어 못해요"라고 하였다. 그러면 "내가 공부시켜 줄 테니 나와 같이 가자"고 하여 데려다가 공부를 시켰는데, 이 패기 있는 소년이 서춘으로서 학교의 심부름을 하며 졸업하였고, 졸업한 뒤 곧 수학선생이 되었다.

그가 사제동행으로 1910년부터 3·1운동 전후에 이르는 동안에 많은 준재를 길러냈다. 사학자 김도태(金道泰), 미국에 건너가 도산과 함께 흥사단을 발기하였고 노르웨이 유학을 마치고 돌아와 오산학교 교장을 하였던 김여제(金輿濟), 동경대학을 나온 경제학자 서춘(徐椿), 시인 김억(金億), 백병원(白病院) 설립자 백인제(白麟濟), 미국에서 농장을 경영하였던 김주항(金周恒), 제헌국회의원과 오산학교 교장을 지낸 주기용, 고려대학을 설계한 박동진(朴東鎭), 평양 감옥에서 순교한 목사 주기철(朱基徹), 승인학교 교장 김항복(金恒福), 신민당(新民黨) 당수를 지낸 김홍일(金弘一), 영락교회 목사 한경직(韓景職), 언론인 홍종인(洪鍾仁), 종교인 함석헌(咸錫憲), 중앙공업연구소 소장을 지낸 이채호(李采鎬), 교육자 김기석(金基錫) 등은 널리 알려진 이들에 속한다.

남강은 학교를 세우고 이것을 운영하고 학생들을 가르치는 데도 진력하였으나, 졸업생을 배치하고 돌아보고 지도하는 데도 놀라운 열과 정성을 부었다. 북에서는 의주(義州)와 안동현(安東縣)에서, 남으로는 대구, 금천, 부산, 마산에 이르기까지 졸업생이 있는 곳에는 남강의 발이 아니 머문 곳이 없었다.

5) 노작생활(勞作生活)의 원리[55]

남강은 서당을 수리하여 강명의숙으로 바꾸면서 손수 수리하고 종이도 바르고 흰 회를 칠하고 단장하였다. 남강은 눈만 뜨면 강명의숙에 나가 안과 밖을 돌아보고 문을 열어보고 물건 하나 하나를 제대로의 위치에 놓고 책상 위의 먼지를 닦았다. 이러한 정성은 오산학교로 이어졌다. 오산학교가 세워진 곳은 용동이 아니고 등성이 하나를 넘어 약 1마장쯤 떨어져 있는 황성산록(荒城山麓)이었다. 그곳에는 일찍부터 승천제(昇薦齊)라는 서당이 있었는데 경의제(經義齊)라고도 불렀다. 남강을 강명의숙을 시작할 때와 마찬가지로 일꾼들과 동리 사람들과 함께 수리하였다. 그는 학교를 세우기 위하여 사

55) 「五山八十年史」, 앞의 책, pp.86-93 참조.

람을 만나고 돈을 얻어오고 집을 수리하여 기와를 올리고 회
벽을 칠하고 선생을 모셔오고 학생을 모집하고 책과 칠판과
백묵과 세계지도와 지구의를 사오고 하는 일을 홀로 해 냈다.
사실 이때 남강은 오산학교의 설립자이자 교장이요, 심부름하
는 사환이자 목수이고, 청소부이자 학생이고, 평양과 서울 등
지의 연락원이었다.

오산학교의 특색은 초창기에 학생 전원을 기숙사 생활을
하게 하였다. 이 같은 기숙사 생활은 선생과 학생, 학생과 학
생 사이를 사랑의 밧줄로 묶었다고 하겠다. 학생들은 기상종
에 맞추어 일어나 열을 지어 구보로 산을 한 바퀴 돌고 학교
앞을 흐르는 시내에서 소금으로 이를 닦고 얼굴을 씻었으며,
종소리에 맞추어 식사도 하고 공부를 시작하였던 것이다. 여
기에는 남강 자신이 직접 기숙자에서 선생들과 기거를 같이
하면서 시당에게서 글도 배우고 학생들과 같이 교정도 쓸고
변소를 청소하기도 하였다. 때로는 서울 등지에 출타하였다가
돌아와서는 학생들에게 자신이 듣고 본 일들을 소상하게 이
야기했는데, 그 한 마디 한 마디가 나라를 걱정하는 이야기여
서 학생들로 하여금 애국정신을 불러일으키게 하였다.

그는 언제나 젊은 학생들 속에 있기를 즐겼고, 학생들과 이
야기하고 같이 일하기를 즐겼다. 아침에 일어나면 으레 곧 학
교로 건너왔는데, 건너오는 길에 옆에 있는 집의 학생들을 소
리쳐 깨워서 함께 등교하여 교사 주위의 정리와 운동장 청소
를 함께 하였다. 저명하였던 서울대 방종현 교수도 이때 남강
과 함께 빗자루를 들었던 학생 중의 한 사람이었다. 그는 학생
들과 이야기를 시작하면 다른 모든 일을 잊었다. 그는 민족과
민족성, 인간의 지켜야 할 도리와 신의, 민족의 희망을 호소하

고 정이 격하여 말이 막힐 때에는 주먹을 불끈 쥐고 그 자리에
서 눈물을 흘리곤 하였다. 모든 학생들도 함께 울었다, 그리고
사람되기를, 진정한 한국 사람이 되기를 학생들은 맹세하였던
것이다, 그는 의의 사람이요, 열의 사람이었다. 그가 민족을 사
랑한 것도 오산학교를 세운 것도 모두 이 의와 열 때문이었다.
그에 있어서 의는 그대로 그칠 줄 모르는 샘물이었다.

6) 평생 학습의 원리

춘원은 1928년 발기하여 1930년 5월 3일 오산학교 교정에
세워진 남강의 동상문을 다음과 같이 썼다.

> 쓰어붙이는 말. 남강 리승훈 선생은 서력 1864 갑자년 三月
> 이십오일에 평안도 정주 본집에서 려주 리석주씨 둘째아들노
> 나니 모친은 홍주김씨라, 어러어서부터 밝고 참되니 사람들의
> 믿음을 받다. 중년에 무역상으로 이름이 높아진 것도 이 갸륵
> 한 인격이 신용의 미천이 된 것이다, 1907 정미년 류월에 평
> 양에서 도산 안창호선생과 만나 뜻이 서로 맞아 신민회에 들
> 고 일변 향지에 오산학교를 세우고 일변 마산동에 자기회사를
> 세우니 모다 나라일이라. 이로부터 선생이 국가적 생활이 시
> 작되다, 一九一九 기미년 삼십삼인의 하나로 옥에 드러간 것
> 까지 옥에 가기가 세 번이요, 있기가 전후 아홉해 선생의 백
> 발이 옥중에서 난 것이다. 예수교에 도타운 신앙을 가지어 오
> 래 장로로 있었고 오늘은 가장 사랑하는 아들 재단법인 오산
> 고등보통학교 리사장이다. 선생의 품에 자라난 오산학원 동창
> 들이 선생의 은혜를 긔념할까 하고 힘을 모도아 이에 선생의
> 동상을 세우니 서력 一九二九년 己巳년 十二월 三十일이라.[56]

---

56) 金道泰, 앞의 책, p.317.

이 동상문에 기록된 대로 그는 일생을 겸허하게 학습하는 생활로 일관하였다. 그는 단순히 학교와 책과 지적인 체계에서만 배운 것이 아니라 우리 주위의 모든 자료가 곧 학습의 내용이었다.

그는 52세 때 평양신학교에 입학하였다, 여기서 그는 신·구약, 교회사, 교리문답, 설교학, 교회법, 한국사, 서양사 등을 배웠다. 신학교에 있으면 오산이 생각나고 오산에 돌아오면 신학교가 생각나고 하여 두 곳을 번갈아 다니면서 배우고 가르치고 하였다. 신학교에 들어온 지도 두 학기가 지났다. 이 짧은 기간 동안에 오랜 역사를 지닌 종교를 이해하기란 그리 쉬운 일이 아니었다. 그러나 그에게는 이스라엘이 거기도 백성들의 완명함이 있었고 한사 여기서도 백성들의 완명함이 있었으나, 거기에 있는 것 한 가지가 여기에는 없었다. 그는 신학교 들어와 이스라엘 예언자들의 목소리를 더욱 알고 싶었으므로 구약을 두루 섭렵하였다. 남강은 신학교에 있으면서 구약을 통하여 의를 배웠다.

남강은 신학교에 있으면서 거기서 공부하는 이들이 오산학교 학생들과 마찬가지로 이 나라의 정신계의 지도자가 될 것을 믿어 한 사람 한 사람을 대견히 대하였다, 그는 그들에게 지도자로서의 품격을 갖출 것을 기회 있을 때마다 부드럽게 당부하였다. 그러나 그는 오산학교의 일과 우리 사회상황이 신학교를 계속할 수 없게 하였다, 세 학기를 다니는 동안 교리, 교회사 등 여러 가지를 배웠고, 신학교에서 안 서양인 선교사들과 신학교 졸업생들과는 두터운 연계를 가지게 되어, 이것이 그를 교계의 중앙무대에 서게 한 기연이 되었다. 결국 이 힘이 3·1운동을 일으킨 기독교의 힘을 결집하는 데 큰 힘이 되었던 것이다. 남강은 자나깨나 앉으나 서나 개방적인 마음과 무한한 수용성과 의·불의에 대한 가치 판단이 정확하였다. 바로 이 점이 남강을 모든 사람들이 받드는 점이 아닌가 싶다.

5. 교육사적 의의

남강의 교육사적 의의는 ① 민족학원의 창설·운영, ② 애국계몽운동을 통한 구국이념의 실천, ③ 기독교의 민족화·토착화, ④ 의의 교육 실천 등을 들 수 있다.

1) 민족학원의 창설·운영

한국 최초의 근대적 민간인 사학으로서 1883년 원산학사(元山學舍)[57]가 설립된 이후 계속하여 많은 사학이 설립되었다. 특히 1905년 을사조약 이후부터는 사학의 설립이 곧 교육 구국이라는 등식으로 되어 더욱 활발하게 번져 갔다.

박은식(朴殷植)은 당시 민간 사학의 대표적인 설립자로서 민영휘(閔泳徽), 유길준(兪吉濬), 이종호(李鍾浩), 안창호(安昌

---

57) 1883년 개항장(開港場)인 원산지방의 향중(鄕中) 촌로(村老)들이 일본을 비롯한 외국의 도전과 새로운 정세 변화에 대응하기 위하여 덕원촌(德源村) 원산사(元山社)에 설립한 것으로, 처음에는 '원산학사' 또는 '학사'로 불리다가 후에 '원산학교'로 명명되었다. 원산학사는 처음부터 입학자격을 개방하였다는 점, 관학이나 외국인 선교계 학교에 앞서서 민간인들의 자발적 성금으로 최초의 교육기관으로 세웠다는 점 등에 비추어 한국 교육의 근대적 성격 규명에 있어 중요한 의미를 갖는다고 볼 수 있다.

浩), 이승훈(李昇薰), 이동휘(李東輝), 유일선(柳一宣) 등을 들
고 있으며, 또 이들에 의하여 설립된 서울의 보성학교(普成學
校), 휘문의숙(徽文義塾), 협성학교(協成學校), 평양의 대성학
교(大成學校), 정주(定州)의 오산학교(五山學校), 안주(安州)의
안흥학교(安興學校)가 활발하였다고 한다.58) 특히, 평양의 대
성학교, 정주의 오산학교, 안악(安岳)의 양산학교(楊山學校)
등은 교육구국운동을 강렬히 전개한 학교였다.

　이 세 학교 중에서 대성학교와 양산학교는 일제에 의하여
그 맥이 끊겼고, 오직 남강의 오산학교만이 36년이란 이민족
의 긴 압제를 이겨내어 숱한 민족지사와 유능한 인재를 양성
배출하였고, 남북으로 갈린 조국의 현실 속에서도 1937년으
로 개교 80년을 맞는 데에는 오산과 관련이 있는 인사들이라
면 많은 감회에 젖지 않을 수 없다.

　남강은 오산 용동에 있던 서당을 증축 수리하여 서북지방
에서는 처음으로 사립 소학교인 강명의숙을 세웠고, 이 소학
교만으로 만족할 만한 교육을 실시할 수 없어서 그로부터 3개
월 뒤인 1907년 오산학교를 창립하였다. 서북지방에서 맨 처
음 민족 사학의 개척자로서 그 공이 교육사적 의의에 첫째라
할 수 있다.

---

58) 朴殷植, 韓國痛史, 서울: 三乎閣, 1946, p.132.
　　教育事業則有 閔泳徽 兪吉濬 李鐘浩 安昌浩 李昇薰 李東輝 柳一宣 等
　　有學者竭 其腦有産者傾其財一時風氣 動人心激勸國內小學中學專門之設至
　　三千餘所民間有志之興辦也 學徒雲集思潮活潑南隣北里學鍾 相聞勃然其勢
　　一日千里而京城之普成學校 徽文義塾 協成學校 平壤之大成學校 定州之五
　　山學校 安州之安興學校最有可觀 若假以數十年之長進者文化之發達民志之
　　統一確乎可期也.

2) 애국계몽운동을 통한 구국이념의 실천

일반적 개념으로서 애국계몽운동은 1905년 이전에도 있었고, 1910년 이후에도 있었다. 그러나 한말의 애국계몽운동은 일반 개념이 아니라 역사적 개념으로서 1905년 11월 소위 을사조약에 의하여 국권을 박탈당한 후 개화자강파가 중심이 되어 완전한 국권을 회복할 것을 목적으로 전개한 1905~1910년 사이의 민력 계발과 민족독립역량 양성운동을 총칭하는 개념이다. 동시에 애국계몽운동은 의병운동보다는 신교육운동, 민족종교운동, 언론계몽운동, 민족산업 진흥운동에 그 초점을 맞추어야 할 것이다.

그러기에 당시 「대한매일신보」는 국권 회복의 지름길은 교육이라고 하였다.

> …… 記者 所見에는 但敎育一事만 興旺하게 되면 綴旒한 國
> 脈은 可故回泰할 것이오 墮地한 國運을 可故克復할지니…
> ………韓國人士는 將來에 노예와 牛馬를 免하고 自由獨立을
> 回復코져 하거든 急急히 學校를 設立하여 敎育을 振興하여 보
> 시오.59)

박은식은 「韓國痛史」에서 많은 미션계 학교, 관학, 민족사학 중에서 민족사학의 구국 전개에 대해 높이 평가하였고, 그 중에도 도산의 대성학교와 남강의 오산학교를 가장 높게 평가하였다. 이러한 학교는 바로 민족운동의 인재를 양성하기 위하여 설립된 학교로 민족사상의 고취에 역점을 두었다. 그러기에 대성학교와 오산학교에서는 신교육 구국운동으로서의

---

59) 「大韓每日申報」, 1906년 1월 6일자 논설.

주인정신을 철저하게 교육하였다.

당시 오산학교의 역사교사로서는 단재(丹齋) 신채호(申采浩)가 있었다. 오산학교의 국사 강의는 역사의 주인공을 중시하였다. 바로 단재가 말하는 역사의 주체는 민족이었다. 역사를 집필하는 자는 반드시 그 나라의 주인공으로 되는 한 민족을 선명히 내놓고 그를 주체로 삼아야 한다.60) 또한 여준도 학생들에게 민족의 열을 강조하고 양계초의 「음빙실문집(飮氷室文集)」을 통하여 근대사상을 고취하였다.

남강은 시당과 단재, 그리고 수많은 교사들을 오산으로 데려와서 기울어가는 국운을 교육으로서 회복하려고 진력하였다. 독립을 위하여 외국으로 나가는 것도 하나의 방법이고, 국제 외교의 길을 트려고 노력하는 것도 하나의 방법이고, 군대를 길러 저항하는 것도 하나의 방법이 될 수 있으나, 남강은 우리나라 안에서 민족 속에 파고 들어가 교육과 문화와 종교의 힘으로 우리 민족을 올리고 발전케 하는 것이 독립의 지름길이라고 하였다.

3) 기독교의 민족화·토착화

남강에게는 한 가지 걱정이 생겼다. 날이 가면 갈수록 합방 전후의 끓어오르던 애국심이나 3·1운동의 민족의 정열이 점차 식어가는 느낌이 들었다. 교회도 설교나 행사가 형식에만 흐를 뿐 불꽃을 울리던 신앙이 자취를 감추었다. 남강은 이것이 민족을 위한 우리들의 결심과 헌신이 부족한 데서 오는

---

60) 丹齋申采浩先生紀念事業會, 「丹齋申采浩全集」, 제7권, 大邱: 螢雪出版社, 1997, p.472.

것이라고 보았다. 이 결심과 헌신이 흔들리는 것은 결국 올바른 신앙에 뿌리를 내리지 못한 때문이라고 하였다. 그는 신앙에 밑받침을 받은 애국심이 긴요하다고 생각하면서 교회에도 나가보고, 젊은이들도 대해 보았다. 그러나 그들에게서 민족을 건지기 위해 자기를 바치려는 경건한 신앙이 보이지 않고 있었다.

1927년 7월 「聖書朝鮮」61)이 창간되었다. 김교신(金教臣)의 창간사는 당시 신앙을 갖고 방황하던 많은 신앙인들에게 감격을 주었다. 남강은 무교회주의자(無教會主義者)는 아니었지만 그 신앙에 대한 진지성과 민족애에 깊은 감동을 받았다.

> 聖書朝鮮아 너는 爲先 이스라엘 집으로 가라. 所謂 旣成信者의 手에 거치지 말나, 基督보다 外人을 禮위하고 聖書보다 會堂을 重視하는 者의 집에는 그 발의 먼지를 털지어다.
> 聖書朝鮮아 너는 所謂 基督信者보다도 朝鮮魂을 所持한 朝鮮사람에게 가라. 시고을노 가라. 山村으로 가라. 거기의 樵夫 一人을 慰함으로 汝의 使命을 삼으라.
> 聖書朝鮮아 네가 萬一 그처럼 忍耐力을 가젓거든 汝의 創刊 日字 以後에 出生하는 朝鮮人을 待하야 面談하라. 相論하라. 同志를 一世紀 後에 期한들 何를 嘆할손가.62)

처음에는 연 4회 동경서 발간하다가 고국에 와서는 월간으로 간행되었고, 많은 청년층으로부터 새로운 독자를 얻었다. 동인들은 각각 그가 있는 학교에서 학생과 동료들에게 새로

---

61) 內村鑑三의 제자들로는 오산학교 교원으로 와 있던 함석헌을 비롯하여 정상훈(鄭相勳), 송두용(宋斗用), 양인성(楊仁性), 김교신(金教臣), 유삼안(柳三眼) 등이 참여하였다.
62) 「聖書朝鮮」 創刊號, 東京: 漢城圖書株式會社, 1929, p.7.

운 복음주의 신앙을 전하였다. 함석헌은 오산에서, 양인성은 선천(宣川) 신성학교(信聖學校)에서, 김교신은 처음에는 개성(開城) 송도고보(松都高普) 나중에는 양정학교(養正學校)에서 각각 모임을 가졌다. 서울에서 모이는 '성서조선' 집회에는 유영모도 참여하였다.

남강은 이 「성서조선」지 동인들이 일으키는 신앙 개혁운동에 많은 관심을 보였다. 그는 일요일이면 언제나 교회에 나가 예배를 보면서 기독교의 민족화·토착화에 대하여 많은 번민을 하였다.

남강은 「성서조선」에 실린 김교신의 글과 함석헌의 글을 깊이 음미하면서 읽었다. 그들의 글에서 풍기는 한국 냄새와 소박한 복음 신앙을 높이 평가하였다.

남강은 자기가 처음으로 예수를 믿으면서 학생들과 교회당을 짓던 일과 겨울에 눈이 올 때 멀리에서 와서 교회와 학교의 눈을 쓸던 일을 생각하였다. 그 어려움 속에서도 서로 돕고 걱정하고 산에 올라가 이슬 위에 꿇어 앉아 기도 드리던 일을 생각하였다. 또 감옥에 있으면서 같은 신자들 사이에 지극한 사랑과 아낌이 있었던 것을 생각하였다. 신앙은 고난 속에서 싹트고 기독의 복음은 박해의 피를 먹고 번져 나가는 것이다. 그런데 이 민족에게 고난이 걷히지 못하였는데, 교회에서 신앙이 떠난 것은 무엇 때문이뇨.63) 남강은 등잔불 아래서 「성서조선」지를 들고 몇 번이고 되읽으며 이 한 가지 생각에 잠겼다.

남강은 이 조그만 「성서조선」에서 새로운 빛이 올라올 것

---

63) 金基錫, 앞의 책, pp.387-388

같은 생각도 해보았다. 「성서조선」지 1930년 6월호 '성서통신
란'에는 다음과 같은 기사가 실렸다.

○去年 晩秋의 하로 夕陽에 聖書朝鮮社에는 意外의 珍客이
來訪하였섯다. 西大門外 孔德里라면 黃海道 親舊들이 모혀서
누룩덩이나 만드는 곳인줄노 世上이 알고 잇는 곳으로 南岡
李昇薰 先生이 內駕하섯으니 엇지 珍客이 아닐 수 잇으며 오
신 손님은 七十長盧요 마주는 主人은 志未立한 靑年이니 엇지
惶悚친들 안엇으랴. 鄭兄이 호을노(柳, 金은 不在中) 接對하는
동안에 東으로 뵈는 京城監獄은 先生의 一生에 記念힐 場所이
엿든 것. 信友會의 龍頭蛇尾를 痛惜하는 等 두어 談片을 남기
시고 歸市하섯다.
○其後 數日을 지난 一九二九年 十一月 十日(一曜) 年後 六
時를 期하야 우리는 鄭, 柳 兩兄과 함께 安國洞 某 旅館에 南
岡先生을 尋訪하엿다. 返體의 意味리기보다도 울적허엿던 舊
懷를 푸러버리고 말엇다. 先生은 우리를 最終電車로써 還家케
허엿섯다. 內金剛에 旬日을 보내다가 外金剛을 向할 때에 嶺
上에서 東海의 淸風을 한 입에다 삼킨 것 갓흔 가삼을 가지고
누룩 만드는 孔德里로 도라왓섯다. 내가 南岡先生을 뵈옵기는
이것이 처음이엿다. 呼嗚라 또한 마지막 對面이 될 줄이야?

4) 의(義)의 교육 실천

남강은 옳은 것과 보다 나은 것을 구분하였다. 옳고 그른
것은 분명한 준거가 있고 보다 나은 것과 덜 나은 것은 서로
상대적인 가치의 의미가 있다.
　그의 생활을 한 말로 요약하면 의의 삶이라고 할 수 있다.
그는 오산학교에서, 용동에서, 신민회와 3·1운동 때 활동을
하면서, 감옥에서, 또 재판을 받을 때도 줄곧 그에게 지배되

어 온 것은 '의(義)'라는 이름의 자(尺)를 갖고 언제나 이 기
준에 대보고 결심하고 행동하고 실천하였던 것이다. 특히 그
는 신학교에 있으면서 구약을 통하여 하나님의 의에 굳게 접
할 수 있었다.

의를 향하여 "나음 나음 나아가라", "점진적으로 나아가라"
고 하였으나 말년에는 완전히 신앙에 귀의하여 "감사합니다",
"의의 실천을 감사합니다"라는 말로 표현되었다. 그래서 신학
교에서는 그를 보고 "감사선생"이라고 부르기까지 하였다.

남강은 기울어져가는 한국을 깊은 의의 실천으로 바로잡을
수 있다고 생각하였다. 엄밀히 말하면 그는 일본과 싸운 것이
아니라 이 의를 붙들고 이 의를 이 땅에 깊이 심기 위하여
선한 싸움에 나섰던 것이다. 그는 학교에서도, 교회에서도, 감
옥에서도, 이 의를 굳건히 세우기 위하여 혼신의 정열을 다
바쳤던 것이다.

현대 교육과 한국의 교육이 정처 없이 표류하고 있는 인상
을 주는 이 시점에서 남강의 의의 교육 실천이 크게 요청된
다고 하겠다.

제3장 도산(島山) 안창호(安昌浩)의 교육사상

　우리나라의 교육이념은 홍익인간으로부터 시작하여 일민주의(一民主義), 민주교육(民主敎育), 민족적 민주교육(民族的 民主敎育), 민족중흥교육(民族中興敎育), 인간화교육 등 다양한 슬로건을 학교현판에 장식하면서 오늘에 이르렀다.

　어떠한 교육이념이든지 기본적 교육철학 위에 설정되어야 한다. 왜냐하면 교육이념은 교육적 행위전체를 지휘하는 근본원리가 되어야 하기 때문이다.

　교육이념에는 다음 여섯 가지의 특징을 충족해야 할 것이다.1)

　첫째로 포괄적 성격이다. 교육이념은 반드시 대소개념(大小概念)을 모순없이 포함하는 총괄적인 것이 되어야 한다. 교육행위에 있어 그 일부만을 설명해서는 안된다. 교육과정에서 전개되는 모든 활동을 해석하고 의의를 주는 것이 되어야 한다.

　둘째는 보편적 성격이다. 교육이념은 교육현장에서 그 일부분만을 반영, 실천될 수 있는 것이라면, 이것은 교육이념으로서 결격을 지닌 개념이다. 본래 원리라는 것은 보편적 성격을 띤 것을 말한다.

---

1) 吳天錫, 「發展韓國의 敎育理念 探究」, 서울: 培英社, 1973, pp.16-17.

셋째로 기본적 성격이다. 교육이념은 피상적, 가시적인 것보다도, 이러한 현상적인 것 밑에 깔려있는 그 사이사이에 스며들어 있는 기초적인 사상이어야 한다.

넷째로 일관적 성격이다. 온갖 교육활동은 이념에 의거하여 원리로 꿰뚫려 있기 때문에 그들 사이에 모순이 있을 수 없으며, 시간과 공간이 다르다고 하여 변하지 않는다. 거기에는 언제나 일치성이 지배하고 충돌이 없이 조리(條理)가 있어 이성에 의하여 지휘되고, 이상적으로 통일성을 갖는다.

다섯째로 지속적 성격이다. 이성에 의하여 걸러서 실정된 교육이념은 설혹 절대성은 없다고 하더라도 비교적 장시간 계속된다. 이것은 그 사상적 근거가 확고하기 때문이다.

여섯째는 긍정적 성격이다. 어느 사상을 막론하고 그것이 확고한 기초에 놓여지고 항구성을 지니려면 부정적인 것보다는 긍정적인 것이 바람직하다. 부정적인 것은 부정되는 상대가 있는 법인데, 만일 그것이 소멸될 경우 그 사상마저도 소멸되어야 하기 때문이다. 교육이념에 있어서도 부정적, 소극적, 피상적인 것보다 긍정적, 적극적, 건설적인 것이 바람직하다.

도산의 교육이념은 이 여섯 가지 조건을 충족케 하면서 건전인격을 추구한 데서 우리나라 교육이념에 중핵이 될 수 있고, 또 그 시사하는 바가 크다고 본다.

1. 생애와 활동

도산 안창호(1878~1938)는 1878년 평남(平南) 강서군(江西郡) 초성면(草星面) 봉도(鳳島: 대동강 하류 도롱섬)에서 안

홍국(安興國)의 셋째 아들로 태어났다. 도산은 7세에 부친을 사별하고 조부의 슬하에서 한문을 수학(修學)하였고, 14세부터 16세까지는 그가 살던 강서군 심정리(心貞里)에서 스승인 김현진(金鉉鎭)으로부터 유학(儒學)을 배웠다.

16세 때 도산은 당시 국내외의 정세가 매우 어지러워 조국의 앞날을 걱정하였다고 한다. 그는 평양에서 일본군과 청군이 접전하는 것을 목격하였고, 전쟁이 남기고 간 처참한 자취도 보았다. 그는 일본군과 청군이 왜 우리나라에 군대를 이끌고 들어와서 전쟁을 하게 되었는지를 곰곰히 생각하였다. 도산은 청일전쟁에 관하여 동학(同學)인 필대은(畢大殷)과 토론한 끝에 결론은 "힘이다, 힘이다" 외국군이 우리 강토에 마음대로 들어와서 짓밟는 것은 우리나라에 힘이 없기 때문이다는 확신을 얻게 되었다.

이때부터 도산은 민족자강(民族自强)에 눈을 뜨게 되었으며, 국가와 민족을 위해서 교육과 정치에 일생을 바쳐야겠다고 결심하기에 이르렀다. 그는 이러한 생각을 실천에 옮기기 위하여 17세 되던 해에 상경하게 되었다. 그는 상경하여 구세학당(救世學堂)에 입학하였고, 예수교에 입교하여 신앙인이 되었고, 기독교의 신심(信心)을 다지는 한편 신학문 산수, 지리, 과학 등을 터득하게 되니, 맹자의 논리를 바탕으로 한 민족사상은 기독교사상을 기초로 한 인류를 사랑하는 세계관 내지 인생관의 기본정신을 터득하게 되었다.

1896년 미국에서 돌아온 서재필 등에 의해 독립협회가 탄생되었다. 독립협회운동은 외세에 몰린 정부의 무능을 비판하고 민족의 자유와 독립을 위하여 민족의 정치참여를 부르짖는 민족운동이었다.2) 이때 도산은 필대은과 같이 독립협회에 가입하고 관서지부 조직의 임무를 맡고 평양으로 돌아와 유명한 쾌재정(快哉亭)의 만민공동회(萬民共同會)를 개최하게 되는데 여기서 그가 행한 연설은 지금까지 명연설로 전해지고 있다. 그런데 독립협회는 1899년 당국으로부터 핍박을 당하다가 마침내 해체되었다.

도산은 고향으로 다시 내려와 강서부 동진면(東津面) 암화리(岩化里)에 점진학교(漸進學校)를 세웠다. 이때부터 그의 교육이념이 형성되어 갔다. 점진학교는 우리나라 사람의 손으로 세워진 사립학교로는 시초였고, 또 남녀공학을 실시한 최초의 학교였다. '점진'이라는 교명은 도산의 실력배양주의, 즉 힘이다. '힘을 기르자'라는 말은 그의 평생 신조의 첫 번째 표현이었다. 점진은 천천히 나아가자는 뜻이라기보다는 나날이 조금씩 나가자. 꾸준히 쉬지 말고 나아가자는 근면성을 내포하는 것이다.

그가 교육사업에 종사한 지 3년만에 민족교육에 더욱 관심을 갖게 되면서, 자기의 실력배양을 위해 1902년에 도미하였다. 그가 도미한 목적은 교육학을 좀더 연구하고 돌아와 우리나라에서 교육사업에 이바지하기 위함이었다. 그후 그는 로스앤젤레스 근방으로 갔는데, 그곳에는 20명 정도의 한인이 살고 있었다. 반은 인삼 장사고, 반은 고학을 목적으로 도미한 젊은이들이었다. 어느 날 그는 노상에서 상투를 붙들고 싸우는 교포를 백인들이 재미있다고 둘러서서 구경하는 광경을 보았다. 그가 싸움을 말리고 싸우는 연유를 물어보니 그들은 행상으로 장사를 하는 데, 맡은 구역을 침범했다는 것이었다. 도산은 교포들이 이래서야 국민의 체면을 유지할 수 없다고 생각하여

---

2) 李基白, 「韓國史新論」, 서울: 一潮閣, pp.333-334.

이때부터 자기 공부를 그만두기로 결심하고 이산된 재미교포들의 권익보호와 생활향상을 위하여 노력하였다. 그리하여 1905년에 그는 공립협회(公立協會)를 조직하여 활동하였다.

공립협회의 활동에 의해 교포들은 점점 자치생활의 틀이 잡히게 되었고, 회원들의 경제적 토대가 서게 되어 스스로 힘을 얻게 되었다. 또 도산은 회원들에게 항상 이곳 미국의 과수원에서 귤 한 개를 정성껏 따는 것이 바로 조국를 위하는 길이라고 하였다. 이것이야말로 그의 평생 좌우명인 '성심, 성의'이기도 한 것이다. 또 미국 사회에서 민중계몽을 위한 그의 사회교육활동의 일환이라고도 할 수 있다.

도산은 1907년 구국운동을 전개하기 위하여 귀국하였다. 귀국 도중 동경에 일주일간 머물 때 한국유학생으로 조직된 태극학회(太極學會) 청년들을 만나서 국내 정세에 대한 정보를 얻을 수 있었다. 이때에 도산은 비밀결사대인 신민회를 조직하였다. 여기서 신민회의 목표를 보면 첫째, 애국적 선구자들은 자기수양에 힘써 역량을 키우고 민중의 모범이 될 것, 둘째, 그러한 동지들이 굳게 단결하여 힘을 더욱 크게 할 것, 셋째, 그 힘으로 교육과 산업진흥에 전력하여 전민족적 역량을 준비할 것, 넷째, 앞으로 독립의 기회가 오면 놓치지 말고 자생적 역량으로 민족재생의 큰 사업을 이룩할 것 등으로 정하여 실천하기로 하였다.3)

도산은 이토히로부미(伊藤博文)와 회담을 한 후 일본 제국주의의 침략의 야심을 꿰뚫어 보았다. 이에 대처하여 그는 신민회는 비밀결사대로 두고 사업만을 공개하였는데, 교육기관

---

3) 주요한, 「安島山全書」, 서울: 三中堂, 1963, p.34.

으로서는 대성학교, 사회교육기관으로는 마산동(馬山洞) 자기
회사(磁器會社), 태극서관(太極書館), 청년학우회(靑年學友會)
등을 설립·공개하여 구국운동의 선봉에 나서 민족사상 고취
에 심혈을 기울였다.

대성학교는 모범적인 실천학교로서 각 도에 그 모형대로
세울 계획이었고, 민족운동의 재목과 국민교육의 사표가 될
인재를 양성하고자 하였다. 한편 민족의 힘을 기르기 위하여
자기회사는 산업진흥을 통한 민족운동의 중요한 것이었고, 태
극서관은 서적을 널리 펴서 민족문화 창조 및 국민력의 발휘
를 근원으로 하여 비롯되었고, 청년학우회는 민족향상운동의
근원이 될 사업으로 생각하여 비정치성을 강조하였고, 후일에
흥사단 조직에 적용하였다.

일제는 1909년 안중근(安重根) 의사(義士)의 이토히로부미
사건을 구실로 하여 도산마저 대성학교에서 체포하여 서울로
압송하였다. 뚜렷한 죄가 없는 도산을 오래 구속할 수 없어
그해 12월에 석방하였다. 그때 도산은 최후의 단안을 내렸다.
그것은 눈물을 머금고 힘을 길러 장래를 준비하자는 것이었
다. 국내에 남을 수 있는 이는 국내에서, 국내에 남을 수 없
는 이는 해외로 나가서 인격과 단결력을 기르고 교육사업을
일으켜 국민력을 배양하는 것이 조국을 다시 찾는 길이라고
하였다. 그후 도산은 국내에서 활동할 수 없음을 알고 한일합
방 4개월 전에 다시 중국으로 망명의 길을 떠났다.

도산은 중국 산동성(山東省) 청도(靑島)에서 이갑(李甲) 등
동지들과 이른바 청도회의(靑島會議)를 열고 숙논 끝에 북만
주에 장차 독립운동의 근거지를 만들고 영농과 군사양성을
병행하기로 하였으나 자금과 반대의견에 부딪히자 다시 구주

(歐洲)를 횡단하여 가족들이 있는 미국가주(美國加洲)로 갔다. 그후 1918년까지 샌프란시스코에서 인재양성운동단체로서 홍사단(興士團)을 창립하였다. 홍사단은 과거 대성학교청년학우회의 이념을 계승하여 필생의 사업으로 심혈을 기울여서 독립운동의 기초로 삼았다.

1919년 3·1운동 소식을 전해 들은 도산은 국민회 북미지방총회 특파원으로 다시 상해로 왔다. 그가 상해로 온 목적은 직접 독립운동을 위한 준비를 위해 만주, 시베리아에 있는 교포를 조직훈련하고 경제상태를 개선하여 실력을 기르는 것으로 우선 교육에 진력하려고 하였다.

도산은 상해임시정부 내무총장 겸 국무총리직을 맡고 국내와 임시정부와의 연락을 위한 연통제(聯通制)를 수립하는 등 독립운동의 방략을 작성하고, 독립신문을 창간하였으며, 홍사단 요동임시위원부를 설치하여 임시정부의 육성과 민족계몽에 전심전력을 다하였다. 그러나 임시정부의 내적 통일은 기하기가 어렵게 되자 정치적 책임을 이유로 사임하였다.

1921년에서 1923년 사이에 도산은 미국, 시베리아, 만주 각지에서 선출된 대표를 놓아 민간조직을 통합하여 대한독립당(大韓獨立黨) 조성을 계획하였다. 또 이상촌을 건설하여 장구한 독립운동의 근거지를 만들려고 하였는데 이때는 이미 일본의 세력은 북중국일대까지 뻗기 시작하였을 때라 그의 이상촌 건설, 만주의 독립운동 근거지 건설계획은 포기하지 않을 수 없었다. 그러나 그는 실망하지 않고 뜻을 펴기 위한 계획을 구상하던 중 윤봉길 의사의 홍구공원 의거로 인해 상해에서 체포되어 인천으로 옮겨졌다. 그 후 1932년 12월 19일 도산은 치안유특법 위반이란 죄목으로 서울 지방법원에서

4년의 징역언도를 받고 대전감옥에서 2년 6개월간 복역하고 혹독한 고문에 지친 몸으로 1935년 2월 10일에 가출옥하였으나 몸은 더욱 쇠약해지고, 고질화된 위병은 더욱 심해졌다. 참으로 오랜만에 자유의 몸이 되었으나 일제의 감시는 계속되어 고향에 가까운 대보산 송태산장에 은거하였다.

그러나 1937년 6월 일제는 중국침략전쟁에 앞서 수양동우회를 중심으로 민족주의자에 대한 일제 검거가 있었다. 도산은 다시 수감되어 위병 외에 간경화, 천식 등으로 위태해지자 12월 병보석으로 경성제국대학 병원에 입원하였다가 이듬해 3월 10일 끝내 조국의 독립을 보지 못한 채 운명하고 말았다. 향년 59세 4개월이었다. 그는 죽음을 앞에두고 "睦人아! 네가 우리 민족에게 큰 죄를 지었구나"4)

> 나는 죽으려니와 내 사랑하는 동포들이 그렇게 많은 괴로움을 당하여 미안하고 마음이 아프다. ……일본은 자기 힘에 지나치는 큰 전쟁을 시작하였으니 필경 이 전쟁으로 인하여 패망하오. 아무런 곤란이 있더라도 낙심말고 인내하시오.……5)

이것이 그가 동지와 동길에게 남긴 마지막 민족의 메시지였다.

2. 도산 사상의 구조

도산 사상을 한마디로 요약한다면, '힘의 교육학'으로 표현

---

4) 주요한, 앞의 책, p.422.
5) 徐英勳, "永遠한 겨레의 스승 島山 安昌浩", 「스승의 길」, 서울시교육위원회, 1984, p.127.

할 수 있다. '힘을 기르소서'라는 한마디는 도산 사상의 핵을 들어 내고 있다고 본다. 이 '힘의 교육학'은 도산 사상의 알파요, 오메가라고 할 수 있다. 이것을 서영훈(徐英勳)은 자력주의(自力主義), 민족주의(民族主義), 민주주의(民主主義), 인본주의(人本主義)로 요약했다.6)

1) 자력주의

도산은 소년시절 평양에서 청일전쟁으로 만신창이가 되는 조국강토를 목격하고 의문을 금치 못하여 밤새 생각하고 또 생각하였다. 그리고 얻은 결론은 '힘이 없기 때문이다'라는 것이다. 이것은 도산의 일생을 지배한 사상이요, 행동원리였다.

1921년 도산은 상해에서 미국, 멕시코, 캐나다 등지에서 있는 동지들에게 보낸 공개서한에서 이렇게 말하고 있다.

> 내가 이에 간절히 원하는 바는 이것이외다. '여러분은 힘을 기르소서 힘을 기르소서'……참배나무에는 참배가 열리고 돌배나무에는 돌배가 열리는 것처럼 독립할 자격이 있는 민족에게는 독립국의 열매가 있고 노예될 만한 자격이 있는 민족에게는 망국의 열매가 있습니다. 독립할 만한 자격이라는 것은 곧 힘의 열매입니다. 힘이 작으면 성공이 작고, 힘이 크면 성공이 크고, 힘이 없으면 죽고 힘이 있으면 사는 것이 하늘이 정한 원리요, 원칙이외다.……그런고로 千思萬慮하여 보아도 우리의 독립을 위하여 믿고 바랄 바는 오직 우리의 '힘'뿐이외다.7)

도산은 힘의 삼 요소를 신용, 지식, 금전, 즉 인격의 힘, 지

---

6) 徐英勳, 위의 책, pp.132-135.
7) 주요한, 앞의 책, pp.350-351.

식의 힘, 경제의 힘으로 보았다. 이것을 삼대자본으로 표현하
였다. 그 중에서도 인격의 힘을 가장 중요하고 원천적인 힘이
라고 보았다. 나 하나를 건전인격으로 만드는 것이 우리 민족
을 건전하게 하는 유일한 길이라고 말하였다.

2) 민족주의

'밥을 먹어도 잠을 자도 대한의 독립을 위하여'라 했던 도
산에게 있어서 민족은 곧 삶의 목적이며 생의 의미 바로 그
것이었다. 흔히 민족주의는 세계주의와 상반되는 것으로 여기
기 쉽다. 그러나 진정한 민족주의는 국제주의로 나아가는 지
름길이 된다. 그는 다음과 같은 말을 하였다.

> 나는 진정으로 日本이 망하기를 원치 않고 좋은 나라가 되
> 기를 원한다. 이웃인 대한 나라를 유린하는 것은 결코 일본의
> 이익이 아니 될 것이다. 원한 품은 2천 만을 억지로 국민 중
> 에 포함하는 것보다 우정있는 2천 만을 이웃 국민으로 두는
> 것이 日本의 得일 것이다. 그러므로 대한의 독립을 주장하는
> 것은 東洋의 平和와 日本의 福利까지도 위하는 것8)

도산은 확고한 신념의 인물이었지만 결코 자기의 생각을 남
에게 강요하는 일이 없었다. "내게 한 옳음이 있으면, 남에게도
한 옳음이 있는 것을 인정하여서 남의 의견이 나와 다르다 해
도 그를 배척하거나 미워하는 편협된 일을 아니하면 세상에는
화평(和平)이 있을 것이다. 우리나라에서는 예로부터 나와 다
른 의견은 용납하는 아량이 없고 오직 저만 옳다하므로 그 혹

---

8) 주요한, 위의 책, p.6.

독한 당쟁이 생긴 것이다."9) "모진 돌이나 둥근 돌이나 다 쓰이는 장처(長處)가 있는 법이니, 다른 사람의 성격이 나와 같지 않다하여 나무랄 것이 아니다"라고 하였다. 이처럼 개성의 자유와 존중을 명쾌하고 평이한 말로 갈파하였다.

3) 인본주의

도산에게 있어서 인본주의는 두 가지 측면에서 생각할 수 있다. 하나는 인간에 대한 지극한 사랑으로서의 휴머니즘이며, 또 하나의 측면은 모든 사회정직의 출발이 인간에서 비롯된다는 인간본위의 사상이다.

도산은 늘 정의돈수(情誼敦修)를 강조하였다. 이것은 그에게 있어서는 자비(慈悲)·인(仁)·애(愛)의 인류의 이상을 실제화한 것으로 사랑이야말로 국가의 흥망과 인류의 흥망을 좌우하는 기본 열쇠를 보았다. 그는 철저하게 무저항주의를 신봉하였다. 도산에 의하면 나부터 스스로를 개조함으로써 민족이 개조되고 궁극적으로 인간에 의해서 환경이 개조되고 사회가 개조되고 산업도 일으키고 국가도 진흥하게 된다는 것이다. 모든 일의 성패의 제일원인이 인간이라는 점이 도산의 인본주의의 또 하나의 측면이다.

한편 한기언(韓基彦)은 도산 사상의 구조를 모두 여섯 가지로 체계화하였다.10)

① 훈훈한 마음씨(誠): 말하자면, 민족독립사상이요 그 바탕을 이루는 것이 사심없는 성실성이다. 이는 또한 '건전인격'을 뜻하는

---

9) 주요한, 위의 책, p.8.
10) 韓基彦, 「變革期의 改革運動과 島山思想」, 島山思想硏究會, 1991, pp.8-11.

것이요, '흥사단주의'요 '대공주의(大公主義)'라 해도 좋을 것이다.

② 2대강령(二大綱領): 이는 건전인격(健全人格)과 신성단결(神聖團結)을 말하는 것이다.

③ 3대수련(三大修鍊): 이는 건전한 인격훈련(人格訓練), 공고한 단결훈련(團結訓練), 민주적인 공민훈련(公民訓練)을 말한다.

- 건전한 인격훈련: 도덕적 덕성, 튼튼한 몸, 자주적인 직업인
- 공고한 단결훈련: 신의를 굳게 지키는 훈련, 규율에 스스로 복종하는 훈련, 서로 사랑하고 서로 돕는 습관
- 민주적인 공민훈련: 자주적인 정신의 함양, 자치능력의 왕성, 사회인으로서 뚜렷한 식견, 대공의식의 투철 등

④ 4대정신(四大精神): 이는 무실(務實), 역행(力行), 충의(忠義), 용감(勇敢)을 말하는 것이다.

⑤ 5대공약(五大公約): 이는 자아, 동지, 단(團), 직업 및 민족을 말한다.

- 자아: 무실, 역행, 충의, 용감의 정신으로 부단히 자아를 혁신하자.
- 동지: 동지를 사랑하며 신의를 지키며 환난상구(患難相救)하자.
- 단: 단을 위하여 一心하여 복종하며 회생하자.
- 직업: 범사에 청백하며 맡은 책임을 완수하자.
- 민족: 대공복무(大公服務)의 정신으로 국가민족을 위하여 헌신하자.

⑥ 6대사업(六大事業): 이는 군사, 외교, 교육, 사법, 재정, 통일을 말한다.

이를 총체적으로 요약하면 한기언은 도산 사상의 구조를 일핵사상, 2대강령, 3대수련, 4대정신, 5대공약, 6대사업으로 본 것이다.

3. 도산의 교육이념

1) 인간상에서 본 교육이념

도산의 인간상은 네 가지 요소로 구성되어 있다. 성(誠)과 애(愛)와 용(勇)과 지(知)이다. 이 네 가지 요소가 혼연일체를 이루어 도산의 뛰어난 인격을 이루고 있다.11)

첫째로 그는 성(誠)의 인간이었다. 그가 가장 사랑한 것이 참이요, 그가 가장 미워한 것이 거짓이었다. '그는 죽더라도 거짓이 없으라'고 외쳤다. '농담으로라도 거짓말을 하지 말라'고 부르짖었다. 언제 어디서 누구나 무슨 일을 하더라도 정성된 마음으로 하라는 것은 도산의 생활신조요 행동강령이었고 성실은 도덕의 근원이요 '참'은 인생의 대본이다. '참'의 원리, 성실의 원리가 대인관계로 나타날 때에는 신의가 되고 대물관계로 나타날 때에는 지성(至誠)이 된다고 하면서 도산은 신의와 지성의 도덕을 가장 존중하였다. 성실의 실천자인 도산은 작은 일이건 큰 일이건 정성을 다하였다.

둘째로, 애(愛)의 인간이었다. 인격에는 사랑의 향기가 풍기고 우리 민족에게는 사랑 공부하기를 강조하였다. 그는 우리의 사회를 사랑이 없는 무정한 사회라고 지적하면서 다음과 같은 사랑 공부하기를 권하였다. "나는 사랑을 工夫하고 너도 사랑을 工夫하자. 남자도 여자도 우리 2천 만이 다 사랑하기를 工夫하자. 그래서 2천만 民族은 서로 사랑하는 民族이 되자"고 하였다.

셋째로 용기의 인간이었다. 도산은 청년들에게 인격수양을

11) 安秉煜, 「島山思想」, 서울: 大成文化社, 1970, p.123.

항시 강조하였고, 인격은 지, 인, 용의 세 요소로써 이루어진다고 하였다. 그는 일제의 회유와 압박 앞에도 굴하지 않고 끝까지 지조와 절개를 지키고 자신의 주의나 신념대로 밀고 나아갔으며 이는 도산의 인격과 생애를 통해서 볼 때 그는 놀라운 용기의 소유자임을 알 수 있다. 여기서 강조하는 것은 특히 도덕적 용기가 인생의 열(熱)이라면 지혜는 인생의 빛이다. 도산은 언제나 대중의 입장에 서서 사리사욕을 버렸기 때문에 사물과 상황의 판단이 정확했다. 그는 무슨 일에나 치밀한 계획과 용이주도한 준비가 있었고 독립을 하기 위해서도 치밀하고 냉철하며 실증적이었다. 또한 무실역행주의를 인생의 근본으로 삼았기 때문에 그의 사고방식은 어디까지나 점진주의요, 착실주의였다. 그는 또한 우리가 원만한 인격을 형성하기 위해서 부단히 지(知)를 닦고 성(誠)을 두텁게 하고 용(勇)을 기르되 이 삼자가 언제나 혼연일체의 조화적 발전을 이루도록 힘써야 한다는 것이 그가 생각하는 이상적 인간상이다.

2) 사회운동으로 나타난 교육이념

도산은 진정한 인격을 교육의 이상상(理想像)으로 정립하고 이의 실현을 위하여 자아혁신은 곧 무실, 역행, 충의, 용감으로 드러나야 한다고 하였다.

① 무실(務實): 무실이란 실을 힘쓰자는 뜻이다. 실은 참이요 진실이고 성실이다. 참되기를 힘쓰고, 진실하기를 노력하고, 성실하기를 공부하는 것이 무실이다. 그는 작은 일에나 큰 일에나 성(誠)을 다할 것을 가르치고 몸소 실천하였다. 사람을 대함에 있어서도 성심을 주로하고 가식을 미워하였다.

무실은 우선 나 한 사람부터 성의 사람이 됨으로써 민족에 새로운 힘이 될 수 있다는 것이 그의 근본적인 신념이었다.

성실에 있어서 사람과 사람이 통하여 사람과 하늘이 통할 수 있다. 그 성실사상이 민족의 기본이요, 궁극적인 염원이었다.12)

도산의 무실사상은 학교에서나 사회집단에서나 그 사상을 강조하고 실천할 것을 교육의 첫째로 삼았다.

꿈에라도 성실을 잃거든 통회(痛悔)하라고 했고, 여러분은 미국군의 총사령관 워싱턴, 미국의 초대 대통령이 되려고만 하지 말고 정직한 조지가 되라고 하였다.13)

② 역행(力行): 역행 행하기를 힘쓰자는 것으로 우리 민족을 흥융케 하고 문명인으로 뒤떨어지지 않게 하려면 이 역행이 있어야 한다.

그는 한국인이 모두 다 충국애족하여야 하고 덕을 더 닦아야 되고, 좀더 지식있는 사람이 되어야 될 줄 알면 좀더 덕을 닦고 공부할 것이며 몸이 약하여 건강에 힘써야 될 줄 알면 이것을 실천하는 자가 적으므로 우리는 입만 살고 생명없는 민족이 되었으니 마땅히 종래의 공리공론을 물리치고 행동으로 충국애족을 하여야 하고 덕을 더 닦아야 되고, 좀더 지식있는 사람이 되어야 될 줄 알면 좀더 덕을 닦고 공부할 것이며 몸이 약하여 건강에 힘써야 될 줄 알면 이것을 실천해야 한다. 우리 민족 하나 하나가 모두 생활에 이론과 실천을 병행할 때 우리 민족이 흥융(興隆)할 수 있을 것이며, 그렇지 않고 우리 모두가 입과 몸만 산 족속이 되면 영원한 쇄망의 구렁에서 벗어날 수 없다. 민족의 살 길은 힘써 행하는 것이

---

12) 朴鍾鴻, 朴鍾鐘鴻全集 Ⅴ, 서울: 螢雪出版社, 1982, p.20.
13) 주요한, 「人格革命」, 서울: 大成文化社, 1969, p.252.

다. 그가 말하는 역행(力行)은 부단한 노력이요, 꾸준이 힘쓰
고 또 힘써 나아가는 것이다.

③ 충의(忠義): 충의는 충성과 신의, 두 말의 合이다. 충
(忠)은 한번 정하면 정한 대로 변치 않고, 한번 결심한 주의
(主義) 뜻을 도중에 집어던지지 말고 끝까지 붙들고 나아가려
는 정신이다. 의는 사람에 대한 신의이다. 인간과 인간의 관
계는 신의의 질서 위에 서야 한다. 신의는 인간생활의 기본질
서와 사회존립의 근본원리이다. 인간상호간의 질서가 무너질
때 대인관계는 붕괴되고 사회생활은 불가능해진다. 신(信)이
없으면 화(和)가 있을 수 없다. 서로 신의를 지키는 데서는
대인관계와 사회생활이 바로 설 수 있다. 서로 믿을 수 있고
상호신뢰할 수 있어야만 우리들은 함께 협동하고 서로 친애
하며 공동사업을 경영할 수 있다. 신의, 이것이 있으면 존하
고 흥하며, 없으면 망하고 패한다는 것이다.14)

이와 같이 충의는 인간과 인간의 관계를 율(律)하는 기본이
요, 나아가 가정과 단체 그리고 민족과 국가의 기틀이 되는
것이다.

④ 용감(勇敢): 용기는 그 말 자체가 의미하듯이 인생의 어
떤 기력이요, 기운이다. 지난 교육에서는 전장에 임하는 용기
를 하나의 중요한 미덕으로 여겨 청소년들을 교육한 사례가
허다하였다. 이것도 하나의 용기임에는 틀림이 없다. 그러나
교육의 역사를 더듬어 보면 이러한 용기를 수단으로서 자주
치욕과 굴욕이 따랐다. 이것은 참으로 역사에서 인류가 부끄
러워해야 할 일이다. 용기에 대하여 보다 종합적으로 이해할

---

14) 安秉煜, 앞의 책, p.105.

필요가 있다. 공포가 없는 것도 하나의 용기이며, 공포를 자제하는 일도 또 다른 용기이다. 무서워해야 할 상황에서 무서워하지 않는 것도 용기이며, 무서워하는 것이 오히려 부당할 때, 무서워하지 않는 것도 하나의 용기인 것이다.

도산이 생각한 용기는 억압과 치욕이 사용되지 않는 올바른 내면적인 용기의 덕을 육성하는 것이었다. 용기는 어디서 나오는 것이 아니라 자기 속에서 찾는 것이요, 확실한 자아를 찾는 데서 길러진다고 보았다. 또 이 일이 옳은가 그른가 이 일을 할까 말까하여 방황하고 주저하면 거기에 고통이 따른다는 것이다. 고통은 낙망하게 되고 낙망은 청년을 죽게 하고 청년이 죽으면 결국 민족이 죽게 된다. 또 주저하면 낙망한 끝에 남을 원망하게 되고 심하면 남을 죽이기까지 한다. 그래서 방황과 주저는 우리의 원수가 된다는 것이다. 용기가 없으면 방황하고, 주저하고, 민족의 독립과 발전이 없으니 용기를 갖도록 하자는 것이다.

4. 교육이념의 발전적 계승 방향

도산의 교육이념을 계승발전케 하기 위하여 몇 가지 방향을 시사해본다.

1) 도산의 역사의식

도산은 조선조말 격랑의 소용돌이 속에서 자랐다. 그는 갑신정변, 동학혁명, 아편전쟁, 러일전쟁, 안중근의거, 105인사건, 제1차 세계대전 발발, 중국의 오사운동, 만보산사건, 만주사변 등을 체험하면서도 우리 민족의 장래에 희망을 품고, 민족광복의 날을 확신하였다. 어두운 환경에서 민족의 장래를 낙관하였다는데 민족지도자로서의 탁월성이 있다고 하겠다.

그는 개혁운동의 지도를 1핵사상, 2대강령, 3대수련, 4대정신, 5대공약, 6대사업으로 그려 나아갔다.

2) 도산의 자아혁신

도산은 누구보다 먼저 자아혁신을 주장하면서 주인정신에서 주체정신으로, 주체정신에서 책임정신으로 나아가 명목상의 주인(主人)이 아니라 실제상의 주인이 되어야 한다고 하였다. 사람다운 사람, 덕스런 한국인을 길러내는 일이 화급한 과제로 보았다.

3) 도산의 신의(信義)사회 건설

그가 강조한 것은 정직이었다. 1932년 4월 29일 중국인들도 통쾌해 했던 안중근 의사의 의거가 있었다. 도산은 이때 프랑스 조계에 있는 이유필 댁을 방문하였다가 체포되어 조국으로 압송되었다. 친구의 아이에게 생일날 선물을 갖고 가겠다는 약속을 했기 때문에 삼엄한 일경의 감시를 뚫고 그곳을 방문하였던 것이다. 이처럼 그는 어린이에게까지도 약속을 소중히 하였다. 그는 우리 민족의 쇠퇴를 가져온 요인을 두 가지로 진단하였는데 하나는 거짓과 공리공론이요, 다른 하나는 민족성 결집의 결여를 들고 있다. 그는 이를 개선 광정하기 위하여 무실, 역행, 충의, 용감의 4대 교육이념을 들었다.

4) 교육입국(敎育立國)의 실현

기울어져가는 국운을 회복하기 위하여 두 가지 방략이 있는데 하나는 무력항쟁이고 하나는 교육을 통한 애국계몽운동이다. 도산은 후자를 선택하였다. 즉, 교육을 통한 이상실현을 주창하였고 또 몸소 실천에 옮겼던 것이다.

> 도산은 전통사회에서 민주사회에로,
> 불건전인격에서 건전인격에로,
> 공리공론사회에서 무실역행사회에로,
> 불신사회에서 신의사회에로,
> 비정사회에서 애정사회에로,
> 분열사회에서 통합사회에로,
> 라고 요약할 수 있다.

5) 세계주의적 민족주의

도산은 진심으로 일본의 패망을 원하지 않았다. 일본은 건전한 국가로 발전되어 한국과 동양의 진정한 우방이 되기를 바랐다. 동시에 한국문화의 개화는 곧 국제 사회와 세계 문화를 일층 더 심화 내지 다양화에 보탬이 되는 것으로 보았다. 이렇듯 도산의 교육이념은 실제로 역사의식, 자아혁신, 신의사회건설, 교육입국의 실현, 세계주의적 민족주의에로 발전 실행되어야 할 것이다.

위대한 사상은 후학에 의하여 계속 발전과 연구가 거듭되

야 하거니와, 그 사상의 실천에 보다 큰 열의를 가지고 따르
는 후학들의 결단이 요청된다고 하겠다.

제4장 한서(翰西) 남궁억(南宮檍)의 교육사상

1. 생애와 활동

한서가 살아간 19세기 후반과 20세기 초는 문자 그대로 국내외적으로 격동의 시대였다. 동양보다 앞선 구미 열강은 새로운 과학 및 군사력을 앞세워 경쟁적으로 약소민족을 침탈하여 식민지화하기에 이르렀다. 이 세계적 파고는 아시아에까지 밀려왔다.

한편 국내적으로 대원군의 쇄국정치로 역사는 후퇴할 뿐만 아니라 완고한 수구파들은 그들의 정권유지에 급급하여 가진 모략을 일삼고 있었다. 이에 대항하여 개화운동이 없었던 것은 아니지만 이 수구파의 세력을 몰아내기에는 너무도 그 힘이 미약하였다. 이미 국내에서는 많은 국제적인 사건이 꼬리에 꼬리를 물고 일어났다. 원산의 거문도 사건, 평양의 셔먼호사건, 강화의 양요사건, 인천의 운양호사건, 천주교 박해사건 등 대내적·대외적으로 많은 난문제가 중첩되고 있었다. 이렇게 험난할 때, 한서는 1863년 12월 27일 왜송동[1])에서

---

1) 당시는 한성(漢城) 사부(四部) 왜송동(倭松洞)이라 불렀으며 임진왜란 때 가도기요마사(加藤淸正)가 말을 매두었던 소나무가 있어 이렇게 명

태어났다. 본관은 함열(咸悅)이요, 자(字)는 치만(致萬)이며 호는 한서(翰西)라 하였다. 그는 철종 때 무과 중구도사를 지낸 바 있는 남궁영(南宮泳)의 아들로 태어났다. 왜송골은 옛날 배재학당 자리이고 지금은 한식 기와집들이다 헐리고 배재중고등학교 운동장으로 되어 있다.

그는 태어나면서부터 용모가 청수하고 재질이 남보다 뛰어났다. 한서는 명문가의 자손으로 태어났으나 불행하게도 아버지를 일찍 여의고 덕수 이씨(德水 李氏) 홀어머니의 슬하에서 온갖 가난과 싸우면서 자라났다.2)그의 어머니는 바느질품을 팔아서 근근히 살아가는 형세에 남의 집 자식처럼 서당에 보낼 수도 없는 일이었다. 집안 사정과 어머니의 슬퍼하는 심정을 잘 아는 그는 어머니께 글방에 보내달라는 말도 못 드리고, 이웃집 이가과택(李可果宅)3)에 가서 종일 어깨너머 공부를 하고 늦게 집으로 돌아오곤 하였다. 이것을 볼 때마다 어머니는 가슴이 미어지는 것 같았다.

하루는 한서의 어머니가 이가과택을 찾아가서 훈장 조씨를 보고 사정하였으나 이가과택 독훈장(獨訓長)으로 있는 관계로 훈장으로서는 무어라고 대답할 수 없다고 하여 거절당하고 그 후 이가과택에 직접 교섭하여 승낙을 받았다. 그는 여기서 천자문, 무제시(無題詩), 사서삼경을 다 떼었다. 그러나 그는 한학보다는 앞날의 개화한국을 이룩하기 위하여 그 방향을 크게 전환할 결심을 하였다. 그는 서구문물의 수입과 서양인

명되었다는 전언이 있음. 지금의 정동을 말함.
2) 金世漢, 「不屈의 얼」, 서울: 동아출판사, 1960, p.40.
3) 가과(可果)라는 벼슬은 현직에 있지 아니한 정6품의 문관(文官), 무관(武官), 음관(陰官)으로 시켰던 벼슬.

들과의 교섭이 시급함을 깨닫고 21세 때에 서울 제동에 창설된 관립 영어학교에 입학하였다. 다음해에 그는 영어학교를 최우등으로 졸업하고 곧 사회로 진출하였다. 한서가 22세가 되던 해에 견습생 자격으로 총해관(總海關)에 들어갔으며, 이것은 독일인 목인덕(穆麟德)4)의 추천에 의한 것이었다. 그는 여기서 개화된 서구문명을 접하였고 이에 더욱 자극을 받아 개화한국을 상망(想望)하게 되었다. 24세에는 내부 주사로 피명되어 고종황제의 영어 통역을 맡았고 이듬해엔 통역 서기관으로 승진되었다. 조민회가 전권대사로 영국·프랑스·독일·이탈리아 등 6개국을 순방할 때 통역 서기관으로 수행하게 되었으나 이 사절단의 순방길은 청나라의 간섭과 국내 문제로 홍콩에서 좌절, 그 곳에서 2년 동안이나 발이 묶였다가 귀국하였다. 27세 때에 한서는 궁내부(宮內部) 별군직(別軍職)5)에 임명되어 4년 동안 봉직하였다. 31세 때에는 경상도 칠곡부사로 임명되었다. 이것은 오리(汚吏)들을 없애도록 특별한 어명을 받아 임명된 것이었다. 다음해에는 동학란과 청일전쟁을 여기서 겪었으며, 동학군이 칠곡을 침공하였을 때에도 무사히 평정하여 무부(武夫)의 일면을 보여주었다. 그는 순무사(巡撫使)6)가 되어 난후의 수습에도 진력하였다. 33세에 그는 내무토목국장이 되어 당시 수도 건설에 두 가지 큰 공을 세웠다. 하나는 종로와 정동일대의 도로를 확장한 일이요,

---

4) 조선 말 독일인 외교고문 Paul George von Möllendorf이며 1882년(고종 16년) 정부의 통리기 무아문 협판에 부임하여 한로수교통상조약(韓露修交通商條約)을 성취시켰고, 총해관(總海關)의 해무사무(海務事務)와 외교고문직을 맡았다.
5) 이조 때 임금의 시위(侍衛)와 간신을 잡아내는 사무를 맡은 무직(武職).
6) 이조시대 절제사와 같은 직으로 각 지방에 두었던 무관직.

다른 하나는 탑골공원의 창건이었다. 이 탑골공원 공사에도 내부대신 남정직(南廷直)을 비롯하여 완고파들의 반대가 심하였으나, 당시 복흥사 자리에 현재의 파고다 공원 공사를 완성하였다. 남정직은 대신의 말을 거역한다고 황제께 상소하여 그를 토목국장에서 면직케 하였다. 그는 토목국장 재임시에 민영환(閔泳煥)이 세운 홍화학교(興化學校)에서 영문법과 동국사(東國史)를 가르치면서 애국심과 신문화사상을 불러일으켰다. 이 홍화학교는 우리나라 근대교육사에서 보는 최초의 민간사립적 국어학교였다.

1896년 그는 구국운동을 하기 위해 잠시 관직에서 물러났다가 1905년 다시 관직을 맡게 되었다. 그는 성주(星州)의 특사로 부임하여 매관매직의 악습을 뿌리뽑고 사회계몽에 앞장섰다. 그 후 성주로부터 상경하여 그 다음해에 다시 양양(襄陽) 군수로 부임하였다. 그는 부임하자 모래땅과 하천부지 등 놀고 있는 땅에 소나무를 심게 하였다. 당시 강원도에는 목재가 무진장으로 있어 조림의 필요성이 절실하지 않았기 때문에 군민들의 심한 불평의 대상이 되었으나 그는 이에 굴하지 않고 계획대로 조림사업을 추진한 까닭에 30년이 지난 후, 군내 공공사업의 자금이 되어 큰 혜택을 주었다. 또한 그는 34세의 나이로 서재필과 함께 '독립협회'를 조직하여 협회의 수석 총무 겸 사법위원이 되었으며, 동 협회의 기관지인 「독립신문」의 영문판 편집에도 종사하였다. 때는 일본이 청일전쟁에서 이겨 청국이 물러남으로써 일본과 러시아의 세력이 맞서게 되었다. 이들 두 나라의 야심을 간파한 그는 민족의 독립정신과 문화의 발전을 향상하고 여러 폐습을 개혁하며 신문화 수입과 국권확장운동에 주력하였다. 이와 같이 민권확장운동은 당시

친러파에 미움을 받게 되어 이 활동은 심한 제약을 받게 되고 나중에는 동 협회마저 해체되기에 이르렀다.7)

한서는 1898년 3월 8일자로 농상공부로부터 신문발행의 인가를 얻어 그 해 9월 5일에 「황성신문」(皇城新聞)을 창간하고, 그가 사장 겸 주필이 되었다. 국가의 문화발전과 사회계몽을 위해서는 일간신문이 꼭 있어야 한다는 것을 절실히 느꼈기 때문이다. 그 논평은 정부의 부패를 시정케 하고 올바른 정치를 하도록 촉구하며, 한국에 대한 일본의 침략야욕을 통렬히 공격하고, 국민들에게 애국심과 독립정신을 고취하였던 것이다. 그러나 그 논조가 시대에 적절하고 솔직공정하여 일반대중에게 많은 공감을 받았으나, 고루한 수구파, 친러파, 친일파들에게 미움을 받아 한서는 여러 차례 경무청에 검거되어 심한 고문까지 받았다. 이때에 새로 결성된 만민공동회 위원들의 시위 등으로 그는 황제의 특별사면령으로 석방되었다. 그는 이후에도 세 번이나 경무청에 구속되어 온갖 시련을 겪어야 했다. 처음은 러·일간에 한국을 분해하려는 교섭이 있었다는 기사를 「황성신문」에 게재한 것 때문이었고, 두 번째는 러·일행정이 부당함을 논박한 것 때문이었고, 세 번째는 신문과는 관계없이 당시 영관(領官)으로 있었던 유동근(柳東根)이 궁내에 밀고하기를 황성신문 사장 남궁억이 일본에 망명하고 있는 박영효(朴泳孝), 유길준(兪吉濬)과 내통하여 거병하려 한다고 고하였기 때문이었다. 이로 인하여 동지 17명과 함께 검거되어 혹독한 고문을 받으며 심문을 당하다가 유동근의 밀고가 거짓임이 판명되자 4개월만에 석방되고 그는 황성신문사

---

7) 金善陽, "민족교육의 등불 翰西 南宮檍", 「스승의 길」, 서울특별시 교육위원회, 1984, p.171.

사장직을 사임하였다. 그는 시련 속에서도 정치적 압박과 경제적 곤란을 받으면서도 황성신문을 외로이 경영하였던 것이다. 그가 45세 되던 해 일본의 협박에 의한 정미 7조약이 체결되어 국권이 완전히 상실되자 그는 민간 정치결사인 '대한협회'를 조직하여 그 회장이 되어 항일투쟁의 전면에 나섰다.

그가 학교를 처음 창설한 것은 1906년에 개교한 양양군의 현산학교(峴山學校)이다. 그가 양양 군수로 있을 때 설립하여 11세 이상에서 23세까지의 학생을 모아 자신이 직접 가르쳤다. 그는 무상으로 가르쳤으며, 영어·산수·역사·체조 등의 과목을 교수하였고 몽매한 민중들의 고집과 반대를 무릅쓰고 교육의 필요성을 역설하는 민중교육에까지 봉사하였다.

나라 잃은 1910년, 48세가 되던 11월에 서울 배화학당의 교사로 취임하였다. 8년간 이곳에서 재직하면서 영어문법, 대한역사, 한글 붓글씨, 가정교육, 국문법 등을 여학생들에게 가르쳤다. 여기서도 그는 민족의식과 독립사상을 고취하기에 여념이 없었고, 그는 야간을 이용하여 상동에 있는 청년학원의 원장을 겸하여 근로청소년들을 가르쳤던 것이다. 주야 겸무로 쉴새없이 종사하였기에 몸이 쇠약해져서 보리울로 낙향한 것은 1918년의 일이었다.

그가 펼친 문화사업으로는 1908년 6월에 창간된 「교육월보」(敎育月報),[8] 이 월보는 교육이론을 실은 것이 아니고, 학교에 가지 않고도 공부할 수 있도록 학과강의를 한 것으로 오늘의 통신강의록과 흡사한 것이었다. 과목은 동국역사(東國歷史), 대한지지(大韓地誌), 만국역사(萬國歷史), 만국지지(萬國地理), 물

---

8) 1908년(隆熙 2) 6월 25일 처음 발간하고 매월 25일 일회씩 발간하여 일년간 계속되었다. 이 원본은 현재 연세대학교 도서관에 소장되어 있다.

리, 위생, 가정요결(家庭要訣) 등 오늘의 중학교 정도의 내용이었다. 그때 「교육월보」는 당시 경성부 중부교동에 있었고 한서가 편집 겸 발행인이었다. 처음에는 동지들의 출렴(出斂)으로 비롯되었으나, 경영난과 민중의 지식 수준이 낮아 사업이 부진하다가 창간한 지 1년만에 폐간되었다. 그 해에 그는 동지들과 함께 관동학회를 창립하여 그 회장이 되었는데 이것은 강원도민을 중심으로 해서 문화운동을 일으키기 위한 것이었다. 여기서 교육운동도 본격화되어 도내의 우수한 인재를 뽑아 강습소에서 교수법을 가르쳐 신설학교(新設學校)에 배치하였다. 그러나 이 역시 1910년의 한일합방 조약과 함께 일체의 집회가 금지되어 학회도 문을 닫게 되었다.

앞에서도 말하였거니와, 그가 선향인 강원도 홍천군 모곡리(牟谷里)로 낙향한 때는 1918년 그가 56세 때의 일이다. 그가 모곡리(일명 보리울)에서 처음 착수한 사업은 교회와 학교의 설립이었다. 다음해에 그는 대지를 구입하여 우선 교회를 먼저 세우고, 이를 통해 종교활동과 교육사업을 동시에 시작하였다. 그가 기독교에 입교한 것은 독립협회에서 활동할 때 윤치호[9]와 함께 남감리교에 입교한 때부터 비롯되며 특히 배화학당의 교사로 부임하면서 신앙이 더욱 깊어졌던 것이다. 그 후 독실한 신자로 생활해 오다가 모곡리에서 처음으로 교회를 세우고 교회발전에 가일층 힘썼던 것이다. 그러나 그곳에는 학교가 없었으므로 한서는 교회를 확장하여 모곡학교라는 간판을 걸고

---

9) 윤보선(尹普善)작은 대통령의 아버지이며, 한서와는 사돈간 사이이다. 그의 차녀 남궁자경(南宮慈卿)이 윤치호(尹致昊)의 자부(子婦)가 되었다. 지금 우리가 부르고 있는 애국가의 가사는 평양대성학교 시절 윤치호의 작사이며 이의 일부분을 도산 안창호가 가필하였다고 전해진다.

4년제 소학교 정도의 과정을 가르쳐서 1923년 3월에는 제1회 졸업생을 배출하였다. 그 동안 한서의 높은 덕망을 흠모하는 학생들이 각지에서 모여들어 지망생을 모두 수용할 수 없게 되어 1925년에 6년제 사립학교로 인가를 얻은 동시에 유지들로부터 기부금을 모아 이것으로 교사와 기숙사를 신축하여 2세 교육에 전념하였다. 또 학교의 부속사업으로 무궁화 묘포(苗圃)를 경영하여 학생들로 하여금 무궁화에 대한 애착심과 국화 관념을 넣어 주었고, 또 이 묘목을 각 지방의 학교나 교회에 기증하기도 하였다. 1933년 무궁화, 한국역사사건으로 왜경에 체포되어 그 이듬해까지 12회의 졸업생을 내고, 이 학교는 전 재산이 몰수되어 공립학교로 개칭되었다.

그의 무궁화에 대한 집념은 계속되어 배화학당 재직시에는 여학생들의 수본을 무궁화로 하여 일경의 감시를 받았고, 모곡에서는 '무궁화 동산'이라는 노래를 지어 모곡학교 학생들에게 가르쳐 주었다. 학생들이 부르는 노래가 일경에까지 전해지자 '한국역사교육', '십자당사건'까지를 뽑아 그를 체포하는 구실로 삼았다. 그는 홍천에서 서울로 이송되어 서대문감옥에서 옥고를 치르다가 이듬해 3년간의 집행유예로 석방되었다. 그는 모곡에서 정양(靜養)한 뒤 모곡교회를 위하여, 그리스도를 위하여 전도에 힘쓰다가 1939년 4월 5일 옥고로 인한 병환으로 자택에서 서거하니 향년 77세였다.

민족의 광복과 더불어 그의 위대한 교육이념을 따르던 제자들에 의하여 그가 설립했던 모곡학교 서편에는 1954년 새로이 한서중·고등학교가 설립되었고 홍천읍 도봉리에는 1967년 그의 동상이 제막되었다. 자녀로는 아들 익과 딸 숙경, 혜경이 있었다.

2. 한서와 학교교육

19세기 후반은 우리나라의 교육사적 측면에서 볼 때 커다란 전환점을 이루고 있다. 이는 전통적으로 우리나라에 뿌리박힌 유교적 학교교육에 서구적 기독교적인 학교교육이 전래되었기 때문이다. 한서는 바로 이 두 가지의 극과 극을 이룬 학교교육에 있어 교량적인 역할을 하였던 것이다. 그가 행한 교육내용은 크게 세 가지로 구분할 수 있다. 이는 역사교육, 예능교육, 실업교육으로서 역사교육은 애국애족의 정신을 기리기 위한 한국사교육이라고 할 수 있고, 예능교육은 정서순화와 품성도야를 위한 것이었으며, 실업교육은 사회개발을 위한 실과가정교육과 관련지어 볼 수 있다.

1) 역사교육

한서의 역사교육의 시초는 배화학당(培花學堂)에서 비롯되었다. 처음엔 '대한역사'(大韓歷史)를 공공연히 가르쳤으나 교과배당시간에도 점차 빠지게 되었고 극렬한 일본의 무단정치로 헌병, 경찰 등을 통해 엄단 금지하는 조치가 강화되자 그는 토요일 영문법 시간을 이용하였다. 그는 묵지로 복사한 한국역사책을 준비시켜 영문법 시간에 비밀리에 가르쳤다.

그는 모곡에 은거하면서도 동국사기, 삼국사기 등 사서(史書)를 정독하여 한국역사에 남다른 정열을 보였고 모곡학교를 설립한 후에도 「동사략(東史略)」이란 사서를 저술하여 교재로 삼았다. 동사략은 한서가 배화학당에 교사로 있을 때 비밀리에 저술하여 몰래 학생들에게 가르치던 내용인데 홍천에 내려와서 1922년부터 집필하여 1924년에 완성한 것으로서 전 4권으로 나누어진 것을 묵지로 복사하여 학생들을 직접 가르치는 한편 제자 김우종(金宇鍾)을 시켜 36부를 지방유지들에게 배포했으며, 1권에는 단군조선에서 신라 말까지이고, 2권에는 고려 초로부터 공양왕까지였으며, 3권에는 조선 초부터 철종까지였고, 4권에는 철종부터 융희황제까지, 그리고 부기(附記)로서 3·1운동에 관한 기록을 상세히 다루었다. 이와 같이 동사략은 전 4권으로 구성되었다. 그가 「동사략」을 저술함에 있어서 그 취지와 정신은 책머리 범례에서 찾아볼 수 있다.

> ······ 新羅中葉 이래로 慕華主義가 하도 팽장하여 그 輸入된 虛文辱禮가 너무 사람의 大義正道를 마멸하므오 古事中에 이러한 事件은 모두 刪去하고 本書의 目的은 번다한 기사보다 勸善懲惡이 더욱 중요하므로 이 兩義의 事件은 기어코 그 始末의 明細를 證著하고자 함10)

이와 같이 남다른 교재를 가지고 비밀리에 그가 역사교육을 할 때에는 재미있는 동화와 사담을 이용하여 흥미있게 전개하였으며, 그는 비단 학교교실에서 뿐만 아니라 저녁과 밤을 이용하여 틈나는 대로 동네 청년들을 모아 지도하였다. 그는 가끔 "자네들 낙심말게, 비록 나는 독립을 못 볼지라도 자네들은 볼 것이니 그에 대비한 자세가 되어 있어야 하네, 배워야 하네"11)라고 희망과 격려를 잊지 않았다. 뿐만 아니라 그는 「조선이야기」 5권을 저술하였는데 이것은 「동사략」의 내용을 청소년들이 읽어 보아 이해하기 쉽도록 풀이한 동화체로서 1929

---

10) 南宮檍, 「東史略」, 1924, pp.2-4.
11) 南宮柱 기록에서. 남궁주는 한서의 6촌 동생이다.

년 4월에 완성된 1,290면의 대저작으로 이 또한 인찰지로 복사한 것으로 그의 제자 이기섭(李起燮)이 20여 부를 복사하여 각 지방의 유력한 인사들에게 비밀리에 배부하여 올바른 시각에서 민족의 걸어 온 길을 해석하여 전하도록 하였다.

「조선이야기」의 서문을 살펴보면, 옛날 역사가에 의하여 일그러진 모화사상을 일깨워 민족의 자주정신을 육성하고자 하는 그의 역사교육 의도가 잘 나타나 있는데 그 일부를 소개하면 다음과 같다.

> …… 一大 유감인 것은 史家로 저명한, 金富軾, 權近, 徐居正 輩가 慕華主義에 偏傾하여 그 기사로 論의 志趣를 觀컨데 自國은 夷狄으로 자처하고 中華를 복종하여 古來로 우리 檀君族의 고유한 才氣와 성격의 確壯發越함은 扶殺 不振케하니 嗚呼 悲夫로다. 然則 오늘 아동의 교편을 執한 우리들의 의무는 如何할까 思不得已하여 이제 「조선이야기」라는 동화 일편을 纂述하오니 其制에는 數三의 이유가 있는데
> ① 단군의 고유한 재질을 수복코자 함이오.
> ② 古人의 慕華主義 誤見을 打開코자 함이오.
> ③ 學童의 自國歷史的 趣味를 興起함이라.
> 槪此 纂述은 各國의 政俗에 의하여 인물을 數三部에 구분하였으니 ㉠ 군왕부, ㉡ 정치부, ㉢ 문예부, ㉣ 節義部라 그 연대를 推考하려면 篇首에 紀年表가 自有하거니와 대에서도 온 정성을 기울여 韓國歷史를 著述하고 또 이를 傳播하는 데 渾身의 努力을 기울였다. 韓國民族의 更生은 한국인 스스로의 矜持와 개개인의 실력, 협동에서 그 門이 열린다고 力說하였던 것이다. 民族獨立을 基礎로하는 그의 敎育理念은 倭警의 銃劍에도, 모진 고문에도 타협과 양보가 있을 수 없었다. 그러나 이것이 親日派 團體의 밀고로 그 유명한 韓國歷史事件이 터져 그는 다시 저 古史는 기사가 太簡하여 覽者의 취미를 起키 難하고 만일 근세의 童話體를 純用하여 語義가 번잡하면

古事의 眞境을 失할까. 爲慮하므로 折衷而述하오니 有望컨대
有志君子는 怒諒採用하시압12)

이와 같이 한서는 일제의 모진 탄압으로 체포되기에 이르
렀다. 이때에 학교와 가택을 수색해서 나온 역사 관계 서적들
은 당시 일경은 물론 뜻있는 사람들을 놀라게 할 정도로 많
았다. 압수된 증빙물로는 ① 무궁화 선전물, ② 조선이야기,
③ 영문으로 된 독립노선, ④ 태극을 박은 체경(體鏡)과 수저,
⑤ 그가 지은 노래집, ⑥ 동국사기와 삼국사기, ⑦ 동사략,
⑧ 서한, ⑨ 일기장 등이 있다.13)

한서는 항시 우리 역사교육에서 우리 조상의 빼어난 문화
와 전통을 학생들에게 강조하였고, 이에 지나가 버린 것이 아
니라 우리 현실 속에 살아 움직이는 역동적이고 감격적인 장
면으로 분위기를 몰아가곤 하였다. 나아가 우리 역사교육에서
옳고 그름의 판단을 분명히 하여 가슴마다 의(義)로 향하고
정성된 마음을 길러주는 데 중점을 두었다.

2) 예능교육

향교에서 유학의 교육내용을 중심으로 배워 오다가 기독교
의 전래와 더불어 구미문화를 받아들이면서 학교는 서구식
교육과정으로 변하였다. 그 중에서도 가장 두드러진 교과는
기독교과였다. 누구보다도 일찍이 신문화(新文化)에 접한 한

---

12) 柳達永, "저작을 통해서 본 한서선생", 「나라사랑」, 서울: 외솔회,
    1973, p.83.
13) 金景嬉, 翰西 南宮檍의 教育思想, 高麗大學校 教育大學院 碩士學位論文,
    1972, p.37.

서는 그 당시에 무표정하고 무감각한 주민과 어린이들을 위
하여 노래 부르기를 권장하였다. 그는 자신이 아악(雅樂)과
현대음악에 높은 소양이 있었고 또 음감과 성대가 남보다 뛰
어나 많은 노래를 손수 작사·작곡하여 학생과 주민들과 같
이 불렀던 것이다. 일찍이 야훼(Yahweh)의 부르심을 받아 기
독교에 입교했던 그는 종교음악을 기초로 하여 그의 음악이
론을 발전시키는 한편, 하모니카를 배워 이를 반주로 하여 노
래를 부를 때 뛰어 놀던 아이들까지도 몰려오고 들에서 일하
던 촌부(村夫)도 잠시 일손을 놓고 노래를 불렀던 것이다.

그는 현대음악뿐만 아니라 작사도 잘하고 시조도 청아한
목소리로 잘 읊었다,

> 이 몸이 죽고 죽어 일백번 고쳐죽어(정몽주)
> 철령 높은 재에 쉬어 넘는 저 구름아(이항복)
> 이 몸이 죽어가서 무엇이 될고 하니(성삼문)
> 삭풍은 나무 끝에 불고 명월은 눈속에 찬데(김종서)
> 한산섬 달밝은 밤에 수루에 혼자 앉아(이순신)

이상의 시조는 한서가 늘 즐겨서 불렀던 것이다.14) 뿐만
아니라 배화학당에서는 수업 분위기를 맞추어 학생들과 함께
노래를 불러 학습의욕을 북돋우면서 나라 잃은 설움에 잠긴
학생들에게 굳건한 인내의 미덕을 키워주기도 하였다. 당시
기계적이고 딱딱하던 교실이 그가 교단에 선 후로는 학생들
의 노래부르기가 습관화되자, 교실과 학교의 분위기는 한층
즐거움과 의욕적인 분위기로 충만하여 갔다. 그가 지은 '조선
지리가', '권학가', '조선노래', '우승가', '무궁화 동산', '일하

---

14) 金世漢, 앞의 책, p.273.

러 가세', '무궁화', '운동가' 등의 노래에 나타난 가사를 보면
단순한 노래만이 아니라 '우리나라의 아름다움', '우리나라의
광채로움', '삼천리 반도', '무궁화 회원', '금수강산', '배달의
민족', '무궁화 동산', '조선 삼천리', '무궁화', '우리동포',
'우리산천', '고국산천' 등이 구구절절 나오고 있어 우리 겨레
의 호흡과 혈액과 생명을 가득 담은 내용이었다. 그가 지은
노래가 이 민중을 깨우치고 민족의식을 고취하기에 충분했던
그 숱한 노래들이 서울과 강원도에서 뿐만 아니라 방방곡곡
으로 퍼져갔다. 한서가 지은 노래를 불렀던 이 땅의 착한 선
남선녀들은 노래를 부를 때마다 민족의 독립과 국가를 위한
헌신을 서로 다짐하곤 하였다.

여기서 그의 대표적인 시가(詩歌)를 적어 본다.

무궁화 동산15)

① 우리의 웃음은 따듯한 봄바람
　　춘풍을 만난 무궁화 동산
　　우리의 눈물이 떨어질 때마다
　　또다시 소생하는 이천만

<후렴> 빛나거라 삼천리 무궁화 동산
　　　　잘 살아라 이천만의 고려족

② 백화가 만발한 무궁화 동산에
　　미묘히 노래하는 동무야

---

15) 1933년 12월 27일자 동아일보에 게재된 '무궁화 동산'으로 인하여 한
　　서가 보안법 위반으로 검거된 이유가 된 시가임.

백 천 만 화초가 웃는 것 같이
즐거워 하라 우리 이천만

　　　시절 잃은 나비16)

① 일락은 서산에 황혼이 되고
　바다와 온 우주는 캄캄한데
　옥토를 떠나서 어디를 향해
　정처없이 어디로 향해 가느냐
　정든 산천 고국을 등에다 지고
　애닲다 이천만의 고려민족아
　너의 살 길 바이 없어 떠나 가느냐

② 젖과 꿀이 흐르는 기름진 땅을
　누구를 주고 자꾸만 떠나 가느냐
　정든 산천 고국을 등에다 지고
　애닲은 눈물방울만 연해 뿌리며
　두만강 푸른물결 거너서 가는
　백의 단군민족 내말 들어라

③ 무궁화가 화려한 금수강산은
　우리들의 소유인 줄 너도 알건만
　의식주에 핍박을 가이 못잊어
　주린 배 움켜 쥐고서 떠나 가느냐
　너희의 정경이야 차마 가긍하다
　그러나 낙심말라 고려 민족아

_____

16) 金世漢, 앞의 책, pp.270-271.

일하러 가세[17]

① 삼천리 반도 금수강산
   하나님 주신 동산
   이 강산에 할 일 많아
   사방에 일군을 부르네
   곧 금일에 일 가려고
   누구가 대답을 할까

<후렴> 일하러 가세 일하러 가
        삼천리 강산 위해
        하나님 명령 받았으니
        반도 강산에 일하러 가세

② 삼천리 반도 금수강산
   하나님 주신 동산
   봄 돌아와 밭 갈려니
   사방에 일군 부르네
   곧 금일에 일 가려고
   누구가 대답을 할까

③ 삼천리 반도 금수강산
   하나님 주신 동산
   곡식 익어 거둘 때니
   사방에 일군을 부르네
   곧 금일에 일 가려고
   누구가 대답을 할까

---

17) 한국찬송가 위원회 발행, 합동찬송가 459장(G. Donizetti)

조선의 노래18)

① 금수의 강산에서 우리 자라고
　무궁화 화원에서 꽃피려 하는
　배달의 어린 동무 노래 부른다
　세상에 부러울 것 무엇이랴

<후렴> 라릿랏다 라라 리리 라리라
　　　라릿랏다 라라 리리 라리라

② 동천에 둥근 紅日 그 빛 찬란코
　바다의 어별(魚鼈)들은 양떼들 같이
　태극기는 창공에 펄펄 날리고
　빛나게 잘 살아라 우리의 조선

　그의 노래는 겨레의 생활이요, 민중의 계몽이요, 민족의 메시지였다. 그의 대표적인 것으로 합동 찬송가 459장 '일하러 가세'는 오늘날까지도 널리 불리고 있는 노래인데, 이러한 찬송가를 일경에서 방치해 둘리가 없었다. 이 노래가 한 마을에서 다른 마을로, 다른 마을에서 또 다른 마을로 퍼져 나가는 동안 경찰은 이 노래를 강력히 금지하였다. 그 가운데 제일 먼저 '일하러 가세'와 '금주가'가 있었고 이어서 한서가 지은 노래는 일체 부르지 못하게 금지되었다. 그는 루터(Martin Luther)와 마찬가지로 노래를 통한 심성계발에 역점을 두고 나아가 노래에 의한 성격 형성을 중요하게 여겼다. 그는 루터가 지은 합동 찬송가 371장 '내 주는 강한 성이요'와 친히 지은 노래 '일하러 가세'를 즐겨 불렀는데, 이 두 노래의 가

---

18) 詩歌證人 南宮台卿.

사와 곡에는 약동적인 인간 형성의 힘이 깃들어 있었다.

그리고 한서는 틈이 날 때마다 한글 궁체로 밤새워 연구를 하였다. 한글 붓글씨는 언문(諺文)이라고 하여 천대하여서 궁중 나인들 사이에서 쓰여져 오던 터에 궁내부(宮內部)에 있으면서 한글궁체를 봉서방(奉書房) 나인들에게서 배웠고 또 조국의 독립과 단일민족으로서의 긍지를 새롭게 하는 계기를 마련했던 것이다. 그가 붓글씨 교본의 하나로 1914년 「신편언문체법(新編諺文體法)」을 발간했을 때 동화정책 밑에서 용인될 수 없었으므로 지하실 탄 저장고에서 비장해 두었는데 그 후 비밀리에 유포되어 오늘날의 한국 서도체본(書道體本)이 되었다. 한서에게서 붓글씨 지도를 받은 학생들이 뛰어난 글씨 솜씨를 보였던 것은 그 당시 너무도 유명한 일이었다.19) 우리나라의 한글 서예가인 이철경(李喆卿), 이미경(李美卿)도 민족정신을 되찾자는 그의 정성스런 열매가 맺어진 것이라고 할 수 있다. 또한 지금도 흔히 볼 수 있는 외솔 최현배의 「우리말본」과 「중등조선말본」의 제자(題字)도 한서의 글씨이다. 이와 같이 그는 학생들의 정서순화를 위하여 학교와 교회에서 성탄일과 꽃주일 행사를 성대히 열고 학교에서는 학예회를 자주 열어 음악, 연극, 시가 등을 통하여 그리고 붓글씨를 쓰게 하면서 직접적이고 경험적이며 심미적인 예능활동을 적극 장려하였다. 그리고 일제 때 한반도 13도를 무궁화 꽃으로 자수한 '무궁화 삼천리'라는 자수본과 삼동주 태극기(三同綢 太極旗)의 수본을 고안하여 여학생들이 한침 한침 수놓을 적마다 조국을 생각하며 민족정신의 가슴 가슴에 수놓아지도록 창안하여 지도하였는데

---

19) 「培花70年史」, 서울: 培花女子高等學校, 1968, pp.132-134.

모든 가정에서 민족혼을 되살리려는 정성에서 나온 의도였다.
그는 무궁화 예찬의 전단을 전국적으로 배부하고 무궁화 묘본
을 대량으로 키워 보급하였는데 이에 놀란 일인(日人)들이 모
두 뽑아 불살랐고 무궁화 한반도 자수(刺繡)도 모두 압수하고
심지어는 처벌까지 하기에 이르렀다.

3) 실업교육

한서는 단순히 천자문(千字文), 동몽선습(童蒙先習), 소학
(小學), 통감(通鑑)을 차례로 배우는 것이 현대생활의 개선에
별로 도움이 못된다고 생각하였다. 그저 전통과 보수적 굴레
에서 맹목적인 답습만 할 것이 아니라 실제 생활을 개선하고
사회를 발전시키는 일이 무엇보다도 중요하다고 하였다. 일찍
이 페스탈로찌(J.H. Pestalozzi)가 노작학교(Arbeitsschule)를
주장하였고 지금은 지역사회학교, 산학협동, 생애교육, 평생교
육 등의 말이 있거니와 그는 무엇이나 아는 데 그칠 것이 아
니라 몸소 행동하는 사람을 길러야 한다고 하였다.

실과시간에는 으레 무궁화와 뽕나무 묘포 작업을 학생들을
진두지휘하여 같이 했고, 계절에 따라 공한지(空閑地)에 나무
를 심게 하였고, 또 인근 부락의 교량보수 작업을 학생들과
함께 하였다. 그는 교량보수나 도로공사를 통하여 봉사정신과
애국심을 키우기에 힘썼다. 추운 겨울 눈이 수북이 쌓일 때에
는 밖으로 나가 누구보다 먼저 길을 쓸게 하고, 실내에서 새
끼꼬기, 짚신삼기, 가마니짜기 등을 하게 하여 농촌생활 교육
의 중심을 학교에서 앞장서서 실천하게 하였다. 그는 근로에
서 행(行)의 교육을 넓히고, 건설적인 정신과 봉사심을 기르

려고 노력하였다.

　교육학자 남궁용권은 그의 교육목적은 ① 애국애족하는 사
회인, ② 진실·성실한 도덕인, ③ 생산·실천하는 산업인이라
고 지적하였다.20) 또한 가정교육 시간에는 자신이 저술한「가
정교육」이란 교과서를 가르쳤다. 이 교과서의 특징은 흔히 한
국 가정에서 소홀히 하는 육아에 대한 것을 중시하였는데 영
문으로 된 가정교육서를 우리 가정에 맞도록 번역, 편집하였
는데 100페이지 한식제본(끈으로 꿰어내는 것)으로 1914년 남
궁 준(濬)이 경영한 유일서관에서 발행한 것으로 값은 당시
30환이었다. 그 내용은 다음과 같다. 제1장: 시부모 섬기는
법, 제2장: 남편 섬기는 법, 제3장: 아이를 기르는 법, 제4장:
하인 부리는 법, 제5장: 가법(家法)을 세움, 제6장: 친구 사귀
는 법, 제7장: 음식품의 이해(利害)를 분간하는 법.

　앞 목차에서 보는 바와 같이 제1장, 제2장, 제3장, 제4장은
전통적인 유가의 내훈서와 비슷한 감을 주고 있으나, 그 밖의
장은 오늘날 가정학 교과서의 내용과 큰 차이가 없다. 특히
제3장 아이 기르는 법에서는 태육(胎育) 젖먹이, 아이와 옷과
거처, 아이 종두와 질병, 아이의 동정과 유희, 아이의 가정교
육 등과 제7장 음식품의 이해 분간하는 법에서는 음료수를
택하는 법, 음식품을 택하는 법, 음식 먹는 법, 음식품의 각
분자·분석법 등은 당시로 보아 특이하다고 하겠다. 이 밖에
도 봉(奉), 제(祭), 사(社), 접(接), 빈(賓), 객(客)에 대하여 다
루었고 특히 염(殮)하는 법에 있어서 어머니나 시어머니에는
딸만 들어가는 법을 상세히 싣고 있다.

---

20) 南宮勇權, "翰西 南宮檍 思想의 考察",「關東大論文集」 4, 1976, p.308.

1931년에 그는 수십년간 수집한 고전(古錢)과 우표를 당시 연희전문학교(延禧專門學校)에 기증하였는데, 고전은 고려 때 숙종조의 해동통화(海東通貨)로부터 대한제국 융희시대까지 금, 은, 동, 전폐(錢弊) 등 71점이고 우표는 1895년까지의 우리나라의 것 20매(枚)였다. 이와 같이 남다른 관심을 갖고서 흔히 지나쳐 버리거나 소홀하기 쉬운 범인의 의식을 가치롭게 보존하고 높여 생활인으로서 지혜를 민족교육에 승화시켰던 것이다.21) 또 보리울에서만 볼 수 있는 무궁화 묘포를 여기서 다시 들지 않을 수 없다. 무궁화를 근화(槿花)라고 부르며 학정에 시달리던 때 그는 무궁화 묘목장을 운영하였다. 묘목을 팔아 학교경비에 충당한다는 구실 아래 무궁화 묘목을 한 해에 수십만 주씩 길러서 각 지방의 학교와 교회, 사회단체에 일부 팔기도 하고 또 기증하기도 하였다. 이 사업은 일경에 체포당하던 1933년까지 계속되었다. 묘목 작업은 매주에 있는 실업시간을 이용하여 학생들로 하여금 김도 매고 거름도 주게 하였다. 이는 무궁화에 대한 애착심과 국화 개념을 넣어 주기 위한 계획적이고도 큰 뜻이 내포되어 있는 것이다. 그는 심경이 우울할 때면 무궁화 묘포로 나가 삼천만 민족을 북돋우는 심경으로 잡초를 뽑고 벌레를 잡고 거름도 주어 망국의 한을 위로받곤 하였다. 일경에서 무궁화 묘포를 가꾸지 못하게 하면 뽕나무 묘목을 섞어 심어서 뽕나무인 줄 알고 심었던 전국 방방곡곡에서는 뽕나무와 함께 자란 무궁화 꽃을 볼 때 이 꽃을 보는 뭇 사람들은 서로 애국애족하는 마음을 다짐하였던 것이다. 이러한 작업과 동시에 한서는 학생들,

---

21) 朴貴昊, 翰西 南宮檍의 敎育思想硏究, 仁荷大學校 敎育大學院 碩士學位論文, 1989, pp.69-70.

동네 청년들과 더불어 '무궁화는 우리나라 국화'라는 선전문
을 만들어 각 학교와 교회, 친지들에게 배부하고 여기서 무궁
화의 특징과 세계 각국의 국화를 열거하고 무궁화는 우리나
라 역사와 같이 은근과 끈기가 깃들어 있는 우리 민족혼의
표현이라는 점을 강조하였던 것이다.

그가 무궁화를 국화로서 정성을 다해 배포한 까닭에 오늘
날 우리 애국가에 '무궁화 삼천리 화려강산'이라는 어구가 추
가된 것을 볼 때 그의 행적이 더욱 빛나는 것을 느낄 수 있
다. 특히 한서는 배화학당에서 학생을 지도하면서 영원하고도
인상적인 민족의식을 심어 주기 위해 수예시간을 잘 이용하
였다. 우리나라의 국화 무궁화 꽃을 가지고 삼천리 금수강산
을 상징한 지도를 만들고 각 도마다 무궁화 한 송이씩을 수
놓는 수본을 고안하였다. 뿐만 아니라 누런 삼동주(三同紬)에
태극기를 수놓게 하여 미국으로 보낸 것은 당시 합방 이후
큰 사건이었음은 두말할 나위가 없다. 그 후 이 수본은 햇빛
을 못본 채 일제에 의하여 압수되었으나 학생들의 마음속 깊
이 영원히 지워지지 않는 마음의 인(印)으로 길이 기억되고
있었다.

3. 한서의 교육활동이 우리에게 주는 의미

"나는 독립을 못 보아도 너희들은 반드시 볼 것이다. 내 몸
은 과일나무 아래 묻어 거름이라도 되게 하라" 한마디 거룩
한 유언을 남기고 가신 민족의 성자 한 분이 계셨으니, 그가
바로 한서 남궁억 선생이시다. 선생은 역사의 풍우 속에서 구

국의 의기가 정열에 불타 오르던 민족혼의 등대이었고, 남보
다 먼저 깨어 일어나 외치며 앞장섰던 새시대의 선봉이었다.
일찍 가난한 홀어머니의 손에서 자라나 소년 때에는 한문학
을 배웠고 젊어서는 우리나라에서 처음으로 영어학교를 마쳐
24세에 고종황제의 통역관으로 채용되고, 31세에 경상도 칠
곡부사로 나갔다가 이듬해에 내무토목국장에 전임되어 서울
에 탑골 공원을 만드니, 실로 1895년의 일이었다. 다음해 34
세에는 서재필 선생과 함께 독립협회를 조직하고, 이어 우리
나라 일간신문의 효시인 「독립신문」의 창간 동지가 되었으며,
다시 2년 뒤 1898년에 「황성신문」의 초대 사장이 되어 5년
동안에 걸쳐 불우한 관료세력과 싸우기에 감옥의 고초도 몇
번이나 겪었고, 날마다 붓을 들어 민심을 깨우쳤으니, 선생은
과연 우리 언론계의 최초의 선각자이었다.

　43세에는 다시 경상도 성주목사로 나갔었고, 다음해에는
강원도 양양 군수가 되어 그 곳에 현산학교를 세웠으며, 2년
뒤 1908년 「교육월보」를 창간하니 이것은 우리나라 교육잡지
의 시초였다. 그러다가 48세 되던 1910년에 조국의 사직이
무너지자, 선생은 나라 안에서 동료들과 생사를 같이 할 것을
결심하고 기독교 신앙의 정신적 기초 위에서 청년 남녀들을
양성함으로써 천부의 사명을 삼아 배화학당에서 교편을 들기
시작했었다. 교단에서 8년을 보내는 동안 날이 갈수록 일제의
탄압은 혹심해 가고 울분한 심정은 달랠 길 없어, 마침 56세
되던 해 겨울에 3대를 살아오던 정든 서울을 떠나 강원도 홍
천 두메산골 보리울로 낙향하여 저 유명한 '기러기 노래'를
지어 부르니, 그 노래야말로 만인의 심금을 울렸던 것이다.
보리울에 이르는 길로 교회당을 짓고 학교를 세워 청년 교육

에 최후의 심혈을 바치기 10년 동안 제자들의 가슴속에 독립정신을 심어 주었고 의롭게 사는 길을 보여주었다. 그리고 새벽마다 유리봉으로 올라가 피맺힌 기도를 올리되, "이 땅에서 불우한 일본을 물리쳐 주소서. 또 저들 앞에 끝까지 굴하지 않도록 영과 육에 힘을 주소서"하고 맹세를 지었었다.

'일하러 가자'는 선생의 애국가요는 전국 젊은이들의 입에서 힘차게 흘러나왔고, 몸소 가꾼 무궁화 묘목 30만 주는 남북강산으로 퍼져나가 말없이 피어났었다. 그러나 그 때문에 선생은 최후의 십자가를 졌던 것이니 71세에 일제의 쇠사슬에 묶이어 서울 서대문 감옥에서 고초를 당하다가 3년 뒤에 병든 몸으로 실려 나와 고향에서 신음하던 중 77세로서 고요히 눈을 감았다. 선생이 가신 지 6년 뒤에 조국은 마침내 광복되고 동지와 제자들은 선생의 끼친 자리에 학교를 다시 세우고 동상과 비를 세워 영원히 기념하려 하므로, 나는 경건히 붓을 들고 선생의 행적을 대강 적고서 삼가 노래를 바친다.

> "꿈 속에도 비시던 일 다만 하나 조국 광복 바로 그 나라와 다 새 나라를 세웠소이다. 오늘은 땅 아래서나마 한 번 빙그래 웃어 주소서. 땀과 눈물 뿌리신 곳 정성기도 어린 곳에 거룩한 뜻을 이어 새 학교를 세웠소이다. 님이여 우리랑 하냥 길이 여기 같이 겝소서" 1966년 4월 5일 이은상은 글을 짓고 이철경은 글씨를 쓰고 한서 선생기념사업회에서 삼가 비를 세우나이다.

우리는 한서의 교육활동에서 다음과 같은 내용은 재음미해볼 수 있을 것이다.

첫째, 인간존중과 삶에 대한 성실함으로 교육입국을 다진

점이요,

둘째, 민족애, 조국애로 일관된 민족교육의 표본을 보인 점이요,

셋째, '인간 형성은 가정교육에서'라는 신념 밑에 여성교육에 힘쓴 점이요,

넷째, 전통교육의 틀에서 근대교육으로 과감하게 방향을 개화교육에로 돌린 점이요,

다섯째, 기독교 신앙의 밑받침으로 교육관을 다진 점이요,

마지막으로, 삶의 모범을 보인 점이라 하겠다.

이 여섯의 면은 한서의 교육활동에서 골고루 반영되었으며 이 요체가 그의 교육활동을 더욱 두드러지게 하는 원동력이 되었다고 본다.

제5장 김교신(金敎臣)의 교육사상

1. 생애와 활동

김교신은 1901년 4월 18일 함경남도 함흥 사포리에서 부친 김념희(金念熙)와 모친 양신(楊愼) 사이의 장남으로 유가의 가문에서 태어났다. 그의 가문은 함흥차사 박순(朴淳)과 함께 함흥에 갔다가 죽음을 면한 김덕재(金德載)의 후예이다. 그는 2세 때 아버지를 잃고 홀어머니 밑에서 자라났고 일제의 침략이 진행되는 역사의 소용돌이 속에서 성장하였다. 그는 11세 때 함흥 주북의 한씨 가문의 네 살 위인 한매(韓梅)와 결혼하였다.

1918년에는 함흥농업학교를 졸업하고, 다음해 도일하여 동경정측영어학교(東京正則英語學校)에 입학하였다. 1920년 4월 그는 동경에서 어느 청년의 노방전도(路傍傳道)를 듣고 유교에서 기독교로 입신(入信)하여 그 해 6월 야라이쪼(矢來町) 성결교회에서 세례(洗禮)를 받았으나 11월에 야라이쪼 교회의 온건한 기요미즈(淸水) 목사가 반대파의 음모와 술책으로 추출되는 내분에 접하여 깊은 충격을 받고 반년 동안 교회에 가지 않고 고민하다가 당시 무교회주의 기독교의 창시자였던 무찌무라간조오(內村鑑三)의 문하에 들어가 7년간 성서 강의를 들었다. 그는 1927년 귀국할 때까지 그에게 사숙하였다.

1922년 그의 나이 22세 때, 동경고등사범학교 영어과에 합격하였으나, 그 이듬해 지리·박물과로 전과하였고, 1927년 3월 이 학교를 졸업하였다. 그 해 그는 귀국하여 함흥 영생여고보(永生女高普)에서 교편생활을 시작하였으며 다음해 7월 우찌무라간죠 문하에 김교신을 비롯하여 함석헌(咸錫憲), 송두용(宋斗用), 정상훈(鄭相勳), 유석동(柳錫東), 양인성(楊仁性) 여섯 사람이 조국 구원의 유일한 길로 믿고 성서조선지(聖書朝鮮誌)를 창간하였다. 1928년 3월에 그는 양정고보(養正高普)로 옮긴 후 성서조선지의 간행과 남강 이승훈(南岡 李昇薰)을 비롯하여 김정식(金貞植), 유영모(柳永模), 동경대학 총장 야나이하라다다오(內原忠雄), 춘원 이광수(春園 李光洙), 김주항(金周恒) 등과 교우관계를 맺었다.

1930년 5월 그가 30세에 「성서조선」 제16호부터는 주필로 책임편집 간행하기 시작하여 성서 연구에 몰두하였다. 1933년에는 「산상수훈 연구」로 간행하고 그때부터 무교회주의 기독교인으로서 성서연구회를 시작하였고 또 매년 동기 성서집회를 개최하여 성서 공부와 전도 활동에 힘썼다. 1940년 그가 40세에 복음전도에 전념하기 위해 10년만에 양정고보를 사임하고 그 해 4월에 함석헌과 공저로 「내촌감삼과 조선」을 출판하였으며, 9월 경기중학에서 다시 교직생활을 하였으나 6개월만에 그곳을 떠났다. 그는 동경고사의 선배인 경기중학교장 이와무라(岩村)의 권유로 일단 교단에 다시 섰으나, 당시 식민지 관리나 되어 출세하려는 학생들의 자세, 그리고 제국주의의 앞잡이를 가르치는 식민교육 정책에 못내 견디기 어려웠다.

거의 쫓겨나다시피 경기중학교를 그만둔 그는 1941년 10월 개성의 송도중학(松都中學)에 부임하였다. 1942년 3월 소위 '성서조선사건'이 일어나 독립운동의 혐의로 김교신은 전국의 수백의 지우(誌友)와 더불어 피검되었으며, 그 가운데 김교신을 비호하여 12명이 일 년간 투옥되었다. 그때 15년간 계속 발행해 온 「성서조선」지 권두언은 다음과 같다.

弔蛙

昨年 늦은 가을 이래로 새로운 기도터가 생겼다. 層岩이 평풍처럼 둘러싸고 가느다란 폭포밑에 작은 담을 형성한 평탄한 반석 하나 담속에 솟아나 한사람이 꿇어 앉아서 기도하기에는 天惠의 聖殿이다.

이 磐上에서 혹은 가늘게 혹은 크게 祈求하며 또한 찬송하고 보면 前後左右로 엉금엉금 기어오는 것은 담속에서 岩色에 적응하여 보호색을 이룬 개구리들이다. 山中에 大變事가 생겼다는 표정으로 新來의 객에 접근하는 개구리들, 때로는 5·6마리, 7·8마리.

늦은 가을도 지나서 담상에 얇은 얼음이 붙기 시작함에 따라서 개구리들의 起動이 日復日 완만하여 지다가 나중에 두꺼운 얼음이 透明을 가리운 후로는 기도와 찬송의 音波가 저들의 耳膜에 닿는지 안 닿는지 알 길이 없었다. 이렇게 격조하기 무릇 數個月餘!

봄비 쏟아지는 날 새벽, 이 바위틈의 氷魂도 드디어 풀리는 날이 왔다. 오래간만에 친구 개구리들의 안부를 살피고자 담속에 구부려 찾았더니 오호라, 개구리의 시체 두 세 마리 담 꼬리에 浮游하고 있지 않은가!

짐작컨데 지난 겨울의 이상한 혹한에 작은 潭水의 밑바닥까지 얼어서 이 참사가 생긴 모양이다. 例年에는 얼지 않았던 데까지 얼어 붙은 까닭인 듯, 동사한 개구리 시체를 보아 매

장하여 주고 보니 潭底에 아직 두어 마리 기어 다닌다. 아, 전
멸은 면했나 보다!

　1943년 3월 29일 만 1년만에 불기소처분으로 출옥한 그는
전국 각지를 순회하며 신앙 동지들을 격려하였다. 1944년 7
월에는 흥남 일본 질소비료공장에 입사하여 오천 명의 우리
나라 노동자들의 복지를 위해 교육, 의료, 주택의 대우를 개
선하는 일에 주력하면서 다른 한편으로는 독립을 맞이할 준
비를 하고 있었으나 광복을 4개월 앞두고 1945년 4월 25일
장티푸스에 감염되어 44세를 일기로 급거하였다.
　그의 교육활동의 의의를 든다면 첫째, 인격 교육론적 측면
에서 개개인의 인격체로서 마주 서는 것은 하나님의 깊은 사
랑을 깨달을 때까지 하나님의 형상을 무한히 닮으려는 인간
을 만든다는 어거스틴적인 종교적 이상주의와 그 맥을 함께
한다. 나아가 슈프랑거가 말하는 인간유형 중 양심의 명령에
따라 순종하며 창조주의 부름에 귀의하며 모든 가치를 그에
따르게 하는 종교적 인간 유형을 만드는 종교적 교육관과 상
통한다고 보겠다. 그가 부르짖은 민족교육은 단순히 지배층을
기반으로 하는 카리스마적 민족교육이 아니라 민족의 저변을
형성하는 민중의 기반으로 하는 민중교육으로 형성될 때 그
민족은 살아 있는 민족으로 보았던 것이다.
　둘째, 민족교육론의 측면에서 본다면 그의 교육관은 민족을
단순히 주어진 존재로 보는 것보다 스스로 만들어 나가는 형
성체로서 보는 데 중요한 의의가 있다고 하겠다. 또한 민족의
성장은 내가 주체로 너(타민족)와 만나 우리(인류)의 운명을
공동적으로 해결해 가는 결단 속에서 서로 공존할 수 있는

것이다. 민족의 성장을 의도적으로 도모하는 일이 교육의 기본 기능이라면 교육은 민족을 토대로 하여 성립할 수 있는 민족교육의 성격을 지니게 된다. 민족의 성장을 목표로 하는 민족교육은 민족 생존의 기본적인 문제와 더불어, 민족 국가의 복지 문제와 민족의 세계사적 사명의 문제와 끝이 관련되어 있다.

그의 민족교육론은 「조선지리소고(朝鮮地理小考)」를 통하여 당시 유포되어 있던 식민지 사관을 비판하였을 뿐만 아니라 자기의 학문적인 지식과 섭리적 민족사관에 의하여 조선지리를 주체적으로 파악하여 민족적 열등감 또는 숙명론을 극복하고 도리어 우리 민족의 독자적인 민족지리관을 정립하여 우리 민족의 사명과 이상을 제시한 점을 높게 평가할 수 있다.1)

또 민족 문화의 창조적 계승을 강조하는 민족교육관에서 그의 「민족지리교육」은 남궁억의 국사교육과 최현배의 국어교육과 맥을 같이 한다고 볼 수 있다. 또한 무교회적인 기독교 사상으로 당시 교권적이고 배타적인 선교사들의 교육에 대한 우리 민족 고유의 기독교 정신을 도려내어 토착적·민족적·민중적 교육에 이바지하여 기독교교육의 독자성을 제기한 점을 특기할 수 있다.

셋째, 그의 공동체의식을 들 수 있다. 그는 흥남질소비료공장에서 함께 노무자와 일하고 더불어 호흡하면서 민중 한 사람 한 사람을 의식화시켜 독립국가의 면모를 갖출 그날을 준비하였던 참다운 민중교육자라고 하겠다. 이렇듯 소외받은 계층에 대한 그의 관심은 오늘날의 학교교육에 일대 경종이 아

---

1) 森山浩三, 「金教臣研究」, 高麗大學校 大學院 碩士學位論文, 1980, p.53.

닐 수 없다. 그는 노동자와 함께 배우면서 가르쳤고, 가르치
면서 배우는2) 진리의 공동생활이었다.

또한 그는 사회로부터 소외받은 나병환자들에게 관심을 가
져 그들과 같이 고민하고 슬퍼함으로써 자신도 역사 속에서
살아 움직이는 인간이 되려고 애썼다. 당시 한국이라는 상황
인식은 그로 하여금 더욱더 애국애족심을 자극하였고 삶 전
체를 역사화, 인간화하려고 진력하였다.

2. 교육사상

김교신은 평생을 교육 현장을 지키면서 민족의 교사로, 민
중의 교사로, 젊은이들의 교사로, 그리고 나병환자와 평신도
의 교사로 일관한 교사였다.

1) 교사상

1928년 4월 그는 양정고보로 부임하면서 다음과 같은 말을
하였다.

> 여러분은 이 나라의 보배입니다. 참되게 배워갑시다. 그리하
> 여 이 나라의 앞날을 위해 꾸준히 준비합시다. 나도 여러분들
> 과 똑같이 한 학도로서 함께 배우며 걸어가고자 합니다.3)

---

2) 金教臣 全集, 2卷, p.87.
3) 盧平久, "聖書위에 朝鮮을", 「基督教의 傳達者 6人」, 서울: 新丘文化社,
   1976, p.112.

어디까지나 평범하고 소박한 부임사였으나 여기에 그의 교사로서의 기본 자세가 있었다고 하겠다.

그는 사람을 사랑할 줄 아는 교사였다. 그의 천성적인 자질은 인간애, 즉 사람을 사랑할 줄 아는 교사였다는 점이다. 그는 이러한 사랑을 온몸으로 발산하는 스승이었다. 그가 얼마나 제자를 사랑했는가를 그의 전집 도처에서 찾아볼 수 있다. 자기 집에서 주일 오전마다 하던 성서 강의에 일이 있어 참석 못하고 오후에야 찾아온 학생을 위해서도 단정하게 앉아 모인 강의를 해주었고, 어느 한 학생이 커닝하는 꼴을 물끄러미 보더니 그 아이의 장래를 위해서 그 자리에서 흐느껴 울었고, 학생을 전적으로 믿고 시험 때는 감독을 않고, 뒤 책상에 앉아 책을 읽곤 했는데, 한 번은 시험중에 통곡하는 소리가 나서 뒤돌아 보았더니 그가 롱펠로의 「이반제린」을 읽으면서 우셨다는 것이다. 또한 시골에서 올라와 외로운 학생에게 너의 고향 사람이 우리나라에서 제일 근면하다고 말하며 고무하여 주었다.4)

그는 교육관이 투철한 교사였다. 소크라테스는 "너 자신을 알라"라는 말과 "사람은 먹기 위하여 사는 게 아니고 살기 위하여 먹는다"는 두 명제로 세인의 흠모를 더욱 받게 되었다고 한다. 확실히 자아발견은 착실한 이상을 다지는 초석이라고 할 수 있겠고, 단순한 공상적 이상이 아닌 현실을 바탕으로 한 완전한 상태의 이상을 다지기 위해서도 자아발견은 모두에 우선한다고 보겠다. 그는 이러한 모두를 꿰뚫고 있었기 때문에 틈만 있으면 자아발견적 측면에서 강의를 하여 학

---

4) 盧平久(編), 「金敎臣과 韓國」, 서울: 第一出版社, 1972, p.247.

생들의 조국관, 인생관 확립에 심혈을 기울였다. 그는 늘 "자기를 분명히 알아가는 것이 인생의 근본"이라고 가르침으로써 식민지 교육 밑에서 자신에 대해 소경들이었던 소년들이 비로소 자신에 대해서 눈을 뜨기 시작할 수 있도록 가르쳤다.5) 그는 진정한 의미의 자각적 인간 형성, 민족 신앙의 삶과 민족 정신의 도덕적·신앙적 이상을 추구한 것이다.

그는 솔선수범한 실천적인 교사였다. 그는 항상 학생들에게 일기를 쓸 것을 의무화하고 자신도 꼭 일기를 썼다. 제자들의 말이 옳으면 그는 바로 실천에 옮기고 모범을 보였다.

그는 실지교육을 통해 인생을 가르칠 뿐만 아니라 의지나 실천력을 갖고 스스로 성실히 이행하였다. 새벽 4시에 일어나 산간의 샘물로 목욕하고는 기도와 집필로 새벽을 보내고 학교에는 항상 자전거로 출근하였다. 그에게는 쉬는 시간이란 없었다. 학교가 끝나면 그가 발간하는 신앙잡지 「성서조선」의 원고를 집필하고 교정하며 배달, 발송에 이르기까지 스스로의 힘으로 감당했으며 검열을 받기 위해 수시로 총독부에 출입을 해야 했다. 또 일요일의 성서집회와 겨울의 특별성서집회를 위해 준비를 게을리하지 않았다. 그리하여 그는 늘 입술이 트고 눈이 충혈되었다.

2) 인격교육론

교육의 궁극적인 목적은 개개인의 인격도야와 자기 완성에 있다고 하겠다.

---

5) 위의 책, p.190.

그는 다음과 같은 말을 하였다.

> 교육은 종교에 이르는 도상(途上)이니 종교에 미치니 못한 교육은 미완성품이요, 실패다. 또한 종교는 교육적으로 수련할 것이니 기적으로 일조일석에 <속성>한다기보다는 보울을 마치고 시일을 거쳐서 점진적으로 <만성>할 것이다.6)
> 인간 중에 스승으로 우러러 볼 만한 인물을 구하려는 자는 반드시 실망하리라. 우리와 같이 괴로워하고, 광명을 탐구하려는 자는 예수 그리스도다. 그러므로 <이상적 인물>이라는 것은 육안으로써 볼 수 없는 영이신 하나님에게 있어서만 구할 것이다.7)"

그는 이어서 "학력보다는 인물, 그리고 신 이외에는 아무것도 두려워하지 않는 인물을 육성하는 것"이 그의 교육관이었다. 즉, 그의 인격교육은 인물 중심적이었고, 인물 중심적보다는 신 중심적인(종교교육적) 입장에 서 있다. 영원히 절대적이고 완전하신 신에게 무한히 도달하는, 즉 하나님의 형상을 닮으려고 하는 과정을 그는 교육이라고 본 것이다. 한 인간이 하나님을 인격적으로 만남으로써 완전한 인간이 된다는 것이다. '십자가를 지고 나를 따르라'는 실존적 물음에 그 소명에 따름으로써 참다운 인간이 된다는 것이다.8)

그는 믿음으로 학생들을 가르쳤고, 민족의 영혼을 지독히 사랑하였다.

김정환(金丁煥)은 그의 종교적 교육관을 이루고 있는 성격

---

6) 金敎臣 全集 2卷, p.195.
7) 위의 책, p.99.
8) 金敎臣 全集 3卷, p.76.

을 '종교적 기질'이라고 하면서 종교적 기질이란 "절대적 가치기준을 이론에서 구하지 않고 피안에 두는 기질을 말하며 또 모든 가치 및 활동을 여기에 맞추어 평가하는 삶의 기본적 자세를 말한다"9)고 하였다.

민경배(閔庚培)는 "민족의 정신적 내지는 영혼의 독립을 목표로 하는 것으로, 진리를 거스르는 자를 향하여 선전포고하는 것으로, 순교의 피를 뿌리는 것으로, 아버지 하나님만을 믿고 의지하며 사는 것으로, 자기 백성을 사랑하고, 그리스도를 전하며 그 복음신앙에 의해서 한국인의 영혼을 신성시해 자유와 평화와 정의의 백성으로 키워가는 것으로"10) 이해했으니 그의 종교교육관은 신앙＝교육＝애국＝인생이라는 등식이 성립될 수 있다.

그의 정의적 교육관을 1930년 4월 양정 22회 졸업생, 5년간 계속 담임한 제자들이 졸업식에서 스승에게 드린 '感謝의 말씀'에서 역력히 볼 수 있다.

감사의 말씀(사은 기념품 증정문)

콧물을 흘리며 이 마당에서 양정에 입학을 기뻐한 것도 어언간 5년의 그 옛날, 이제 졸업식으로 이 마당에 임하였도다.

전날은 입학을 기뻐했지만 이제는 졸업의 기쁨을 안고 서로의 작별을 아끼게 되었도다. 그러나 會者定離, 가는 者로 하여금 멈추게 말라. 우리들은 기쁨으로써 슬픔의 情을 소멸할진저.

그러면 무엇을 얻은 기쁨인가? 또한 졸업에 임하여 恩師에게 무슨 감사의 말씀을 드리려는가? 이하 默言으로서 과거 5

---

9) 金丁煥, 金教臣評價, 韓國神學硏究所, 1980, p.100.
10) 외솔회(편), 나라사랑 제17집, 金教臣先生特輯號, 서울: 正音社, 1994속에서 閔庚培 教授의 全論文을 要約한 것임.

년간이 우리에게 있어서 의미 깊었음을 증명함과 함께 우리 은사에 대한 감사의 말씀이 되게 하라.

'신의! 他로부터 신임을 받는 인간이 되라'고 우리 선생님이 외치던 것은 실로 우리들이 제1학년 여름방학을 맞은 날이었다. 선생님은 少時에 자기 모친에 대해 신의를 깨뜨린 일이 있음을 참회하시며 敎場에서 손수건을 적시셨도다. 우리 이를 묵도하였음이여! 아, 그날 이래 심중에 굳게 잡고 놓치지 않은 노력이란 실로 신의있는 사람이 되는 것이로다. 신의! 이게있어 인간은 천국이 아니겠는가! 평화향이 못될 것인가!

선생님이여, 우리들은 다 신의를 위해 목숨을 바칠 것입니다. 원컨대 마음을 높으시기를!

Boys be ambitious! 라고 일상 가르치신 교훈, 원대한 야심이 없는 곳에, 멸함이 있을 뿐, 모름지기 대국에 눈을 뜨라고. 아, 청년이여, 그대의 양심을 원대하게 하라고 우리 중심에 외치며 세파를 건널 뿐.

우애는 영원한 것이라고 입학하던 날부터 마치 수일전까지 선생님은 외치지 않으셨던가. 벗은 제2의 나다. 좋은 벗을 발견하라! 최고를 찾아내라. 이를 위해서는 너 자신이 상대의 충실한 벗이 되라! 이야말로 좋은 벗을 얻는 유일한 방도라고 우리들은 영구히 이 교훈을 지키며 좋은 벗 얻기에 노력할 것이며, 또 과거 5년간의 각자의 우정을 증진하기에 힘쓸지라. 원컨대 선생님이여, 우리들의 우애의 약속을 믿어주시기를.

義! 이 한字 어찌 우리의 肺腑를 찌름이 강한고. 선생님은 전날 鄭夢周의 초상 앞에서 울으셨다고 하지 않던가. 왜 선생님은 울으셨는가? 그렇다. 정선생의 義竹橋에 흘린 血痕은 義의 權化였기 때문이다. 아, 우리 선생님의 의를 사랑하였음이여! 선생님은 또 말씀하셨다. '우리들은 불의를 의로 이기려는 자를 어브호오(abhor)해야 할 것이다.'고, 아, 이 말씀이야말로 성서에 근거함이여, 우리들의 처세의 방침이 될 것이로다. 선생님이여, 모름지기 안심하시라. 우리들은 이 교훈을 지킬 것입니다.

宇宙의 廣大無邊을 가르치시고 그 위에 人間界의 諸現象을 비교하시며 쓴 웃음을 보이던 스승이여! 스승의 가르침으로 우리들은 동포는 물론 원수까지 사랑할 것을 깨달았도다. 이 교훈으로 우리들의 人生觀은 180度로 轉換을 보았도다. 우러러 天空을 바라면 일월이 거릴 고 星辰이 반열했다고.

말하고 말해 限이 있을소냐, 이 정도로 멈추는 것이야말로 도리어 선생님의 尊嚴을 높이는 까닭일 뿐.

우리들 지금 여기에 謝恩의 徵誠을 표하여 粗品을 증정하려고 하나 謝恩에 대한 감사의 길은 달리 오직 하나일 뿐, 무어냐 과거 5년간의 敎訓을 實行하는 일이 이것이다.

스승이여, 粗品을 받으소서. 그리고 우리들이 스승의 교훈을 잘 이킬 수 있었다는 소식을 들으시면 크게 기뻐하리라.

우리의 스승 위에 祝福이 있으라! 이로써 감사의 말씀에 대함.

養正 제22회 甲組代表朗讀

1938년 3월 이 졸업식장에 '감사의 말씀'이 또박또박 낭독되자 장내는 물을 끼얹은 듯 조용해졌다. 이윽고 흐느끼는 소리가 여기저기서 들렸다. 그는 이렇게 인격적 감화를 탁월한 교사였다.

유달영(柳達永)은 다음과 같이 말한 바 있다.

김교신 선생은 불의를 심히 미워하고, 의 아닌 일을 할 때에는 그것이 자기 자신이건, 가족이건, 평생의 동지이건, 자기 민족이건 한결같이 냉혹하게 처단했습니다. 우리 재학시대에 선생의 별명이 잘드는 <洋칼>이었습니다. 이것은 선생을 잘 표현한 별명인데, 하나의 걸작이라고 믿습니다. 선생의 맏따님이 출가할 때에 혼례식장에서 '네가 집을 떠날 때에는 칼을 품고서 가거라. 친정집에 관계되는 일이 너로 해서 생기거든 죽고 돌아오지 말 것이다' 선생의 성격이 이러므로 淸濁이 어울려 같이 모이질 못했습니다.11)

이것을 김정환은 '지사적 기질(志士的 氣質)'이라고 표현하고 있는데 "지사적 기질이란 정의의 실현을 위해 살며 정의가 이루어지지 않을 때에는 들에 묻히는 재야적(在野的) 생애를 이름이다."12)

또한 진정한 교사란 지식만 구비하였다고 해서 훌륭한 교사라 할 수 없고, 교과에 대한 수업활동만 잘했다고 해서 기사되는 교사상으로 내세울 수는 없다. 교실 안에서의 강의 내용이 교실 밖에서의 삶과 연결될 때 실천적 삶을 살았다고 할 수 있다. 그는 말과 행동이 일치하는 지행합일인 교육관을 가지고 그 자신이 솔선수범함으로써 실천적인 교육을 한 것이다.

그는 일단 학교에 나오면 성서 연구 및 집필 시간을 제외하고는 학생들과 생활을 같이 하였다. 특히 운동장에서는 농구 코치로 학생들과 같이 뛰었고, 등산도 같이 하기를 좋아했으며, 심지어는 씨름까지도 함께 어울려 했다고 전해지고 있다. 이리하여 학생들과 완전히 호흡을 같이한 것이었다. 그러기에 당시로는 아주 어려운 학생들의 특강까지도 곧 잘 들어 주기도 하였다. 이러한 동거동락하는 자세는 학교를 떠나 흥남 질소비료공장에서 일할 때에도 그대로 견지되었다. 그는 그곳에서도 일선에서 몸소 노동자들이 땔 석탄차를 밀곤 했다.13)

---

11) 盧平久 編, 「金教臣과 韓國」, p.168.
12) 金丁煥, 앞의 책, p.92.
13) 위의 책, p.55.

3) 민족교육론

김교신은 우리 민족의 높은 이상을 우리 역사와 지리의 긍정적 이해 위에 기독교적 섭리사관에서 도출하려고 하였다. 그는 한 사람 한 사람이 그 나름대로의 인격과 사명을 지닌 것처럼 한민족 역시 그 나름대로의 민족의 격(格)과 사명을 지닌 것으로 보았다.

그의 서재에는 언제나 한국지도와 정몽주의 초상화가 걸려 있었다. 그는 항시 한국지도를 들여다보며 이 땅과 이 민족의 역사를 지켜온 민족혼을 찾는 데 심혈을 기울였다. 유달영(柳達永)에게 보낸 편지 속에서 "산으로 강으로 또 고적에로 우리들의 한반도를 속속들이 보고 싶고, 속속들이 살고 싶다"14) 라고 술회하였다.

산천조화의 아름다움, 좋은 기후, 특유한 해안선의 발달, 차고 더운 두 해류의 교차, 대양과 대륙으로 통하는 동양의 심장 같은 한반도에 대해서 있는 그대로 가르쳐 주었다. 당시 중학교에서 가르치는 지리과목의 대부분은 일본지리였고, 조선의 지리래야 몇 시간에 불과했지만 김교신은 조선의 지리를 1년 내내 가르쳤다.15)

그는 지리시간이건 박물시간이건 우리의 역사를 가르치고 위인을 가르치고 인격을 도야시켰다. 따라서 그의 학과시간에는 언제나 감동과 감격이 있었다. 그의 교육목표는 지적 인물을 길러내는 데 있는 것이 아니라 뜨거운 신념의 인물을 길러내는 데 있었다. 적은 나를 기꺼이 내던지고 사회와 민족을

---

14) 金敎臣 全集 第6卷, p.153
15) 盧平久 앞의 책, p.162.

위해서 분투할 수 있는 소신의 인물을 가꾸어내고자 온 힘을
기울였다.16)

4) 교육방법

김교신의 교육방법을 감화교육, 자아발견교육, 종합교육, 애
국교육, 가정교육으로 구분하여 고찰하려고 한다.

(1) 감화교육

그의 교육방법 중 가장 귀히 여겨야 할 것은 인격적인 만
남에 의한 감화교육이다. 그는 학생의 생애에 실재 전환을 가
져보게 할 강한 인격적 힘을 지니고 있었다. 그의 인격적 만
남에 의한 감화력의 정도를 자세히 살필 수 있는 사례 중 하
나가 애제자 조성빈(趙誠斌)의 사례이다.

> 그는 경성제대 예과의 학과시험에 합격했는데 배속장교의
> 구두시험에서 세계에서 가장 좋은 책은 성경이며, 가족 중 예
> 수 믿는 사람은 자기 한 사람뿐이며, 이 신앙을 김교신 선생
> 에게서 배웠노라고 고백하여 배석장교를 아연실색케 만들었
> 다.17)

그는 누구보다도 다정다감하고 감격과 인정 앞에선 눈물이
많던 분이었다. 커닝하는 학생을 보시고 눈물을 흘렸는가 하

---

16) 柳達永 "民族의 스승", 「私學」, 서울: 大韓私立中高等學校長會, 1977.
   가을, p.35.
17) 金教臣 全集 第5卷, p.84.

면 최용신(崔容信) 전기의 일부분을 뒤져 보다가 손수건을 다
적셨던 일도 있었다.

묵묵히 앉아 계시던 선생님은 갑자기 침통하게 흐느끼신다.
마침내는 방성통곡을 하시는 게 아닌가. 멋도 모르고 그냥 막
연히 지켜보고 있었으나, 이윽고 엄숙하게 짜릿한 어떤 형용
키 어려운 감정에 빠져 있는 나 자신을 의식하게 되었다. 잠
시 후 울음을 거두신 선생님의 얼굴은 어쩐지 훨씬 시원스레
보였다.

> ……자네도 때때로 산에 올라가서 울어보게, 그냥 어린애처
> 럼 막 울어보게…… 바위도, 나무도, 흐르는 물을 따라 울어
> 줄 걸세, 내가 우는데 이 나라의 강산이 묵묵할 수 있겠는
> 가……18)

이러한 눈물은 단순히 감격이 아니고 자연, 인간, 신의 만
남을 통하여 몸소 느끼고 이에 몰입하였던 그의 인격의 진지
한 한 모습을 보여주는 것이다.

그가 가신 지 51년, 반세기가 지난 오늘날의 교육은 사랑
이 넘친, 인격적 만남에 의한 감화교육이 아니라 지극히 형식
적이고, 대량생산되는 양산교육으로, 갈수록 늘어만 가는 집
단폭력, 환각제 사용, 중등학생들의 끽연·음주 만연 등 교육
부재 현상을 어떻게 일일이 예거할 수 있겠는가.

오로지 교육에 뜻을 품은 자, 그의 교육 생애를 본받아 인
격적 만남에 의한 감화교육을 실시함이 절실하다고 본다.

---

18) 朴乙龍, "몇 가지 생각나는 일들", 盧平久(編), 「金敎臣과 韓國」, 서울:
경지사, 1975, p.250.

(2) 자아발견 교육

1939년 양정고등보통학교 1학년 입학식날 아이들과 학부형들에게 담임 교사로서 한 훈화가 있다. 그의 훈화 내용을 소개하면 다음과 같다.

……後 諸君은 至公無私한 試驗을 통하여 <自力入學>된 것을 確信하라. 첫째로 天下에 僥倖이라는 것은 없다는 것을 알라. 이렇게 선발된 학생이니 우리 담임 교사에게 그 맺어진 인연이 신기하여 못견디겠습니다. 땅에서 솟은 玉인가, 하늘에서 떨어진 샛별인가 싶어 귀엽게 보이나이다. 이제부터 앞으로 5년간 우리는 一大藝術的인 工事를 시작하였으니 중도에 퇴학하는 이는 교육을 도적하는 자요, 예술품을 파괴하는 자이니, 양정학교를 더할데 없이 만족하여야 하고 우리 담임 교사를 신임하시며, 우리에게 위임한 것을 幸으로 여기시오, 不然하거든 지금 자제를 데리고 나가시오. 끝으로 할 말씀은 이런 生徒들의 天眞한 姿態를 보니 그 눈동자에 배우려는 憧憬, 敬慕, 順服, 素朴한 심정 등이 燦然하게 빛나고 있습니다. 그러나 痛歎스러운 사실은 이 天使같은 生徒들도 그 대다수는 불과 數年에 차마 볼 수 없는 惡黨으로 화하고 맙니다. 배우려는 態度에서 批判하는 態度로 될 때는 生徒로서는 볼 일을 다 본 것이오. 新式敎育이라 하여 별 수나 있는 듯이 떠드는데, 우리는 一言으로 하면 旧式이요, 讀書百番에 意思自通이요, 땀에 衣服이 썩도록 努力하여야 할 것이며, 破壞보다는 建設主義요, 上海나 시베리아에서 하는 일이 아니라 서울서 朝鮮總督府 法令下에서 하는 일이요, 無責任한 空想이 아니라 現實的인 敎育을 하는 것이요, 무리한 注文은 당초부터 謝絶

합니다. 今日 나온 東亞日報 社說을 참고하시기 권합니다19)

이렇듯 짧은 글 속에서 그는 자신의 교사상을 다 드러내고 있고 나아가 그의 교육방법을 제시하고 있다.

(3) 종교교육

그는 학생들을 사랑과 믿음으로 가르쳤고, 민족의 영혼을 사랑하였기에 「성서조선」을 발간하였고 또 성서 강의를 하였다. 그는 그리스도의 사랑을 그대로 사람의 영혼에 쏟아붓는 것을 지식 이상으로 여겼으며 당연한 의무라고 생각하고 있다. 이렇듯 그는 믿음의 사람이었고, 이 믿음, 이 신앙이 곧 그의 교육정신의 기저를 이루고 있다.

이 때문에 수없는 난관에 처하면서도 오히려 강할 수가 있었으며 흔들리지 않는 신념의 사람이었기에 참 신앙인, 참 교육자, 참 애국자라고 부르는 것이다. 그의 자유, 정의, 독립은 바른 삶을 살려는 노력에서 얻어진 중요한 소산이며 참 신앙인이 아니고서는 얻기 힘든 것이라 하겠다. 그는 진실로 참된 교육자였다. 자신의 자유를 사랑하였고, 또 타인의 자유를 존중할 줄 알았으며, 이 자유가 신앙에 의한 참 자유이어야만 한다는 것을 알고 있었다.

그는 "자연계를 탐구해 보면 우주의 모든 존재 극미의 세계에서부터 극대의 세계에 이르기까지 조직과 운동이 신비하고 아름다운 조화에 조물주인 하나님을 안 믿을 수가 없다"20)는 것이다. 그렇다고 그는 기독교 신앙을 강요하는 일

19) 金敎臣 全集 第5卷, p.85.

은 없었다. "선생의 종교적 신앙생활은 우리 젊은이의 피를 끓게 하고 어트랙션이 있었다. 왜냐하면 현실 도피적이 아니요, 현실 참여로 잠자는 민족혼을 깨우치고 불의의 사회를 규탄하는 의기와 정열 때문이었다."[21]

그는 "성서에 대한 우리의 인식은 단순한 탁상공론이 아니다. 전 신앙과 전 생명이 그 동정을 성서와 함께 한다"[22]고 하여 성서의 우위를 역설하였다. 다시 말해, 그의 종교교육의 특이성은 서양식 기독교에 대한 단순한 형식적인 모방이나 제도적인 인식이 아닌, 오직 한국인의 손으로써 한국인이 연구하는 성서, 진리 그 자체에 대한 본질적인 규명으로서 민족적인 토착화된 기독교 신앙을 확립하려는 데 있다. 그의 종교교육은 그리스도의 사랑을 심어 줌으로써 조국과 동포를 한 형제처럼 사랑하도록 하였다.

(4) 애국교육

그에 직접 가르침을 받은 바 있는 몇 분 제자들의 글을 인용하여 그의 애국교육의 단면을 살펴보기로 한다.

최남식(崔南植)은 다음과 같이 술회하고 있다.

"당시 일제는 일어를 강요할 때였으나 우리 학교에서는 출석만은 우리 말로 불렀다. 사립학교에서도 일본칼을 찬 일인 배석장교가 배치되어 있었다. 어느 조회시간이었다. 우리말로

---

20) 盧平久(編), 「金敎臣과 韓國」, pp.441-442.
21) 위의 책, p.442.
22) 盧平久, "聖書위에 朝鮮을", 「基督敎의 傳道者6인」, 서울: 新丘文化社, 1976, p.128.

출석을 부르심에 우리는 '예'하고 답을 하였더니 그 자가 '하이'라고 답하라면서 약이 올라 칼집으로 학생들을 후려 갈기지 않는가. 우리는 겁에 질려 일어로 대답하니 선생님은 끝끝내 우리말로 부르시고 나서 그 자에게 이름은 고유명사니 관계치 말라고 앙칼진 항의를 하시고 다음날부터 출석을 아예 부르지 않았다. 비록 어린 마음이었지만 가슴속에 무엇인가 뭉클하는 것을 자각했던 것이다.23)

윤성용(尹聖容)은 다음과 같이 되새기고 있다.

선생님은 철두철미 애국의 일념으로 학생을 지도해 주셨다. 학업용어는 꼭 우리말을 쓰셨으며 때로는 나라 잃은 민족의 슬픔을 말씀하사 광복을 하려면 학생들은 많이 배우고 문맹을 없애야 한다고 말씀하시며 대중의 지도자가 되라고 하시던 말씀이 아직도 귀에 쟁쟁하다. 또 선생님은 검소하셨으며 학생들에게 사치와 낭비는 민족을 좀먹는 것이라고 하셨다.24)

어느 날 한 학생이 그에게 자전거만을 타는 이유를 물었다고 한다. "그때 그는 '난 왜놈에게 한 푼의 돈도 주지 않기로 했어'하고 간단히 대답하는 것이었다. 농담 비슷한 이 한마디 말에서 학생들은 그의 기개를 느낄 수 있었다"25)고 한다.

말 하나 글 한 줄, 풀 한 포기, 한 줌의 흙에 이르기까지 나라 사랑뿐, 그는 참말로 한국의 흙에서 태어나서 한국을 위해 살다가 한국의 흙으로 돌아간 참 한국인이었다.

---

23) 盧平久(편), 앞의 책, p.200.
24) 위의 책, p.182.
25) 위의 책, p.182.

5) 가정교육

가정은 인간 형성의 터전이자 인간생활의 가장 안식처이며, 국가・민족・사회의 가장 기본적 집단이다. 그의 가정관, 가정교육, 가정생활은 김교신의 사상을 푸는 데 하나의 마스터 키가 될 수 있다.

그는 항시 검소했으며 그 신앙적 가정생활을 보면 그는 가정에서 매일 가정예배를 보았고 매일 성경 한 장씩의 봉독은 가정으로서의 최소한의 의무로 느꼈다. 그의 가정생활을 가장 잘 엿볼 수 있는 것은 장녀 진술(鎭述) 양과 조성진(趙成震) 군의 결혼식날의 일기에 잘 나타나 있다.

> 1938년 10월 17일(월) 快晴
> 새벽 5시에 우리의 마당은 오리온座로서 차일을 치고 天狼으로써 등을 달고 北漢連山으로서 屛風을 두른 것 같다. 人生이 무엇이관대 그 머리 위에 하늘이 저다지도 燦然하고 그 左右의 山嶺이 이다지도 嚴肅한고! 오늘 結婚하려는 長女를 위하여 새벽 祈禱會를 열다. ……正午에 長女와 趙成震의 結婚式을 擧行, 余는 이 場所에서 이 모양으로 擧行하는 趣旨를 說明하여 약 2시간 엄숙히 앉았기를 요구한 후, 咸錫憲兄의 主禮로 式을 執行하다. 마태복음 제12장에 의하여 說敎, 男女 약50명 珍客이 참열, 式이 끝난 후에 余의 손으로 記念撮影하고 披露宴을 略設, 感想談으로 祝辭를 말하는 이 가로되 '必然코 다른 것이 있으려니 하고 來參하였더니, 적지않게 參觀하던 結婚式 중에서 과연 이번 結婚式은 司會者의 說敎로 보든지 新郞新婦의 자연스러운 朝鮮衣服 입은 차림으로 보든지 전에 일찍 類例를 보지 못했던 일'이라고, 그러나 우리로 말하라면 다르게 하려고 한 것이 아니라, 演劇할 줄 모르는 性味에 오직 分數에 適合하도록 천연스럽게 한 것 뿐이었다. 많은

祝文, 祝電中에 左와 같은 祝婚의 글을 婚訓 및 써 보내주신
이도 있었다. 새로운 집일수록 더럼 더욱 타옵니다. 날마다 쓸
고 닦아 티끌없이 하옵시면 임께서 깃거 오시와 함께 계시오
리다.26)

그는 다음날 딸에게 출가훈(出家訓)을 내렸다.

첫째, 단도(短刀)를 품고 가서 부모의 명예에 관한 때는 죽
고 다시 오지 말라. 역시 열여부경이부(烈女不更二夫)요, 정숙
제일(貞淑第一)이라.

둘째, 금일로서 친정과의 관계는 싹 끊는 것이다. 다시 뒤
돌아 보지 말고 가라. 출가는 배수대진(背水大陣)이다. 퇴거불
허(退去不許). 길흉화복(吉凶禍福)을 오로지 시댁과 함께 하
라. 나와 너와 무슨 상관이 있느냐.27)

그는 결혼식을 불신자에게는 전도회, 신자에게는 부흥회,
신랑·신부에게는 결혼식으로 모두 합하여 아버지의 영광을
위해 역할을 했다면서 주님의 은총을 감사하였다. 이것을 보
아도 얼마나 신앙적인 가정생활이었느냐는 것을 알 수 있다.
또 그는 오늘의 가정의례준칙을 그 당시에 벌써 지켰다고 볼
수 있다.

---

26) 金教臣 全集 第6卷, pp.229-230.
27) 위의 책, p.230.

3. 음미의 여적

첫째, 김교신은 "자기를 분명히 알아가는 것이 인생의 근본"이라고 하였다. 그는 항시 정직, 결백, 솔직, 담백 등을 통하여 자기 자신을 드러내었고 또 반성하면서 자기의 좋은 점을 계발·각성하는 데 부지런하였다.

둘째, 인간과 인간과의 만남, 영혼과 영혼에 부닥침을 들수 있다. 만남이란 인간을 감화시키고, 인간을 변형케 하여, 인간의 살아가는 길을 열어 주는 결과를 가져온다고 보았다.

셋째, 인간에 대한 사랑으로 개인과 개인의 사랑, 개인과 가정과의 사랑, 개인과 사회와의 사랑, 개인과 국가 간의 사랑, 개인과 인류와의 사랑을 강조하였다. 이 사랑이 없이는 상대방의 진면목에 접할 수 없다는 뜻에서 그는 어디까지나 인간관계에서 사랑을 강조하였다.

넷째, 인간은 약하고 유한하기 때문에 신과 영원자에게 접붙임을 해야만 보다 진실에 접할 수 있다고 보았다. 이 사상이 그의 사상 근본에 자리잡고 있다. 인간으로서 쓰러지지 않고 영원한 진실을 아로새겨 실행하기 위해서는 누구나 신앙의 경지로 나아가야 한다고 보았다. 인간과 신과의 만남에서 모든 생활과 사상을 표출해 내자고 한 것이 그의 사상의 핵이다.

다섯째, 그는 특히 애국애족을 강조하였다. 그는 지리시간이건 박물시간이건 모든 학습활동을 애국애족할 수 있는 지름길로 삼았다.

여섯째, 그의 으뜸가는 교육방법은 솔선수범이었다. 그는 생활의 총체를 교육의 장으로 삼았고 그가 처한 위치에서 최선의 선택을 하기 위한 지혜와 적극적인 자세, 언행일치의 생활은 학생들에게 귀감이 되었다.

일곱째, 그는 눈물을 주는 교훈을 몸에 배어가며 학생들과 부닥쳤다. 현대 산업사회, 물질만능주의 사회에서는 갈수록 인간 본래의 진실된 눈물의 샘이 말라가고 있다. 그는 책을 읽다가도, 라디오를 듣다가도, 산과 들, 바다를 보다가도, 학생을 힐책하다가도 자주 눈물을 흘렸다. 그는 심지어 "눈물말이 밥이 소화가 잘된다"고 하였다. 참된 눈물이란 자기 자신을 성장케 하는 마음의 문이며, 이 고귀한 눈물은 주위 사람들의 마음까지도 순수하게 하여 그들의 영혼의 성장을 촉구하는 길이 되기도 한다. 그의 진실된 눈물은 인간을 감화시켰으며, 인간을 성장케 하는 촉진제의 역할을 하였던 것이다.

여덟째, 그는 개성개발 교육에 힘썼다. 그는 제자 하나 하나에게 세심한 배려를 하면서 남이 갖지 못한 그만의 귀한 것을 찾아내어 그것을 칭찬하면서 키워, 이를 지렛대로 하여 그 자신의 몫을 스스로 찾고 실행케 하는 데 보람을 느꼈다.

시골에서 올라와 기가 죽은 아이들에게 그 지역의 문화를 챙겨서 자부심을 길러 주었고, 모든 학생들에게 일기를 쓰면서 자기 발견을 하게 도왔고, 가난한 아이에게 도리어 학급회계를 맡겨 유혹에 이겨낸 보람을 갖게 하였으며, 몸이 약한 아이에게는 스스로 운동을 하고 정규적·규칙적인 생활로 몸을 튼튼히 하는 비결을 가르쳐 주었다. 이 개성발견의 교육은 곧 자기 실천의 삶으로 이어지고, 나아가 그것은 민족적 자아발견과 개성적 민족문화의 꽃을 피우는 계기로 연결케 하였다.

지금 우리 사회의 지난한 과제가 있다면 다듬어진 개인 개인을 뛰어넘어 무엇이나 적당히 얼버무려 넘어가자는 데 있

다. 개인을 단위로 하여 가정, 사회, 국가가 이루어진다면 개
인을 착실히 다지는 일을 비약하여 아무리 정성을 드린다고
해도 그것은 모래 위에 짓는 집에 불과하다.

산업사회에로의 진전이 인간화에는 많은 산적한 과제를 주
고 있는 요즈음, 개인의 심성개발에 보다 큰 비중을 두어야
할 것이다. 이 큰 과제를 풀어나가는 실마리를 우리는 그에게
서 찾을 수 있다고 본다.

제6장 춘강(春江) 조동식(趙東植)의
교육사상

우리나라 근대교육사에 있어서 그 주류를 이루고 있는 것은 민족주의교육이다. 근대교육제도를 수용하면서도 초·중등교육은 민간유지나 선교사들의 공헌이 크고 오히려 정부 주도하에 재정적 및 인적 지원은 부진하였다. 특히 외국의 지원에서 떠나 순수 민간인의 재원에 기초를 두고 지난한 사학 발전의 길을 선택한 몇몇 교육의 선각자가 우리나라에 있었다. 이런 분들의 씨앗이 뿌려져 오늘날 이만큼의 교육실상을 보게 된 것이다. 그 중에서도 춘강은 한국 근대 여성교육에 지대한 영향을 준 교육자이며, 교육사상가이며 교육실천가이다. 그는 평생 여성교육의 중요성을 몸소 인식하고 사학을 설립하여 여성교육을 실천하였다.

1. 생애와 활동

춘강 조동식(趙東植, 1887-1969)의 일생을 박현서(朴賢緒)[1)]

는 다음의 세 시기로 구분하였다.2)

첫째, 성장수업기(1887-1907), 둘째, 여학교 경영기(1908-1944),
셋째, 교육사업기(1945~1969)이다.

1) 성장수업기

춘강은 임천 조씨(林川 趙氏)의 25세손으로 한성북부 화동
(옛 경기중학교 뒷자리)에서 1887년 8월 26일 아버지 한우
(漢佑), 어머니 순흥 안씨(順興 安氏)의 둘째 아들로 태어났
다. 아버지 죽헌(竹軒) 조한우 씨는 좌수(座首) 벼슬을 지내다
후에 궁내부에서 제형(祭享)을 맞는 전사관(典祀官)으로 있으
면서 안빈낙도(安貧樂道)하는 선비였다. 장남 충식(忠植)과는
다섯 살 터울로 차남을 보게 되었다. 그가 태어난 정해년(丁
亥年)은 밖으로는 영군의 거문도 점령사건이 일어났던 해로
벌써 한반도를 에워싼 일・청・러・영 등 열강의 각축이 첨
예화되고 안으로는 수구・개화 양파의 대립이 날카롭던 시대
였다. 이미 임오와 갑신의 두 정변을 겪은 지도 얼마 안되었
던 시기이다.

그가 4세 때 어머니를 여의고 조모의 슬하에서 자랐는데
이는 춘강이 후일 여성교육가로 투신하게 된 동기가 되었다
고 볼 수 있다. 그는 아버지로부터 한학(漢學)을 배우다가
1895년 9세에 교부이며 사실상 양부였던 조한철(趙漢哲)을
따라 충주로 이사하여 그곳에서 유년기와 소년기를 보냈다.

---

1) 漢陽大學校 教授・韓國史學 專攻.
2) 春江 趙東植博士誕辰百年記念事業會, 「春江 趙東植博士誕辰百年記念事業文集」, 1987, pp.34-40.

1901년 15세에 그는 가족을 따라 다시 서울로 올라와 생활하게 되었다.

그는 1904년 뜻한 바 있어 관립한성한어학교(官立漢城漢語學校)에 입학하였다. 후일 그가 교육가로서 평생을 지녀온 보수적 급진파로서의 입지와 한어이수는 무관하지 않다고 여겨진다. 그는 1907년 관립한성한어학교를 졸업하였다. 이 때 동창으로는 신규식(申圭植), 장지영(張志暎)이 있었다. 그는 이듬해 다시 사립기호학교(私立畿湖學校) 사범과에 들어가 1년 후 23세에 졸업하였다. 그가 다시 기호학교에서 수학한 이유는 한어학교에서 미처 배우지 못한 근대 학문의 각 분야를 고루 섭취하려는 데 있으며 동시에 기호흥학회(畿湖興學會)[3]의 인사들과의 교분 유지도 꾀했던 듯싶다

2) 여학교 경영기

그가 한어학교를 졸업하고 얼마 안되어 뜻밖에도 배운 지식을 활용할 수 있는 두 가지 기회가 닥쳐왔다. 그는 곧 경성고아학교의 교관으로 근무하게 되었다. 경성고아원은 오랫동안 해외 망명에서 돌아온 구당(矩堂) 유길준이 황성부민회장(皇城府民會長)으로 있으면서 설립한 것으로 구당 자신이 원장으로 있으면서 고아와 걸인을 수용·교육하는 기관이었다.

경성고아원은 전 숙명여고 자리에서 개원하였는데, 원장은 유길준, 총무는 서병두(徐秉斗), 교관은 춘강이 취임하였다.

---

3) 畿湖興學會는 1908년 창립되었는데 會長 李容植, 副會長 池錫永, 總務 鄭永澤, 평의원으로는 兪吉濬, 趙東植, 南宮檍, 趙琬九, 趙成煥 등 10여 명이었다.

그는 여기서 원생들을 돌보며 그들과 같이 자고 먹는 생활을 계속하였다. 그는 고아들을 가르치면서 가르친다는 것이 얼마나 힘들고 인내심이 필요한가를 절실히 느끼게 되었다. 애써 데려다 씻겨 주고 먹여 주고 입혀 주고 그리고 가르쳐 주었건만 거리에 나가 보면 때로는 어느새 고아원을 빠져나와 옛 버릇처럼 거리에서 구걸하는 원생을 발견할 때가 자주 있었다. 이럴 때면 춘강은 분노보다 안타까운 심정이 앞서 그들을 좋은 말로 타일러서 다시 고아원으로 데려오곤 하였다. 그는 20대 청년의 젊음과 정열을 쏟아 그들을 교육하고 감화하는 데 차츰 보람을 느끼게 되었다. 유길준이 춘강의 성의와 정열에 감복하고 그의 능력을 높이 평가하였던 것은 당연한 귀결이라고 하겠다. 즐거움보다 괴로움이 더 많았던 경성고아학교의 경영도 손을 떼지 않을 수 없었다. 경성고아원이 제천원(濟泉院)에 통합된 것이다. 민간인 유지가 경영하던 한국 최초의 고아원도 이리하여 막을 내리게 되었다.

춘강은 그 해 한어학교의 교사(校舍)와 시설물을 빌어 중등과정의 야학, 즉 중등야학을 시작하였다. 춘강은 초대 교장 오세창 밑에서 교감으로 근무하였고 후에 주간부도 설치하여 운영하다가 1916년 백농(白儂) 최규동(崔圭東)에게 경영권을 인계하였다. 춘강은 1908년 봄 여자교육사업에 그의 청운의 꿈을 바치기로 하였다. 이 해는 구국계몽운동이 절정에 달했던 시기이다. 그 해 4월 28일 소안동에 있는 족형(族兄) 조봉식(趙鳳植)의 사랑채 한 칸을 빌어 동원여자의숙(東媛女子義塾)을 세우니 이것이 후일 동덕여학교의 모체가 된 것이다. 간신히 대여섯 명의 여학생을 모아 소안동 교사(校舍)에서 개교한 동원의숙은 그러나 말이 여학교이지 초가집 한 칸짜리

방을 교실 겸 사무실로 쓰는 형편이었다. 그럼에도 불구하고 동원여자의숙은 한 걸음 한 걸음 착실한 성장의 길을 걸어 1909년에는 동덕여자의숙(同德女子義塾)4)과 병합하여 교사를 서린동으로 옮기고 1913년에는 양인여자학교(養仁女子學校)마저 인수하였다. 그 해 춘강은 의암(義庵) 손병희(孫秉熙)를 찾아 학교사정을 호소하여 그의 후원을 받게 되었다. 이에 그치지 않고 1911년에는 안국동 소재 천도교 교당을 교사(校舍)로 사용하게 되었다. 동덕발전의 은인으로는 월남(月南) 이상재(李商在), 학봉(學峯) 이석구(李錫九), 석제(石齊) 이경세(李慶世) 등이 있었다. 동덕여자의숙은 관훈동 새 교사로 이사온 지 다음인 1912년 6월 당국으로부터 교명을 동덕여자교(校)로 변경하는 인가가 나왔고, 설립자 조동식이 초대 교장에 취임하였다.

온갖 어려움을 물리치고 1926년부터는 법인체 학교의 면모를 갖춘 동덕은 순탄한 발전의 길을 걷게 되었으나 1937년 중일전쟁 이후 동덕뿐만이 아니라 한국의 모든 교육기관 특히 사립학교는 민족말살정책과 강화된 전시체제로 인하여 형극의 길을 걷게 되었다. 최후의 그날이 올 때까지 온 겨레는 생존을 위한 처절한 굴종 밑에서 생존마저 위협받는 현실을 감내하지 않을 수 없었다. 외국에서 독립운동을 하기에는 경제적인 어려움이 있었으나 국내에서 경영체의 관리자 유지자가 엄청난 대가를 치르지 않고는 가능치 못했다. 동덕은 이 어려운 기간 동안 민족교육의 산실로 또 여성교육의 요람지로 그 역할을 기하다가 마침내 1945년 광복을 맞게 되었다.

---

4) 同德女子義塾은 金仁和가 경영하였는데 財政事情이 여의치 않아 東媛女子義塾과 倂合하게 된 것이다.

3) 교육사업기

춘강은 조국 광복을 맞아 동덕학원의 발전을 위해 헌신하
는 한편 학교 경영, 교직자 단체, 사학경영자연합체 육성에
헌신하고 교육제도의 개선, 교육행정의 지원 등 다채로운 교
육활동을 전개하였다. 그 과정을 박현서는 다음과 같이 정리
하였다.5)

(1) 교육정책 분야

교육심의회(1945)와 초등교육분과위원회, 중앙교육심의회
(1943 부의장, 1953, 1957 의장), 조선교육자협회(1946, 의장), 교
육자치위원회, 교육정책자협회(1958, 의장) 서울시교육자위원회
6-3-3-4제를 근간으로 삼는 미국식 학기제의 도입에 대하
여 춘강은 비교적 비판적이었던 것으로 생각되며, 광범한 교
육자치제의 실시에는 매우 긍정적이었던 것 같다. 그리고 6·
25전란 후에는 피난 수도 부산에서 전시학교부흥책강구 등에
는 퍽 적극적이어서 불철주야 헌신한 것으로 사료된다.

(2) 교직자단체 분야

조선교육연합회(1945), 조선교육자협회(1946), 조선교육연합회
(1949), 대한교육연합회(1948년 초대 이후 부의장, 1958년 의장)
광복 직후의 좌우혼란기에 춘강은 이만규(李萬珪) 계의 좌
파와 대립하여 우파의 조선교육자협회를 결성 오늘의 대한교

---

5) 春江 趙東植博士誕辰百年記念事業會, 前揭書, pp.38-39.

련의 모체가 되었다.

(3) 학교(사립)경영자단체 분야

전국중등학교장연합회, 전국사립중등학교장연합회, 서울사립 중등학교장회, 전국사학재단연합회(1948 회장), 문교재단사업 회(1949 회장), 한국문교재단연합회(1951 회장), 한국문교서적 주식회사(1952 사장), 사학재단재정확보전국대책위원회(1954)

춘강이 교육계에 남긴 최대의 공헌은 대한교육연합회의 결 성과 지도, 그리고 사학재단연합회의 결성과 그 발전으로 집 약된다.

(4) 각 사립대학의 설립과 지원 분야

전국향교재단을 연합하여 성균관대학 설립(1946 이사장), 성균관 대학과 동국대학의 대학교 승격(1953), 성신여자대학 교, 상명여자대학, 한성여자대학을 설립하였다.

(5) 기타 분야

UNESCO 한국위원회 창립(1954), 교육세법반대운동(1958), 학교법인세법반대운동(1958), 교육기자재면세도입운동 등

2. 교육사상

춘강에게는 독창적인 교육학설이나 방대한 저술이 있는 것은 아니다. 그의 인격은 어떠한 학설이나 책보다도 강렬하게 후세 교육자들에게 그리고 우리 개개인에게 엄청난 영향을 주었던 것이다. 교육실천가로서의 춘강이 강조한 그의 교육사상을 여성교육관, 민족교육관, 도덕교육관, 역사적 혜안과 교육적 경륜으로 살펴볼 수 있다.

1) 여성교육관

춘강은 조국의 현실과 민족의 앞날을 생각할 때 자신에게 주어진 사명은 곧 교육구국임을 재다짐하곤 하였다. 흔히 교육하면 으레 남성교육을 연상하던 당시 풍토 속에서 그는 교육대상에 대하여 심각한 번민을 하였다. 그는 오랫동안 심사숙고 끝에 여성교육이야말로 자기에게 부과된 커다란 사명임을 깨달았다. 그는 여성교육의 길에 나서게 된 동기를 후일 다음과 같이 술회하였다.

> 여성은 우리나라 총인구의 절반을 차지하고 있을 뿐만 아니라 우리 민족의 중심이라고 할 수 있다. 그럼에도 불구하고 여성은 과거 유교사상의 지나친 속박으로 말미암아 남성들에게 과대한 천대를 받아왔고, 늘 주방이나 규방 속에 거의 연금되다시피 되어 가지고 여러 가지 모든 인권의 유린을 감수하여 가면서 문명의 혜택이라곤 전연 받아보지도 못한 채로 오늘에 이르렀다. 사실 그들은 사람이면서도 제대로 사람다운 대접을 못 받아왔던 것이다. 물론 여성은 가정의 주석(柱石)이니까 규방이

나 주방을 등져서는 안될 일이기는 하지만 여성으로서 지성을
높이고 문화적 소양을 갖추어야 비로소 그 가정도 빛이 나고 생
활의 향상을 기할 수 있을 것이 아닌가. 양식을 가진 여성이라
야 비로소 현모양처가 될 수 있을 것이다. 여성의 지성을 계발
하고 교양을 높이는 것은 결국 먼 장래를 내다 볼 때 우리 민족
자체에다 광명을 주는 것이라고 말할 수 있다. 조선조 5백년의
끝맺음이 이토록 어지러워졌던 원인 중에서 커다란 것의 하나
는 실로 여성교육을 등한히 하여 왔고, 모든 여성이 저마다 높
은 교양을 지니고 민족의식이 뚜렷하다면 우리 민족의 장래는
반석과 같은 것이 될 것이고 땅에 떨어진 국권도 다시 회복할
수 있을 것이다. 혼란한 이때에 일반이 소홀히 하는 여성교육이
야말로 가장 절실한 것이다.6)

　불우한 여성을 일으켜 세우겠다는 웅지를 품었으나 춘강은
가난을 극복하고 학교를 설립·운영할 만한 재력이 없었다.
그는 형님뻘 되는 조봉식을 찾아가 사정 이야기를 하여 요행
히 방 한 칸을 빌릴 수가 있었다. 비록 초가집이었지만 화동
(花洞)의 자기 집보다는 좀 큰 집이었으므로 대문에 동원여자
의숙이란 간판을 붙이고 학교를 개설하였다. 오늘의 동덕학원
이 고고의 성을 울린 역사적 순간이었다.
　춘강은 일생을 교육에 바치되 어디까지나 여자교육은 여자
를 만들고 그것이 가정과 국가를 만든다는 이념 아래 일생을
시대에 맞는 한국적인 현모양처의 교육을 실시하였던 것이다.
앞으로 한국 여성의 당면과제로서는 보다 아름다운 여자, 즉
부덕을 지닌 적극적인 활동인으로서의 여성, 그리고 저마다
그 특성을 살린 여성교육의 내용이 설정되어야 하며 신축성

---

6) 教育評論社, 「教育評論」, 1965. 6월호.

있는 여성교육을 지향해야 한다고 하였다. 즉, 우리나라 고유
의 전통적 미풍, 오로지 한국 여성만이 지닐 수 있는 긍지를
살려서 주체성있는 한국 여성을 길러내는 교육적 인간상의
정립이 필요하다고 하였다.

춘강이 바랬던 부도(婦道)와 현모양처의 내용을 한기언은
다음 네 가지로 정리하였다.

첫째는 "자모가 육아함은 장부가 경세하기보다 위대하다 하
리니"7)라고 하였다. 즉, 여성교육은 현모양처되게 하는 데 있
고 이 현모양처 교육이 되지 않고서는 행복한 가정생활이 불
가능할 뿐 아니라 인류번영 자체도 어려울 것을 예언하였다.

둘째는 설 자리와 앉을 자리의 구별, 겸손, 아름다움 등을
한국 여학생의 기본 자세로 보았다.8)

셋째는 「동인제(同仁齊)」(1957)라고 하여 생활지도관에서
현모양처의 다섯 가지 생활신조를 학생들에게 외우게 하였다.

즉, 우리는 대한민국의 딸, 바르고 씩씩하자, 예의를 준수
하자, 은혜에 감사하자, 서로 사랑하자 등으로 요약하였다. 그
가 강조한 현모양처의 교훈이란 결국 '참된 사람이 되라'는
가르침으로 집약된다.

2) 민족교육관

춘강의 민족교육의 한 단면을 이해하는 데 동덕의 교표 도안
을 참고하며 이와 관련하여 춘강의 회고담을 살펴보기로 한다.

---

7) 趙東植, 女性敎育의 急務, 「靑春」, 1917. 6월호, p.50.
8) 趙東植, "韓國女學生의 基本姿勢", 「갈매」 1969. 12월호(창간호).

동덕의 교표는 태극바탕에 무궁화교표로서 동덕여학교의 설립목적과 교육방향을 상징하는 것이기 때문에 불가불 여기에 소개하지 않을 수 없다. 동덕이라는 교표는 1925년 4월에 필자가 고안해 낸 것이고, 그때 도화를 지도하던 朴聖煥 선생으로 하여금 도안하게 하여 작성케 한 것이고, 이 교표를 사용하기 시작한 것은 그 해 6월부터 새로 개정된 교복과 동시에 착용토록 했던 것이다.

내 생각으로는 잘된 교표라고 믿었으며 미학적으로도 별로 손색이 없었다고 자부한다. 한일합방이 된 지도 어언간에 15년이라는 세월이 흘렀고, 우리나라의 태극기와 국화인 무궁화를 10대의 청소년들은 어떻게 생긴 국기나 국화인 줄 알 길이 없을 것이었으므로 이것을 젊은 사람들에게 깨우쳐 주려는 뜻에서 만든 것이다.

교표의 型을 圓形으로 한 것은 團結과 圓滿을 상징하는 것이며, 지구의 뜻을 가지게 한 것이다. 바탕을 태극으로 하고 무궁화의 열매로 同자를 나타내었고, 무궁화의 잎사귀로서 德자를 새겨 넣어서 「동덕」이라는 글자를 교묘하게 나타낸 것은 내 생각으로는 잘된 도안이라고 자부하는 것이며, 이것에 의해 태극과 무궁화를 기억하고 보존함으로써 민족주의 사상을 간접적으로 학생의 머리 속에 집어넣어 주려는 의도에서 작성된 것이다. 동덕여학교에서는 교가에는 애국가를 넣고, 교표에는 태극과 무궁화를 간직하게 되었으니 이로써 철저한 민족사상의 고취를 바랐던 것이다.9)

민족정신을 학생들 가슴속에 심어 주려는 춘강의 교육태도는 당시 뜻있는 사회인사들에게 깊이 자극되었다. 그래서 민족 진영의 여러 유지·명사들의 딸들이 동덕학교로 입학하는 경우가 많았다. 손병희도 그의 딸들을 모두 동덕에 보냈다. 오세창, 권동진(權東鎭)의 딸들을 비롯하여 윤치소(尹致昭),

---

9) 趙東植, "나의 꿈을 回想", 「敎育評論」, 1955.

김성수(金性洙), 변영태(卞榮泰), 장면(張勉) 등의 딸들도 모두
동덕에서 교육을 받았다.

이와 같이 춘강의 애국애족의 정신은 이념으로만 한 것이
아니라 실천을 통한 모범을 보여주었다. 그는 동원여자의숙
설립 당시 게양했던 구한말에 제작된 이 나라의 얼이 담긴
태극기를 이제 36년간의 갖은 수난을 겪으면서도 소중히 간
직하여 드디어 광복이 되자 비장했던 태극기를 꺼내어 감격
적으로 다시 게양했다. 춘강이 이처럼 외경의 눈을 피하여 교
묘히 비장해 온 태극기의 사연, 그 태극기가 광복을 맞이하고
정부수립을 거쳐 한국전쟁의 와중에서도 고히 간직했던 고귀
한 애국정신과 뜻을 제2세 국민에게 살려 애국정신의 함양의
자료로 삼고자 1966년 문교부 제정 중학교 1학년 교과서 「민
주생활」에 춘강의 '내가 간직한 국기'10)를 실리게 하여 민족
혼을 배우게 하였던 것이다.

> 내가 간직한 국기는 세상에 태어난 지 얼마 안되어 고난의
> 길을 걷기 시작하였다. 즉, 1910년 8월 29일 일본의 야만적인
> 한일합방이 체결된 뒤부터 우리 민족의 수난사와 보조를 같이
> 한 가지가지의 추억들이 담겨 있는 예순살에 가까운 나이를
> 먹었다. 합방 전까지는 국가나 학교의 경축일에는 반드시 교문
> 에 나부끼던 이 국기는 일본의 식민지 정치에 의하여 일본국
> 기로 바뀌게 되어 하는 수 없이 땅속에 숨을 수밖에 없었다.
> 나는 그때 마지막으로 국기를 바라보며 안타깝고 서글픈 심
> 정을 달래면서 마음속으로 조국은 잃었으나 너만은 잃지 않고
> 광복의 앞날을 위하여 나의 애국 지성을 바치겠다고 되새겨
> 다짐하였다. 국기는 나의 뜻을 알았다는 듯이 조용히 가을 바
> 람에 펄럭이고 있었다.

---

10) 문교부, 「민주생활」, 서울: 국정교과서주식회사, 1966, pp.120-124.

나는 남몰래 널판지와 못을 얻어 손수 만든 조그마한 나무상
자에 고이고이 접어서 넣은 국기를 장롱 속에 깊숙이 간직하였
다. 기회 있을 때마다 장롱 속을 엿보던 나의 가슴에는 항상
뜨거운 조국에의 그리움이 용솟음쳤다. 어언 10년이란 세월이
흘러 미국 윌슨 대통령이 부르짖은 민족 자결주의는 전세계 약
소민족을 격동하게 하였다. 나는 '우리나라를 되찾을 기회가
온 것이로구나!' 생각하며 떨리는 손으로 숨겨둔 상자 속 국기
를 펴 보았다. 그 때의 조바심과 흥분된 마음은 지금도 잊을
수 없다. 1919년 3월 1일, 거족적인 독립운동도 헛되이 일본
헌병은 우리 겨레의 아까운 생명만을 앗아갔고 고대했던 독립
의 꿈도 사라지고 말았다. 그 후 지도적 지위에 있는 인사들의
가택을 수색한다는 정보를 들은 나는 장롱 속에 숨겨둔 국기가
발각될까 두려워서 재빨리 장독대 밑에 그 국기상자를 묻어 두
었다. 이 때문에 다행이 화는 면하긴 했다. 그러나 가슴조이던
몇 개월이 지나간 뒤, 가을철에 묻어둔 국기 상자를 파내 보니
나무상자는 퇴색하고 뒤틀려서 그 안에 있는 국기만 꺼내어 깨
끗한 보에 싸 가지고 함 속에 간직했다.

세월이 흐르고 흘러 한일 학생간에 쌓이고 쌓였던 민족적
감정이 터진 광주학생의거가 일어났을 때에도 나에 대한 일본
경찰의 주목은 끊임없이 계속되었으나 함 속의 국기만은 고이
간직하고 있었다.

일본의 침략 근성은 날이 갈수록 심하여 그 마수가 중국에
까지 뻗치게 되자 미국 · 영국과 충돌하여 끝내는 태평양전쟁
을 일으키고 말았다. 우리 배달청년들을 학도병으로 또는 징
용으로 끌어갔으며 일본 경찰은 개인의 가정까지 감시하게 되
었다. 그러나 조국 광복의 기운은 차차 무르익어가고 있었다.

하늘은 정의의 심판을 내리시어 1945년 8월 15일 마침내
일본은 연합군에게 항복을 하게 되어 조국은 해방되고 광복의
날은 왔다.

해방이 되었다는 소식을 듣자마자 나는 곧 함 속의 국기를
꺼내어 두 손으로 받쳐들고 정중히 펼쳐보았다. 오랫동안 햇

볕을 못본 국기는 여기저기 좀이 먹어 구멍이 뚫렸으나, 형체
는 그대로 있었다. 나는 너무나 감격하여 국기를 책상 위에
펼쳐 올려놓고 그 아래 엎드렸다. 한가운데의 태극은 햇빛을
받아 찬란히 빛나고 있었다. 나는 곧 공손히 보에 싸가지고
학교에 달려가서 국기 게양대에 올리고 독립만세를 불렀다.
나는 처음으로 보람있는 삶의 기쁨을 뼈저리게 느꼈고, 싸움
에서 이긴 장군과도 같은 느낌이었다.

그러나 해방과 독립의 기쁨도 한때 1950년 6월 25일에는
북한 괴뢰의 남침으로 동족의 비극이 일어났다. 3일만에 붉은
군대가 우리 수도 서울에 밀려오자 나와 국기는 다시 땅속에
숨어야 했고 공산당의 흉칙한 붉은 깃발만이 나부끼는 공포의
거리가 되었다. 나는 피난준비를 하면서 어떻게 국기를 감출
것인가 하고 여러 가지로 궁리한 끝에, 옷 속에 넣어 꿰매버
리고 말았다. 옷을 싼 괴나리 봇짐 속의 국기만이 나의 생명
과 같은 존재였다. 3개월간에 걸친 피난 생활에서도 국기는
항상 나의 곁에 있었다. 1·4후퇴 때에는 간편한 가재도구 속
에 국기만 정중하게 보에 싸 부산으로 떠났다.

그런데 후퇴했던 국군이 빼앗겼던 서울을 다시 찾았다. 나
는 고된 피난살이를 하다가 서울로 돌아왔다. 그리하여 두 번
째로 보다 새로운 감정으로 나의 국기를 게양대에 올렸다. 그
러나 반세기가 넘는 오랫동안에 천도 낡고 좀먹은 구멍은 헝
겊으로 꿰매야 했고 태극의 빛도 바랬기 때문에 앞으로는 부
득이 액자에 넣어 영구히 보존할 생각을 하는 것이다.

춘강이 고이 간직했던 이 태극기에 관한 이야기는 여기에
그치지 않고 초등학교 5학년 1학기 '도덕' 교과서에도 '50년
을 간직한 태극기'란 제목으로 수록되었다. 민족의 애환을 목
도하고 고락을 함께 나누었던 이 태극기는 그 동안 동덕여자
고등학교 박물관에 소장되어 오다가, 지금은 동덕여자대학교
의 박물관에 소중히 액자에 넣어진 채 보관되어오고 있다. 이

일화를 여기서 길게 소개하는 까닭은 이 사실 자체에서 그의
민족혼을 읽을 수 있기 때문이다.

3) 도덕교육관

누구보다도 먼저 도덕교육의 중요성을 갈파한 춘강은 매순간
마다 도덕교육을 교육 현장에서 실천하였다. 그는 친히 도덕교
과를 그 자신이 맡았다. 동덕에서의 도덕과목은 다른 어느 교과
보다도 중요하게 다루어졌다. 그는 이 시간을 이용하여 한국의
전통적 예법을 가르치고 유교적 부덕의 소중함을 학생들에게
일깨워 주었다. 그는 봉건적 유교적인 도덕만을 가르치는 것이
아니라 시대에 맞는 신여성상의 도덕을 강조하였다.

영국이 낳은 저명한 역사철학자인 토인비(A.J. Toynbee)는
국가가 패망하는 것은 무력이 약해서가 아니라 국민이 도덕
적으로 타락하기 때문에 오는 것이다라고 말했거니와 이제
우리는 현실적인 사회상으로 미루어 보아 영원한 국가와 민
족의 장래를 위해서 도덕과 윤리의 확립을 기하는 동시에 나
은 심기일전 건전한 신생활을 영위하여야 할 것으로 믿는다.
원래 윤리도덕이란 사람이 이행해야 할 이법과 이를 실천하
는 행동, 즉 자기 스스로의 행동이나 또는 품성을 자기의 양
심 내지 사회적 규범으로서 율(律)하여 선과 올바름을 행하는
일방, 악과 그릇됨을 막도록 하는 것이다. 따라서 우리는 국
민도의의 확립을 비단 구두선에만 끌리게 할 것이 아니라 이
것을 실천할 수 있도록 하는 데 그 초점을 두어야 할 것이
다11)"고 하면서 실천적인 도덕교육을 강조하였다.

그는 "덕이 없는 사람은 차고 훈훈하지 못하여 외롭고 이

옷이 없는 법이니 어찌 어머니의 자애가 깃들 것이며 사회생
활하는 인간의 삶을 원만하게 할 수 있겠는가"12)라고 하여
그는 덕의 교육관을 피력하였다.

동원(東媛)이란 '동방의 고운 여자'라는 뜻이요, 동덕(同德)
이란 동문수덕(同門修德)을 줄인 말인데 여기서 덕이란 곧 부
덕(婦德), 부도(婦道), 현모양처를 의미한 것으로 본다.

이 세상에서 가장 가까운 사이가 어버이의 한 핏줄을 타고
난 형제간이라고 할 것 같으면 남남의 가장 가까운 대상이란
같은 스승 밑에서 배움을 같이 한 사이라는 것은 쉽게 이해
될 것이다. 동문이란 한 학교에서 배운 동창이라는 뜻이요,
수덕(修德)이란 여러 가지 배우는 과목 중에서도 제일가는 덕
(德)을 닦는다는 뜻이니 한 교실, 같은 운동장에서 덕을 닦는
동덕이란 얼마나 가깝고 두터운 의리가 있겠는가! 더 부연할
필요가 있을까? 없을 것이다. 이와 같이 두터운 신의를 영구
히 잊지 말고 배움의 길을 닦고 사회에 나가서도 한데 뭉쳐
서 이 신의를 저버리지 않을 것 같으면 그 힘이 곧 모교의
발전을 가져오고 자신의 향상으로 돌아오게 된다는 것은 말
할 나위도 없고 우리 민족과 국가의 장래에 미치는 영향이
클 것이며 신입생 여러분은 3년 또는 6년 동안 동문수학의
의리를 잘 지켜나갈 것을 부탁하여 두는 바이다.13)

춘강은 동덕여학교의 교지(教旨)14)를 수덕(修德), 헌성(獻
誠), 수분(守分)으로 제정하였었다.

---

11) 趙東植, 교육자가 본 사회상, 서울신문, 1959. 11. 16.
12) 趙東植, 創立精神을 發揮하라, 「同德」 제25호, 1965. p.25.
13) 趙東植, "同門修德의 信義를 지켜라", 「同德」 제33호, 1969, p.1.
14) 教旨란 오늘날의 교훈에 해당된다.

수덕(修德): 원래 덕이란 큰 덕자로서 큰 사람이 되도록 힘쓰자는 것이며 큰 사람이 되려면 스스로 인격을 갈고 닦아 인도(人道)에 합당한 일을 하고 많은 사람과 사태를 포용할 수 있는 아량을 체득하여야만 한다. 특히 부녀자로서 부덕을 갈고 닦아 가정에서나 사회에서 남을 감화시키는 최고의 정신적인 인물이 되기를 바라는 뜻이 담겨져 있다.

헌성(獻誠): 정성을 바치자는 것이어서 참되고 성실한 마음을 다하자는 것이다. 지성이면 감천이라는 말이 있듯이 모든 일을 이룩함에 있어서 정성을 다 바치면 이루어지지 않은 것이 없을 것이니 일생을 살아가는 데 있어서 모든 정성을 다하는 사람이 되어지이다라고 하는 드높은 정신적 자세를 나타낸 말이다.

수분(守分): 분수를 지키자는 뜻이니 이는 다른 말로 자신의 본분을 지니고 남의 본분도 존중해 주자는 것이다.15)

이러한 교지는 1950년 6·25동란을 당해서 나라의 존립을 염려할 국난을 당하여 국가 재건을 위한 설정이 필요하게 되었다. 그는 시대적 요청에 부합되는 새로운 교훈으로 개정하였는데

덕성(德性)을 함양하자
예의(禮義)를 존중하자
책임(責任)을 완수하자
건강(健康)을 증진하자
재건(再建)에 협력하자16)

---

15) 同德七十年史編纂委員會, 「同德七十年史」, 서울: 同德女學園, 1988, pp.64-
    65.
16) 위의 책, p.217.

로 되어 있었다.

이리하여 동덕여자대학교의 교시(校是)는

도의(道義): 인간생활에 있어서 옳음을 진리로 하는 당연히 가야 할 길을 뜻한다. 사람은 각각 자기의 위치에서 나라와 겨레를 생각하는 마음으로 책임을 느끼고 올바른 길을 밟아 가야 하므로 이를 모든 교양의 목표로 삼는다.

진리(眞理): 전공하는 학문과 기술 분야의 진리를 탐구하여 한국문화 내지 인류문화 증진에 역군이 될 자질을 갖추어야 하므로 이를 교양의 지표로 삼는다.

화협(和協): 즐겁고 명랑한 기풍으로 합심협력하여 서로 돕고 인도하는 화협정신은 학원생활에 도의·교양과 학술연마를 원만히 이룩하게 할 뿐만 아니라 일반 사회생활에 있어서도 꼭 지켜야 할 필요가 있으므로 이를 교양의 표적으로 삼는다17)

이와 같이 그의 교지, 교훈, 교시의 전개 과정을 보면 그의 도덕교육관을 들여다 볼 수 있다.

춘강은 도의생활에 기초를 두고 그 위에 능력을 키우며 서로 돕고 의지하고 화합하여 대도의 길을 가겠끔 지도하고 격려하였다고 볼 수가 있다.

3. 한국교육에 주는 시사점

일석(一石) 이희승(李熙昇)은 춘강의 묘비문을 다음과 같이 썼다.

---

17) 同德女大三十年史編纂委員會, 「同德女大三十年史」, 1980, p.128.

……선생은 1907년 관립한성한어학교를 1910년 사립기호학
교 사범과를 각각 졸업하고 한편 1908년 私立東援女子義塾을
창설하여 그 설립자가 되고 1910년에는 同德女子義塾과 倂合
하여 이를 同德女學校로 승격발족하고 이어 동교장에 취임하
니 이것이 곧 同德女子中學校의 前身이다. …… 그동안 동덕
여자중고등학교, 동대학장 동명예학장, 동재단이사장 등을 역
임하여 이 세상을 떠나는 날까지 八十平生의 전생애를 고스란
히 동덕에 헌신하였다. 또 李錫九翁의 재정원조를 얻어 성균
관대학교를 창건하고 사학문교재단연합회를 결성하여 전국사
학경영에 재생의 큰 裨益을 얻게 하였으며 學校法人 中央學園
祥明學園 漢城女學園 豊文女學園 成均館大學校 仁荷大學校 淑
明學園 등의 理事會 또는 이사장을 널리 역임하였다.

이 밖에 문화사업으로 閔忠正公 栗谷先生 茶山先生 義庵 孫
秉熙先生 安重根義士 仁村 金性洙先生 三一獨立記念事業會 國
産奬勵會 등의 회장으로 활약하였으며, 中央敎育委員會議長
敎育制度審議會議長 서울市參事會議長 大韓體育會長 서울特別
市敎育會長 大韓敎育聯合會長 全國私立中等學校長會長 등 많
은 교화단체의 책임자 또는 주요간부로서 한국교육에 공헌한
바 지대하였다. ……그리하여 1956년 5월에는 梨花女子大學校
로부터 名譽法學博士學位를 1969년에는 永信아카데미 敎育本
質을 받았다.18)

어쩌면 다같은 24시간을 지내면서 이토록 엄청난 일을 할
수 있을까 하는 데 대해 후학들은 머리를 조아려 삼가 춘강
의 교육사상을 재음미하려고 한다.

첫째, 그는 가정과 국가의 미래가 결국 여성에 의해 좌우되
며 나아가 자녀교육도 한 여성에 의해 이루어진다고 믿었다.
결국 한 사회, 한 나라의 발전은 여성의 삶의 질과 병행한다

---

18) 春江趙東植先生記念事業會, 「春江趙東植先生傳記」, 서울: 寶晋齋, 1979,
pp.589-590.

고 보았다. 그는 유교 중심의 현모양처의 여성상은 그 시대에 따라 변해야 하며 이것이 가정과 국가발전의 기틀로 보았다.

둘째, 그는 세계인, 국제인이기 앞서 한국인을 기르는 교육에 매진하였다. 그는 국가를 무척 사랑했고 이 민족얼을 만인에게 고취하려고 전 생애를 바쳤다. 외국으로 나아가 독립운동에 매진하는 것도 우리들이 할 일임에 틀림이 없었다. 그러나 그는 일제 강점의 와중에서 조국을 떠나지 못하고 있는 정성을 다하여 교육 일선에서 온몸을 던져 쓰러진 국가의 재건을 위하여 교육입국을 위하여 촛불처럼 순간을 몸으로 태우면서 민족의 새로운 건설과 그 기획에 혼신의 노력을 다하였다. 앞에서 소개한 바와 같이 태극기에 얽힌 그의 사랑과 정성으로서도 그의 민족애의 핵을 이해할 수 있을 것이다.

셋째, 도의적인 인간의 기틀에서 가정과 사회를 올바로 이룩하려고 하였고 이 기틀 위에 직업교육, 지식교육, 기능교육을 세우려고 하였다. 독일의 피히테가 독일을 재건하기 위하여는 도덕교육의 기본을 강조한 것처럼 춘강은 새로운 시대를 맞이하는 민족은 먼저 도덕적으로 거듭나야 한다고 하였다. 이 도덕적인 혁신은 우리 민족의 절박한 요청이요 교육은 이를 수행하기 위한 전위적 위치에 서야 한다고 하였다.

이 세 가지는 모두가 강조되어야 할 요체이나 그 중에도 가장 핵이 되는 것은 나중에 강조한 도의교육, 도덕교육의 회복을 으뜸으로 재음미해야 할 것이다.

제7장 고당(古堂) 조만식(曹晩植)의
교육사상

고당의 일생은 독립투쟁의 일생이었다. 그는 자신의 사치와 안일을 버리고 나라를 위하여 전 생애를 바쳤다. 그는 물산장려에 온 힘을 기울이며 토산(土産)으로 무장하여 시범을 보임으로써 국민들은 그를 일컬어 한국의 간디라고 불렀다. 그는 후세를 위하여 교육에 헌신하였다. 그는 많은 후학들에게 깊은 감화를 주었고 다른 한편으로는 정치적·경제적 각성을 촉구하기 위하여 신간회(新幹會)에 주력 하였다.

그는 일제 때 해외로 망명하지 않고 이 땅에서 한일투쟁을 계속하였으며, 8·15광복 이후 북한을 탈출하지 않고 북한 동포와 평양 시민을 위하여 일관된 일생을 바쳤다. 지금 교육적·정신적 지도자가 요청되는 현실에서 그의 자아포기적 희생정신과 투쟁정신을 우리 사회의 지표로 재음미해 볼 만하다.

1. 생애와 활동

고당 조만식은 1883년 2월 1일(음 1882. 12. 24.) 평양 성

안의 창녕 조씨 가문에서 출생하였다. 부친은 선비 조경학(曺景澤)씨요 모친은 진강 김씨(鎭江 金氏) 김경건(金敬虔)이다. 창녕 조씨 일문의 고당의 선대는 평안남도 강서군 반석면 반일리 안골(平安南道 江西郡 班石面 班一里 內洞)이라는 동성 부락에서 여러 대 걸쳐 살아왔다. 강서군은 평양과 진남포의 중간에 위치하고, 동남쪽은 대동강을 건너서 중화군과 마주보고 있으며 서남쪽은 용강에 이른다. 서북쪽은 황해에 이르며 동북쪽은 평원군, 대동군과 경계하고 있다. 안골이라고 불려진 이 마을에는 타성은 별로 살지 않고 창녕 조씨만 약 50호가 지금도 살고 있다.

창녕 조씨로 말하면 일찍이 8대에 걸쳐 세습평장사(世襲平章事)를 낸 명문이다. 즉, 조연우(曺延祐)·조한지(曺漢知)·조지현(曺之賢)·조사전(曺思詮)·조정린(曺正麟)·조중용(曺仲龍)·조의문(曺義文)·조자기(曺自奇) 등이 그들이다. 조선조에 들어와서도 혁혁한 공신을 배출한 가문이었다. 영의정 조석문(曺錫文)을 비롯하여 조효문(曺孝門), 참판이요 호당(湖堂)인 조위(曺偉), 향서원(享書院)을 지낸 남명 조식(南冥 曺植)과 조유(曺逾), 부제학(副提學) 조상치(曺尚治), 공신 조계은(曺繼殷), 조계상(曺繼商), 청백리 조치우(曺致虞), 향서원 조호익(曺好益), 그리고 판서 조윤대(曺允大), 조석우(曺錫雨)·조석여(曺錫輿) 등이 그들이다.[1]

본디 강서군 일대는 전국에서도 신교육과 기독교가 일찍부터 보급된 고장이었다. 우리나라에서의 민족독립운동과 기독교와는 깊은 관계가 있었다. 3·1운동의 민족봉화가 타올랐

---

1) 韓根祖, 「偉大한 韓國人 古堂 曺晚植」, 서울: 太極出版社, 1978, p.35.

을 때도 유명한 '모락장 폭동'이 폭발한 곳도 이 지방의 기독
교인들을 중심으로 이루어졌던 것이다. 3·1운동의 행동방침
이 평화적 투쟁이었으며, 기독교 정신이 폭동을 원하지 않았
지만, 그때의 도락장 폭동은 일본 관헌의 포악한 도발에 대한
정당방위의 유혈사건이었다.

고당이 출생했을 때는 가세가 비교적 유복한 편이었으며,
그 후에도 근면과 검소로 일관하였기에 생활에 궁핍함은 별
로 없었다. 그는 외아들이었다. 5년 위의 누이 조보패와 5년
아래의 누이동생 조은식과 삼남매였다.

그는 어려서부터 부모의 각별한 가정교육을 받았다. 그의
강직한 성정과 단아한 인품은 부친 조경학을 닮은 점이 많았
다. 모친 김경건도 아들 육성에 극진하였으므로 古堂의 인격
형성에 자못 큰 영향을 미쳤다. 양친이 모두 장수하여 70여
세를 살고 고당이 50대에야 세상을 떠났다.

그는 7세 때에 한문공부를 시작해서 15세 때까지 계속하였
다. 그가 다닌 글방은 평양 관후리(館後里)에 있었고 훈장은
장정봉(張正鳳)이라는 한학자였다. 그는 수학기간 동안 사서
(四書) 삼경(三經)의 기초 과정을 마치고 예수교에 입교하였다.

고당은 소년시절에 날쌔고 용맹스러운 운동가의 소질을 발
휘하였다. 그가 후일에 체육진흥에 공헌한 것도 결코 우연이
아니었다. 그는 날파람 같은 운동도 잘했지만 글공부에서도
성적이 좋았다. 고당은 체구가 큰 편이 아니었다. 그러나 그
는 여간 날쌔지 않았다. 숭실학교 시절에는 높이뛰기 선수였
으며 날파람의 명수였다. 날파람은 일종의 호신술이었다. 그
런데 이 게임은 동네 아이들끼리 편을 짜거나, 동네 대항의
단체 경기에 곧잘 동원되고 하여 나중에는 이 편싸움 단체를

날파람이라고 부르게 되었다. 당시 평양에서 석전 경기도 꽤 관록이 있는 경기였다. 이 무용을 자랑하는 민속경기에 고당은 직접 참여는 안 했으나 열렬한 응원꾼이었다. 평양 석전은 흔히 장댓재(章台峴) 교회로 유명해진 웃말재 동네와 그 맞은편 동네 설수당골(薛省里)의 청소년들을 중심으로 싸움의 막이 열렸다. 어른들의 큰 석전은 이른바 '가마골 석전'으로 유명하였다. 이 가마골 석전의 진지는 평양성 밖 서남쪽의 벌판으로서 위에 광성학교(光成學校) 터가 된 곳이다. 이 연중행사의 석전은 음력 정월 초 이른날부터 시작되어서 보름날까지 반달 동안에 걸쳐서 개최되었다. 이 가마골 석전에는 처음에는 오픈 게임으로 소년팀이 싸우고 다음에 청장년팀의 본격적 싸움이 벌어진다. 이 청장년팀은 성내군(城內軍)과 성외군(城外軍)이 대항하는 장렬한 경기인데 실전과 같은 피흘리는 부상자들을 내는 위험한 운동이다. 성내군과 성외군으로 편성되는 것도 평양성을 함락시키려는 세력과 성을 지키고 외적을 물리치려는 취지에서 나온 듯하여 치열한 공방전이 전개된다. 옛날에는 이 민속적인 정초행사를 일종의 민병적 사기를 길러주려는 의미에서인지 행정당국에서도 장려하였다.2)

　고당은 이 석전 구경에는 거의 빠지지 않고 구경을 하였다. 이와 같이 그의 스포츠 애호 취미는 후일 체육운동에 공헌하는 계기가 되었고, 그는 결국 관서체육회를 창설하고 회장이 되어 스포츠를 장려하였다.

　남아 15세엔 호패를 찬다고 했듯이 고당도 14세에 어른이 되었다. 당시 풍습대로 부모가 시키는 대로 조혼의 장가를 들

---

2) 洪聖俊, 「古堂傳」, 서울: 平南民報社, 1966, p.8.

었다. 14세에 박씨와 결혼하고 15세에 한문공부를 그만두고 그 다음해에 상인이 되어 독립직장을 갖게 되었다. 그는 평양 종로거리에 백목전을 차리고 상점주가 된 것이다. 백목전은 일종의 포목상점이며 거기서는 국산품의 무명과 베(麻布)를 주로 팔았다. 부인 박씨는 고당보다 두 살 위인데 삼년만에 첫아들을 낳았으나 불행히도 정신 미발육아여서 고당부부는 크게 상심하였다. 더구나 박씨는 23세의 청춘에 세상을 떠났고 그가 남긴 아들 칠숭(七崇)이도 사람 구실을 못하다가 26세에 죽었다. 그는 이중의 비애를 맛보았다. 고당의 부친은 고향에 있을 때에는 아이들을 모아서 가르치는 훈장이었으나 이재(理財)에도 밝은 편이었다. 그는 소지주의 선비로서 장사까지 하는 이재가였다. 그는 큰 사업가는 아니었으나 일정한 재산을 고당에게 물려주었다. 그 덕으로 고당은 일생 동안 의식의 걱정은 하지 않고 지낼 수 있었으며, 조국 광복에 박차를 가하는 공직생활을 당당히 할 수 있었다. 그 후 고당은 안주군의 전주 이씨 이의식(李義植)을 둘째 부인으로 맞아 장녀 선부(善富), 장남 연명(然明), 차녀 선희(善姬), 차남 연창(然昶) 등 자녀를 두었다. 그가 16세에 시작한 장사는 23세까지 8년 동안 계속하였다.

기독교에 입신한 고당은 또한 신분 타파의 필요성을 절실히 느껴 그 이듬해 24세에 숭실학교에서 만학을 하였다. 이 학교를 마친 후 그는 일본 도쿄에 유학해서 메이지 대학(明治大學) 법과에서 공부를 하였다. 이 학문이나 종교를 새로운 지식이나 신앙으로만 삼는 데 그치지 않고 곧 자기 생활로 화하게 하였다. 학행일치는 그에게는 하나의 신념이었다. 그는 일본 유학 당시 학생의 신분으로 장로교와 감리교를 연합시켜서

재일 조선인 교회를 설립하였다. 유학을 마치고 귀국해서 오
산학교(五山學校)의 교장으로 있을 때는 스스로 성경을 맡아
서 가르쳤다. 그가 40세에 평양 YMCA 총무에 취임하여 50세
가 되기까지 11년 동안이나 무보수로 봉사하였다. 그는 기독
교를 자기 개인의 종교를 신앙하는데 그치지 않고 기독교의
정신과 운동을 통해서 민족부흥의 정신으로 삼으려고 하였다.

그는 평양 산정현교회(山亭峴敎會)에 소속되어 있었다. 그
는 42세로 이 교회 장로가 되었다. 이 교회의 목사 주기철(朱
基徹)은 신사참배사건으로 순교하였는데 주목사는 고당이 오
산학교에서 가르친 제자였다. 고당은 같은 장로의 오윤선(吳
胤善), 유계준(柳啓俊)과 함께 교회를 이끌어 나간 삼대 장로
로서 이 교회의 지주(支住)였다.

1913년 메이지 대학을 졸업한 고당은 32세가 되어 그 해
4월 남강 이승훈의 초빙으로 오산학교의 교사로 취임하였다.
그리고 2년 후에는 오산학교의 교장이 되었다. 그는 교장직을
무보수로 4년간 계속하였고 1919년 3·1운동으로 인하여 해
외로 망명하기 위해 사임하였다, 그가 두 번째 교장을 지낸
것은 1925년 4월부터 1926년 6월까지의 1년 남짓한 단기간
이었다. 그가 오산학교의 가장 중요한 초창기와 융성기를 통
해서 전후 5년간의 교장생활은 그를 위해서도, 학교를 위해서
도 보람있는 일이었다.

그의 국산 애용은 철저하였다. 오산학교 기숙사에 기거할 때
도 그는 치약을 쓰지 않고 소금으로 양치를 하였다. 그는 비누
도 쓰지 않고 팥 비누로 대용하였다. 그는 일생 동안 '하이칼
라' 머리를 해 본 일이 없고, 까까머리로 일생 동안 지냈다.

그는 오산학교 후기 교장을 사임하고 평양으로 돌아가서

한때 평양숭실전문학교의 강사로 있었다. 선교사 모페트(馬布
三悅)의 초빙에 의하여 법제(法制) 경제(經濟)를 담당하였다.
그러나 당국에서는 강사인가마저 꺼리고 질질 끌었다. 오산학
교가 고등보통학교로 승격될 기회에도 그의 교장 유임에 반
대하다가 뜻을 이루지 못한 당국은 이젠 강사취임도 못마땅
하게 여겼다. 그 후에도 중망(衆望)에 의하여 숭인중학교(崇
仁中學校) 교장에 추대되었다. 그러나 당국의 취임 승인은 1년
가까이 끌었다. 그는 일년 가까이 숭인중학교 교장으로 시무
하면서 상당한 지구전을 전개하였다. 그러나 그는 일본 당국
의 압박이 심해도 교육계를 쉽게 물러설 생각은 추호도 없었
다. 한국인을 민족적으로 부흥시키려면 참된 교육이 그 어느
것보다도 절실하기 때문이었다. 직접 교편을 못 잡게 하면 학
원을 경영하면 되고 직접 경영자가 되지 못한다면 뒤에서라
도 실제적인 경영에 참여하면 된다고 생각하였다. 그는 평양
의 숭인상업고등학교를 창설하고 또한 발전시켰다. 그가 민족
재단으로 설립한 이 숭인상업고등학교는 조선교육령에 의한
갑종실업학교(甲種實業學校)로 발전을 거듭한 뒤에 마침내 고
등상업학교로 신설할 계획으로 대지를 마련하였으나 2차 대
전의 발발로 중단되었다.

　이 숭인중학교는 미국 장로교에서 경영하였던 숭덕학교(崇
德學校)의 고등과를 분리하여 한국인 재단의 손으로 새로 만
든 학교였다. 고등학교를 분리한 후의 숭덕학교는 초등부반으
로 숭덕보통학교로 개편되어 장대현 교회(章台峴 敎會) 옆의
종전 자리에 그대로 남았다. 그리고 학교를 경상리(慶上里)로
옮겼다. 당시의 이사회는 조만식, 오윤선, 김동원(金東元), 변
인서(辺麟瑞) 등으로 구성되어 있었다. 초대 교장으로는 고당

이 취임하였으나 당국에서 1년 이상이나 고당을 승인하지 않
아서 임시로 교장은 정두현(鄭斗鉉)이 받았다. 그 후 재정문
제를 감당키 어려워 정두현은 교장은 물러나고 김항복(金恒
福)에게 그 어려운 일을 해보라는 고당의 간곡한 부탁이었다.
그리하여 마침내 이사장 고당, 교장 김항복으로 어려운 시기
에 학교를 키워 나갔다. 당시 김항복은 29세의 청년이었다.

천신만고 끝에 30만 원의 재단이 성립된 뒤에 이사회는 인
정학교(認定學校)로 승격시켜야 할텐데 인문계 중학교로 인가
신청을 하려면 적어도 백만 원의 재단기금이 필요했기에 30
만 원 정도로 할 수 있는 갑종실업학교로 만들어 보자는 구
상을 하게 되었다. 지금까지 자격을 인정받지 못했던 숭인중
학교를 갑종실업학교인 숭인상업학교로 승격시키는 문제는
비교적 쉽게 이루어졌다. 그리하여 1928년에 숭인상업학교는
정식인가를 받았으며 그 해부터 50명씩 두 학급을 신규로 모
집하였다. 1933년에는 제1회 졸업생을 배출했으며 광복 직전
까지 13회의 졸업생을 내왔다. 이 학교 졸업생은 관서(關西),
동북(東北)지방은 물론이고 멀리 압록강과 두만강을 건너 도
문(圖們), 길림(吉林), 하얼빈, 장춘(長春 당시 新京), 심양(당
시 奉川), 대련(大連)까지 취직 알선 지역으로 하여, 그 결과
각 지부 은행, 회사, 여관, 철도 등지에 숭인상업학교 졸업생
을 배치할 수 있었다. 2차 대전으로 일본군에 종사하다가 아
깝게도 전범으로 처형된 홍사익(洪思翊) 중장은 당시 육군 소
장으로 만주 주재 일본군의 참모차장으로 있었는데, 숭인상업
학교 졸업생의 취직알선에 많은 도움을 주었다.

3·1운동과 거의 때를 같이하여 일어난 '국산장려'는 하나
의 경제운동이었다. 그리고 이 시기에 일어난 조선민립대학기

성회는 민족적인 문화운동이었다. 고당은 이 세 가지 운동에서 모두 지도자적인 활동을 하였다. 그 중에서도 국산애용운동은 그가 창안하고 실천하고 지도한 독특한 운동이었다. 1922년 그가 41세 되는 해에 조선물산장려회를 창립하고 스스로 회장이 되었다. 이에 호응하여 각 지방에서 물산장려회 혹은 토산장려회의 명칭으로 자매단체가 속출하였다. 이 영향으로 국산품의 의복이 유행하게 되어 재래의 한국직조물의 생산과 거래가 무척 늘었다.

고당은 당시에 그 전에 쓰던 탕건과 갓을 무명천 모자로 바꿨다. 무명 두루마기는 활동에 편리하도록 무릎 정도로 짧게 하고 두루마기와 저고리의 고름도 폐지하고 단추를 다는 개량복을 창안해 입었다. 바지도 양복처럼 가랑을 좁게 해서 역시 활동에 편하도록 고쳐 입었다. 가을이나 겨울철에는 무명 검은 두루마기를 입고 여름에는 흰 모시 두루마기를 입었다. 그 후에 그가 조선일보 사장에 취임해서 서울에 있을 때에도 그런 식의 한복 착용은 계속되었다.

물산장려운동은 2차 대전 발발을 앞두고 공식적인 행사가 일체 금지되는 바람에 주춤하지 않을 수 없었다. 일제가 노골적인 중국 침략을 준비하면서 한국인의 모든 민족활동을 철저히 봉쇄하고 간섭하게 되었다. 중일전쟁이 일어나기 1년 앞서 1937년 평양경찰서는 고당을 호출하여 물산장려회의 해산을 종용하였다. 이에 조선물산장려회는 최종간부회의를 열고 15년의 전통에 빛나는 간판을 내리기로 하였다. 일본의 강압에 못 이겨 밖으로는 간판을 내렸으나 물산장려운동이 끝난 것은 아니었다.

그는 15년에 걸쳐 물산장려를 한 것이 아니라, 평생을 두고 하루같이 민족운동을 솔선수범하였고, 그 유지를 받드는 인사들은 여전히 한복차림에 검소한 생활을 계속하였다. "내 살림은 내 것으로!" 이 구호는 오늘도 실감있게 들린다. 1932년 당시 한국인 경영의 민간신문으로 동아일보, 조선일보, 중외일보(中外日報)가 있었다. 이 신문들은 언론기관으로서 항일운동에 앞장서고 민족정신을 고취하고, 민족문화를 발전시키는 데 지대한 공헌을 하였다. 고당은 이 언론의 중요성을 통감하던 차에 조선일보를 인수하여 스스로 경영하는 기회를 갖게 되었다. 당시는 이미 경영난으로 휴간중이던 조선일보를 인수한 고당은 스스로 사장에 취임하고 판권 소유자 임경래를 부사장, 조병옥을 전무, 주요한을 편집국장으로 진용을 개편하여 신문을 속간하였다.

고당의 인격과 성의로도 상당한 자금의 힘이 없이는 신문사를 유지할 수 없었다. 그는 타당한 실력자에게 양도하여 그 신문이 발전되기를 원하고 후계자를 얻으려고 하였다. 이때 마침 방응모(方應模)가 나타났던 것이다. 방응모는 금광으로 성공한 사람이다. 그는 평안북도 정주(定州) 출신으로 정주읍에서 대서업을 개업하면서 한때는 동아일보 정주지국을 경영한 때도 있었다. 고당은 방응모에게 인도한 조선일보의 일을 도와주다가 1933년 가을에 평양으로 돌아갔다.

1926년 봄에 한국 사람 최초의 민족단일당의 성격을 띤 신간회(新幹會)가 창립되었다. 신간회의 명칭은 주역문자 고목신간(古木新幹)에서 나온 것이다. 초대 회장에는 이상재(李商在)요, 부회장은 권동진(權東鎭)이었다. 신간회는 그 강대한 세력의 영향으로 다른 직능단체들을 대동 단결시켜서 그 자매관계 내지는 산하관계로 재정비하였다. 그러나 민족적 대동

단결을 말한 신간회도 내부의 주도권 쟁탈과 당국의 탄압으로 이렇다 할 성과를 거두지 못하고 결성 3년만에 1929년 해체되고 말았다. 신간회 중앙위원이며, 평양지 회장이었던 고당은 처음부터 이 운동에 참가하여 진력을 다하였다. 그러나 민족의 총력을 집결하겠다던 신간회도 사회주의자들의 파괴공작으로 대세가 기울었을 때 평양지회에서도 최종총회를 열어서 결국은 서울의 본부와 각 지방의 조직이 해체되었으므로 평양에서도 결국 해체에 동의하지 않을 수 없었다.

2차 대전의 장기화로 일본은 갈수록 패색이 짙어갔다. 전쟁도 말기에 가까워져서 한국에도 연합국의 공습이 있으리라는 관측에서 당국에서는 도시 주민들의 지방소개(地方疏開)를 장려하는 중이었다. 고당은 소개 겸 양병(養病)차 시골로 내려가기로 하였다. 다만 평양 경찰서에서 하던 감시를 강서 경찰서로 이관하는 절차만이 남아 있었다. 잠시 이야기는 뒤로 돌아간다. 고당이 54세 때 1935년에 이씨 부인이 50세를 일기로 2남 2녀 4남매를 남기고 세상을 떠났다. 두 번이나 상처한 고당은 55세에 현재의 부인 전선애(田善愛)를 삼취(三娶)로 맞았다. 전씨는 당시 35세의 처녀로 개성호수돈(開城好壽敦) 여자고등학교 교원이었다. 전여사는 결혼한 지 3년째 되는 해 고당이 57세 때 딸 선영을 낳았고, 59세에 아들 연흥(然興)을 낳았으며, 61세에 아들 연수(然守)을 낳았다. 이리하여 고당은 총수 4남 3녀의 일곱 자녀를 기르게 되었다. 고당의 현재부인 전선애는 고당이 괴뢰에게 감금된 후 2년 가까이 그 결과를 고대하였으나 석방될 가망이 보이지 않았으므로 월남하여 삼남매를 데리고 서울에서 살다가 1963년 봄부터 인천 성광 중·상업고등학교 교장에 취임한 일이 있었다.

고당은 일제 말기에 부인 전선애에게 다음과 같이 유언을 하였다. "내가 여기서 죽을지 모르오. 내가 죽은 뒤 조그만 비석을 세우고, 그 비석에 내 눈을 새겨 주오" "나는 죽은 뒤에도 일본이 망하는 꼴을 볼 작정이오"라고 하였다. 1945년 8월 15일 정오에 일본 천황이 무조건 항복을 선언한 유성방송은 온 평양 시민들을 흥분의 도가니로 몰아넣었다. 강서의 은거지에서 평양으로 돌아온 고당은 오윤선 장로집에 자리를 잡고 동지들과 조선건국 평남준비위원회를 결성하였다. 이때 서울에서는 같은 건준(建準)의 칭호를 여운형(呂運亨)과 안재홍(安在鴻) 등이 쓰고 있었다. 고당이 평양에서 같은 칭호를 선택한 것은 중앙의 그들과 관계가 있었던 것은 아니다. 그저 이제부터 민족의 자주적인 독립국가 수립의 준비가 있어야 하겠다는 뜻에서 붙였던 것이다. 고당은 서울과의 연락을 김성수(金性洙)와 송진우(宋鎭禹) 등과 하고 있었다. 고당을 수반으로 하는 조선건국 평남준비위원회는 8월 17일 그 임원명단을 발표하였다. 위원장 조만식, 부위원장 오윤선, 총무부장 이주연(李周淵), 재무부장 박승환(朴承煥), 선전부장 한재덕(韓載德), 산업부장 이종현(李宗鉉), 지방부장 이윤영(李允榮), 교육부장 홍기주(洪基疇), 섭외부장 정기수(鄭基琇), 치안부장 최능진(崔能鎭), 무임소위원 김병연(金炳淵), 노진설(盧鎭卨), 김광진(金洸鎭), 지창규(池昌奎), 한근조(韓根祖), 김동원(金東元) 등이었다.

고당은 누구보다도 그 높은 덕망으로 민중의 절대적인 신임을 받고 있었다. 그러나 건준은 실질적인 일을 해보지 못하고 정권의 알맹이를 소련군정 공산계에게 빼앗기고 말았다. 1946년 고당은 조선민주당의 "신탁통치는 찬성할 수 없다"는 결의

를 스치코프 대장에게 정식 통보하였다. 조선민주당측으로부
터 회답을 받은 스치코프 대장은 곧 김일성을 특사로 고당측
에 보내서 찬탁(贊託)으로 번의하라고 위협적인 권고를 하였
다. 김일성은 공산당 당수로 앉은 후에도 여러 번 고당의 번
의를 촉구하다가 마침내 "선생님, 정 그러시면 재미없습니다"
는 협박을 하였다. 고당은 마침내 고려호텔로 억류되어 일체
사회와 연락이 단절되었다. 고당을 감금하고 민주 진영을 강
력히 탄압한 소련군정은 노골적으로 북한을 분할 통지하는 방
향으로 박차를 가하였다. 소련군정은 1946년 2월 8일 북조선
임시인민위원회를 설립하여 위원장에 김일성, 부위원장에 김
두봉, 서기장에 강양욱을 임명하였다. 그 후 고당은 공산당에
의해 고려호텔에서 어디론가 옮겨졌다. 고려호텔에서 끝까지
시중들던 둘째 연창(然昶), 둘째 사위 강의홍(姜義弘)은 아오
지(阿吾地) 탄광으로 끌려가고 계절은 바뀌어 6·25가 한반도
를 진동하였다. 고당은 68세를 일기로 1950년 10월 15일 대
동강변 내부성 정보처에서 운명했다는 풍문이 있다. 매년 2월
1일이면 서울에서 고당선생 경모회가 열리고 있다. 이 날은
고당의 날이다. 고당의 길은 문자 그대로 가시밭길의 일생이
었다. 그러나 고당의 정신은 남북한 모든 민중의 마음속에서
살아 움직이고 있다.

2. 교육자로서의 고당

1914년 남강이 105인 사건으로 감옥에 있는 동안 고당이
오산에 초빙되었다. 그는 메이지 대학 법과를 마치고 집에 돌

아와 있을 때였다. 그는 전부터 도산의 경륜과 사업에 큰 감화를 받아 민족운동과 교육에 헌신하기로 결심하였다. 도산이 일으킨 신민회의 내용을 잘 알았고 대성학교와 오산학교가 이 신민회의 표현기관인 것도 알고 있었다. 그때 오산학교는 남강이 감옥에 있었고 춘원(春園)은 교장 대리로 학교를 이끌어갔다. 그러던 것이 춘원이 학교와의 사이에 갈등이 있어 그는 시베리아로 가버렸다. 이러한 상황에서는 남강의 지시에 따라 평양에서 고당을 초빙하기로 하였다.

고당이 오산에 왔을 때 그의 나이 32세였다. 그는 학생 때부터 검소한 차림을 신조로 하여 대학을 나온 뒤에도 양복을 입거나 외국 제품을 쓰지 않았다. 오산에 올 때도 머리는 빡빡 깍고 중절모자에 수목 두루마리를 입고 갖신을 신었다. 그는 법제경제와 세계지리를 가르쳤는데 이밖에 성경을 가르치고 과외로 영어 National Reader도 가르쳤다. 그는 기숙사 방에서 기거하면서 사감일까지 겸하였다. 그는 오산에 오면서 학생들을 검소한 생활과 규율있는 생활로 이끌었다. 또 기숙사 시간을 엄하게 규제하여 자기 자신이 이것을 엄수하였다.

아침 6시에 종이 울리면 모두 기상하여 운동장에 모여 아침체조를 하고 구보로 뒷산을 한 바퀴 돌아 내려왔다. 아침을 먹고 8시 30분부터 공부를 시작하여 오후 4시에 일과가 끝난다. 4시에서 6시까지 쉬게 하고 저녁을 먹고 다시 종을 울려 복습을 하게 한다. 10시에 종이 울리면 모두 소등하고 취침한다. 고당은 자기가 하는 일이라도 이것을 학생들에게 명령하는 일이 없었다. 고당은 여러 번 선생과 학생들을 데리고 제석산에 가서 오리나무를 베서 같이 날라왔다. 겨울에 눈오는 날 아침이면 고당은 맨 먼저 교정에 나와 선생과 학생들이 다닐 길을 내고 운동장의 눈을 쓸었다. 그는 학생들에게 학과를 가르치고 생활을 지도하고 같이 장작을 패고 눈을 쓸었으며, 그는 기도회를 주관하여 기도를 올리고 성경을 읽고 설교까지 하였다. 고당이 온 지 1년이 못되어 오산은 놀랍게 변모하고 있었다. 교직원과 졸업생은 다시 단결을 하였고 학생들 사이에는 검소한 기풍이 번져나가고 학교와 교회에는 새로운 신앙이 불타올랐다. 고당은 1914년 봄에 교사로 왔다가 한 학기 뒤에 교장이 되었다. 다음해 남강이 감옥에서 나와서 학교로 돌아왔다. 남강은 고당의 노고를 치하하고 자기는 운영만을 전담하고 교육은 고당에게 일임하였다.

1915년에서 1919년에 이르는 5년 동안은 오산학교 교육의 황금시대였다. 남강과 고당이 함께 학교에 있었고 그들의 정신과 인격이 한데 어울려 학생들을 이끌었다. 이 기간 동안에 배출된 졸업생 중 다음과 같은 이름들이 보인다.

백인제(白麟濟), 백봉제(白鳳濟), 김주항(金周恒), 주기용(朱基瑢), 박동진(朴東鎭), 주기철(朱基徹), 이택호(李宅鎬), 이약신(李約信), 김동진(金東鎭), 한경직(韓景職), 임창선(任昌善), 김항복(金恒福), 김홍일(金弘一), 함석헌(咸錫憲), 조진석(趙震錫), 김기석(金基錫)……

학생들은 남강이 세운 학교에서 고당의 제자로 배우게 된 것을 자랑으로 여겼다. 고당은 학생들에게 검소한 생활을 권장하였다. 학생들도 고당을 따라 무명옷을 입고 비누로 세수하고 소금으로 이를 닦았다.

동경에서 동양대학을 마치고 나온 이상정(李相定)[3] 선생이

---

3) 그는 전 서울대 사회학과 이상백(李相伯) 교수의 백형(伯兄)이고 시인 이상화(李相和)는 이들과 형제이다.

있었는데 그는 역사를 가르쳤다. 얼굴이 미남이고 키가 크고 장대하여 양복이 잘 어울렸다. 한 번은 조회시간에 고당이 학생들에게 예를 받은 뒤 이상정 선생님의 말씀이 있을 것이라고 소개하였다. 뒤에 섰다가 단상 앞으로 올라서더니 자기는 고당 선생을 모시고 있으면서도 지금까지 비단옷을 입고 담배를 피웠노라고 하였다. 두루마기를 벗고 안에 입었던 비단 조끼를 벗어 들고 학생들이 보는 앞에서 칼로 갈기갈기 찢었다. 조교장을 모시고 있으면서 그의 인격과 지조에 감화되어 자기도 오늘부터 생활을 고치기로 결심했노라고 하였다.

고당은 학생들에게 우리 민족이 나아갈 길이 교육과 산업인데 이것을 일으키기 위하여 우리들의 생활 자체가 검소하고 규율이 있어야 한다고 하였다. 그는 민족정신을 말로만 고취한 것이 아니고 그 자신의 생활과 신조로 이것을 학생들에게 불어넣었다. 고당은 예언자 엘리아의 고고한 풍모가 있었고 바울과 같은 신을 향한 건건한 열정이 한데 어울려 밖으로 나타났다.

고당은 1921년에 교장을 사임했고 평양으로 나와 기독청년회 총무로 있으면서 숭실학교 강사를 겸하였다. 그는 1924년까지 4년 동안 물산장려회, 관서체육회 등을 조직하였고, 한편으로는 산정현교회 장로로 눈부신 활동을 하였다.

1925년 고당은 남강의 간청으로 다시 오산학교의 교장이 되었다. 그의 나이 44세였다. 그의 이름은 물산장려운동과 관서체육회와 민립대학기성회로 하여 전국에 떨쳤다. 그는 여전히 정강이에 올라오는 수목 두루마기를 입고 까까머리에 말총모자를 썼다. 저고리와 두루마기에는 고름을 달지 않고 단추를 달았다. 바지는 양복바지 모양 아래물을 줄이고, 말총모

자, 짧은 수목 두루마기, 쥐총바지…… 이것이 고당의 모습이
고 성미이고 그의 신조였다. 1922년 고당이 지도한 물산장려
운동은 또 하나의 독립선언으로서 평양 성중을 무명옷으로
휩쓸었고 이것이 놀라운 형세로 전국에 번져나갔다.[4]

그가 세 번째 오산학교 교장으로 왔을 때 오산은 변해 있
었다. 교실도 그가 학생들을 데리고 지은 교실 외에 본 교사
가 지어졌고 운동장 역시 넓어졌다. 학교 주위에는 많은 집들
이 들어서 완연한 작은 도시를 이루었고 부근에는 새로 마을
들이 많이 들어섰다. 고당은 학생들에게 두터운 존경과 신뢰
를 받았다. 고당의 말 한마디 행동 하나가 그대로 학생들의
사범이 되었고 학생들은 깊은 감명과 반향을 불러일으켰다.

초창기 오산학교에서 고당의 남다른 총애를 받았던 김항복
은 다음과 같이 회고하고 있다.

> "중등교육이지만 그 시절엔 전문적인 교육이라기보다 각 방면
> 에 걸쳐 가르친 종합적인 교육이었었어요. 교풍은 엄하고, 누구
> 든지 국산품을 애용해야 한다는 결심을 하게 됐지요. 다 조선
> 생님의 힘입니다. 교장 선생님으로 학교의 기틀이 좀 잡히게
> 되자 수신(修身)과목을 전담했죠. 조교장은 말로 수신을 가르치
> 지 않았습니다. 요컨대, 행동으로 가르쳤지요. 실천으로 학생들
> 의 표본이 되어 우리가 볼 때 큰 존경을 받게 되었지요. 어떤
> 때는 엄격한 명령도 내리고 시간 엄수를 강조했지요. 시간 엄
> 수를 못하면 그 질책이 대단했습니다. 학생들에게 의리와 신뢰
> 를 무언의 감화로 일깨웠습니다. 조교장의 교육은 참으로 엄격

4) 이러한 국산품의 의복이 유행하게 되자 재래의 한국 직조물의 생산과
   거래가 부쩍 늘었다. 성천명주(成川紬), 희천명주(熙川紬), 영변명주(寧
   辺紬), 서산모시(舒山苧), 한산모시(韓山苧), 안주황라(安州亢羅), 덕천황
   라(德川亢羅), 영변포(寧辺布), 맹산포(孟山布), 양덕포(陽德布), 덕천포
   (德川布) 등이 활기를 띠었다.

위주였지만 그 바탕이 진실과 사랑이었다고 나는 봅니다."5)
　또 오산학교 시절 조교장의 곁방에서 보냈다는 홍어길(洪
魚吉)의 이야기다.

> "기숙사 생활에 솔선수범하여 교풍을 수립한 古堂 선생은
> 매일같이 아침 기도를 보셨습니다. 윤번으로 교사들이 할 때
> 인데 빠지는 선생이 있으면 언제나 조교장 선생님이 이를 대
> 신했습니다. 학생들에게 경제나 지리 같은 과목을 가르치시는
> 시간도 재미있었지만, 수신시간과 기도시간은 참 감명이 깊었
> 습니다. 교장이 인도하는 기도시간은 참 별난 데가 있습니다.
> 그렇게 들은 어조도 아니고 보통 쓰는 평범한 말로 설교를 하
> 는 데 우리 배우는 사람의 머리 속에 쏙쏙 들어오게 하더군
> 요. 어렵지 않게 알아듣기 쉬운 말로 인격적인 감화를 준 그
> 분은 그저 온유하면서도 엄격한 교장이었습니다."6)

　고당은 오산학교에서 교목(校牧)의 직책까지 더하여 1인 5역
을 담당하였던 것이다. 그는 오산학교의 교장이요, 교사요, 교
목이요, 사감이요, 사환이었던 것이다.
　오산학교의 긍지는 곧 고당의 신념을 말하는 것이었다. 학
교의 청소를 비롯한 건물이나 시설의 보수공사도 학생들이
작업반을 짜 가지고 자치적인 근로봉사를 하게 하였다. 경비
절약보다도 근로정신과 단체훈련을 시키는 동시에 자기 학교
를 스스로 소중히 여기는 애교심의 기풍을 진작하기 위한 실
천교육의 한 방안이었다. 그렇다고 해서 학생들에게 맡기는
것으로 그치는 고당이 아니었다. 청소를 손수 하는가 하면 난
로 피우는 일이나 장작 패는 일을 학생과 번갈아서 하는 조

---

5) 韓根祖, 앞의 책, p.77.
6) 위의 책, pp.79-80.

만식 교장이었다.7)

고당은 32세에서 45세에 이르는 기간의 가장 꽃다운 시절 9년 동안을 오산에서 보냈다. 오산학교 교실과 기숙사 방과 교정과 용동에 건너다니던 길과 제석산 기슭에는 이 예언자의 발자국이 아니 난 데가 없을 것이다. 거기서 감옥에서 나온 남강을 맞던 일과 학생을 가르치던 일과 학생과 같이 교사를 짓던 일과 나라 일을 걱정하던 일과 물산장려운동계획을 세우던 일과 검소한 생활을 장려하던 일과 학생들에게 성경을 가르치고 기도를 올리던 일과 겨울에 눈을 쓸고 장작을 패던 일 등이 주마등처럼 생생하게 재현되는 것을 어찌 잊을수 있겠는가.

고당은 일제 말기에 강서반석(江西班石)에 은거하면서 일본 강점자들의 위협과 유혹을 끝내 물리쳤다. 광복된 뒤 그는 역시 짧은 수목 두루마기를 입었으며, 건준 평남위원회 위원장8)과 조선민주당 당수에 추대되었다. 소련군 사령관이 찬탁을 권할 때 "대포를 갖다 대면 겁나할 줄 아느냐"라고 자리를 차고 일어난 것은 유명한 이야기다. 최용건(崔鏞建)이 민족주의의 가면을 쓰고 옛 스승을 구렁텅이로 끌어넣으려고 했건만 종내 듣지 않았고 동지들이 이남으로 탈할 준비를 마치고 연금된 고려호텔에서 나가자고 할 때에도 이북은 내 조국이 아니냐고 하면서 완강히 이것을 물리쳤다. 고당의 이 같은 인격과 신조는 오산에 있는 동안에 서서히 굳어졌고 그것

---

7) 위의 책, pp.80-81.
8) 서울에서 광복 후 여운형(呂運亨) 등이 조선건국준비위원회(朝鮮建國準委員會)를 결성했던 것과는 그 명칭이 우연의 일치인데 고당은 그저 광복된 조국에서 건국준비를 하기 위한 명칭으로 사용하였던 것이다.

을 오산의 학생들에게 뿌리깊이 가꾸어 민족의 정신의 위대한 유산을 만들었다.

3. 고당의 교육적 유산

첫째, 그는 기독교 정신을 한국적 토양에다 토착화시키려고 노력을 하였다.

둘째, 그는 학생들을 사랑하고 모범을 보인 교육자였다.

셋째, 그는 검소한 생활을 몸소 실천하였다. 조선물산장려회 등의 창립과 그 사회활동 등을 들 수 있다.

넷째, 그는 교육의 사회화에 힘썼다. 백선행(白善行) 여사의 기념관 건립, 김인정(金仁貞) 여사의 도서관 건립, YWCA 활동, 민립대학운동, 조선일보사 경영과 신간회활동 등이 모두가 교육을 통한 사회발전 내지 사회계발에 초점을 맞추었던 것이다.

다섯째, 그는 바위 같은 삶의 신조를 몸소 보이고 "의가 아니거든 행하고 따르지 말라"는 삶의 좌표를 전 일생을 통하여 실천궁행하였다.

마지막으로, 그의 전생애는 민족과 함께 한 일생이었다. 남강과 도산은 1945년 조국 광복을 보지 못하고 이 땅의 산하를 떠나 한줌의 흙으로 돌아갈 때 고당만은 그 감격의 날을 맞이 할 수 있었다. 그는 일제의 압박에서 공산당의 정치적 책략을 온몸으로 받으면서 조국, 민족 그리고 북쪽의 산과 들을 못내 떠날 수 없어서 그가 그토록 사랑하고 아끼던 평양에서 최후를 마쳤다. 그로부터 반세기 이상이 흐른 오늘날 그의 웅장한 나라 사랑의 생애를 되씹어 보지 않을 수 없다.

제8장 외솔 최현배(崔鉉培)의 교육사상

외솔 최현배(崔鉉培, 1894-1970)의 교육적 저작은 「조선민족갱생(朝鮮民族更生)의 도(道)」, 「나라건지는 교육」, 「나라사랑의 길」 등으로 볼 수 있다.

외솔은 「나라사랑의 길」의 출판기념 축하회 답사에서 다음과 같은 말을 하였다.

> 헤겔은 "이 세상에서 국가라는 것은 최고의 선이다"고 하는 말을 했다고 합니다. 그것을 철학적으로 저는 변호할 생각은 없읍니다마는 우리가 체험 한 바에 의지할 것 같으면 이 세상에서 나라를 지니지 아니하고는 사람이 사람 노릇을 할 수 없는 것만은 철칙이 올시다. 그러므로 해서 우리는 여하히 하든지 간에 나라만은 완전한 나라를 지녀야만 사람이 사람으로서 살아갈 수 있고 자손만대에 대해서 유치를 다시 남기지 아니할 것이라고 믿습니다. 그러므로 해서 우리의 모든 노력은 광복된 이 조국을 어떻게 해야 반석 위에 세워서, 영구 부동하게 번성해 가면서 우리 자손들에게 이 나라 안에서 자유와 복락을 영구히 누릴 수 있도록 할까, 하는 이것이 현재 우리가 광복을 받은 이때 사는 사람들의 큰 무상의 의무라고 생각합니다.1)

---

1) 「나라사랑」 제1집, p.31.

외솔의 한 살이(一生)는 교육구국의 염원으로서 한 살이를
일관하였고 그것은 '나라사랑'이라는 말로 결정(結晶)되었던
것이다. 그는 수학시대부터 사색과 체험을 통하여 '교육의 힘'
은 한 나라를 일으켜 세우는 데 결정적인 역할을 한다고 꽉 믿
었던 것이다. 그는 고난이 점철되었던 이 나라의 수난기 속에
서 77개 성상을 살면서 나라사랑의 외길을 걸었던 것이다. 그
는 히로시마 고등사범학교를 마치고도 관·공립 고등보통학교
교원으로 근무치 않고 고향으로 내려가 조선인 상권을 다지기
위해 고을의 뜻있는 사람들을 모아 공동사회를 만들었고, 그는
겨레의 혼인 한글을 갈고 닦기 위해서 우리나라 사립학교의
총림인 연희전문학교의 교수로 있으면서 「한글갈」을 지어 내
었고, 뿐만 아니라 조선어학회 사건으로 3년간 옥중생활을 하
다 광복을 맞아 조국의 국어교육에 힘써 한글 가로쓰기 운동
을 전개하였다. 이 모든 사실은 오직 나라사랑의 염원에서 비
롯된 것이요, 이것이 다름아닌 우리말 아끼기와 배달 겨레의
넋을 키워가는 교육 등 소중한 이 민족의 삶의 참길을 열어 주
신 분이다.

1. 「朝鮮民族更生의 道」의 정신사적 의의

외솔은 「朝鮮民族更生의 道」 서언에서 조국의 동포와 산야
를 향해 다음과 같이 절규하였다.

今日의 조선 민족아, 너에게 果然 生命의 自由發展이 있으
며, 生命의 崇高한 榮譽가 있느냐? 不幸하다! 너에게는 다만

衰殘과 苦痛이 있으며, 零落과 悲哀가 있을 뿐이로다. 이에 萎
靡된 生命에 자유의 발전을 計하며, 侮辱된 生存에 高貴한 영
예를 圖하여서, 衰殘과 零落을 변하여 興盛과 繁榮으로 化하
며, 苦痛과 悲哀를 去하고 快樂과 幸福함이, 우리의 民族的 努
力의 共同目標가 되지 아니치 못할 것이다. 寸土尺地를 開拓
함도 이를 爲함이요, 一券書를 읽음도 이를 爲함이요, 一字를
學하며 一理를 硏究함도 이를 위함이요, 一手를 擧하여 一足
을 投함도 이를 위함이다. 直接으로나, 혹은 間接으로나 이를
위함이 아니면, 온갖 활동이 所用이 없으며, 모든 노력이 또한
意義가 없으리로다.2)

　그는 머리말의 끝에 "다만 民族歷史의 能動的 創造를 위한
實踐的 理想主義, 奮鬪主義를 고취함에 있는 것이다"3)고 하
여 민족갱생의 도의 본질을 명확히 하였고 이 이상 실천을
위하여 일본 경도대학에서 스스로 페스탈로찌의 교육이념을
탐구하여 우리나라 교육에 적용하려는 높은 뜻을 다시금 재
음미하지 않을 수 없다.

　「朝鮮民族更生의 道」의 구조는 크게 네 장으로 구성되어 있다.

　제1장은 민족적 질병의 진찰로 ① 의지의 박약함, ② 용기
의 없음, ③ 활동력의 결핍함, ④ 의뢰인의 많음, ⑤ 저축심
의 부족, ⑥ 성질의 음울함, ⑦ 신념의 부족함, ⑧ 자존심의
부족함, ⑨ 도덕심의 타락, ⑩ 정치·경제적 파멸이다.

　제2장은 민족적 쇠약증의 원인으로 ① 이조 오백년간의 악
정, ② 사상자유의 속박, ③ 자각없는 교육, ④ 한자의 해독,
⑤ 양반계층의 횡포, ⑥ 번문 욕례의 누설, ⑦ 불합리 불경제
의 일상생활방식, ⑧ 조혼의 폐해, ⑨ 나이 자랑하기, ⑩ 미

2) 崔鉉培, 「朝鮮民族更生의 道」, 서울: 正音社, 1977, pp.14-15.
3) 앞의 책, 머리말, p.9.

신의 성행이다.

제1장, 제2장은 전반부로 볼 수 있는데 우리나라 사람들의 고질적인 정신적 질병을 진단하고 또 이런 좋지 못한 관습이 어디서 왔고 또 어떻게 형성되었는지를 약술하고 있다.

제3장 민족적 갱생의 원리로는 ① 민족적 생기를 진작하라, ② 민족적 이상을 수립하라, ③ 우리 민족의 시대적 이상을 파악하라, ④ 조선민족의 특질 첫째, 의적 방면 둘째, 정적 방면 셋째, 지적 방면, ⑤ 민족적 갱생에 대한 확고한 신념의 필요, ⑥ 일어날 듯한 비평에 대하여 등으로 구성되어 있다.

제4장 민족적 갱생의 노력으로 ① 신교육의 정신, ② 계몽운동, ③ 체육장려, ④ 도덕의 경장, ⑤ 경제의 진흥, ⑥ 생활방식의 개선, ⑦ 민족고유문화의 발양, ⑧ 여론, ⑨ 갱생노력의 방식으로 구성되어 있다.

후반의 제3장, 제4장은 민족갱생의 원리를 찾아서 그 갱생에 대한 노력을 약술한 것이다.

> 우리는 朝鮮사람이다. 그러므로, 우리는 세계 어느 나라의 사람보다 더 마음이 朝鮮의 山河를 사랑하며, 朝鮮의 民族을 사랑하며, 그 山河와 民族 사이에 半萬年이나 이어나려온 朝鮮의 歷史를 사랑한다. 朝鮮의 文化를 사랑한다. 우리는 朝鮮의 過去에 대하여 追憶의 사랑을 가짐으로 그 現在에 對하연 直感의 사랑을 가지며, 그의 將來에 대하연 이상의 사랑을 가진다. 우리는 朝鮮을 全的으로 사랑한다. 朝鮮의 興盛과 榮譽를 가장 기뻐함도 우리이며, 朝鮮의 萎靡와 侮辱을 가장 슬퍼할 이도 우리 朝鮮사람이다. 요컨대, 우리는 이 세계 아무보다도 가장 많이 朝鮮을 사랑하는 朝鮮사람이다.4)

---

4) 앞의 책, p.15.

그는 산하와 민족 그리고 민족 전통의 역사적 흐름 속에서
우리 문화에 대한 사랑, 그리고 그 문화를 발전케 할 책임이
세계 어느 민족보다도 우리 자신의 과업으로 느꼈다. 조선민
족의 갱생은 우리들의 공통 목표인 동시에 나아가 세계문화
에 기여 보비하는 것이며, 이 민족갱생의 책무는 곧 세계가
우리들에게 부여한 소임이기도 하다.

우선 그는 식민지적 피지배인의 갱생을 위한 기본 조건으
로 ① 민족적인 결행을 위한 지속성의 부족, ② 식민지 지배
에의 예속화에 대한 부끄러움에 대한 자각, ③ 퇴폐적 역사계
승의 단절, ④ 민족적 의뢰심의 배격, ⑤ 저축심의 결여, ⑥
조상에 대한 제례보다 미래에 희망을 두는 자녀교육에 치중,
⑦ 민족적인 자신력의 회복, ⑧ 단결력의 강화, ⑨ 도덕적인
기풍의 진작, ⑩ 건전한 정치・경제의 육성 등을 들었다.

그는 이와 같이 민족성의 진단에 머무르지 않고 민족갱생
의 논리를 전개하였다.

① 그는 민족적인 병인(病因)을 외부적인 데서 찾지 말고
내재적인 요인으로 추구할 때 강건성을 회복할 수 있다고 하
였으며, ② 민족적으로 높고 슬픈 원(願)을 지닐 것을 강조하
였으며, ③ 우리 민족의 시대적 이상을 되새김질할 것을 주창
하였으며, ④ 민족 이상의 수립의 기틀이 될 '조선민족의 특
질'을 의(意), 정(情), 지(知)에서 찾았으며, ⑤ 민족적 갱생에
대한 확고한 신념을 강조하였고,5) ⑥ 신교육, 계몽운동 등을

---

5) "생기(生氣)있다, 펄펄하다, 씩씩하다, 굳세다, 다구지다, 단단하다, 울뚝
  불뚝하다, 욕(辱)됨을 안다, 분(憤)함을 안다, 반항(反抗)할 줄 안다, 죽
  을 줄을 안다, 용자(勇者), 앎이 있고 슬기가 있다, 뜨겁다, 쩔쩔 끓는
  다, 짜다, 매운 후추, 사자(獅子), 범, 새빨갛다, 시커멓다, 미덥다, 부지
  런하다, 날래다, 모험성(冒險性)이 있다, 진취성이 있다, 굳세다, 양실

통한 민족갱생 나아가 독립을 쟁취할 것을 역설하였으며, ⑦ 체육의 장려를 통한 건강한 신체의 소유자를 바랐으며, ⑧ 도덕의 갱장(更張)에서는 진실하기, 신의를 지키기, 용기 많기, 독립 자존심의 부활, 사회적 질서 지키기, 부지런하기 등을 강조하였으며, ⑨ 경제 진흥에서 근로역작, 경제적 두뇌의 연마, 산업애호, 자작자급, 소비절약 등을 들었으며, ⑩ 생활방식의 개선, ⑪ 합리적 생활관습, ⑫ 조혼 및 미신의 배격 등을 들었다.

그는 민족의 혼을 일으켜 세우기 위해 혼신의 노력을 바쳤다.

> 이 「나라사랑의 길」은 나의 온 생애를 통하여 끊임없이 찾고 걷기를 힘써 온 생활원리로서, 겨레와 나라에 대한 나의 끊임없는 사랑과 충성의 작업이다6)

이것은 외솔 자신의 생활원리요, 민족과 국가에 대한 자신의 무한한 사랑과 충성의 노작이었다. 「나라사랑의 길」의 정신적 기반은 「朝鮮民族更生의 道」임은 말할 나위가 없다.

2. 「나라건지는 교육」의 구조

「나라건지는 교육」은 크게 나누어 넷으로 구분할 수 있다. 첫째 매 나라건지는 교육, 둘째 매 진학 문제에 관하여, 셋째 매

(養實)하다, 질소(質素)하다, 강건(剛健)하다, 결단성이 있다. 끈기있다, 여종여일(始終如一)하다, 평생일심(平生一心)이다, 조직성(組織性)이 있다, 단결력(團結力)강하다,"(民族更生의 道, p.155-156)
6) 최현배, 「나라사랑의 길」, 머리말.

여러 가지, 넷째 매 페스탈로찌의 교육사상으로 구성되어 있다.

첫째 매 나라건지는 교육에서는 ① 나라건지기와 교육, ②
생활능력의 교육, 근로생산의 교육, ③ 화합·협동인을 길러
내는 교육, ④ 이기주의에 사로잡힌 노예상태에서 해방된 자
유인, 바침과 섬김의 사람을 길러내는 교육, ⑤ 사회와 나라
의 참된 요구에 맞는 교육, ⑥ 도덕교육에 힘쓸 것, ⑦ 맺음
말ㅡ교육관념을 고치자로 되어 있다.

둘째 매 진학 문제에 관하여에서는 ① 입학시험 바로잡기,
② 입학시험과 교과서, ③ 국어말본을 가르치는 이들에게, ④
진학과 입시시험으로 되어 있다.

셋째 매 여러 가지에서는 ① 새 교과서 박아냄에 대하여,
② 도덕교육에 대하여, ③ 나의 존경하는 교육자 주시경 스승
으로 되어 있다.

넷째 매 페스탈로찌의 교육사상은 다음과 같이 짜여 있다.
① 페스탈로찌 교육학의 기초, ② 교육의 뜻과 목적, ③ 교육
의 가능과 한계, ④ 교육의 필요, ⑤ 교육의 마당, ⑥ 교육의
원리 등으로 구성되어 있다.

여기서 페스탈로찌의 교육사상에 대하여 좀더 그 내용을 첨
가하고 싶다. 그는 우리나라 최초의 광도고등사범학교 유학생
이요, 경도대학 유학생이요, 또한 한국 사람으로는 최초로 페
스탈로찌를 연구하여 경도대학 철학과에서 학사학위(1925)를
받았다. 그는 페스탈로찌의 저작 중에서 「은자의 황혼」, 「게르
트루우트는 그의 자녀를 어떻게 가르쳤나」, 「린하르트와 게르
트루우트」, 「인류의 발전과정에 있어서의 자연의 과정의 연구」
를 읽으면서 앞에서 소개한 바와 같이 여섯 매로 조직하였다.
이 내용을 김정환은 다음과 같이 정리하였다.7)

첫째 가름 페스탈로찌의 교육학의 기초: 페스탈로찌에게 한 조직적 교육학이 있느냐? 물론 그 스스로가 그 교육사상에 하나의 조직을 주어서 한 책을 낸 일은 없다. 그러나 그의 사상 방면 그것에는 원래 하나의 체제를 가지고 있는 것이다. 이 논문은 바로 이 체계를 살펴보자는 것이다.

둘째 가름 교육의 뜻과 목적: 교육이란 무엇인가? 생각하기, 느끼기, 행하기 곧 머리의 힘, 마음의 힘, 손의 힘 또는 자연스런, 도덕스런, 신체스런 힘을 아낙으로부터 고루 피어나게 하는 것이다. 그러나 이 세 힘 중에서 가장 중요한 것은 하나님을 믿음으로써 얻어지는 도덕적 힘이다.

셋째 가름 교육의 가능성과 한계: 사람의 성질은 착하다. 그래서 이런 착한 사람을 키워 좋은 사회를 만들 수 있다. 그러나 착한 성질도 환경이 나쁠 경우 잘 피어나지 않는다. 여기에 교육의 가능성과 한계성이 있다.

넷째 가름 교육의 필요성: 사람을 자연대로 내버려두면, 절로 게으름, 무식, 무사려, 탐욕을 면하지 못한다. 그래서 사회는 그 성원에게 사회스런 교양을 주지 않으면 안된다. 그런데 인문주의자들을 소수인의 고등도야만 힘썼다. 사람의 일반도야를 목적으로 삼아 빈민교육을 비롯한 것은 페스탈로찌로서 제1인자로 삼아야 한다.

다섯째 가름 교육의 마당: 교육의 마당은 가정, 학교, 사회로 나뉜다. 가정은 그 자연스러움으로 온갖 참된 교육의 영원한 기초이고, 학교는 다수의 아동을 대상으로 가정에서 행한 정신을 지니고, 가정에서 준 지식을 증진시키는 곳이고, 사회

---

7) 김정환, 외솔 崔鉉培의 교육사상연구, 「敎育哲學」(제6호), 1988, p.16.

는 '생활이 도야한다'는 원리에 입각하여 민중을 대상으로 교육을 해야 한다.

여섯째 가름 교육의 원리: 페스탈로찌의 교육방법의 원리는 ① 자발성의 원리, ② 참스러운 시점에서의 출발, 결함없는 진행, 전체에서의 마무리하기의 세 단계로 짜여지는 방법의 원리, ③ 인식의 절대적 기초로서의 직관의 원리, ④ 모든 힘의 형평의 원리, ⑤ 교육의 작업을 공동으로 수행하는 사회의 원리 등으로 정리하였다.

3. 민족적 이상의 교육사적 이해

앞에서도 지적한 바와 같이 우리 민족성은 새로 뜯어 고쳐야 할 것이 한두 가지가 아니다. 「조선민족갱생의 도」 전반부에서 민족적 질병의 진찰, 민족적 쇠약증의 원리에서 예거한 바 있다. 그럼에도 불구하고 우리나라가 모진 역사의 수난 속에서도 꺾이지 않고 끈질기게 참고 이겨내어 오늘의 번영을 가져온 배경에는 우리 민족적 이상이 존재했기 때문이라는 사실을 우리에게 가르쳐 주고 있다.

> 장구한 세월 동안에는 때로는 검은 구름이 사납게 휘몰아쳐 그 밝은 달을 덮기도 하였지마는 바람을 따라 이리저리 몰리는 구름은 본래 常住의 것이 아니며, 그것이 벗어지는 대로 변함없는 밝은 달은 언제나 제 본연의 자태를 나타내기를 어김없이 하였다. 혹은 이 검은 구름의 머므름이 너무 오래됨으로써 저 밝은 달의 있음을 의심하는 사람이 없지 아니하리라. 더구나, 겨레의 이상이란 것은 그 겨레의 구성분자인 개개의

사람이 반드시 다 분명하게 인식하고 있는 것이 아니요, 그
중에서도 특히 우수한 분자로 말미암아 의식되고 인식될 따름
이요, 대다수의 사람들은 부지중에 은연히 그러한 공기 가운
데서 숨쉬고 움직이고 살아가는 것이기 때문에, 겨레스런 이
상의 존재 및 전래는 원래 그 본질상 또렷하게 잡아지기 어려
운 점이 없지 아니하다. 그러하나, 이제 나는 우리의 역사를
길이 살피어서 거기에 겨레스런 이상이 깃들어 있음을 확실히
붙잡았다. '밝은 누리(光明理世)'의 실현이 곧 그것이다.8)

외솔은 오랜동안 연구 끝에 민족적 이상은 '밝은 누리의
실현'이라고 결론지었다. 이러한 민족적 이상은 역사 속에서
면면이 이어서 오늘에 이르렀다. 그러나 외솔의 말대로 역사
의 진전 과정에서 때로는 마치 달이 구름에 가리워져 잘 드
러나지 못하는 때도 있고 때로는 민족적 이상이 가리워져 퇴
색 또는 상실된 것처럼 드러날 때도 있었다. 그러나 역사적
현실 속에서 '밝은 누리의 실현'이라는 신심을 꽉 믿고 헌신
한 깨어 있는 역사의 선구자들로 인하여 우리 민족의 명맥이
갖은 수난 속에서도 이어올 수 있었다. 현시점에서 '밝은 누
리의 실현'을 위하여 헌신매진할 때가 아닌가 싶다.

그는 '밝은 누리의 실현'을 홍익인간과 연계하면서 한글 창
제의 정신 나아가 정치, 경제, 병사, 과학, 예술 등을 통한 그
실현에 힘써야 한다고 하였다. 또한 그는 민주주의 근본정신
의 완전한 실현과 일치한다고 하였다.

나는 여기에 단적으로 대답하노니: 한배나라를 도로 찾은
배달겨레의 이상은 모름지기 민주주의 근본정신의 완전한 실

---

8) 최현배, 「나라사랑의 길」, 서울: 정음사, 1958, pp.193-194.

현에 있다.9)

라고 하면서 ① 사람이 가장 귀하고 높다. ② 사람은 다 평등하다. ③ 사람은 다 형제이다라는 세가지 이념을 제시한 것 자체가 민주주의의 근본 정신이요, 이 정신의 실현이 곧 우리 겨레의 역사스런 이상이라고 하였다.

천원(天園) 오천석(吳天錫)은 민주주의적 사회의 특징을 ① 하나의 윤리적 원칙에 기초한 사회, ② 하나의 협의와 협동의 사회, ③ 지성에 의하여 지배되는 사회, ④ 복수(複數)의 사회, ⑤ 공개의 사회, ⑥ 법의 사회, ⑦ 진보적 사회 등10)을 들었다.

히라쯔가야스도꾸(平塚益德)는 민주주의란 사회의 모든 구성원이 언제나 희망에 차고, 생활을 즐겨 자주창조와 우애봉사의 정신에 젖어, 일하고 배워 저마다의 획득한 공민으로서의 권리를 공공의 복지와 조화시켜 이로써 무한한 진보와 발전을 목표로 하는 이상이요, 실천11)이라고 하였다.

민주주의의 이상 실현을 위한 외솔, 천원, 히라쯔가야스도꾸(平塚益德)의 이상 지표는 정확히 일치한다고 보겠다.

4. 한글교육론

외솔은 한흰샘 주시경으로부터 배달말 배달글자를 끔찍이 소중히 여겨야 하는 민족얼을 받았다. 한흰샘은 조선조 말년

---

9) 앞의 책, p.95.
10) 오천석, 교육사상문집(8), 서울: 광명출판사, 1975, pp.207-210.
11) 平塚益德, 「日本敎育の進路」, 東京: 廣池出版部, 1968, p.5.

에 황해도 봉산에서 태어나 신학문을 갈구하는 선봉이 되고, 상경하여 배재학당에서 서양식 교육을 받았다. 그는 서재필, 윤치호 등과 함께 「독립신문」의 발간에 종사하였고, 갑오경장 이후 조선사람들의 정치개혁운동도 그 참된 열매를 맺게 하려면 교육에서부터 시작해야 한다고 다짐하였다. 그 후 그는 휘문의숙, 기호학교, 경신학교 등에서 우리나라의 지리, 역사, 국어 등을 가르쳤다. 특히 그가 정성을 쏟았던 교과는 우리말의 말본이었다.

그는 1910년 보성중학교에 조선어 강습원을 차렸다. 외솔은 경성보통학교의 학생으로서 주로 한성사범학교 학생들과 함께 한흰샘으로부터 교육을 받았다. 여기서 4년 동안 그로부터 한글과 말본을 익혔던 것이다. 그 후 한흰샘은 나라 잃은 슬픔 속에서 국어국문의 교수에 진력하다가 39세로 그 짧고 짙은 삶을 마쳤다. 스승의 삶은 짧았으나 스승의 가르침은 깊고 넓었다. 스승의 제자들은 1920년 조선어 연구회를 세웠는데 이것이 오늘의 한글학회의 모체가 되었다. 우리말, 우리글의 연구, 보존, 통일 및 보급을 목적으로 하는 한글 운동을 다시 일으켰다. 한글날을 정하여 해마다 이날을 지킴으로써 한글 존중, 나라사랑의 정신을 고취하고, 한편으로는 한글잡지를 내고, 한글 맞춤법을 통일하고, 표준말을 사정하고, 배달말의 큰사전을 꾸미다가 왜정 말기에는 옥고까지 치루었다. 1945년 8월 15일 살아남은 한흰샘의 제자들이 철창에서 나와 우리말 우리글이 스승의 닦은 길을 좇아서 적극적으로 다시 펴게 되었다.

외솔은 국어학자이며 동시에 교육학자이기에 국어교육학자가 되기에는 충분한 학문적 배경을 지닌 사람이다. 그러나 그

는 교육학자보다는 배달의 글을 정착 발전하는 일이 무엇보
다 화급했기 때문에 한글학자가 되었다. 민족이 민족다워지
고, 국민이 국민다워지는 것은 모국어를 사랑할 줄 알고, 모
국어를 아는 사고방식을 가지며, 올바른 표현방식을 갖추게
하는 것 바로 이것이 국어교육의 몫이라고 할 수 있다. 외솔
은 얼·말·글의 삼위일체를 들면서 올바른 한국인을 키우는
데 국어교육의 중요성을 강조하고 있다.

> 배달말은 배달겨레의 상징이며, 배달정신의 표현이며, 배달
> 문화의 총목록이다. 우리는 겨레를 사랑하며, 또 그 문화를 사
> 랑하며, 따라서 그 말을 사랑한다. 우리가 배달말을 사랑함은
> 단순한 감정의 문제가 아니라, 첫째, 사람되기 위하여, 둘째,
> 제조상의 문화창조의 역사적 생활을 받아 잇기 위하여, 셋째,
> 자손에게 정당한 문화스런 재산을 끼쳐주기 위하여, 그리하여
> 영구한 발전과 복락을 누리게 하기 위하여, 우리는 겨레말을
> 사랑하는 것이다.12)

이와 같이 겨레의 말을 닦기 위하여 그는 교육학자에서 국어
학자, 국어교육자로 일관하였다. 그는 국어교육의 목적을 '참사
람되기', '겨레의 문화계승', 그리고 그 발전으로 삼았다.
허웅은 외솔의 국어교육학을 이런 각도에서 보아져야 한다
고 하였다.13)

> "즉 한 겨레의 문화 창조의 활동은 그 말로써 들어가며, 그
> 말로써 하여가며, 그 말로써 남기는 것임을 깊이 인식하고 우리
> 민족의 창조적 활동의 말미암던 길이요 연장이요, 또 그 성과의

---

12) 최현배, 「우리말 존중의 근본뜻」, p.5.
13) 허웅, 외솔선생과 한글갈, 「나라사랑」, 제1집, 1971, p.80.

축적인 말을 연구한 결과가 「우리말본」으로 나타났고, 나아가서
는 우리 민족의 지적 산물 중 가장 중요한 것이기 때문에 지적
탐구의 가장 긴밀한 대상이 되어야 하는 한글을 연구·체계화
한 결과는 「한글갈」로 나타났다."

5. 맺는말

외솔의 근본 사상의 틀을 거시적으로 본다면 ① 겨레사랑,
② 얼·말·글의 삼위일체성, 즉 배달겨레의 얼이 들어가는
곳에 말과 글이 가고, 말과 글이 가는 곳에 또 얼이 간다고
할 수 있다. ③ 문화의 정초로 남는 언어관, ④ 민중교육관,
⑤ 도덕적인 생활의 습관화, ⑥ 역사의식 등으로 볼 수 있다.
여기서 이 기본틀에 대한 미시적 설명을 접으려고 한다.

외솔은 우리 민족의 신체적 소질, 그리고 정신적 소질, 즉 한
국인의 얼에 대해서 곳곳에서 신앙고백과도 같이 '밝은 누리의
실현', '널리 인간을 유익케 한다'는 말이 음악의 주제곡처럼
반복되고 있다. 그는 우리 겨레의 정신적 소질을 빛나는 이상,
푸진 문화, 줄기차고 검질긴 역사의 셋으로 표현하기도 하였다.
그는 생산기술인, 화합협동인 봉사공경인을 키우는 일의 긴요
함을 들면서 도덕교육에 힘써야 할 것 등을 강조하였다.[14]

노산은 외솔 최현배의 영전 앞에 '마지막 드리는 노래'[15]
를 다음과 같이 읊었다.

고난도 파란도 많은

---

14) 최현배, 「나라건지는 교육」, 서울: 정음사, 1975, pp.7-101.
15) 나라사랑(제1집), pp.327-328.

이땅에 오셔 칠십 칠년
얼, 말, 글 겨레의 성역
한몸으로 지키시더니
붓 놓고, 입 다무시고
어디로 멀리 가시옵니까
바람찬 거친 들에
뚜벅뚜벅 걸어간 자취
바람은 가고 없어도
발자욱만은 뚜렷하구려
이 길로 가야 한다고
일러주신 노정표외다.

나라잃은 그 시절에도
조국의 말과 글과 같이 살았고
원수의 말에 짓밟혔어도
불사조처럼 되살아났소
그 이름 겨레의 역사위에
금 글자로 새기 오리다.

총칼이, 물불이
못 굽히던 임의 지조
애 타시던 그 고생 대신
영광을 받으옵소서
관위에 태극기 덮고
꽃이랑 얹어 보내옵니다.

해마다 솔씨 떨어져
자라난 다복솔 보소
생전에 외솔일러니
인제는 외롭지 않소
새 솔밭 돌아다보며

웃고 가시옵소서

한편 일석 이희승은 다음과 같은 조시로 외솔의 영면을 애
도하였다.16)

세종의 뜻 이어
  한글을 가꾸느라
오나 가나 한글이요
  자나 깨나 한글일레
한글로 한글만으로
  길은 오직 한 가닥

한글은 한(韓)의 글로
  겨레의 얼이라네
한글이 꽃을 필 때
  겨레 또한 빛난다네
일생을 이 믿음으로
  고스란히 바치고

그 정성 그 고심이
  보람으로 무르익어
임의 뜻 이루어져
  한글 전용되는 해에
한글이 때 만났으니
  님은 웃고 가셨으리

16) 앞의 책, p.314.

제9장 상허(常虛) 유석창(劉錫昶)의 교육사상

1. 생애와 활동

상허(常虛) 유석창(劉錫昶)은 1900년 2월 17일 함남 서천군 이중면 신동리 25번지에서 아버지 유승균(劉勝均)과 어머니 홍숙경(洪淑卿) 사이에서 2남으로 태어났다. 부친 유승균은 농사를 주업으로 하는 한편 한 의사로서 한학(漢學)에 조예가 깊을 뿐더러, 집을 개조하여 예배당으로 만들 정도로 독실한 기독교 신자이며 신학문에 눈을 뜬 개화인사이기도 했다. 또한 1910년 경술국치 때 이름을 '일우(一憂)'라고 고칠 정도로 철저한 애국지사였다. 상허는 7세 때 서당에 들어가 한학을 공부하고 단발을 하였다.

1912년 경술국치 이후 유승균은 13세의 상허와 부인을 데리고 간도(間道)로 망명길에 오르게 된다. 갑산(甲山)과 혜산(惠山)을 거쳐 압록강을 건너 목적지 장백(長白)에 도착, 상허는 8년 4개월(1912. 11.~1921. 2.)의 청소년기를 망명지에서 보낸 것이다. 유일우(劉一憂)가 교장인 소학교 과정의 관화학교(官話學校)에 입학하여 심상과를 1914년 우수한 성적으로

졸업하고 오랫동안 투병생활에 시달리는 어머니의 병간호 등
으로 학교에서 두 번의 효행상, 현장(縣長)의 효행상도 받게
된다. 다시 관화학교 고등과를 우수한 성적으로 졸업한 상허
는 16세의 나이에 이 학교 심상과 교사로 취임한다.

양계초(梁啓超)의 '신민총보(新民叢報)'를 읽으며 민족의식과
계몽사상, 민주주의의 신념을 다지게 되며, 유일우가 남만주군
비단(南滿洲軍備團) 원장으로 취임함과 동시에 독립운동을 전
개해 나갈 때 상허는 나이 20세에 독립군 단기사관양성소 주무
로 피임되어 독립운동의 제1선에 나서게 되었다. 그 후 대기만
성의 웅지를 품고 1921년 다시 귀국하여 서울 충무로 일인(日
人)집 잡부로 취직하여 중앙학교 김성수(金性洙)를 찾아 경신
학교 편입의 권유를 받게 된다. 경신학교 3학년 편입학 시험을
치뤘으나 국어인 일본어를 배워 본 적이 없는 상허는 그 과목
에 불합격, 한 학기 청강생이라는 조건부 편입학을 하였다. 1학
기 말 상허는 일본어 공부에 열중하여 학교에서 최고 성적을
얻고 2학기 정규학생이 되어 우등생에 급장(級長)까지 도맡게
되는 뛰어난 수재로 학생들과 선생들로부터 화제를 불러일으킨
다. 경신학교 시절 박은식(朴殷植)의 「한국독립운동지혈사(韓
國獨立運動之血史)」와 이광수(李光洙)의 「민족개조론(民族改造
論)」을 탐독하여 그의 민족관 형성에 지대한 영향을 받는다.

상허는 1924년 경성의전 특과에 입학하여 경신학교 쿤스
교장의 선물로 그의 사택을 이용하게 되었다. 경성의전 시절
이광수의 소설 「무정」과 「재생」 등을 탐독하고 쇼팬하우어의
염세철학과 중국의 노장사상에 심취하기도 하였다. 한동안 박
열(朴烈) 사건으로 인해 경성의전 한일학생간 민족 감정이 격
화되고 6·10 만세사건의 영향으로 독립운동을 하겠다고 상

허는 자퇴를 결심하나 쿤스 교장의 권유와 부친 유일우의 편지에 의한 설득으로 다시 복교하게 되었다. 경성의전 시절 기독동우회에 관계하기도 하였다.

1923년 경성의전 졸업과 동시에 의사자격증을 취득한 상허는 함남장진의 공의(公醫)로 취직하였다. 그 해 함북 성진에 있는 캐나다 미션계 의료기관인 제동병원으로 옮겼다가 부인 한동숙이 폐병으로 사별하자 나이 31세에 다시 상경한다. 여기서 상허는 민중구료사업(民衆求療事業)을 일으키겠다고 결심하고 YMCA의 이대위(李大偉)와 송관범(宋觀範) 목사 등을 설득하여 오하영(吳夏英) 등의 협조를 얻고 기미독립운동의 민족대표를 중심으로 한 후원회를 조직한다. 적수공권(赤手空拳)의 상허는 동료 의료계의 질시와 냉대 속에서 사회저명인사를 끌여들여야 하는 많은 인내와 난관을 극복하고, 권동진(權東鎭), 최린(崔麟), 송진우(宋鎭禹), 주요한(朱耀翰), 한용운(韓龍雲), 함태영(咸台永) 등 45인으로 구성된 '실비병원(實費病院)설립추진발기인회'를 조직 모금운동을 펴서 1931년 '사회영중앙실비진료원(社會營中央實費診療院)'을 개원하는 한편 1932년 10월 '보건시보(保健時報)'를 창간하여 올바른 의료수혜의 창달에 앞장선다. 1932년 7월 진료원에 화재가 발생하자 서북협성학교(西北協城學校) 건물을 매입하여 '사회영 민중병원(社會營民衆病院)'으로 개칭 운영하였다. 1937년 의학공부를 계속할 것을 결심하여 경성제국대학 의학부 연구과에 입학하는 한편 1940년에 조선과학협회를 창립과 동시에 회장으로 추대된다. 1945년 8월 경성제대에서 의학박사 학위를 받게 된다.

1945년 광복과 더불어 '한국국민당'(이후 한민당) 창당 발기인이 되어 한동안 정치에 관심을 두기도 했으나 뜻을 바꾸어

교육입국의 신념을 펴게 된다. 사설강습소 '건국의숙(建國義塾)'을 설립하여 1946년 '조선정치학관(朝鮮政治學館)'으로 개관하였으나 1948년 정규대학 과정의 '조선정치대학관(朝鮮政治大學館)'과 재단법인 '조선정치학원(朝鮮政治學院)'이 문교부로부터 인가를 받게 된다. 1949년 9월 '정치대학'으로 승격되어 1950년 4월 학칙 변경 승인을 얻었고, 6·25사변이 발발하자 부산으로 피난하여 구덕산 기슭에 가교사를 건립하고 개강하였다. 수원에 재단임시사무소를 설치하였다가 1953년 휴전 때 환도하여 종로 2가 민중병원을 정치대학 가교사로 사용하게 된다. 종합대학의 꿈을 펴면서 장안동 일대의 땅을 매수 오늘의 건국대 터전을 닦게 된 것이다. 정치대학 2부는 낙원동에 잔류시키고 장안동 교사로 정착시킨 후 시설확장에 열중하여 각 단과대학 건물이 속속 들어서는 가운데 1959년 종합대학인가 승인을 얻어 교명을 '건국대학교'로 개칭하고 상허는 총장으로 취임하게 된다. 축산대학이 단과대학으로 편제된 것은 우리나라 최초이며, 농업교육에 대한 상허의 정열은 1962년 '지역사회개발 초급대학', 1963년 재단 직속의 '농업협동조합초급대학', 1964년 '농림대학' 등 잇달은 농업계 대학의 설립으로 충분히 짐작할 수 있다.

1961년 총장 퇴임과 동시에 이사장으로 취임하는 상허는 생애 가운데 또 한번의 전기를 맞게 된다. 재단의 수익재산 확충에 힘쓰는 한편1) '사단법인지역사회개발협회'를 조직 하

---

1) 이전부터 재단 수익사업으로 영종도 염전, 마포 주정공장(대한 발효공사), 충무로 빌딩, 평화증권, 건국배합사료공사, 낙원동 소재 건국빌딩이 있었고, 이후 낙원극장, 대한요업공사, 건국우유의 시판, 건국상호신용금고 등으로 확장된다.

는데 이르러 농촌운동에 투신하게 되는 거보를 내딛게 되는
것이다. 전국에 있는 독농기술자를 발굴하여 선도농가를 만들
고 '농군사관'을 육성 '5만 고구마운동'을 통해 농촌의 3대
혁명, 즉 농민의 정신혁명, 농업의 기술혁명, 농촌의 생활혁명
을 제창하게 된다.

　1963년 '전국농업기술자협회'를 조직하는 한편 '농업기술회
보(農業技術會報)'를 창간함과 아울러 건국대 내에 전국농업
기술자협회 부설 '농업기술연수원'을 개원하여 수많은 독농가
의 교육에 심혈을 기울인다. 경향 각지를 다니며 전국농업기
술자협회 전국대회의 행사를 계속 주관하여 개최하고 농업기
술 연수단을 해외에 파견하여 선진국 농업기술습득의 기회를
마련하는 등 상허는 물심양면의 지원을 열성으로 한다. 1967년
상허사상의 대집성이라 할 수 있는 두 권의 저서「조용한 혁
명」과「한국농업의 미래상」을 간행하고 연수원을 통해 200기
에 1,000여 명을 집중적으로 정신혁명교육을 수행하는 가운
데 상허는 고희를 맞이하게 된다. 1969년 '상허농촌복지재단'
이 발기되고 1971년 농업기술회보가 지령(誌齡) 100호를 맞
이하게 되는 발전 속에서 그 분망한 농촌계몽교육운동은 건
강에 많은 무리를 주게 된다.

　1971년 12월 전국농업기술자협회 제12차 대회가 장관 및
유관기관장, 학계, 언론계 인사가 단상을 메운 가운데 세종문
화회관에서 개최되었다. 병상을 박차고 나온 상허는 마지막
대회사를 하고 열나흘 뒤인 1972년 1월 1일 오전 영면을 한
다. 국민훈장 모란장이 추서되고 사회장으로 치러진 고인의
유해는 건국대 안에 마련된 유택에 안치되었다.

2. 상허의 교육정신

상허의 교육정신은 성(誠), 신(信), 의(義)로 대표된다.

誠은 알기 쉽게 말하면 僞의 반대개념이다. 만일 이 우주를 위(僞)가 지배한다고 가정해 보라. 그 결과의 무서움은 상상조차 못할 일이 아니냐? 인류가 다른 동물들과 구별되는 특이한 요소는 역사를 가졌다는 것이다. 역사는 실로 誠心의 연쇄이기는 하나 위(僞)의 계속으로는 成立할 수 없다. 옛 사람이 말하기를—사람을 불쌍히 여기는 것은 仁이며 잘못을 부끄러워하는 것은 義며, 남을 공경하는 것은 禮이며, 옳고 그른 것을 분별하는 것을 智라고 하였다. 그러나 이 仁·義·禮·智가 이 같이 따로따로 분리되어 있는 게 아니고 한 덩어리로 되어 있다는 것을 비교적 강조하여 말하면 이렇게 구분할 수 있다는 데 지나지 않는다. 이 모든 槪念을 한 덩어리로 해서 나는 '誠'이라는 文字로 表現할 수 있다고 생각한다. 誠하고서 어질지 않는 이 없을 것이며, 義理를 지키지 않을 이 없고 禮儀와 智慧롭지 않을 이가 있겠는가. 실로 誠心은 天心이니 모든 心情은 이것을 根幹으로 하여 발로하는 것이라고 믿는다. 그러나 오늘날 너무도 많은 僞가 우리의 환경을 구성하고 있다. 이 僞의 世界는 부단히 耳目口鼻를 매개로 하여 光明의 誠을 흐리게 한다. 그러므로 外部에서 들어오는 불순한 刺戟에 물들지 않으려면 지극한 인내를 필요로 한다. 인류 역사에 光明을 주고 있는 先哲들의 자취를 살펴볼 때 誠心의 흐려짐을 막으려고 무한히 애쓴 사람들임에 틀림없다. 학문의 길도 오직 誠心의 빛을 흐리지 않게 빛내려는 노력임을 깊이 명심하여야 한다. 옛 사람들이 '誠 天之道也요, 誠之者는 仁之道也'라고 하였다. 사람마다 誠한 것이지마는 誠을 방해하는 人慾이 있으니 이것을 인내와 노력으로 막고 天賦의 誠心을 빛내야 한다는 것이다. 우리는 誠을 잃지 않도록 힘써야 한다.

다음 '信'은 무엇이냐. 우리의 天賦의 善心인 誠이 言行으로 나타나서 사회적인 대인관계에 미칠 때 이것을 信이라고 할 것이다. 그러므로 誠과 信은 같은 범주에 속한 槪念이다. 誠하면 곧 信할 수 있으며 信하면 誠이 빛날 것이다. 내 天賦의 誠과 信이 그 본연의 자태를 잃지 않으려면 '義'가 아니면 안된다. 의는 宣나 誠이 사물에 미쳐서 그 마땅함을 잃지 않는 것이 의이다. 예를 들면, 春夏之節에 兩順風暖해서 만물을 생육케 하는 것은 誠이지마는 秋冬之節에 이것을 거두어서 收藏하는 것은 義라고 할 수 있다. 자식을 사랑하는 것은 誠이지마는 惡을 보고 꾸짖는 것은 義이다. 義는 誠을 조절하여 中庸을 잃지 않게 하는 德이다. 誠이 그 潤潤한 힘으로써 모든 것을 化育케 하지마는 義를 잃으면 誠의 가치를 상실하는 것은 흡사 음식이 우리의 주린 공복을 채워서 즐겁게 하지마는 너무 많이 먹으면 오히려 먹지 않은 것만 못한 結果를 내는 것이다. 이와 같이 너무 많이 먹지 않게 해서 마땅함을 유지하는 것이 곧 義다. 그러므로 義는 誠의 울타리고 담이다. 성으로 하여금 함부로 담을 넘지 못하게 하는 것이다. 親陳, 遠近, 厚薄 등등의 한도를 규정하는 것이 의이다.

이상으로써 誠·信·義의 상식적인 해석을 써 보았거니와 이것을 우리 生活과 연관시켜서 생각할 때 誠과 信이 사람의 道德生活의 원동력이라고 하면, 이 동력을 알맞게 이끌어 나가서 過不足이 없게 하는 것이 義이다. 그러고 보면 우리의 校是 三字는 人類의 理想과 現實生活에 대한 최고 목표를 提示한 것이다. 그러므로 誠·信·義는 諸君들의 學究生活의 最高 指標가 아닐 수 없다."[2]

이상과 같은 상허의 성·신·의에 대한 견해를 좀더 상세히 부연해보자. '성'은 상허의 교육정신을 나타낸 첫째 덕목이요 이념으로서 다음은 교시의 풀이다. 성은 진실과 지성을 말함이니 모든 일의 비롯과 끝이 여기에서 이루어진다. 조일문(趙一文)의 해석을 살펴보면, "본래 誠이란 참되고 거짓 없는 순수한 바탕을 말하는 것입니다. 孔子의 가르침을 나타낸 '中

---

2) 劉錫昶, 建大學報, 1961, pp.7-8.

庸'이란 冊에 의하면, '誠子는 天之道也라, 誠之者는 人之道也'
라 하였습니다. 즉, 誠은 하늘의 길이요, 誠實하려고 하는 것
은 사람의 길이라고 하였습니다. 다시 '大學'이라는 冊에는
'欲心其正者는 先誠其意하고, 欲誠其意者는 先致基知하라'고
하였습니다. 즉, 그 마음을 바르게 하고자 하는 者는 먼저 그
뜻을 성실하게 가져야 하고 그 뜻을 성실하게 하고자 하는 者
는 먼저 그 아는 바를 이루어야 한다고 가르쳤습니다."3)

유교의 개념에 따르면, '中庸'의 풀이로는 성(誠)은 자연의
이법이며 인간의 도리이다. 즉, 성실은 천리(天理)로서 삼라만
상의 실재와 생성을 좌우하는 기본 원리이며 이 성실의 원리
를 본받아 진실하고 거짓없어 말과 행동에 어긋남이 없도록
살기에 힘쓰는 것이 인간의 도리인 것이다. 덕(德)의 가장 중
요한 바탕인 지(智)·인(仁)·용(勇)도 바로 성(誠)으로부터
나온다고 본 것이 공자의 견해이다. 그러나 성(誠)의 도(道)는
결코 멀리 떨어져 있는 것이 아니다. 우리의 일반적인 상식으
로 해석한다면 우리 인간을 인간답게 하는 기본 원리로서 '진
실하고 거짓없어 남을 대할 때나 자기 자신에 대해서나 정성
을 다한다는 뜻으로 가까운 일상생활 속에서 찾아야 할 실천
의 개념인 것이다. 곧 양심에 따라 말하고 행동하며, 말과 행
동의 사이에 어긋남이 없도록 하는 인격의 근본적인 덕목인
것이다.

'신(信)'은 사회생활의 근간이니 모든 단결과 협동이 여기에
서 이루어진다. 신의 자원적(字源的)인 뜻은 사람 인(人)변에
말씀 언(言)을 합한 자다. 일찍이 공자도 나라를 다스리는 데
는 물질적인 풍요, 군사적인 독립, 정부에 대한 국민들의 신

---

3) 趙一文 外, 「常虛 劉錫旭 傳記」, 서울: 建大出版部, 1981

뢰를 역설한 바 있다. 그 중에서도 공자는 국민의 신뢰야말로
가장 중요한 요건이 된다고 말했다. 정자(程子)도 '誠實之心
信義之也'라고 하였다. 신의는 성실과 경애에 바탕을 두고 있
으며 정직한 마음에 대한 믿음을 의롭게 생각하는 자세이다.4)
　　조일문의 해석을 부연하면,

> "信은 곧 믿음을 뜻하니, 劉박사는 '信이야말로 사회생활의
> 근간이며, 단결과 협동이 모두 여기에서 이루어진다'고 하였습
> 니다. '左傳이라는 冊에는 '信者는 德之固也'라 하였습니다. 믿
> 음은 德의 기초라는 뜻입니다. 또 '論語'에 '與朋友交而不信乎'
> 라 하였습니다. 친구와 더불어 사귐에 있어서 어찌 믿음이 없
> 을 수 있겠느냐는 말입니다. (중략) 劉박사가 '믿음은 社會生
> 活의 근간'이라 한 것이 信의 積極的인 面을 나타낸 것이라면
> (후략)……"5)

　　이상과 같은 뜻으로 보아 신은 인간관계에 있어서 기본적
인 덕목의 하나로서 인간다운 사회생활을 지향해 나가는 데
있어 불가결의 요소라 할 것이다. 불신의 늪에서 헤어나지 못
하고 있는 현대사회에 있어 신뢰의 회복이야말로 삶의 질을
높이고 화평의 터전을 마련할 수 있는 첩경인 것이다.

> '信이란 무엇인가?', '誠'이 자신에게 충실한 것이라면 '信'
> 은 남에게 충실한 것이라고 常虛 선생은 생각했다. 이런 점에
> 서 본다면 '誠'과 '信'은 表裏의 관계에 있는 것이며, '誠'이
> 내면적인 것이라면 '信'은 對外的인 것이요, 사회적인 것이었
> 다. 그러므로 '信'은 사회생활에 있어서 제일의 재산이다.

---

4) 孫仁銖, "상허 유석창의 교육이념", 상허 유석창 사상의 조명(II), 제2회
　　상허 유석창 사상 연구 발표회, 서울: 건대, 1986, p.99.
5) 趙一文, 앞의 책, pp.21-22.

사람은 어차피 혼자서 살 수 없고 共生해야 하는 데 여기에
는 이해관계와 그를 둘러싼 신의가 무엇보다도 중요하며, 이
것이 없이는 함께 살아갈 수 있는 기반을 잃게 마련이다. 그
것은 사사로운 경우뿐만 아니라, 공적인 경우에는 더욱 그러
한 것이다. 常虛 선생은 자기가 이제까지 살아오는 과정에 있
어서 信義가 없는 사람으로 인하여 얼마나 뼈아픈 상처를 입
었는가를 누구보다도 더 잘 알고 있었다. 그럴수록 그는 성실
한 인간과 신의의 인간을 갈망했다. 그러나 그러한 사람을 찾
는다고 나타나지 않았다. 여기에서 常虛 선생은 자신이 그러
한 사람을 양성해 보겠노라고 결심했다. 그것은 내가 필요해
서가 아니라, 그들을 키워 국가와 민족 앞에 바치기 위해서였
다.6)

상허 선생의 세 번째 교육덕목인 '義'에 대한 교시(校是)의
풀이를 보자. '의'는 정의와 용기를 가리킴이니 청사에 길이
빛나는 인물들의 업적은 모두 義의 기록이다. 조일문의 해석
을 부연해 보면 다음과 같다.

義는 곧 正義를 말합니다. 劉박사 자신의 풀이를 들어보면
'義는 正義와 勇氣를 가리킴이니 靑史에 길이 빛나는 人物들
의 업적은 모두가 義의 기록이다.

라고 하였습니다.
'准南子'에 의하면

'義者는 人之大本也'라 하였습니다. 즉, 正義는 人間萬物의
근본이라는 뜻입니다. 論語에도 '見義不爲하면 無勇也'라는 구
절이 보입니다. '옳은 일을 보고도 행하지 않는 것은 勇氣가

---

6) 孫仁銖, 앞의 책, p.99.

없느니라'하는 뜻입니다. 漢字로 '義'字를 쓰기를 '나(我) 위에
양(羊)字'를 붙입니다. 내가 양처럼 순하고 깨끗하고 어질어야
만 비로소 義롭다는 풀이가 되겠습니다. 에디슨은 '正義만큼
진실로 위대한 美德은 없다'고 하였습니다. 그러나 正義는 언
제나 순하고 부드러운 美德으로만 있는 것은 아닙니다. 正義
가 不義에 맞설 때에는 熱火와 같이 일어나서 사악을 깨뜨리
고 찬연히 빛을 발휘하는 법입니다. 그러기 때문에 우리 獨立
宣言은 '時代 良心이 正義의 軍과 人道의 干戈로써 호원하는
今日 吾人은 進하여 取하매 何强을 挫치 못하랴'고 하였습니
다. 다면, 平素에 뽐내고 주먹을 마구 휘둘러대는 사람치고 정
작 不義를 당하여 不退轉의 勇氣를 발휘하는 者는 없습니다.
그런 者일수록 不義에 아첨하여 사사로운 利益을 추구하고 正
義를 위한 싸움에서는 뒷걸음치거나 비굴하기 마련입니다.

  그런데 世上에는 허구많은 惡이 도사리고 있으며 허다한 不
條理가 깔려 있습니다. 그 악을 볼 때마다, 그 不條理를 대할
때마다 일일이 正義感을 발동시키고 勇氣를 발휘하다가는 우리
는 잠시도 편안히 앉아 있을 날이 없을 것입니다. 學生은 책
한 장 펴보지 못하고 不義不正에 대한 항의와 성토와 고발에
밤과 낮을 그리고 1년 열두 달을 보내야 할 것입니다. 그렇다
면 학생 제군들이 부지런히 공부하고 연구하면서도 義를 지키
는 길을 무엇이겠습니까? 그것은 작은 義를 위하여 번번히 작
은 勇氣를 발휘하는 것을 止揚하고 大義를 위하여 大勇을 발휘
하는 것입니다. 소처럼 부지런히 일하고 인내하면서도, 한 번
성을 내면 호랑이도 받아 넘기는 威力을 발휘하여야 할 것입니
다. 조그마한 주전자는 쉽게 끓지만 또한 쉽게 식습니다. 큰 人
物은 한 번 뜨거워지면 무쇠라도 녹이는 熱氣를 간직하면서도
쉽사리 뜨거워지지 않는 듬직한 태도로써, 보다 크고 깊은 義
를 수호하여야 합니다."[7]

---

7) 趙一文, 앞의 책, pp.22-24.

요컨대 상허의 '성·신·의'의 교육 이념은 광복 직후 '건국의숙(建國義塾)' 설립에서 "건국대학교"에 이르기까지 줄곧 주창되어 온 그의 교육철학의 뼈대라 할 것이다. 그의 생애 자체가 '성·신·의'의 실천이었으며, 구도자로서의 고뇌가 인각(印刻)된 것이다. '성·신·의'의 세 덕목은 각각 떨어져 있는 별개의 것이 아니라 서로 연결되고 보완하여 하나의 인격체로서의 '건국인의 상'을 형성하게 된다. 다시 말하면, 誠은 곧 信이며, 信은 곧 義의 바탕이며, 義는 또한 誠에 통하는 것이다. '성·신·의의 삼위일체적 인간상'의 구현에 상허의 교육철학은 귀결된다고 할 것이다.

3. 상허의 농촌개혁정신

상허는 문화국가 건설에 앞서서 산업입국의 첫 단계로 농축업(農畜業)을 그 선도적 사업으로 들었다. 건국대학교가 종합대학으로 출발하면서 최초로 축산대학을 세우고, 이어서 농과대학을 둔 것도 모두 이 때문이었다. 그는 여기에 입학한 모든 학생으로 하여금 일하며 배우고, 배우며 일하는 습성을 기르게 하고, 교육과 생산, 생산과 교육이 하나로 일치되도록 힘썼던 것이다.

상허는 항시 3대 혁명, 즉 농민의 정신혁명, 농업의 기술혁명, 농촌의 생활혁명을 주창하였다. 농업개발은 농민들 스스로가 자생(自生)·자립·자발적인 정신혁명으로부터 비롯될 수 있다고 하였다. 이와 동시에 농업의 기술혁명과 농촌의 생활혁명이 뒤따르지 않는 한 농업발전은 기대될 수 없다고 하였다.

상허는 「조용한 革命」 서문에서 다음과 같이 말하고 있다.

> 또한 농민의 革命意慾이나 정부의 政策的 支援이 있다고 하
> 더라도 이러한 農産業革命을 선두에 나서서 이끌고 나아갈 先
> 頭農家가 없어서는 農産業의 三大革命은 完遂될 수 없다고 하
> 겠습니다. 그러므로 여기에 工業立國을 뒷받침할 수 있는 先
> 頭産業으로서의 農業發展은 先頭農家에 의하여 開始되어야 하
> 며, 또 농업의 三大革命을 달성하는 데에서만이 이루어 질 수
> 있다는 이유가 분명하여질 것입니다.8)

그는 이와 같은 주장만을 하고 남에게만 일하라고 시키는
'사역형(使役型)'의 지도자가 아니라 그는 친히 팔을 걷어붙
이고 흙탕물에 빠지면서 모내기를 하고, 나무를 심고, 소에게
여물을 주는 '실천형'의 지도자였다.

상허는 한국지역사회개발협회, 전국농업기술자협회를 발족
케 하였고, 전국을 누비며 농민을 격려하였고 독농가(篤農家)
를 발견하여 농민운동의 새로운 차원의 문을 열었다.

그는 한국 농민의 가장 가까운 벗이었으며 존경받는 농민
의 아버지로 불리었다. 그는 비 오는 아침, 눈보라 치는 저녁
을 가리지 않고 항상 흙을 만지고, 농민의 손을 잡았다. "내
비록 논두렁에 쓰러지는 한이 있더라도 농민을 위한 봉사를
결코 멈추지 않을 것이다"는 말은 이 나라 농민들에게 항시
위안과 용기를 주는 복음이 된 것이다.

1970년 상허의 고희연(古稀宴) 때에는 전국농업기술자협회
의 333인 발기인 일동은 그의 고희를 송축하며 상허 농촌복지
재단을 발기하여 바친다는 책자를 모든 하객들에게 배부하였다.

---

8) 劉錫昶, 「조용한 革命」, 서울: 建國大出版部, 1984, 序文에서.

책자 첫 머리에 다음과 같은 헌사가 적혀 있었다.9)

> 우리 농민들의 위대한 領導者이신 常虛 劉錫昶 博士의 救農
> 愛國의 높은 뜻을 오래 오래 이 땅에 꽃 피우고, 열매를 거두
> 기 위하여 전국에 걸쳐 선도적인 농민으로 자처하는 우리 333
> 人의 同志會友들은 정성을 모아 이에 常虛農村福祉財團을 發
> 起하여 오늘 常虛 劉錫昶 博士의 古稀의 날을 맞아 삼가 바치
> 나이다.

西紀 1970年 3月 24日
常虛農村福祉財團
參百參十參人의 發起人 일동 드림

1) 정신혁명

'農者天下之大本'이라고 아무리 소리를 질러도 낡은 땅에서
낡은 영농방식에 의하면 다수확에도 한정이 있고, 근면에도
한계가 있고, 절약에도 분수가 있는 것이다. 이와 같이 영세
화된 영농규모로서는 어떠한 방법을 쓰더라도 농업은 직업
중에서도 노화된 직업이요, 낡아빠진 생산업이라고밖에 지적
하지 않을 수 없다.

> 그러므로 우선 농민은 老衰化를 脫皮하여 젊어져야 하겠습
> 니다. 늙어버린 농민이 아니라 젊어지는 농민으로 轉換되어야
> 하겠습니다. 그리하여 이것이야말로 농민의 自己革命이라고
> 하겠습니다. '젊음'이란 무엇입니까? 그것은 비전(vision)을 갖
> 는 사람의 특징인 것이요, 이는 곧 꿈을 꿀 줄 아는 理想을
> 가진다는 것입니다. 노인은 뒤만 돌아다보고 앞을 내다보지

---

9) 趙一文 外, 「常虛 劉錫昶傳記」, 서울: 建國大出版部, 1981, p.371.

못하며, 현실에 눈이 멀어 있는 사람이요, 젊은이는 과거를 돌아보고 다시 현재를 돌아보고 현재 속에서 다시 미래를 내다보며, 그 미래 속에서 현실의 矛盾을 주목하기 위한 비전을 그려야 합니다. 그러므로 현실 속에서 貧困의 矛盾을 超越하기 위하여 미래로 '全身投入'을 하는 勇氣를 자랑할 수 있는 것은 젊은이의 이상이요, 또한 氣質이어야만 합니다. 困難의 땅을 내려다보기만 하는 사람이 아니라, 저 하늘 높이 逆境의 難關을 뛰어넘을 征服의 눈을 밝히는 사람이야말로 젊은이가 아니고 누구겠습니까? 대양의 情熱을 가슴에 쬐어 받을 줄 아는 젊은이야말로 冒險을 무릅쓰고서 貧困을 驅逐하여 富를 창조하여 내는 데에 성실성을 가지고 있는 것입니다.

'誠·勤·勇' 이는 곧 젊은이의 發本하는 창조에의 정신적 차원인 것이요, '젊음'이라는 그 자체 속에서 發源하게 되는 그 '人生資本'의 90%를 차지하는 위대한 資産이라는 것을 우리 농민은 다시 한 번 깨달아야만 되겠습니다.

이처럼 誠·勤·勇으로 정신무장을 새로이 하고 나선 젊은 농민들에게는 휘황한 미래가 전개될 수 있을 것입니다. 貧에서 富를 바꿔나갈 수 있으며, 一에서→多를 전개하고, 小에서→大에로의 발전을 가져올 수 있을 것입니다. 그러기에 우리는 먼저 젊어져야 하겠습니다. 젊은 농민이 되어서 誠·勤·勇에 의하여 無에서→有에로의 飛躍을, 一에서→多에로의 전개를, 小에서→大에로의 발전을 하게 됨으로써, 貧에서→富에로의 창조를 구현하여 가야만 하겠습니다. 젊어지는 농민이야말로 '새 농민'이요, 새 농민은 나이를 먹어도 언제나 젊어질 수 있는 농민이요, 誠·勤·勇으로 이상에 불타는 농민인 것입니다.10)

이와 같이 상허는 새 농민이 되기 위해서는 성(誠)·근(勤)·용(勇)으로 정신혁명부터 일으키는 것이 바로 이 나라의 농민이 잘살게 되는 것이요, 빈곤한 우리가 '부의 자유'를

---

10) 劉錫昶, 앞의 책, pp.5-6.

누리게 되는 첫 출발점이라고 하였다.

그는 농민은 정신혁명에 의하여 먼저 무지로부터 해방되어 유식한 농민이 될 수 있다고 믿었고, 올바른 지식을 갖게 되는 데서 농민은 항시 젊어질 수 있으며 빈(貧)의 가치를 부(富)의 가치로 전환하는, 무(無)에서→유(有)에로의 비약의 동인이 된다고 하였다. 그는 즐겨 쓴 말로 이와 같은 비약에 의하여 '貧의 벌레'에서 '富의 나비'로 날아갈 수 있는 '새로운 농민'이 될 수 있다고 확신하였던 것이다.

상허는 이에 대한 입체적 표현을 하고 있다.11)

> 우리는 먼저 誠實한 農民이 되어야 합니다.
> 우리는 먼저 勤勉한 農民이 되어야 합니다.
> 우리는 먼저 勇敢한 農民이 되어야 합니다.
> 그럼으로써만이
> 誠·勤·勇으로 젊어지는 農民이 되고,
> 誠·勤·勇으로 꿈을 가지는 農民이 되고,
> 誠·勤·勇으로 自己革命을 하는 農民이 되고,
> 그렇게 함으로써 우리는
>   自己革命에 의하여 '貧에서→富에로의 창조'를 이룩하여 가는 '새 농민'이 될 수 있어야 하는 것입니다.

이러한 과업을 수행하기 위해서는 반드시 선도자가 요청되는데 이들이 다름아닌 선도농가(先導農家)12)로 볼 수 있다. 우리나라에는 2백 54만 여 호의 농가가 약 5만이 넘는 자연

---

11) 위의 책, p.6.
12) 先導農家는 革命엘리트가 주도해야 하는 데 혁명엘리트는 ① 의욕적 인간, ② 情熱的 인간, ③ 희생·봉사적 인간, ④ 계획적 인간, ⑤ 기술적 인간, ⑥ 資本的 인간 등을 내포한다고 설명할 수 있다.

부락(自然部落) 안에 산재하고 있다. 따라서 1개 부락은 약 50호의 농가로 구성되어 있다. 그러므로 이 혁명의 엘리트가 되는 선도농가가 구국적인 성숙을 다해 우리들의 자연부락에서 하나씩 등장하여 자기 자신뿐만 아니라, 50호의 농가를 책임지고 그와 같이 부농할 수 있게만 된다면 이 혁명은 이미 성공한 것이나 다름없는 것이다.

상허는 농민들인 우리는 먼저 자기부터 바로 서고, 다음에 남을 바로 세우는 것이 원리라고 한다. 그러기 위해서는 자연부락 내에서 먼저 선도농가가 될 수 있도록 솔선시범(率先示範)을 해야 하는 것이다. 그가 그토록 바라는 혁명은 선도농가들에 의하여 부락 내의 모든 농민이 독(篤)농가가 되고 농민자본가가 되게끔 하려는 혁명인 것이다. 그렇기 때문에 이 혁명은 서로가 대립하여 투쟁하는 것이 아니라, 조용히 일만 하려는 혁명이요, 너와 내가 서로 협동하여 경제적 농업으로 이윤의 축적과 농민자본의 형성화를 이룩하자는 데 있다. 그러므로 떠들썩한 실속 없는 혁명이 아니라 모든 농민이 서로 잘살게 되기 위하여 꾸준하게 일만 하는 '일하는 혁명'이요, 동시에 '조용한 혁명'인 것이다.

이 '조용한 혁명'에는 구국적인 선도농가가 이 혁명의 주체가 되어야 하고 또 핵심이 되어야 한다. 이 선도농가는 다음과 같은 자격이 요구된다.[13)]

① 誠·勤·勇의 새 농민이 되어 농업을 主業으로 營爲하여야 한다.
② 농업기술에 있어서 다른 사람의 모범이 되고 새 기술의

---

13) 위의 책, p.19.

도입과 연수에 의욕적으로 앞장서야 한다.

③ 인격과 신망이 두터우며, 部落 전체에 대한 奉仕를 위하여 전념해야 한다.

④ 농업혁명가로서 '精神·技術·生活'의 三大革命을 완수하여야만 할 역사적인 사명감에 투철함으로써 그 지역민에게 늘 존경을 받을 수 있어야 한다.

⑤ 이 혁명으로 민주적 협동화와 과학적 전문화 내지 합리적 복지화의 三大原則에 의거하여 貧에서 富에로의 창조를 하여 나아갈 수 있어야만 한다.

1966년 5월 4일 건대 강당에서 농업문제 대강연회가 개최되었는데 이때 常虛는 개회사 겸 인사말을 다음과 같이 하였다.[14]

> ……우리가 主唱하는 첫째 혁명은 精神革命입니다. 精神革命은 곧 인간개조혁명(人間改造革命)을 말하는 것입니다. 모든 일은 인간이 基本이며, 인간됨이 중요한 것입니다. 한 사람의 힘은 무한한 것이며 위대한 힘을 發揮하는 것입니다. 한 自然部落이나 國家 社會가 한 사람의 偉大한 指導者의 힘으로 變革을 가져오고 새 歷史를 創造한 사실을 세계사에서, 또는 우리 주위에서 얼마든지 보아 왔습니다. 우리나라도 5만 개의 自然部落에서 우리 協會의 5만 會友들의 반짝이는 별이 된다면 우리나라도 잘살게 될 것입니다.
>
> 본인은 5만 개의 별을 얻고 그 별로 하여금 빛나게 하고 싶습니다. 혁명의 별을 빛나게 해야겠습니다. 우리들의 목표는 5만의 성좌가 빛을 발산하도록 해보자는 것입니다. 정신혁명으로 인간을 개조하고 주체의식을 가진 인간형을 만드는 일이 급선무입니다.
>
> 여러분은 5만 중의 한 사람의 기수이며 별이라는 것을 알아주시기 바랍니다.

---

14) 趙一文 外, 「常虛 劉錫昶轉記」, 서울: 建大出版部, 1981, p.312.

그리고, 농업의 기술혁명과 농촌의 생활혁명을 완수해야 합
니다. 이러한 혁명의 과업을 치르지 않고서는 조국이 근대화할
수 없습니다.

…… 우리도 기술혁명으로 우리 농산물을 해외시장으로 진
출시켜 외화를 획득해야 합니다. 정신혁명에서 인간개조와 주
체성을 가지고 정부의 시책을 받아들이는 자세를 갖추어야 합
니다.

우리들의 혁명은 자신과 가족을 희생시키는 사회혁명이 아
니라 자기 자신이 잘되며 부자가 되는 혁명입니다. 적자부채
농가에서 안정농가로, 그리고 영리농가, 기업농가로 발전하여
해외로 진출할 바탕을 만들어야 합니다.

이 기회에 여러분은 빛나는 하나의 별이 되어 주시기 바랍
니다.

이제 선도농가는 농산업혁명의 전위(前衛)에 서서 자기 혁
명부터 일으켜서 성(誠)·근(勤)·용(勇)으로 무실역행(務實力
行)하여야 한다. 그리하여 선도농가는 적자부채 농가에서 흑자
농가로, 자립안정 농가에서 영리농가, 기업농가로 발전하여 나
중에는 부락 전체를 선도계발하여 농민들도 빈곤에서 벗어나
서 하나의 농민자본가로 나설 수 있도록 번영해 나가야 한다.

만약에 어떤 篤농가가 혁신적인 영농을 하여 개인적으로는
농민자본가로서 성공하였다고 해도 그것은 개인적인 치부는
될 수 있어도 사회적인 번영이라고는 말할 수 없는 것이다.
여기서 선도농가의 임무는 자기 한 개인만의 혁명에 그치지
않고, 자연부락 전체가 번영될 수 있도록 협동의 길로 나아가
야 한다. 협동할 수 있는 정신, 그 자체가 농민의 정신혁명의
제1원리요, 나아가 창조와 발전의 모체가 되는 것이다.

창조는 인간의 종합관계에서 구체화되므로 너와 나의 협동

은 창조를 가져오는 근원이요, 너와 나의 협동적인 총합관계
는 가정뿐만 아니라 너와 나와 그가 우리라는 협동사회를 구
현하게 되는 사회적 집단의 단위도 된다. 따라서 사회발전의
모체는 인간의 협동화에 의한 창조에 유래된다.

그러므로 우리는 자연부락 내에서 분기(奮起)한 선도농가를
선두로 하여, 모든 농가가 협동하여야만 하는 길이 농촌에서
빈곤을 퇴치하는 첩경이 되기 때문에, 선도농가는 ① 노동의
협동화, ② 농지의 협동화, ③ 자본의 협동화, ④ 기술의 협
동화, ⑤ 경영의 협동화, ⑥ 생활의 협동화 등 협동의 6대 원
리를 민주적으로 구현하여 선도농가가 농산업혁명의 전위(前
衛)에서 이끌어 나가야 한다.

선도농가는 모든 농민의 협동화를 민주적으로 실천하게 하
고 농촌개발과 농업개발을 위하여 헌신하는 길, 즉 '조용한
혁명의 길'을 가게 되는 것이다.

2) 기술혁명

상허는 농업기술혁명을 네 가지로 들었다. ① 경영기술의
혁명, ② 재배기술의 혁명, ③ 사육기술의 혁명, ④ 저장(가
공)기술의 혁명 등으로서 농업기술의 과학화 내지 전문화로
표현할 수 있다. 그는 정신혁명과 기술혁명을 병행케 함으로
써 종국에 가서는 생활혁명으로 나갈 수 있다고 하였다.15)

> 나는 기술이란 말에 두려움과 책임감을 느낍니다. 무슨 대
> 회니, 협회니 이름만은 어마어마합니다. 泰山鳴動鼠一匹이 되

---

15) 위의 책, pp.328-329.

어서는 우리 협회의 존재가 가치가 없습니다. 우리는 이제부
터 경제작물 개발에 앞장을 서야 합니다.

우리나라 농업구조를 보면 91.7%가 주곡 농업입니다. 8.3%
안에 축산, 양잠, 원예, 특용작물과 수출농작물이 들어 있습니
다. 주곡농업만으로는 확대 재생산이 불가능합니다.

....

우리나라 전 국토의 22%인 210만 정보만이 농토이고 78%
가 산악지대입니다. 음성군의 예를 들으니 100여 농가에 머슈
룸을 재배시키고 중국의 기술자까지 초빙하여 가공공장까지
세웠으나, 생산량이 미치지 못해서 5만 불 계약에 겨우
12,000불을 수출하였다 합니다. 어느 교수의 말에 의하면 호
주에서는 평당 18관을 수확한다고 합니다. 기술이 향상되지
않으면 경제작물 개발은 잘 되지 않습니다. 말로만 떠드는 껍
데기 기술자는 많아도 유능하고 진실한 기술자가 없습니다.

기술혁명의 원리는 一에서→多에로의 전개다. 이는 생산 내
지 소득의 결과가 수량적인 대풍작의 혁신이 될 수 있도록
기술적인 조작이 있어야 하는 데, 이 농업기술에는 ① 경영기
술, ② 재배기술, ③ 사육기술, ④ 기계조작기술, ⑤ 가공저장
기술 등의 분야가 있으나 각 농가마다 기술혁명의 내용은 달
라질 수밖에 없는 것이다.

우리나라의 농업경영형태는 미(米)·맥(麥) 중심의 편중된
경영방식을 영세화된 경작면적에서 구태의연하게 답습하고
있는 실정이다.

지금 세계는 기술혁명의 시대로 돌입하고 있다. 세계 도처
에서 기술혁명이 진행중에 있다. 하루 빨리 우리도 선진국의
농업기술을 받아들여 농업구조를 혁신해 나가야 할 것이다.
이에 대해 常虛는 첫째로 농업기술의 혁명, 둘째로 농업경영

의 과학화와 전문화, 셋째로 플러스 알파 농업을 들었다.16)

첫째로 농업기술의 혁명에서는 헬리콥터 도작(稻作), 양잠 공업화, 화학적 재배법, 원자력농업과 식품저장 등을 소개하고 있다.

헬리콥터 도작(稻作): 헬리콥터를 이용해서 농약 살포를 한다는 것은 병충해 방제를 위한 동력 살포기를 대신할 뿐만 아니라 이것이 농업경영상에 큰 영향을 끼치게 된 것은 볍씨를 파종하는 것도 공중살포로 하게 되었고, 병충해 방제, 제초작업까지도 공중에서 헬리콥터를 이용하는 것으로 영농법에 새로운 전기를 가져온 것이다.

이와 같이 헬리콥터 도작은 춘기(春期) 경작작업도 대형 트랙터로 하여야만 되며, 볍씨의 파종으로부터 비료, 제초, 구충제까지도 공중살포로써 대행하고, 수확이나 탈곡 내지 건조에 이르기까지 대기계화 영농을 해야 된다. 이와 같이 헬리콥터 도작(稻作)은 모든 면에서 대형기계와 대형시설을 요구하게 되는 반면에 도작작업(稻作作業)을 각 농가의 인력으로부터 기계력과 소수의 기술적 인간에게 양도하게 되어 농민의 노력은 보다 더 집약적인 경영소득을 볼 수 있는 작목(作目)으로 전문화할 수 있게 하여 준다.

이제까지의 수도작(水稻作)에서는 춘기(春期) 경운(耕耘)작업으로부터 추기(秋期) 수확·탈곡·도정(搗精)까지의 노력은 수확 전의 약 5개월간에 걸쳐 段當 약 180시간이 소요되며, 그 중의 50%인 90시간은 파종·묘판(苗板)·이식·제초·추

---

16) 劉錫昶, 「조용한 革命」, 서울: 建大出版部, 1984, pp.63-89 참조.

비(追肥)·병충해 방제 등에 소요되고 있음에 비하여, 이를 헬리콥터 작업으로 대신한다면 단당(段當) 1분의 비행시간으로 끝낼 수 있으며, 농약살포는 단당 4초, 파종작업은 7초로 된다고 한다. 그러므로 파종 1회, 제초제 살포 2회, 농약 살포 4회, 건조제의 살포 1회 등, 계 8회의 비행시간은 35초밖에 소요되지 않는다는 것이다. 그러므로 90시간대 35초라는 시간적 대비관계(對比關係)가 성립된다고 하겠다.

이와 같이 헬리콥터 도작은 헬리콥터가 공중으로 날고 있는 동안, 지상에서 필요한 노력은 볍씨나 농약을 준비하고 대기하는 수인(數人)의 노력과, 그 다음에는 수관리작업(水管理作業), 병충해 발생 관측작업 등 전문적인 지식을 가진 몇 사람의 노력밖에 들지 않는다는 것이다. 그리고 춘기 경운작업과 수확 이후의 작업도 대형 농기계의 사용에 의한 청부농업으로 대신할 수 있으므로 각 농가가 직접 이러한 농기계를 구입하여 들일 필요도 없으며, 사용료만 지불하면 된다고 한다

양잠공업화(養蠶工業化): 양잠의 공업화는 관례적인 사육법을 혁신하여 연간에 춘잠(春蠶)과 추잠(秋蠶) 2회의 생산밖에 못하던 것을 수회 이상으로 회전하여 대량생산을 할 수 있으며, 또 사육장소를 고층빌딩으로 하여 평면적인 공간을 전체적 공간으로 축소시킬 수 있으며, 또, 상원(桑園)이라는 광범위한 사료 생산을 시·공간적으로 압축시키기 위하여 인공사료에 의한 누에의 사육을 할 수 있도록 되었다고 한다. 그 인공사료야말로 공장에서 대량생산된 완전 멸균된 비스킷 같은 것이며, 그 원료는 상엽분말(桑葉粉末), 대두분(大豆紛), 소맥분(小麥粉), 비타민, 미네랄, 유지(油脂) 등 영양소를 가진

고급식품이라고 한다. 빌딩 안의 사육실은 공기, 온도, 광도가 자유자재로 조절될 수 있는 최고도의 위생시설로서 누에의 무균적 사육에 의하여 각종 질병을 예방의학적으로 방역(防疫)사육을 하기에 적합하다고 한다. 이와 같이 사료, 잠종(蠶種), 환경의 완전 멸균된 과학적 사육술에 대하여 곤충(昆蟲)으로서의 민감한 생태적 적응을 이용하여 양잠업상의 균일성을 높일 수 있게 되었다. 이렇게 된다면, 양잠의 적지생산(適地生産)은 별로 문제될 것이 없이 어디에서나 가능하며, 제사공장과 양잠공장을 같은 지역 내에서 오토메이션화한 생산양식을 갖게 될 수 있을 것이다.

화학적 재배법: 비료, 농약, 제초제 등의 화학적 제품이 농업기술면에 도입된 역사는 이미 오래되었다. 그러나 화학제품의 재배학적 응용은 식물의 성장과 발육을 합일적으로 조정할 수 있으며, 풍작·흉작의 천후적(天候的) 지배관계에서 탈피하는 이른바 전천후농법도 이러한 케미칼·콘트롤에 의하여 어느 정도 만큼은 가능하여지게 되었다고 한다. 이러하여 액체비료, 식물성장촉진제, 식물노화방지제, 탈엽제(脫葉劑), 도(稻)의 도복(倒伏)방지제, 포도·수박 등의 무종자(無種子)과실에 적용되는 지베레린제, 식물경장(莖長)억지제, 발아촉진제, 개화촉진제, 발근촉진제, 발수(發穗)촉진제, 도(稻)의 탈립성 촉진제 등 가지가지의 농화학 약품의 발명내지 제조는 재배기술의 혁명을 가져오게 하였다.

원자력 농업과 식품저장: 인류는 바야흐로 원자력의 과학적 발전과 함께 제2산업혁명을 일으키고 있거니와, 원자력의

농업분야에의 이용은 무엇보다도 육종(育種) 분야에서 괄목상
대할 만큼의 발전을 가져왔다고 한다. 그리하여 각종 작물의
원자력에 의한 종자의 품질개량은 농작물 전반 부문에 걸쳐
서 광범위한 연구가 진행되고 있으며, 우리나라에서도 원력농
업의 연구가 시작되고 있는 중이다. 그런데 이러한 원자력의
이용은 품종개량의 부문뿐만이 아니라 케미칼·콘트롤 분야
의 이용과 함께 생화학, 발효화학, 합성화학, 인공식품공학의
분야에도 눈부신 발전을 거듭하여 왔다.

뿐만 아니라 미국에서는 감자, 소맥(小麥), 대맥 같은 곡류
에다 중선량(中線量) 조사(照射)에 의하여 곡충(穀蟲)의 살균
을 하게 되었으며, 며칠이 지나도 부패하지 않는 우육(牛肉),
2주일이 지나도 신선미를 갖고 있는 딸기, 통조림화 정육, 완
숙상태도 저장이 가능하여진 사과 등의 방사선 식품이 미국
슈퍼마켓에 등장하게 되었다고 한다. 이처럼 부패하기 쉬운
상품이라는 최대 약점을 지니고 있었던 농산물이 신선도를
유지할 수 있게 되었으므로, 이는 곧 식품저장법에 있어서 일
대 기술혁명이라고 아니할 수 없다.

둘째로 농업경영의 과학화와 전문화에서는 중점적 경영상
태의 확립, 겸업화 농업형태, 전문적 경영형태의 확립, 과학적
경영형태의 확립 등을 들었다.

중점적 경영형태의 확립: 도작(稻作) 중심으로 발전하여 온
우리나라의 농업에서 도작 이외의 다른 부분에다 중점을 두
는 경영방식을 채택하는 것은 당연한 일이다. 이를 말하여 플
러스(＋)·알파농업이라고 한다. 경영면에 있어서 수도작(水稻
作)은 가장 안전하며 현실적으로 당장에는 혁신될 수 없는

부동한 경영부문이다. 그러므로 이 도작에다가 다른 부문, 곧 알파부문을 첨가하여 중점적인 확대 발전을 기도함으로써 농업경영면의 혁신을 가져오려는 방법이 제시되게 된 것이다.

답면적(沓面積)이 적은 농민은 답작(沓作) 이외의 다른 경제농업을 하여야만 하는 데, 여기에는 다음과 같은 영농 유형을 생각해 볼 수가 있다.

① 수도＋낙농형, ② 수도＋양돈형, ③ 수도＋양계형, ④ 수도＋과수형, ⑤ 수도＋채소형, ⑥ 수도＋양잠형, ⑦ 수도＋특작형, ⑧ 수도＋공예품형, ⑨ 수도＋부업형, ⑩ 수도＋기타형

이상과 같이 수도작은 계속하면서도 그 외의 경제작목에다가 중점을 두는 경영방식에 의하여 경영 기초의 영세성을 탈피할 수 있으며, 이러한 '수도＋알파'이야말로 중점적 경영형태의 발전유형이라고 말할 수 있으므로 선진농가는 그 자연부락 내의 자연환경과 주산지의 형편에 따르는 작복과정에서 장래성이 있는 경제작으로 취합 선택하는 데에 신중을 기해야 하겠다.

겸업화 농업형태: 플러스·알파 농업과는 달리 토지가 세분화하고 도저히 농업경영을 사업으로 하여 가지고 발전적 경영을 도모할 수 없을 때에는 농업＋베타 부문에 의한 겸업경영을 해야 하는데, 이에는 '플러스·베타'의 농업으로서 다음과 같은 형태가 있다,

① 농업＋어업, ② 농업＋상업, ③ 농업＋공업(농촌공업), ④ 농업＋직장, ⑤ 농업＋자유활동

이러한 분업화에 대한 형태는 도시 주변에 있는 영세농가가 잉여노동력을 제공하여 봉급자 생활을 하면서 농업을 기여하는 형태가 많으므로 선도농가는 이러한 겸업경영에 대하

여는 농촌 공업화에 유의하여 농촌의 유휴노동력 인구의 분해책에도 관심을 가져야 한다.

전문화 경영형태의 확립: 앞에서 든 중점적 경영형태와는 달리 선도농가는 1정보 미만의 영세농가를 하여금 '플러스·알파'의 형태에서 떠나서 단순경영으로 사업화하는 경영방식을 채택하게 해야 한다. 이를 위하여 중·소도시 주변에 있는 영세농가가 자본집약적이며, 영세집약적인 경영방식으로 경제작목의 단일화 내지 전문화에 의하여 상품생산위주의 경제농업을 하도록 해야 할 것인데 이에는 다음과 같은 것이 있다

① '비닐 하우스' 재배 및 온실농업, ② '머쉬룸' 재배, ③ 관계 농업, ④ 낙농다각화, ⑤ 양돈다각화, ⑥ 양계 다각화, ⑦ 원예단일화, ⑧ 양잠단일공업화, ⑨ 양봉(養蜂)단일공업화, ⑩ 경제작물 단일공업화

이와 같이 농업경영의 형태를 단일화시키는 동시에 그 업태 및 품종을 단일화 내지 전문화하여 가는 경영형태를 확립하여 농업의 생산단지화를 도모하고, 계약 재배에 의한 시장조건의 확보와 더불어 총체적 출하와 총체적 판매에 의한 발전적 경영형태를 확립하여야 할 것이다.

과학적 경영형태의 확립: 협소한 경지에서 이것저것 복잡한 다각영농방식을 하여 가지고서는 도저히 농가소득의 비약을 가져올 수는 없다. 그러므로 '플러스·알파' 농업이나, 겸업화 방식이나, 또는 경영의 단일화 내지 전문화에 의하여 농업생산성의 분업적인 전문화가 발전되지 않을 수 없다. 그러나 농업경영보다 덜한 합리적 발전을 위하여 과학적 경영방

식이 출현하게 됨으로써 여기에 농업기술혁명의 비약적인 단계에 이르지 않을 수 없게 되어가고 있다.

① 농업의 기계화, ② 재배기술의 과학화, ③ 양축사육의 '오토메이션화', ④ 인공사료의 제조, ⑤ 인공강우의 조절, ⑥ 원자력의 이용 등 과학적 영농법의 등장에 의하여 농업기술 면에 있어서도 경이적인 발전을 하게 되었다. 헬리콥터 도작에 의하여 농약발포에서 수도(水稻)의 종자 직파(直播), 제초제의 발포를 하게 되었고, 클로레라 및 인공자료에 의한 양축, 양잠, 마타리식에서 케이지식 양계와 우인드리스 양계법 내지 양돈법, 원자력에 의한 품종개량 및 식품저장 등 이 분야는 실로 광범위하다. 이는 농업경영의 자본화 내지 과학화가 고도로 이루어진 선진국가의 경영형태라고 하겠는데, 우리나라의 농업도 이러한 기술혁명의 시대에 점차적으로 접근되어 가는 과정에 있다고 하겠다. 이와 같이 기술혁명이 농업분야에도 도래하고 있음을 먼저 깨닫고 나선 선도농가야말로 우선 이러한 기술을 위한 지식의 흡수나 견해 또는 관찰이나 연수에 힘써서 경영형태의 발전적인 유형을 선정하도록 힘써야 할 것이다.

셋째로, 플러스 · 알파 농업에서는 노동력의 합리화, 다각영농의 정반대, 농업소득 향상의 비상 등을 들었다. 플러스 · 알파농업17)이란 중점적 경영발전 유형의 농업이다. 우리나라에서도 최근 관심을 갖게 된 것을 도작(稻作)＋낙농, 도작＋양돈, 도작＋야채, 도작＋양계, 도작＋과수 등과 같은 5개의 경

---

17) 플러스(＋)는 보탠다는 뜻이고, 알파는 그리스 문자로 α字이며, 그 뜻은 有로 사용된다. 따라서 ＋α농업하면 어떠한 기본적인 작목(作目)에다가 어떠한 경제작목을 덧붙인 형태의 농업을 말한다.

영 유형이다. 따라서 이와 같은 '플러스·알파' 경영이 노리
는 목적에는 노동의 합리화, 다각영농의 정반대, 농가소득방
향의 비상 등 세 가지로 들 수 있다.

노동력의 합리화: 지금까지의 농민은 연중 6개월 정도의
노동을 하고 이 이외의 농번기에는 잠재실업 상태에 있게 되
는데, 이처럼 저소득자인 농민의 반년의 노력의 대가로 1년의
생계를 유지하여 왔다는 것이야말로 자본의 제2원인이었다.
그러므로 농민들도 연중 무직으로 매일 8시간 이상의 노동을
할 수 있게끔 노동력을 합리화시켜 여기에 플러스·알파 농
업의 의의가 있는 것이다.

다각영농의 정반대: 우리나라에서는 1정보(町步) 미만의
영세소농층이 절대적인 67.3%나 되는 농가경영 형태로서 더
구나 생계 위주의 영농은 복잡한 다각영농형이 많다. 그러기
에 농업기술의 전문화가 되지 못하였으며, 자가소비의 탈을
벗을 수 없음으로써 상품생산의 영농계획을 갖지 못하였던
것이다. 따라서 미(米)·맥(麥) 편중을 지양하면서도 다각영농
을 함께 지향하여 작촌체계를 효율적으로 세움으로써 합리적
인 농업경영를 이룩하자는 데 있다고 하겠다.

농가소득 향상의 비약: 1정보 미만의 농가가 자립 안정의
소득을 보게 되자면 그만큼 부족되는 수입을 다른 부문의 경
제작목에 의하여 보탤 수 있어야만 한다. 따라서 이와 같은
농가소득의 비약을 위해서는 중점적인 '플러스·알파' 농업의
경영 유형으로 선도농가는 경영혁명에 힘써야 한다.

3) 생활혁명

신석기 시대 이후로 인류의 생활은 농업화에 의존하여 왔으나, 현대에 이르러서는 공업화에 의존되어 있다고 하겠다. 그렇기 때문에 인류의 생활은 지금 '생활혁명'의 과도기에 처하여 있다고 하겠다. 경제발전은 하나의 '생활혁명'의 과정인 것이며, 원시적 생활양상에서 근대적 생활양상으로 전환하여 다시 현시대 생활양상으로 옮겨져 가고 있다. 인공식품, 인공섬유, 인공목재, 인공철재 등의 출현은 인간생활의 새로운 혁명을 가져왔다. 그러므로 '생활혁명'은 현대적인 의미에 있어서 자본의 형성화와 문화의 형성화를 의미한다고 하겠다.

이처럼 현대적인 생활혁명의 소용돌이 속에서 조국은 이제서야 근대화 과정으로 돌진하여 들어가기 위하여 몸부림치고 있으며, 현대화로 비약하기 위한 선행조건 충족의 단계에 이르렀다고 하겠다. 여기에서 이 나라의 농촌사회에서도 농민의 신정신혁명과 농업의 기술혁명과 더불어 농촌의 생활혁명에의 합리화를 찾아내지 않을 수 없는 단계에 도달하였다. 사회발전의 역사가 도시사회와 농촌사회의 비약적 분화를 가져왔던 엊그제에서 오늘의 현대사회는 도시의 전원화와 농촌의 도시화가 병진(竝進)되어 가는 현대화의 과정으로 발전되어 나아가고 있다. 소에서 대에로의 발전은 사회발전의 원리인 동시에 창조를 위한 하나의 원리이기도 하다.

그것은 축적의 원리이며, 증대의 원리이며, 발전의 원리이며, '생활혁명'의 원리이기도 하다. 그러므로 현대적 혁명의 관찰은 실로 ① 인간적 정신혁명, ② 산업적 기술혁명, ③ 사회적 생활혁명에 의한 3대 혁명에서만이 그 의의를 발견할

수 있다고 하겠다.18)

생활혁명을 한 사례(1)　　　**보물섬의 주인**19)

앙상한 나무 한 그루에 쌀 한 가마의 꿈을 실은 蜜柑나무!
이는 納島섬 사람들의 부푼 보배나무이기도 한 것이다. 고구
마와 보리밖에 모르던 이 작은 納島섬의 처녀들은 쌀 한 말을
먹고 시집가는 것이 하나의 悲願이었다고 합니다. 그런데 지
금 이 섬에서는 ‘머스마’를 서울의 大學에 留學시키는 꿈이
아닌 現實이 되게 되었다고 합니다. 蜜柑이 첫 열매를 맺은 3
년 전부터 가난하기만 하였던 이 섬은, 이제는 寶物섬처럼이
나 이웃 섬사람들에게는 부러움의 樂園인 섬라가 되게 된 것
입니다.

　13년 전에 故 禹長春 博士가 日本에서 歸國하여 南海岸 一
帶를 돌아보고 겨울철 最低 氣溫이 6도를 내려가지 않은 것은
蜜柑을 심기에 적당하다고 섬사람들에게 일깨워 주었다는 것
입니다.

　그리하여 금시 밀감이 열리게 되는 줄만 안 이웃 섬에서는
다투어 밀감나무를 심었으나, 그 결과는 실패가 되고 말았습
니다. 그럼에도 불구하고 納島의 先導者인 朴鍾植 씨는 이 실
패의 원인을 여러 모로 분석하여 본 나머지, ‘欲知島에는 누군
가가 심은 20년을 묵은 밀감나무 한 그루가 玩賞用으로 있는
데, 우리는 왜 실패하였는가?’ 하고 생각하여 보다가 마침내
肥培나 病蟲害 등에 대한 지식 부족으로 관리를 잘못하였다는
데에서 실패의 원인을 알아내게 되었다고 합니다. 그리하여
朴 씨는 郡의 補助를 얻어서 56년에 苗木 2백 그루를 섬 안
에다가 심게 되었습니다. 섬 둘레에 담장을 쌓는 것처럼 되어
있는 冬柏 나무를 방충림으로 삼고서 햇볕이 잘 드는 남쪽을

---

18) 위의 책, p.120.
19) 위의 책, p.126-128.

골라 양지 쪽에다 심었다고 합니다. 이리하여 朴 씨의 성실한 연구는 이 苗木을 키우는 데에 성공하였던 것입니다. 그 다음 해인 57년에는 李德男 씨 등 두 사람이 백 50그루를 심어, 또 성공을 거두게 되자, 도에 사람들도 비로소 용기를 얻어 너도 나도 심기 시작하여 3천 그루를 심어 왔으며, 65년도에는 5천 그루를 심게 되었다는 것입니다. 이와 같이 어린이를 키우듯이 조심스럽게 키운 귤나무는 8년만에 성목이 되어 처음 6백 평에 90그루를 심었던 朴 씨는 63년에 비로소 70개의 蜜柑의 첫 收穫을 할 수가 있었다. 그리하여 개당 5백 원씩에 팔아 3만 5천 원의 收入을 올리게 되었던 것입니다. 成木이 된 한 그루에서 6개를 따게 되면 蜜柑나무 한 그루에서 쌀 한가몫이 生産되는 셈이 된다고 합니다.

....

오늘날 모래땅 위에다가 朝夕으로 물을 주어가면서 蜜柑나무를 길러 이것만으로도 年間 輸出額 8천만 $를 올리고 있는 이스라엘을 볼 때에, 年間 降雨量 평균 1천 2백미리나 되는 우리나라의 南海岸 一帶를 蜜柑生産團地로 만들기 위하여 정부는 蜜柑團地 5個年計劃을 세움으로써 蜜柑붐을 불러 일으키게 되었습니다.

생활혁명을 한 사례(2)　　　**해원농장의 경우**[20]

朴海秀 씨는 全國農業技術者協會의 慶南支部長이며 農村振興廳 4H技術交換農場長 등 수많은 職責을 가지고 있는 가장 뛰어난 先導農家의 한 분으로서 또한 '조용한 革命'의 엘리뜨로서 이미 實踐에 옮기고 있는 偉大한 農村指導者의 役軍입니다.

처음에 그가 20평 땅에다 종이로 길다란 온실을 만들고 토마토 栽培를 실험하여 성공하게 된 것은 1947년 11월이었다고 합니다. 그리하여 48년에는 本格的으로 착수하여 1천 평이나 되는 땅에다가 종이로 栽培舍를 지어 苗種을 옮겨 재배하

20) 위의 책, pp.136-138.

는 데에 성공함으로써 다른 어떤 農産物보다도 10배 내지 20
배의 이익을 보게 되었다고 합니다.

그리하여 우리나라에서도 農事用 '비닐'이 생산되면서, 겨울
철에도 놀리는 勞動力을 이용할 수 있는 '비닐·하우스' 농업
의 발전적인 선진농가가 되게 되었으며, 현재는 김해군 전역
이 '비닐·하우스' 農法에 의한 高等菜蔬栽培에 종사하여 지
난 66년만 하여도 金海郡內의 4천2백23호가 1천7백 정보에서
6만5천1백32톤을 생산하여 총 9억3천3백만 원을 벌어들임으
로써 農家戶當 平均 純收益이 23만 원이나 되게 되었다고 합
니다.

이와 같이 郡 전체가 高度의 技術 普及에 의하여 季節에 구
애됨 없이 언제라도 자유롭게 신선한 高等菜蔬를 생산하여 낼
수 있게 되었으며, 1963년부터는 우리나라에서 처음으로 까다
롭고, 절차가 복잡한 美8軍 軍納의 길까지 터놓게 될 수 있었
다고 합니다. 그리하여 첫 해에 1만2천$, 64년에 2만$, 66년
에 5만$, 67년에 10만$를 목표로 하기까지 되었다고 합니다.

그가 부모로부터 물려받은 遺産은 小作料를 물고 나면 먹을
식량조차도 모자라는 논·밭 3천 평과 초가집 두 채뿐이었다
고 합니다. 年中 쉬는 계절없이 高等菜蔬를 재배할 수 있는
農地를 확보하기 위하여 海拔 4백미터나 되는 부락 뒷산인 金
海邑 三芳洞의 버려진 林野 1만 평을 59년에 개간하게 되었
습니다. 그리하여 이 땅에서는 배추, 오이, 무 등을 자연적으
로는 適正期도 아닌 氣溫 27℃의 한 여름에 재배시키는 데에
있어서 기술적인 혁명에 성공할 수 있었다고 합니다. 이러한
놀라운 사실에서 의욕을 불러일으키게 됨으로써 이웃 농민들
도 山地 開墾에 힘을 모아 60년에는 농민들의 자력으로써 5
만여 평을 개간하게 되었으며, 이와 같이 朴 씨는 오늘날 피
땀으로 3만여 평의 山地 開墾을 하여 '海原農場'을 이루어 놓
게 되었습니다.

또 그는 65년에는 1백만 원의 私財를 들여 50여 평의 農民
技術研修場을 마련하여 농민들의 技術 研修에도 직접 발벗고

나섰으며 聯人員 3천5백여 사람에게 기술습득을 시켰다고 합니다. 그리고 福祉農村의 建設事業에도 私財 20여만 원을 들여, 길도없는 자갈밭에 1천6백 미터나 되는 道路를 닦았다고 합니다. 또한 農業開發을 위한 部落農地改良契를 65년에 組織하였고, 현재도 동네 앞 活川地區 耕地整理事業에 推進委員長이 되어, 農村의 生活革命에도 앞장서고 있는 것입니다.

생활혁명을 한 사례(3)   **새 농민 여인상**21)

忠北 沃川郡 靑城面 長達里의 金貞愛 양(28세)은 67년 8월 15일에 農協이 주는 ‘새 農民 女人像’으로 선정되었습니다.

金 양은 農民의 딸로서 7남매 중의 둘째이며, 가난 때문에 국민학교를 4학년에서 그만두게 되어, 14세 되는 해부터 釜山과 서울에서 식모살이와 行商을 하게 되었다고 합니다. 그런데 月給이라야 한 달에 7백 원꼴밖에 되지 않음에도 불구하고, 그것을 한 푼도 쓰지 않고 꼬박꼬박 모아서 모두 우편저금을 하였다고 합니다. 그리하여 12년 후에는 18만 원이 되었습니다. 농민의 딸인 김 양의 꿈은 항상 흙에 있었고, 농민잡지를 탐독하여 ‘숨은 常綠樹’가 되기를 염원하여 왔던 만큼, 66년 2월에는 그 피땀어린 18만 원을 찾아가지고 고향으로 내려갔다고 합니다.

그리하여 집에서 2Km나 떨어진 ‘불당골’의 메마른 산 13평을 사서, 움막 속에서 살면서 개간하기 시작하여, 1년만에 혼자의 힘으로써 1만2천 평을 개간하여 내어 감자, 옥수수, 콩을 갈고 나머지 산에는 뽕나무, 낙엽송, 포플러 5만여주를 심었다고 합니다.

처음에 그 땅을 사려고 할 때, 가족은 물론, 이웃 사람들의 맹렬한 반대에 부딪혔다고 합니다. 또한 부락민들도 ‘동네 망할 징조’라고 펄펄 뛰었다는 것입니다. 그러나 아무도 ‘흙의 革命’과 ‘조용한 革命’의 투사가 되어 보겠다는 꿈을 실현할

---

21) 위의 책, pp.138-140.

김 양의 의욕을 꺾을 사람은 없었던 것입니다.

荒蕪地에다가 돌산이나 다를 바 없는 메마른 山地를 하루 종일 파헤쳐도, 처음에는 하루 5평 이상을 개간하기가 어려웠다고 합니다. 더구나 보드라운 女子 손 끝에 피가 맺히고 지게질 때문에 허리에 멍이 들었지만, 땅을 파헤치는 金 양의 솜씨는 몇 달 후에는 남자보다도 재빠르게 되었다는 것입니다.

그리하여 두 달째 땅을 개간하였을 당시에 植木日이 닥쳐왔습니다. 沃川郡에서는 '여성이 애를 쓰니 한번 보아주자'고 부락민에게 지시하여 50여인의 부락민이 동원되어 처음으로 그의 땅에다가 뽕나무 1만주를 심어주게 되었다고 합니다.

처음에는 이상한 여자 때문에 산꼭대기까지 오르내린다고 불평하던 부락민들도 이제와서는 아무도 개의하는 사람이 없으며, 의젓한 기와집 한 채에다 가을에는 70만 원 상당 이상의 수입을 보게 될 한 農家主가 된 데에 대하여는 김 양의 굳센 의지와, 그 정열, 그 용기에 경탄하지 않을 분이 없게 되었습니다.

이처럼 無에서 有에로의 비약을 기적 아닌 현실 속에서 示範하게 된 金 양의 精神革命이야말로, 모든 農民의 자랑스러운 새 농민 像으로서 내일의 福祉農村 建設의 主人公이라고 해도 과언이 아닐 것입니다.

"한창 고생할 때는 쌀 3되로 한 달간을 살아보기도 하였다"는 김양의 忍耐力은 "남자가 벌어다 주는 것을 갖고 바가지 긁는 여자가 되기 싫어서, 농장 만드는 일을 시작하였다"고 하면서, 金 양은 자기 나름대로의 5개년 계획과 10개년 계획을 갖고 있다는 것입니다.

그러기에 5개년 계획이 끝나는 70년에는 2만 평이 완전히 개간되어서, 양어장과 蠶室이 늘어나고 낙엽송과 뽕나무도 3만주 가량 들어서게 될 것이며, 70년대에는 조림에 힘을 쓰고, 영세 농가를 차례로 입주시켜서 福祉文化의 '희망촌'을 건설하는 것이 그녀의 꿈이라고 합니다.

"배고픈 설움이 무엇보다도 크다는 것을 알기에 불쌍한 농

민을 위하여 일생을 바치겠다"는 金貞愛 양이야말로 福祉文化
國家 建設에 앞장선 先導農家의 女主人公이 아니고 무엇이겠
습니까? 金 양처럼 '조용한 革命'의 革命 엘리뜨가 全國 5萬
自然部落에서 보람찬 三大革命의 사명을 완수할 때, 서기
2000년대를 바라보는 우리들의 농촌은 가장 살기 좋은 새 마
을로 바꾸어 가게 될 것입니다.

상허는 이와 같이 농업발전의 제1단계로 농민의 정신혁명,
농업의 기술혁명, 농촌의 생활혁명의 3대 혁명을 들었고, 제2
단계로는 농업경영의 안정화, 제3단계로는 농업자본의 형성
화, 제4단계로는 농촌공업화의 구현, 제5단계로는 농·공병진
과 농업성장을 들고 있다.

다음의 내용은 상허의 각 단계의 요약으로 그의 저서인 「한
국농업의 미래상」에서 간추린 것이다.

4) 경제안정화의 단계22)

공업입국을 목표로 하는 농업개발의 제2단계는 경영 안정
화의 단계이다. 농업개발을 위한 제1단계에서는 앞에서 서술
한 대로 농민들이 자각분발하고 선진농가가 등장하여 자연부
락 단위로 생산·기술체제를 자생적으로 조직화하게 되어 정
부의 정책적 지원과 3대 혁명의 개시에 의한 모든 조건을 받
아들일 수 있을 만한 체제가 갖추어지면, 제2단계에서는 적자
부채생산에 허덕이던 생계농가가 점차로 성장 변화하여 중점
적 개발유형의 안정농가로 발전되어 가는 것이 그 특징이다.

---

22) 劉錫昶, 「韓國農業의 未來像」, 서울: 建大出版部, 1967, pp.257-327 참조.

(1) 생계농가에서 안정농가에로의 전환

우리나라의 대부분의 농가가 생계농가(生計農家)에서 탈피하려는 몸부림은 농촌 근대화의 첫걸음이라고 해도 과언이 아니다.

이 생계농가의 특징으로는 ① 자급자족적 농업경영, ② 경영과 가계와의 미분리, ③ 봉건적인 가족노력 경영, ④ 비상업적 농업생활 등의 4대 성격을 지적하여 낼 수가 있을 것이다.

따라서 이러한 생계농업은 농업경영의 목적을 비영리적인 생업 위주에다가 두고 있으므로, 이는 비자본제적(非資本制的) 생활양식에서 정체되지 않을 수 없다. 그기에 그것은 성장농업이 될 수 없으며, 우리나라와 같이 경지면적이 영세화될 때에는 농업경영만으로는 그 생계 위주의 목적이 적자부채의 누진화로 말미암아, 오히려 빈곤의 악순환에서 벗어날 수 없는 함정에 빠져버리고 말게 된다.

그러므로 이러한 전근대적인 생계농가가 빚을 지지 않고, 다소나마 생계 충족을 할 수 있으며, 또 한 걸음 나아가서는 가계 충족에서 남아 떨어지는 잉여소득을 축적해 갈 수 있는 정도가 된다는 것은 곧 자립안정농가(安定農家)가 된다는 것이다.

그기에 자립안정농가라는 것은 빚을 안 지고도 농업경영을 할 수 있으며, 또 발전적인 확대 재생산을 위하여 부채를 짊어진다고 하더라도 농업생산에서 소출되는 수입에 의하여 생활을 영위하고도 그 남은 잉여소득을 가지고 부채청산을 할 수 있는 정도가 되어야만 한다.

이 때문에 생계농가가 비자립적 경영 상태에 있음에 비하여, 안정농가는 자립경영을 할 수 있다는 것이 그 특징이다.

이는 다시 말하여 안정화된 경영 형태를 의미한다. 이처럼 경영의 안정화는 안정농가의 특징인 것이다. 이러한 안정농가에는 다음과 같은 두 가지 유형을 찾아볼 수 있다.

첫째는 가족적 자립안정농가이며, 둘째는 협업적(協業的) 안정농가를 말한다. 전자가 가족적 노력경영에 의하여 개별적인 자립안정농가가 되는 데 비하여, 후자는 1정보(町步) 미만의 영세농가가 부분협농에 의하여 농업경영의 안정화를 이룩하게 된 협동적인 안정농가가 됨을 의미하는 것이다. 그러므로 농업개발의 제2단계에서는 생계농가가 자발적 개발유형의 가족적 자립안정농가로 발전되거나 또는 협업적 안정농가로 성장되어 가는 단계로 올라서게 되어야 한다.

선도농가(先導農家)는 자기 스스로가 개별적인 자립안정농가가 되어서, 자연부락 내의 전 농가가 안정농가로 될 수 있게 해야만 될 것이다. 또 그렇지 않다면 부분적 협업경영(協業經營)에 의하여 부락(部落) 안의 전 농가가 안정농가가 될 수 있도록 창조의 비약을 위한 전개 내지 발전과 함께 계획의 수립이나 협동적인 실천이 있어야만 할 것이다. 그리고 정부는 이러한 안정농가 조성을 위한 선도농가를 뒷받침하여 주는 데에 있어서 정책적 지원을 적절하게 해야 할 것이다.

(2) 중점적인 농업경영의 안정화

농경지의 확대를 주목표로 하는 안정농가 조성사업에서 주곡(主穀) 플러스(+) 알파(α) 부분인 경제농업부문, 즉 축잠(畜蠶), 특작(特作), 원예(園藝)에다가 중점적인 개발을 서둘러서 주산지(主産地) 조성과 안정농가 조성을 관련시켜 나아가면

서, 동시에 농가경제면에서 볼 때, 적자부채를 모면하여 경제
상의 안정화가 이룩되는 길이 곧 개별적 자립안정농가의 방
도가 된다고 하겠다.

그러므로 경지(耕地) 확대를 주로 한 안정농가 조성사업은
이를 지양하여 개간간척사업에 의한 경지 확장은 토지기반
조성사업과 관련시켜서 대대적인 국가적 농지조성사업 내지
토지개량사업과 병진(並進)시켜야만 한다. 이러한 중점적 농
업발전 유형부문별로 든다면 ① 주곡＋낙농형, ② 주곡＋양돈
(養豚)형, ③ 주곡＋양계(養鷄)형, ④ 주곡＋양잠(養蠶)형, ⑤
주곡＋원예형, ⑥ 주곡＋특용작물, ⑦ 주곡 단일작의 안정화
등을 들 수 있다.

이상에서 말한 바와 같이 안정농가의 조성은 한국의 전체
농가로 하여금 농업경영의 안정화를 이룩할 수 있는 농업발
전의 재2단계에서 구현되어야 할 것이다. 안정농가라고 하면,
차야노프(Tshayanow)의 말과 같이 '생산과 소비의 과부족이
없는 농가'라는 범주에서 보다 더 비약할 수 있는 농가가 되
어야만 하겠다. 그러므로 농경지의 대소를 막론하고 농업 경
영면에서 안정화의 단계를 넘어서지 않고서는 결코 영리화(營
利化)나 기업화로 성장될 수 없으므로, 모든 농가가 기업농으
로 발전되려면, 우선 제2단계의 과정인 농업경영의 안정화에
유의해야 할 것이다.

슘페터(J.A. Shumpeter)가 말한 바와 같이 "자본주의의 번
영은 기업정신에 의존된다"는 것이 농업부문에 있어서도 적
용되어야 할 진리라고 말할 수 있다면, 농업을 자본주의적으
로 발전시키고, 또한 농민 스스로가 자본가로 될 수 있는 그
첫 출발점은 곧 생계농가가 적자부채의 농업경영의 불안정을

조속히 극복하여 안정농가의 계층으로 전환되지 않고서는 안
될 것이다.

이와 같이 농업발전의 제2단계가 농업경영의 안정화의 단
계라는 것은 우리나라와 같은 경제적 초기 단계의 국가에 있
어서는 필연적인 과정이라고 하겠다. 그리하여 이러한 안정농
가에 의하여 의욕적이면서도 혁명적인 신흥농민층이 선도농
가로 등장하고, 안정농가에서 영리농가로의 성장을 하게 될
때에, 농업발전의 3단계는 도래하게 된다고 하겠다.

5) 자본 형성화의 단계[23]

농촌발전의 제3단계는 농업경영의 안정화에 의하여 자립안
정농가로 올라선 농민들이 점차적으로 흑자잉여된 저축을 확
대 재생산하기 위한 방향으로 경영의 합리화를 모색하게 되
고, 여기에 개별적인 자립안정농가는 일층 더한 농업경영의
영리화를 추구하게 된다. 또한 중점적 부문의 부분협업에 의
하여 경영의 안정화를 이룩한 협업농가도 이윤의 극대화를
위하여 이제까지 중점적인 부문에다가 활력을 기울이게 되는
나머지, 알파 농업의 중점적인 부문에서 전업화로 이행하게
되어야 할 것이다.

그러므로 농업발전의 제3단계에서는 곡물생산은 농민의 식
량수요량(食糧需要量)의 자급자족(自給自足)의 한계를 넘어서,
잉여양곡을 수출 또는 사료부분으로 돌릴 수 있어야 한다. 따
라서 축산업이 급속적인 성장요인을 갖출 수 있어야 하며, 생

---

23) 위의 책, pp.327-408 참조.

산단지의 형성에 따르는 수출농업 및 수입대체농업의 성장과
함께, 농가형태는 '안정농가(安定農家)가 영리농가(營利農家)'
계층으로 성장 발전하여 가는 단계가 된다.

이와 같이 제3단계는 농민들의 자본의 여력이 축적되어 농
업자본 형성화가 이룩됨으로써 그야말로 농민도 자본가로 나
타나기 시작하는 단계이다.

(1) 안정농가에서 영리농가에로의 성장

농업경영의 안정적 단계에 진입한 안정농가는 연간 저축을
증대하여, 이 축적된 자본을 중점적 부문으로 투입하여 확대
재생산을 함으로써 이윤 생산으로 전환하여 중점적 농업의
전문화로 돌입하여 가게 된다면, 영리농가(營利農家)로 성장
될 수 있을 것이다.

이와 같이 선택적 확대 재생산의 단계로 진입하게 된 개별
적 자립안정농가가 이윤생산의 영리화로 성장되기 위하여는
상품생산농업이나 계약생산농업을 영위하여야만 한다. 그런데
여기서 조심하지 않으면 안되는 것은 단일작목으로 중점적인
전문화가 이룩되어야 한다는 점과 이에 따르는 시장개척 및
농산물의 저축법의 발전이 아울러 병행되어야 한다.

따라서 농산물의 증산 내지 확대가 가격폭락의 원인이 되
어, 오히려 풍년기근(豊年飢饉)의 결과로 역행되기 쉬우므로
중점적 부문의 확대 재생산은, 그것이 시장의 가격폭락을 초
래하게끔 하지 않는 범위 내에서 농산물의 출하와 판매가 합
리적으로 이룩되어야 한다.

그러므로 제3단계에 돌입하게 된 농업의 발전적 필연성으

로 말미암아, 농산물의 협동출하나 가격 유지 내지 그 적정화
와 이에 따르는 계약 재배가 이룩되어야만 한다. 이를 위하여
는 여기에 생산지 조성에 따르는 단지농업과 협동농업이 발
전되어야 한다.

따라서 농업발전의 제3단계에서는 개별적 가족농의 영리화
보다도 중점적 부문의 협동적인 영리화가 보다 더 발전하게
되는 단계라고 하겠다.

(2) 중점적 부분의 전업화책

농업발전의 제2단계에서 알파 부문의 집중적인 발전에 의하
여, 주곡＋알파의 각 유형별로 주산지를 조성하여, 그것이 제3
단계인 영리단계로 넘어서게 되려면 주곡부문보다도 이윤이
더 큰 부문인 α 부문으로 전업화(專業化)하여 가야만 한다. 이
는 곧 농업경영이 안정화에서 비약하여 영리화로, 한 단계 올
라서기 위한 경영혁신의 당연한 과정이라고 하겠다. 그리하여
주곡부문은 점차적으로 부업의 위치로 물러서게 되거나 그렇
지 않으면, 전업화 부문인 축산부문의 사료작물 재배지로 전환
되든지 또는 다른 경종부문으로 전매되어, 전업화 부문의 선택
적 확대 재생산을 위한 자본 형성화로 전화되어야만 한다.

그리하여 영리농가의 형태는 ① 낙농전업화 또는 비육우
전업화, ② 양돈전업화 또는 면(산)양 전업화, ③ 양계전업화
또는 양돈전업화, ④ 양잠전업화 또는 양봉전업화, ⑤ 과수전
업화 또는 채소전업화, ⑥ 경재작물전업화 또는 농가부업전업
화, ⑦ 미작전업단일화(이모작), ⑧ 전작전업단일화(이모작~
삼모작) 등으로 농업경영상의 영리화를 기획하는 방향으로 전

문화되어 나아가야만 한다.

　이와 같이 농업발전의 제3단계의 특징은 농업경영의 영리화를 위한 전업화가 발전되어 가는 데에 있다고 하겠다.

　이상과 같이 농업발전의 제3단계는 안정농가에서 영리농가로 상승해 가는 단계이며, 영리농가는 중점적 협업화 내지 협동경영에 의하여 주산지별로 단지농업을 발전시키고, 따라서 계약재배에 의한 원료농업으로 전화해 들어가는 단계인 것이다.

　또 이 단계에 이르러 주곡의 생산은 자급자족선을 넘어서 잉여주곡에 의한 사료의 확보에 의하여 토지 없는 농업이 될 수 있는 축산부문이나 또는 특작 내지 기타 경제농업부문으로 자본집약적인 사업화에 의하여 영리농가는 농업수지상의 이윤과 흑자잉여를 축적하여 농업자본의 형성화를 점차 집중화하며, 또한 농산물의 계통적 출하와 계통적 판매에 의한 농산물 시장이 일원화되고 또한 현대화된 슈퍼마켓으로 발전되어 가는 단계라고 하겠다.

6) 농촌 공업화의 단계[24]

　한국 농업의 발전에 있어서 제4단계는 상업적 농업으로 전환하는 단계이다. 제3단계의 영리농가는 전업화에 의하여 기술의 혁신을 완수하게 되었으며, 보다 더한 이윤을 추구하기 위하여는 상품생산농업으로 진일보하여 기업농가로 등장하여야만 한다.

　이처럼 기업농가라는 것은 곧 상업적 농업을 하는 농가를 말한다고 하겠다.

---

24) 위의 책, pp.409-528 참조.

이와 같이 농업발전의 제1단계에서 적자부채의 생계농가가 제2단계의 안정농가로 올라가고, 다시 제3단계의 영리농가로 향상하여 제4단계인 기업농가로 전화되기까지에는 오랜 세월이 흘러가야만 한다. 제3단계에서는 영리농가가 전체 농가의 30% 이상을 차지하였으나, 제4단계에서는 기업농가 20%에서 30%로 성장되는 대신에, 생계농가는 16%에서 14%로 줄어들고, 안정농가도 25%에서 23%로 축소되어 가는 단계가 제4단계의 농업발전의 현상인 것이다. 그리하여 농업인구의 구성비도 42%선에서 39%선으로 일층 줄어들게 되고, 이들 축소되는 농업인구층이 농촌공업화나 또는 기타 부문에 흡수되어 가는 것이다.

이리하여 제4단계는 개별적 기업농가가 30% 이상으로 성장하게 되는 반면에, 부분적 협업농의 농촌공업화에로의 전환이 진행되어 간다. 따라서 농업경영은 상품농업 내지 원료농업으로 발전해 가는 단계인 것이다.

이 단계에 있어서 기업농의 경영규모는 경지면적이 5~20 정보로 확대하여 가고, 연간 농업소득은 1백만 원 내지 1천만 원의 수준이 된다. 농업고정자본의 형성도 3백만 원에서 3천만 원대로 증대되고, 농업투자도 50만 원에서 3백만 원 선으로 된다. 그리하여 연간 저축도 50만 원에서 3백만 원 이상의 실적을 올릴 수 있는 정도라고 하겠다.

그러므로 농업발전의 제4단계에서는 ① 영리농가에서 기업농가에로의 향상, ② 상품적 원료농업의 발전, ③ 농촌공업화의 규모, ④ 농업경영의 기업화 등의 4대 특징을 나타내게 되는 것이다.

(1) 영리농가에서 기업농가에로의 향상

농업생산양식이 제3단계의 농업발전기에서는 중점적 부문의 단일전업화에 집중적 발전을 하여, 제4단계에 들어서게 되면 완전히 상품생산의 농업으로 성장하게 되고, 생산지대의 발전과 함께 계약생산양식으로 전환된다. 즉, 그 동안 영리농가는 자본축적에 의하여 확대 재생산을 위한 기업농가로 향상할 수 있는 태세가 갖추어지게 되는 것이다. 그러므로 수출농산물이나 수입대체농산물의 생산부문이 괄목상대(刮目相對)할 만한 성장을 하게 되며, 이러한 원료농산물의 생산이 농촌 공업화의 발전적 요인이 되는 것이다. 이리하여 주산단지에 따르는 대량생산 내지 대량거래가 계약생산과 계약사육에 의하여 농산업의 기업화를 일층 자극시키고, 자본가적 기업농가가 대량경영의 이득을 보기 위하여 기계화 성력농법(省力農法)에 의한 노동생산성의 제고에 치중하게 된다. 이와 같이 상업적 농업에 의한 자본가적 기업농이 등장하기에는 많은 애로가 있다. ① 농경지에 비해 과잉된 농업인구, ② 농산물에 대한 시장성의 협소, ③ 농업자본의 부족, ④ 사지소유의 제한에 따르는 3정보 이상의 소유금지 등의 여건이 타개되지 않는 한, 농업의 자본가적인 기업화는 매우 어렵다고 할 것이다.

그러나 농업발전의 제4단계에 들어서면 대경영의 개별적 기업농가뿐만이 아니라, 중점적 부문의 협업경영에 의한 기업농가도 나타나게 되어, 농업경영 형태가 상업적 농업으로 전환함으로써 농업은 기업경영으로 변모하게 되는 것이다.

이처럼 농업경영의 기업화가 이룩되기 위하여는 ① 농민의 조직, ② 기술체계의 확립, ③ 수요의 변화, ④ 시장제도의 발

달, ⑤ 농산물가격수준의 적정화 등의 제반 선행여건이 성숙됨
으로써 비로소 농업경영의 기업화가 가능하여지게 되는 것이다.

(2) 농촌 공업화의 전개

농업개발의 제4단계에서는 농업경영이 기업화로 이행하게
되는데, 단지농업의 발전에 따르는 축산가공·농산가공·사료
공업·제사공업·특수농산물원료공업·농기계공업·기타의
농촌 공업이 현저하게 성장하는 것이다. 그러므로 농촌지역의
소득수준이 향상되고 계절적 실업도 어느 정도 해소되며, 농
촌 공업에 의하여 흡수되는 농촌 노동력인구도 점차 감소되
어서 농업 노동력이 희귀하여지게 된다. 그리하여 공업의 지
방 분산과 지역적 특수화가 진전되는 것이다.

이 때문에 농촌 공업의 특색을 고려하여 농촌 공업의 대상
이 되는 농·임·수산물을 원료로 하는 제조업과 농촌소비재
내지 특산품공업은 가능한 한도 내에서 농촌으로 분산 내지
유치시켜야만 하겠다. 이처럼 공업의 지방 분산에 따르는 농
촌 공업의 발전에는 사회간접자본의 확충에 의하여 발전적
효과를 높이기 위한 공업화의 환경조성이 필요한 것이다. 즉,
교통, 전력, 용수, 원료, 수송 등의 제반 입지조건이 선행되어
야 하는 것이다. 그러기에 가급적이면 농촌수요 의존형이나
또는 농·수산물원료 의존형인 식료품공업, 음료품공업, 섬유
공업, 장신구·피혁·목재·원목·원모·돈모·양모 등의 공
업, 죽재·완초·박하유 등의 공업, 견직·사기·석재·수산
가공·펄프·선광·농기구 등의 공업, 사료공업, 비료공업 등
은 우선적으로 농촌에 입지할 수 있도록 농촌 공업의 육성책

이 선행되어야 하겠다.

이상과 같이 농업개발의 제4단계는 기업농가가 등장하여 원료농업을 발전시킴으로써 농촌 공업화를 촉진시키게 될 뿐만 아니라, 농가는 농촌 공업화에 있어서 유휴노동력을 제공하여 겸업소득에 의한 농가소득의 향상과 더불어 남아도는 자본여력을 비농가 부문에다가 투자할 수 있게끔 되어야 하며, 농촌 공업부문에서도 농업 이외의 소득을 올릴 수 있는 단계라고 하겠다.

그러므로 제4단계부터 농업은 경종(耕種) 부문(部門)보다도 축산업 부문의 비약적인 발전을 전진시켜 가도록 장족의 경영혁신이 수행되어 나가야만 한다. 국민의 식량을 충당하기 위한 곡물산업이 국내의 수요량을 초과함으로써 나머지 잉여 곡물을 사료부문으로 전환시켜 낙농, 양농, 양계 등의 기업화가 일층 진일보하게 되고 농업기계화가 점차 진행되어 가게 되는 것이다.

따라서 이 단계에 있어서의 선도농가는 부락 발전을 주산단지화(主産團地化)와 함께 농촌공업화에도 연관시킴으로써 복지농촌 건설의 기초 공사가 완료되어 가는 단계라고 하겠다. 나아가 농촌개발의 제4단계에 있어서 전체 농가호수의 30% 이상을 차지하는 기업농가가 농업부문별로 단지농업 내지 센터농업에 참가하여야만 되는 것이다. 이처럼 제4단계에서는 농민의 자본여력이 누진되어 가는 단계라고 하겠다.

7) 농·공병진과 균형성장의 단계[25]

농업개발의 제5단계는 농·공업이 균형 성장을 하는 농·공병진(農·工竝進)의 단계이며 동시에 농업이 근대화되어 가는 단계인 것이다. 그러므로 제4단계에서 기업농가의 등장과 농촌 공업화의 고도한 성장은 선도산업으로서의 농업의 발전에서 현대적 공업국가로 전향하여 가기 위한 농·공병진의 단계로 돌입하여 가게 되는 것이다.

경제성장은 도약단계를 거쳐서 성숙단계에 들어섰으며, 고도한 대중소비단계로 전환하여 가려는 시기이다. 그러므로 농업발전의 제5단계는 농산물의 3대 혁신이 완수되어 가는 단계인 동시에, 농업경영의 현대화가 이룩되어 가는 시기인 것이다. 이제 이 제5단계에 있어서의 특징을 들어 본다면 다음과 같다. ① 법인농장 내지 주식농장의 등장, ② 농·공병진과 농업기계화, ③ 농민자본가의 출현, ④ 농업경영의 현대화의 4대 특징을 들 수 있다. 우리나라에서 농업발전의 제5단계가 출현되는 시점은 1995년도 이후부터 2000년대 초기라고 예측할 수 있다. 이 시기가 되면, 우리나라의 자본주의는 고도로 발달하게 되어 농업인구는 점차적으로 감소하여 총인구의 36% 이하로 줄어들게 될 것이다.

그러므로 제4단계에서 농업개발의 프론티어적인 구실을 담당하여 왔던 선도적 기업농가는 고도로 성장된 자본주의체제와 대결하여 나아가기 위하여, 개별적 기업농가의 법인화와 부분적 협업농의 완전법인화로 진행되어, 소농장에서 대농장으로 합동 내지 주식화로 발전되지 않을 수 없게 되는 것이다.

---

25) 위의 책, pp.529-600 참조.

이러한 법인농장의 경제규모도 10정보 내지 20정보의 소농
장에서 1백 정보 내지 2백 정보의 중농장과 3백 정보 내지 5
백 정보의 대농장으로 재분화하여 가지 않을 수 없게 될 것
이다. 그리고 연간 농업소득도 1천만 원 이상이고 연간 저축
도 3백만 원을 올릴 수 있게 될 것이다. 그리하여 제5단계는
다수의 농민자본가가 등장하게 되는 단계라고 하겠다.

그러므로 농촌은 이들 다수의 농민자본가들의 등장에 의하
여 복지문화촌으로 생활혁신을 완수하여 가게 되며, 산지의
자원화와 농촌의 도시화에 따르는 지역발전과 함께 농촌의
공원화와 농촌의 관광화가 이룩되어 가는 단계라고 하겠다.
이처럼 농업발전의 제5단계는 선도농가가 농민자본가로서 등
장하여 복지농촌을 건설하여 가는 단계인 것이다.

(1) 기업농가에서 법인농가에로의 전환

농업개발의 제5단계에 접어들게 되면 소경영의 개별적 기
업농가는 대경영의 법인농장이나 또는 기업적인 협동농장으
로 발전하여 가게 된다.

이와 같이 하여 개별적 기업농가로부터 지역별로 법인화되
거나 또는 업태별로 협동농장을 구성하게 되는 것이다. 전자
가 생산과 판매에 있어서 보다 더 합리적인 이윤을 얻기 위
하여 농업경영을 지역단위나 또는 자연부락 단위로 합동 내
지 협업화하는 데 대하여, 후자의 경우는 판매면에서의 협동
과 동일 규격품의 농산물을 대량생산하여 국내외 농산물시장
에 대한 지위의 확보에 목표를 두는 동업자끼리의 협업체라
고 보겠다.

이와 같이 자본주의 경제의 성장과 함께 농업경영의 법인화 내지 주식화가 점차 이룩되어 가게 된다. 즉, 개인적인 대기업농이 주식회사 형태의 상업적 기업화로 되든지, 또는 자연부락 단위로 중·소농가가 협업조직에 의하여 법인농장이나 주식농장으로 되든 간에, 농업경영에 있어서 자본집약적이며, 성력기계화농업으로 전환하게 되기 마련이다. 이제 이 법인농장의 특징을 들어 본다면 다음과 같다. ① 경영주와 노동력 내지 자본의 결합, 즉 경영주인 동시에 노동자이며, 자본주가 되어야 한다. ② 자본가적 대기업 농가가 얻을 수 있는 이득을 볼 수 있다. ③ 법인체는 완전히 독립될 수 있다. ④ 농업법인은 생산조합이나 협동조합과는 달리 이윤 추구를 목적으로 하는 자본주의 경제원칙에 의거해서 경영된다. ⑤ 자본주의 체제를 전제로 하기 때문에 생산수단의 협동출자에 의하여 토지, 노동, 자본 등의 출자 비율에 따라서 이익배당을 받게 된다.

이러한 다섯 가지의 특징을 갖게 되는 법인농장의 경영에서 얻어지는 소득이 그 개별적 경영 이전의 상태보다도 더 큰 성과를 가져오게 될 때에만 법인농장은 유지될 수 있는 것이다.

그런데 이러한 법인농장이나 주식농장과는 달리, 협업농가의 형태로서 공동농장 내지 집단농장도 등장하게 된다.

이는 곧 일종의 이스라엘의 기브츠에 경영 형태를 가지는 것으로서, 대다수의 영세농가의 이농 또는 전업을 전제로 하여, 저마다 자기의 정착지를 떠나서 집단농장이나 공동농장으로 입주하는 동시에, 이들 집단농장이나 협동농장에서 경영하는 농업협동 내지 농촌공업화에 의한 농·공업에 종사하게 되는 경우이다. 그리하여 개인적인 부업으로서 축산업이나 수 제공업 등에도 종사할 수 있는 반면에, 생산은 협동으로 하되, 사적 소비생활이 자유로울 수 있게 되는 것이라면, 이스라엘의 모샤브·쉬투비와 비슷한 성격을 가지게 되는 것이다.

이와 같이 하여 농업발전의 제5단계에 이르러서는 자본주의 경제가 고도의 성장을 이룩하여 감에 따라서, 농촌사회의 계층도 기업농가형태와 임금농업노동자 계층으로 분화되어 가게 된다. 이들 농업노동자는 농촌의 공업화, 도시화와 함께 농촌 상공업 부문 내지 기타 산업 부문으로 흡수당하게 되는 것이다.

이처럼 농업발전의 제5단계의 농업은 대경영체의 기업농가나 법인농장에 의한 수출농업 내지 공업원료농업으로서 농업의 산업화나 농업생산성의 자본제화가 이룩되는 단계이다.

그리하여 수출농업은 국제시장에서 세계 각국의 자본가적인 농기업과 대결하게 되기 때문에, 대량생산에다가 질적으로 우수한 규격품을 생산하여야만 한다. 그러므로 여기에 고도한 기술의 도입 내지 기술의 체계화가 정비되어야 한다. 따라서 개별적 기업농가는 수출 농산물의 품목별로 분업 내지 전문화로 이해하여 토지생산성의 집약화가 고차적으로 수행되어야 한다.

농업생산면에 있어서 양곡은 잉여생산되고, 그 잉여농산물은 수출미 주산지대에서 생산된 것이 아니면 수출하지 않고 국내 수요로 충당하여야만 된다. 이 수출 양곡의 주산지대에서는 농지정리가 완료되어 대규모적인 기계농업에 의하여 파종과 시비와 농약살포 및 수집에 이르기까지 모두가 기계화된 단일작업의 체계를 갖추게 되어야 할 것이다.

그리고 이와 같은 자본가적 법인기업농의 경영규모는 다른 특수농업분야, 특히 공업원료농업에 진출하게 되고, 이러한 대규모적인 원료농산물의 대량공급은 농촌 공업의 발전적인 기본 요인이 되어 준다고 하겠다.

그러므로 이와 같은 법인농장의 출현에는 반드시 선도적 기업농가가 중심이 되어, 상업적 농산물의 대량생산을 위한 계약재배나 또는 계약사육을 통하여 농촌 공업화에 간접적으로 관련될 뿐만 아니라, 농촌의 공업화에도 직접 참여하여 주도권을 장악할 수 있는 '농민자본가'가 되어야만 한다. 이와 같이 농업발전의 제5단계에서는 수출농산물이나 농산물 가공처리에 의하여 수출로써 외화를 획득하는 농민자본가가 등장하게 되는 단계인 것이다. 이와 동시에 이들 선도적인 농민자본가들에 의하여 농촌공업에 자본투자를 서슴지 않고 관여하게 됨으로써 농·공이 병진될 수 있으며, 농촌사회에서도 경제적인 주도권을 잡게 되어 복지농촌으로 생활혁신을 완수하여 가게 되는 것이다.

이리하여 선도적인 농민자본가들의 등장은 농업의 현대화를 구상하기도 하고, 공업입국의 역군으로 전향하여 갈 수도 있다. 또 원료농산물과 수출농산물을 대량생산하여 내는 주인공이 될 수도 있을 것이다. 이에 대하여 각종 부문별로 센터농업과 단지농업이 발전하고, 모든 농산물은 단지별 내지 센터별로 계획생산을 하게 되어 농업 현대화의 주인공으로 자부하게 되는 단계라고 하겠다.

(2) 농·공병진과 균형 성장

농업발전의 제5단계는 농업 근대화의 단계인 동시에, 농업과 공업이 균형적으로 성장하는 농·공병진의 단계이다. 경제성장과 동시에 농업발전의 제4단계를 치르고 나면, 농업의 자

본주의적 발전이 극도에 달하게 된다. 그리하여 농업발전은
점차로 한계점에 도달하여 가게 되는 것이다. 그러므로 농업
은 선도산업의 임무를 다하여 농산업혁명은 완수되고, 공업화
로 옮아갈 수 있게 된다.

이와 같이 농업발전의 제4단계에서 농촌 공업화에로 돌입
한 만큼, 전국 방방곡곡에서는 그 지역에 알맞은 이른바 적지
적산(適地敵産)에 의거한 농촌공업이 일어남으로써 중소기업
체의 절대다수가 농촌에 뿌리를 박게 된다. 그리하여 원료공
업이 발달되고 미(米)·맥 중심의 편작에서 농촌공업의 경영
내지 계약생산에 의거한 계약재배로 역점을 옮기게 된다. 또
한 농촌지역의 교통·통신 등의 시설의 발달과 더불어 농촌
의 전력화가 이루어지는 단계로 들어서게 된다.

이와 같이 하여 경제성장의 단계는 도약단계에서 성숙기를
거쳐서 고도한 대중소비단계로 들어가게 되는 계기가 마련되어
가는 것이다. 따라서 농촌인구는 점차적으로 비농업 부문으로
흡수당하게 되어 가고, 농촌지역의 도시화가 진행되어 간다.

그러므로 제5단계의 농민은 농민자본가로서 행세할 수 있
게 되어, 농촌공업화에의 실질적인 주인공이며, 또한 농민자
본주의의 실천자로 등장하게 되는 것이다.

이와 같이 산업국가 건설의 주인공이 되게 된 농민자본가
층의 일부는, 농업발전의 한계점에서 새로운 기술의 혁신을
가능하게 하기 위하여 자본투입에 의한 한계생산력의 효율적
인 투자효과를 노리게 된다. 그리하여 농업경영방식을 기계화
농업으로 전환시키게 된다. 또 일부 농민자본가 그룹은 교통
의 발달에 따라, 철도 선박을 중심으로 형성되는 중·소도시
주변의 공업화에 선도자가 되기 위하여 나서게 된다.

이처럼 농업발전의 제5단계는 농민자본가가 중심 인물이 되는 농·공병진의 단계가 되는 것이다. 또한 고도의 농업생산성은 농가소득을 고도로 향상시키고, 이는 동시에 농가의 구매력을 높이게 되고, 또한 저축력의 증대를 가져오게 된다. 그리고 국내시장은 일층 확대되어 공업화로의 에너지를 공급할 수 있게 된다.

그리하여 공업생산품의 유일한 고객층은 농민층이 되게 된다. 은행의 단골손님이 또한 농민층이 되게 되는 것이다. 따라서 담세 능력도 크게 성장되어 농민은 납세자로서도 당당한 지위에 서게 된다. 나아가 농민들도 잉여자본의 축적을 농촌공업 분야에다 투입하는 자본주가 될 수 있게 되는 것이다.

이처럼 농업발전의 제5단계의 농민은 노동자적 생산자이며, 동시에 생사자적 소비자와 또한 생산자적 구매자가 된다. 또 한편으로는 생산자적 저축자요, 생산자적 납세자인 동시에 생산자적 투자자가 될 수 있음으로써 농민자본가로 행세하게 되어야 하는 것이다.

농민발전의 제5단계는 앞에서 서술한 바와 같이 경제성장의 제5단계인 고도의 대중소비단계로 도입되는 과정이다. 이 제5단계로 들어서면서부터 농업은 기계화농업으로 완전히 전환되어 버린다.

4. 맺는말

상허(常虛)는 1967년 5월 17일 건대 개교 21주년 기념일을 맞아 '한국농업의 미래상'이란 연제로 강연을 하였다.26)

해방 후 우리나라의 農業은 政府와 農民 間의 서로의 거래로 빚어진 不信感만을 초래해서 農産物의 生産이 뒤떨어졌습니다.

우리나라의 農業發展은 三位一體의 協同으로만 실현될 수 있습니다. 三位一體는 先導農家가 政府의 政策支援과 農民 사이에서 政府의 政策을 각 農家에서 올바르게 指導・先導하는 것을 말합니다. 즉, 先導農家, 政策支援, 全體 農民이 三位一體가 되어 서로 協同하여 農業을 經營하는 데서만 發展은 이룩될 수가 있는 것입니다.

農民의 生活水準 向上은 5단계 發展方法이 最適합니다. 第1段階는 赤字生計 農家를 앞으로 3~4년간에 67%에서 32%로 감소시켜야 하는 데 農民 自身의 精神革命, 技術革命, 生活革命의 三代 革命이 重要합니다. 第2段階에서는 3~5년 후에 걸쳐 經濟安定化 단계로 個別的 安定農家를 重點的 安定農家로 變形시키는 일입니다. 第3段階는 資本 形成化의 段階로 農業生産物을 工業原料로 소비시켜 農民의 資本蓄積에 힘쓰며 農村의 近代化를 이룩하는 일입니다. 第4段階는 農村工業化의 段階입니다. 이 段階에서는 全體 農家戶數의 30% 이상을 차지하는 企業農家가 각 部門別로 團地農業, 센터農業에 參與하여 農民의 資本餘力이 累進되어 가는 단계입니다. 第5段階는 農村의 工業化 協業形成化로 인해 農業의 企業化를 促進・深化하는 段階로 完成되는 것입니다.

......

지금까지 未來像을 觀測해 보았으나 이러한 꿈을 이룩하자면 앞에서 말한 方法 外에 情熱, 犧牲과 奉仕, 그리고 計劃的이며 技術과 資本運營을 효율적으로 하는 人間이 필요하며 이러한 사람이 先導農家가 되어 農民의 生活, 生産革命에 앞장서야 합니다. 無에서 有에로의 비약, 一에서 多에로의 전개, 分에서 合으로서의 協同, 이것이 農民이 또한 農民의 指導者가 가져야 할 創業을 위한 人間像이며 이러한 人間이 育成되어야만 寒國 農業의 未來像이 밝아지는 것입니다.

---

26) 建大新聞, 1967. 5. 20일자 참조.

그는 우리나라에서는 공업의 발전도 시급하지만은 우선 농업의 확고한 발전기반을 구축한 후에 공업을 육성발전시켜야 하며 또 이 양자의 균형된 발전을 기회있을 때마다 강조하였다.

그는 언제나 농민과 함께 있었고, 농촌과 더불어 살았고, 농민의 정신혁명, 농업의 기술혁명, 농촌의 생활혁명一이 삼대혁명이 상허의 농업정신의 지도(地圖)요 또 신념(信念)이었다. 그는 전국을 누비며 선도농가를 독려·발굴하였고, 고독한 농촌지도자와 함께 하는 데 온 삶을 바쳤던 것이다.

그는 남에게 일하라고 시키고 자신은 가만히 들어앉아서 보고만 있는 그런 '사역형(使役型)'의 지도자는 아니었다. 그는 스스로 팔을 걷어붙이고 흙탕물에 빠지면서 모내기를 하고, 나무를 심고, 소에게 여물을 주는 '실천형(實踐型)'의 지도자였다. 그러기에 그는 한국농민의 '절친한 벗'이었으며, 가장 존경받는 '농민의 아버지'로 불리었다. 그가 만년에 전국농업기술자협회 총재로 재임한 기간 중에도, 그는 비 오는 아침, 눈보라 치는 저녁을 가리지 않고 항상 흙을 만지고 농민의 손을 잡았다. 그는 이미 늙고 숨이 찼지만, "내 비록 논두렁에 쓰러지는 한이 있더라도 농민을 위한 봉사를 멈추지 않을 것이다."27)라는 말을 하였다.

---

27) 조일문, 「건학정신풀이」(서울: 건국대학교 출판부, 1971, pp.31-32).

제10장 천원(天園) 오천석(吳天錫)의
교육사상

　천원 오천석 박사(1901~1987)는 최근 반세기에 이르는 동안 한국 교육사에 지대한 영향을 미친 사람 중의 한 사람이다. 그는 교원이요, 교육행정가요, 교육철학자로서 우리나라 민주교육에 기초를 다졌다. 그는 민주주의의 양대 지주인 평등과 자유의 실현을 위하여 87년의 온 생애를 이 나라 민주주의의 성숙을 위하여 새로운 씨앗을 뿌린 분이다.

　그는 역사의 격동기에 태어나 1905년 을사보호조약, 1910년 한일합방, 1919년 3·1운동, 1945년 해방, 6·25동란, 1960년 4·19, 1961년 5·16, 1980년 12·12 등 극심한 역사의 소용돌이 속에서 민주주의의 교육사상이 송두리째 짓밟히는 시기가 거의 전부였다고 하여도 과언이 아닐 것이다. 이처럼 현대 한국사회발전의 지도(地圖)는 민주주의의 토착화 내지 성장과는 너무도 거리가 멀었다.

　그러나 그는 이 어두운 역사의 터널을 지나면서도 때로는 장관직을 두 차례, 대사직을 한 차례 역임하면서 민주교육 발전에 일관하였다.

　그는 10권의 전집을 발간하였는데, 이를 연대별로 보면 다음과 같다.

① 民主主義 敎育의 建設(1947)

   民主敎育을 志向하여(1960)

② 民族中興과 敎育(1963)

③ 韓國新敎育史(上)(1964)

④ 韓國新敎育史(下)(1964)

⑤ 敎育哲學新講(1972)

⑥ 스승(1972)

   敎育論說·隨想記(여러 해 걸쳐 발표)

⑦ 敎育論文選集(여러 해 걸쳐 발표)

⑧ 發展韓國의 敎育理念探究(1973)

⑨ 國民精神武裝讀本(1968)

⑩ 외로운 城主(1975)

이제 그가 타계한지도 12주기를 맞게 되는데 비록 그의 교
육사상이 포괄적으로는 이루어지지 않고 있다고 하여도 학위
논문1), 연구논문2), 민주교육 등에서 다루어지는 빈도는 날이

---

1) 조용하, "天園 오천석의 교육사상", 연세대 교육대학원 석사학위청구논
   문, 1976.
2) 정세화 외 "天園 오천석선생-그 유덕을 추모하며", 天園 오천석박사
   교육인장위원회, 1988.
   김은산, "天園 오천석박사의 생애와 사상", 「민주교육」창간호, 1991,
   pp.5-10.
   홍웅선, "광복 후 한국교육의 기틀을 마련한 天園 오천석", 「민주교육」
   창간호, 1991, pp.11-14.
   이상금, "天園 오천석박사의 유치원교육" 「민주교육」제2호, 1992,
   pp.38-45.
   정세화, "오천석박사의 인간관과 여성교육관", 「민주교육」제4호, 1994,
   pp.12-17.
   김선양, "민족성과 주체성의 문제" 「민주교육」제4호, 1994, pp.30-33.
   이근엽, "오천석사상의 미학적 조명", 「민주교육」제4호, 1994,

갈수록 늘어나고 있다.

그는 초등학교 교사, 보성전문학교 교수, 이화여자대학교 대학원장, 한국교육학회 회장, 대한교육연합회 회장, 군정청 문교부장, 문교부장관, 학술원 회원 등 교육계의 요직을 두루 거쳤으며, 방대한 교육사상문집을 10권으로 묶어 펴냈다. 그의 「교육철학신강」은 한국교육학회학술상을 받은 바 있다. 본 연구에서는 이 방대한 천원의 사상을 교육사상으로 집약하여 그의 근본사상, 교육사상으로 나누어 서술하려고 한다.

1. 생애와 활동

천원 오천석의 생애는 크게 세 시기로 나눈다. 첫째는 성장·수학기(1901~1931), 둘째는 활동기(1932~1960), 셋째는 저술활동기(1961~1987)로 구분하여 서술하려고 한다.

1) 제1기 성장·수학기(1901~1931)

오천석은 1901년 11월 12일 평안남도 강서군(江西郡) 함종면(咸從面)에서 오기선(吳基善) 목사의 장남으로 태어났다. 부친은 스스로 현대식 소학교를 세우고 교장이 되었다. 그는 부친을 따라 4~5세경부터 학교에 다녔다. 그 후 부친은 독립협회와 신민회에 가담하여 독립운동에 참여하였다가 서울로 올

pp.48-56.
김선양, "天園과 민족교육", 「민주교육」제5호, 1995, pp.28-31.
정세화, "天園과 여성교육", 「민주교육」제5호, 1995, pp.32-36.

라가 감리교신학교에서 수학하여 목사가 되었다. 그는 부친을
따라 서울로 왔고 그 후 3년 뒤 그의 부친은 임지(任地)인 일
본 동경으로 가게 되었다. 동경유학생활은 청산학원 중학부(靑
山學院 中學部)에서 비롯되었다. 당시 그곳에는 방인근(方仁
根), 주요한(朱耀翰), 전영택(田榮澤) 등이 재학하고 있었다.

그 후 그는 주요한, 김동인(金東仁), 김환(金煥) 그리고 이광
수(李光洙)와 가깝게 지냈다. 그 후 1919년 졸업과 동시에 인
천 영화여학교(永化女學校)에 초등교사로 취임하였으니, 이것
이 그의 평생직업이 된 교육사업의 첫 출발이었다. 영화여학
교 교단에 선 지 1년만에 사학자 장도빈(張道斌)선생의 추천
으로 잡지「학생계」의 주간이 되었다. 이를 연으로 하여 동아
(東亞)·조선(朝鮮) 등 신문사와「개벽(開闢)」등 잡지사의 쟁
쟁한 기자들과 교우하게 되었다. 당시 교우였던 이들은 방정
환(方定煥), 김기전(金起田), 유광열(柳光烈), 이서구(李瑞求),
염상섭(廉尙燮), 김안서(金岸曙), 박종화(朴種和), 나도향(羅稻
香), 오상순(吳相淳), 변영로(卞榮魯), 김팔봉(金八峰) 등이었
다. 이때 그는 타고르의「기탄잘리」를 번역·발표하였고, 서양
의 동화를 추려「금방울」이란 제명으로 출판하기도 하였다.

1921년 장학생으로 미국 유학길에 올라 코넬대학에서 학사
학위를, 1927년에는 노스웨스턴 대학에서 석사학위를 각각 취
득하였다. 그 후 1931년에는 콜롬비아 대학에서 박사학위를 취
득하였다. 이때에 특기할 것은 노스웨스턴 대학 시절 시카고를
방문한 도산 안창호와의 만남과 콜롬비아 대학 시절 킬패트릭
교수의 지도를 받은 것과, 이미 은퇴한 듀이가 명예교수로 특
강을 할 때 만난 일 등이다. 이 무실역행과 민주적 태도가 그의
사고에 양대지주가 된 것도 결코 우연이라고 할 수는 없다.

2) 제2기 교육활동기(1932~1960)

1931년 콜롬비아 대학에서 "민족동화수단으로서의 교육: 한국에 대한 일본의 교육정책연구(Education as an Instrument of National Assimilation: a Study of the Educational Policy of Japan in Korea)"로 철학박사 학위를 취득하였다. 그의 의도는 일본의 식민정책이 어떻게 우리 민족을 동화하기 위하여 교육을 수단으로 사용하였는가를 폭로하는 데 있었는데, 그 범위를 넓혀 다른 식민지 국가들의 교육정책도 아울러 살펴보기로 하고, 이러한 제목을 생각해 보았다. 이 논문에는 비단 일본의 교육정책뿐만이 아니라 영국·프랑스 등의 식민지교육정책도 다루었다. 물론 킬패트릭 교수가 지도교수를 담당하였던 것이다. 그는 교수들의 기원 속에서 1932년 귀국하여 1936년까지 보성전문학교 교수로 재직하였다. 보성전문학교(普成專門學校)란 지금의 고려대학의 전신이다. 교수진은 일인(日人) 2명을 포함하여 6~7명 정도였고, 학생수도 몇 백 명 정도였다. 교수진을 보강하기 위하여 새로 유진오(兪鎭午), 김완진(金浣鎭), 오천석 세 사람이 취임하였다. 그는 영어, 철학개론, 심리학개론 등을 가르쳤다고 한다. 그 후 안호상(安浩相) 박사가 독일에서 귀국하여 철학개론을 가르치게 되었고, 그는 영어만을 가르쳤다. 그러나 일제하에서 영어는 학생들에게 인기없는 과목이었고 일제 말기로 가면서 영어교과는 갈수록 축소 내지 탈락되기에 이르렀다.

특기할 것은 1934년에 천원이 보성전문학교 학생 45명을 대상으로 한글 가로쓰기의 효용성을 실험하여 그 연구결과를 동교의 연구년보(硏究年報) 창간호에 게재한 사실이다.[3)]

정세화는 당시 이 연구지의 다른 논문들이 대부분 일본어로 쓰여지고 있을 때인데, 그는 한글의 보다 효과적인 읽기와 쓰기의 용법을 본격적으로 연구한 것에 찬탄을 보내고 있다.4)

이에 대해 김은산은 일제의 우리말과 글의 말살정책이 본격화되기 시작하던 때에 우리 민족의 얼이 담긴 한글을 오히려 개량하기 위한 실험을 행한 것은 참으로 용기있는 태도라고 지적하고 있다.5)

일제 말기로 들어서면서 미국유학생에 대한 일본경찰의 감시는 더욱 심해져갔다. 그는 북아현동 양지바른쪽에 살고 있었다. 이 동네는 산 하나만 넘으면 연희전문학교(廷禧專門學校)와 이화여자전문학교(梨花女子專門學校)에 인접해 있어서 많은 미국유학생들이 살고 있었다. 백낙준(白樂濬), 최규남(崔奎南), 이묘묵(李卯默), 이원철(李源喆), 한승인(韓昇寅), 박원규(朴元奎), 이기붕(李起鵬), 朴마리아, 유형기(柳瀅基), 이계원(李桂元) 등이 그들이다. 따라서 경찰은 이곳을 위험지대로 보고 수시로 감시, 가택수색을 하였고 심지어는 어떤 책을 보고 있는지 수시로 점검하고 또 압수해 가기도 하였다.

1941년 12월 8일 일본의 진주만 기습으로 제2차 세계대전이 터졌을 때 그는 중국 상해로 갔다. 1944년 전쟁이 끝나기 1년을 전후하여 남태평양을 휩쓸던 일본의 세력은 꺾이고 패전을 거듭하고 있는 뉴스가 상해로 속속 들어오고 있었다. 그

3) 오천석, "朝鮮文橫書에 정한 실험", 「普成學校論集」, 第1輯, 1934, pp. 393-420.
4) 정세화, "天園 吳天錫의 敎育思想硏究", 「敎育哲學」, 第10號, 韓國敎育哲學硏究會, 1992, p.52.
5) 김은산, "천원 오천석의 한글 '가로쓰기' 實驗", 「민주교육」, 제2호, 1992, p.24.

해 봄에는 미 공군의 상해 폭격도 있었다. 그해 가을 천원은 북경을 거쳐 귀국길에 올랐다.

그는 피난처를 구하다가 황해도 백천(白川)으로 결정하고 백천온천(白川溫泉) 가까이 자리잡은 나지막한 산허리 조그마한 동리에 새로 지은 10평 정도의 초가(草家)로 정했다. 그저 동리 사람들에게는 몸이 약하여 휴양차 온 것으로 하였다. 패전과 광복의 소식을 듣고 그는 백천을 떠나 서울 북아현동 집으로 돌아왔다. 거기서 많은 옛 동지들과 감격스런 순간을 함께 나누었다. 이 일제말기, 국내외적으로 버티기 어려운 상황에서 민족교육과 민주교육에 대한 신념을 널리 펴지는 못했어도 기회 있는 대로 계속 주창한 활동은 한국 교육사에서 언젠가는 재조명되어야 할 것이다.

그는 백낙준 등 몇몇 미국 유학동지들과 함께 영자신문 The Korea Times를 발간하던 중 미군정 교육책임자 락카아드(E.L. Lockard) 대위의 초청을 받는다. 그는 시카고의 한 초급대학의 영어선생 경력이 그 전부였다. 그는 신문사로 돌아와 락카아드와의 대화 내용을 의논한 결과 모두 미군정에 협력하는 일이 신문사 못지 않게 중요하다는 데 의견의 일치를 보았다.

그는 우선 교육계 지도자들과 면담을 시작하였다. 김성수(金性洙), 백낙준(白樂濬), 김활란(金活蘭), 유억겸(柳億兼), 현상윤(玄相允), 최규동(崔奎東) 등을 비롯하여 중등학교·초등학교 관계자들을 만났고 그 뒤에 이들이 모체가 되어 7人으로 구성되는 '한국교육위원회(The Korean Committee on Education)'가 조직되었다.6)

그는 한국교육위원회를 등에 지고 군정의 문교차장(1945~

1947), 문교부장(1947~1948)을 역임하면서 문을 닫았던 학
교의 개교, 한글 교과서의 제작 및 배포, 국립 서울대학교 창
설, 교육심의회 구성, 6·3·3·4제의 채택, 그리고 새교육운
동의 추진 등의 활동을 하였다.

1948년 대한민국 수립과 더불어 그는 문교행정책임에서 물
러났으나, 1950년 대한교육연합회 회장, 1955년 한국교육학
회 회장, 그리고 이화여대 대학원장으로 취임하여 교육일선에
서 활동하였다. 1960년 4·19 민주화 운동으로 제2공화국의
문교장관으로 다시 임명되어 재임 8개월 동안 교육의 민주화
추진, 교육대학신설, 향토학교운동의 전개, 교과서 개편 등 눈
부신 교육개혁활동을 하던 중 1961년 5·16을 맞았다.

그는 바쁜 행정활동 중에서도 「民主敎育의 建設」7)(1947),
「民主敎育을 志向하여」8)(1960) 두 저서를 펴냈다.3) 제3기 저

---

6) 金性達(初等敎育), 玄相允(中等敎育), 柳億兼(專門敎育), 白樂濬(敎育全
般), 金活蘭(女子敎育), 金性洙(一般敎育), 그 후 金性洙 대신에 白南薰,
그리고 몇 달이 지나 尹日善(醫科敎育), 趙伯顯(農業敎育), 鄭寅普(一般學
會) 등 추가되어 10人 委員會로 확대되었다.
7) 「民主敎育의 建設」의 목차는 1. 신교육건설과 교육의 임무 2. 일본적
잔재의 청소 3. 민주주의의 기본이념 4. 민주주의 교육의 목표 5. 교육
제도의 민주화 6. 교육내용과 방법의 민주화 7. 신교육 건설과 교육자
의 사명
8) 「民主敎育을 志向하여」의 목차는
제1편 새 사회를 위한 교육 1. 민주교육론 2. 주권자를 위한 교육 3.
생활에 맺어진 교육 4. 한국교육의 나아갈 길 5. 교육개혁에 대한 신념
의 재확인 6. 도의교육의 새 방향 7. 교육행정가에의 제언 8. 우리나라
교육행정의 갈 길 9. 교직자의 신분은 보장되어야 한다. 10. 현명한 소
비자의 교육을 제창 11. 민족중흥의 수단으로서의 교육
제2편 전진하는 시대와 발맞추어 1. 듀이의 교육사상과 한국의 교육
2. 교육자치제의 이론 3. 한국교육과 지역사회학교 4. 존 듀이의 생애
와 사상 5. 교사의 연구생활 6. 지방교육행정단위 설정 문제 7. 최근교
육사조 8. 스프트닉 이후의 교육
제3편 비판과 반성 1. 새 교육법을 비판함 2. 우리교육은 올바르게

술활동기(1961~1987)

그는 5·16 군사혁명 이후 모든 공직에서 물러났다. 그리고 일년 동안은 미국 일리노이, 피바디 대학 등에서 비교교육학 강의를 하였다. 그리고 1964년부터 3년간은 주멕시코 대사를 역임한 것을 마지막으로 그의 다사다난하였던 공직생활을 마치고 조용한 저술생활로 들어갔다. 「民族中興과 敎育」(1963), 「韓國新敎育史」(1964), 「敎育哲學新講」(1972), 「스승」(1973), 「發展韓國의 敎育理念探究」(1973) 등의 주옥같은 저서가 발간되었다. 1975년에는 이 모든 저서와 논문을 모은 「天園 吳天錫 敎育思想文集」(全 10券)이 발간되었다.

이 문집(文集)은 한국현대교육사상 최대의 영향을 주었고 또 널리 배포되었다. 이렇게 되기까지는 천원기념회(1991)의 역할이 지대하였다고 볼 수 있다.

1987년 10월 31일 87세로 그는 영면하였다. "나는 내 조국의 민주교육을 위하여 살고 일하다 가노라"라는 말을 남겼다. 이 말은 그 자신의 삶과 사상을 집약하여 나타낸 것으로 누구나 다시 한번 음미해 볼 만한 말씀이다.

사단법인 천원기념회에서는 1991년부터 매년 회보 「民主敎育」을 발간하며 천원교육상으로 학술연구부문, 교육실천부문으로 나누어 한해에 두 분씩 엄중 심사하여 시상하고 있다.

성장하는가 3. 우리학제는 어떻게 해야 할 것인가 4. 수명과 교육연한 5. 학제개편론의 비판 6. 새해 교육계의 반성 7. 대학 교육의 위기 8. 교육계 신년전망 9. 교육과 정치 10. 교원노동운동의 비판

2. 천원의 근본사상

천원의 근본사상을 첫째 민주사상, 둘째 주체사상, 셋째 창
조사상으로 볼 수 있다.

민주사상: 무릇 민주주의라는 것은 국가의 어떤 정치적 행
태를 가르치는 데만 사용하는 말이 아니다. 학설도 아니다.
이는 훨씬 광범위의 의의를 갖추고 있는 일종의 생활의 방식
이요, 사회적 신앙이다. 그리하여 이 생활방식, 신앙이 정치생
활에 적용될 때에 민주정치가 되는 것이요 이것이 경제생활
에 사용될 때에 민주경제가 이루어지는 것이며, 이것이 사회
생활에 실천될 때에 민주사회가 형성되는 것이다.9)
　그는 「민족중흥과 교육」에서 민주주의의 요체를 물 흘러
가듯 자연스럽게 서술하고 있다.10)
　민주주의는 하나의 생활방식이다. 민주주의 정신은, 모든
사람으로 하여금 의식적으로 자율적인 인간으로서 가장 풍요
하게 살 수 있는 공정하고, 평등한 기회를 확보하려는 데 있
다. …… 그러면 삶은 왜 존중되어야 하는가? 이것은 사람 하
나 하나의 개인이 만물 중에서 가장 귀한 존재이기 때문이다.
사회도, 국가도, 제도도, 금은보화도 귀하지 않은 바는 아니
다. 그러나 결국 사는 것은 사람이다. …… 사람의 존엄성을
존중한다는 민주주의 기본적 이념은 두 가지의 내용을 가지
고 있다. 그것은 자유와 평등이다. 그것은 곧 사람의 천부적
권리를 존중한다는 말이다. 그가 가지고 있는 권리 중에서 가

---

9) 오천석교육사상문집(1), 서울: 光明出版社, 1975, p.12.
10) 오천석교육사상문집(8), 서울: 光明出版社, 1975, pp.65-67 참조.

장 중요한 권리는 곧 성장의 권리이다. 그가 자기의 최상을
실현함으로써 가장 만족스러운 삶을 누릴 수 있는 자유를 가
지는 권리이다. …… 그러나 그의 자유는 무제한으로 절대적
인 것은 아니다. 모든 사람이 완전 자유를 요구할 때, 아무도
이를 가질 수 없는 것이다. 이것은 평등의 원칙 때문이다. 이
런 원리 밑에서 천원은 민주주의적 사회의 특징을

① 하나의 윤리적 원칙에 기초한 사회
② 하나의 협의와 협동의 사회
③ 지성에 의하여 지배되는 사회
④ 복수의 사회
⑤ 공개의 사회
⑥ 법의 사회
⑦ 진보적 사회 등을 들고 있다.

일본의 교육적 지성을 대표하는 히라쯔가야스도꾸(平塚益德)
는 도덕의 기초로서의 민주주의를 다음과 같이 정의하고 있다.11)
도덕의 기초로서의 민주주의란 실존근본문제이다. 이 도덕
의 기초인 민주주의란 본래 그 자신이 도덕인 것이다. 민주주
의란 실로 도덕의 세계인 것이다. 민주주의는 그저 알고 지나
칠 것이 아니라 철저히 이해하여 이를 몸에 배도록 노력해야
할 것이다. "민주주의란 사회의 모든 구성원이 언제나 희망에
차고, 생활을 즐겨 자주창조와 우애봉사의 정신에 절어, 일하
고 배워 저마다의 획득한 공민으로서의 권리를 공공의 복지
와 조화시켜 이로써 무한한 진보와 발전을 목표로 하는 이상

---

11) 平塚益德, 「日本教育の進路」東京: 廣池學園出版部, 1968, p.5.

이요, 실천이다."

천원이 생활방식을 강조하는 것이나 平塚이 철저히 이해하여 몸에 배도록 노력한다는 말은 서로 일치하는 점을 통과하고 있다고 하겠다.

주체사상: 천원에 있어 주체성이란 그의 사상에 주요한 핵을 이루고 있다.12) 주체성의 원천은 소속의식에 있다. 나는 한국인이라고 할 때, 이는 나는 한국 또는 한국민족의 일원이란 뜻을 포함한다. …… 다음으로 주체성은 동일체의식을 포함한다. 나와 한국을 동일시하는 것을 의미한다. …… 그리고 주체성은 자립성을 의미한다. 남에게 의지하지 않고, 우리 문제를 스스로의 힘으로 해결, 극복하고, 자신의 운명을 자력에 의하여 지키고 개척하려는 정신을 뜻한다. …… 이렇게 이해할 때 우리는 주체성을 지닌 인간을 자주적, 자율적, 자치적 인간이라고 할 수 있다. …… 주체성은 결코 배타적, 독선적 우월감을 의미하지는 않는다. …… 올바른 주체성은 이러한 편파적 심적 상태에 서식하지 않는다. …… 주체성은 공정과 관용의 정신 위에서만 설 수 있다. 공존공영의 풍토 안에서만 설 수 있다. …… 바람직한 주체성은 인격적 통정을 요구한다. 확고한 인생관, 흔들리지 않는 견실성, 기울지 않는 성격의 통합성, 부동의 신념, 무정견하지 않는 지성을 필수조건으로 성립되는 것이다. 이러한 여건들이 충족될 때 비로소 자립자주적인 인간이 형성될 수 있다. 통정된 인간이란 이러한 사람을 의미하는 것이다. 주체적 민족이란 이러한 인간으로 구성된 집단을 말하는 것이다.

---

12) 오천석교육사상문집(8), 서울: 光明出版社, 1975, pp.207-210.

천원은 이러한 주체의식을 기반으로 해서 한국화를 하나의 민족적 과제로 삼고 있다. 우리가 올바른 한국화를 이루어야만 세계문화에 이바지 할 수 있기 때문이다. 우리에게는 우리 선조로부터 물려받은 자랑할 만한 문화적 전통이 있다. 이것은 다른 민족에게서 찾을 수도 없고, 기대할 수도 없는 다채로운 것이다. 우리가 세계문화에 기여할 수 있는 길은 우리만이 만들 수 있는 이 한국적인 문화를 일층 더 발전시키는 일이라고 믿는다. 우리가 한국적인 것을 버릴 때 세계문화는 그만큼 빈한해 지는 것이다. 우리가 우리 자신을 재발견하고 민족적 긍지를 되살릴 때 우리 민족이 세계에 우뚝 설 수 있는 것이다.13)

창조사상: 천원의 근본사상으로 민주사상, 주체사상 등에는 용어상의 이견이 있을 수 있어도 전반적으로 합의될 수 있는 내용이다. 그러나 셋째로 창조사상을 들 때는 의견을 같이 하지 않는 사람도 적지 않을 것이다. 여기서는 연구자 자신의 주관이 어느 정도 포함되었다고 본다. 그러나 일정한 근거를 제시할 수는 있다. 그는 「發展韓國의 敎育理念探究」를 맺으면서 '바람직한 한국교육의 지표설정을 위한 몇 가지 시사'에서 ① 통정된 인품의 완성을 위하여, ② 자율적 의사결정 능력의 배양을 위하여, ③ 변화에의 능동적 적응력을 기르기 위하여, ④ 고차적 가치에 대한 동일체 의식 조성을 위하여, ⑤ 영원한 성장으로의 발돋움을 위하여, ⑥ 창조세계에의 참여를 위하여 등을 제시하고 있다. 또한 도처에서 '선택적 결정의 요구', '민족문화의 창달', '만인의 수월성 추구', '고차적 가치

---

13) 위의 책, p.289. 참조.

의 추구' 등을 들고 있다. 앞에서 예거한 여섯 가지의 시사와 도처에서 볼 수 있는 그의 사상을 통괄하여 창조사상이라고 명명해 보았다. 이 용어에 대한 시사는 '창조세계에의 참여를 위하여'에서 받았다. 성서에서는 날마다 새롭게 사는 삶과 순산을 강조하고 있다.

창조라고 하면 우리는 이를 거창하게 생각하기 쉽다. 공자 · 소크라테스 · 세익스피어 · 미켈란젤로 · 베토벤 · 아인슈타인을 연상케 한다. 그들의 창조가 위대한 것만은 틀림없다. 그러나 창조는 이러한 소수의 위대한 인물들의 독점물이 아니다. 우리는 누구나 창조자가 될 수 있다. …… 모차르트의 교향곡(주피터)이 창조라면 어린이들이 즐겨 부르는 윤극영의 '반달'도 또한 창조이다. 창조는 반드시 밖에 나타나는 것에 국한되어 있지 않다. 내면적 · 정신적 가치창조는 인간사회를 미화하고 개인의 생활을 풍부하게 한다.[14]

위대한 창조도 창조임에도 틀림없으나 소시민이 참여할 수 있는 작은 정신적 가치창조 역시 값진 것이 아니겠는가. 이 창조에로의 자연스런 참여 속에서 바람직한 한국교육의 지표가 달성될 수 있다고 본다. 천원(天園)의 3대 근본사상 중 아니 중요한 것이 없으나, 이 창조사상을 보다 값지고 또 높게 평가해야 할 것이다.

---

14) 위의 책, p.312.

3. 천원의 교육사상

1) 역사를 보는 시각

천원은 「韓國新敎育史」 머리말에서 역사를 보는 시각을 다음과 같이 서술하였다. "지나간 일을 살펴보는 것은 물론 재미있는 것이다. …… 그러나 역사는 고담(古談)이 아니다. 역사가 가지는 의의는 과거를 되살림으로써 현재 우리의 모습을 정확하게 파악하는 동시에 장차 우리가 가야 할 길을 보여주는 데 있는 것이다. 이러한 견지에서 저자는 손은 과거를 기술하면서도 눈은 언제나 현재와 장래를 응시하였다."

그는 이런 관점에서 우리나라 사람들에게 가장 큰 영향을 준 것으로는 유교적 전통을 들고 있다. 유교가 우리의 과거를 빚는 데 가장 큰 비중을 두는 것은 두 가지인데 하나는 유교 자체의 성격과 다른 하나는 비교적 현재와 가까운 조선조 500년 동안을 유교가 지배하였다는 사실을 들고 있다. 이에 더하여 우리나라에서는 중국의 문자인 한문을 사용한 데도 보다 큰 원인이 있다고 보고 있다.

기독교는 십계명 제일에 "너는 나 외에는 다른 신들을 네게 있게 말지니라"로 규정하고 있다. 그래서 기독교인이 동시에 회교신자나 불교신자가 될 수 없는 까닭이 여기에 있다. 정도의 차이는 있겠으나 불교도 이와 궤를 같이 하고 있다. 이 부정적 성격 위에 하나의 종교의 위상이 성립되기 때문이다. 그러나 유교는 타 종교에 대해서 부정적 성격이 거의 없다고 하여도 과언이 아니다. 기독교를 잘 믿으면 천국에 가고 불교를 잘 믿으면 극락에 가게 되어 있으나 유교를 잘 믿는다고 해서 좋은 곳으로 간다는 말은 전연 없다. 그런 의미에서 유교는 구증종교의 틀 속에 넣을 수는 없다. 이 종교의 부정적 성격 때문에 이차돈은 순교를 당해야 했고 이승훈, 김대건도 순교의 길을 가지 않을 수 없었다. 유교를 믿는다는 그 자체로서 순교를 당한 예는 역사 속에서 찾을 수 없다. 다만 유교가 정치와 연계되어 전쟁에 희생된 인물은 얼마든지 있을 수 있다. 삼강오륜을 강조하는 데 어떤 신조나 신념을 지닌 사람들도 이에 반대할 필요를 느끼지 않았다. 이런 의미에서 유교는 종교라기보다도 정치윤리, 생활윤리로 파악하는 것이 옳을 것이다. 이에 더하여 우리나라에서는 중국의 문자인 한문을 사용하고 있었기에 사대부들은 경전을 누구나 쉽게 접근하고 또 이해할 수가 있었다.

유교적 전통과 분위기는 우리 사회에 긍정적인 면과 부정적인 면을 남겼다. 긍정적인 면은 우리들 생리에 들어있는 것이기 때문에 재음미할 필요를 느끼지 않으나, 부정적인 면은 우리들 모두를 위하여 반성해 볼 만한 것이다.

그는 유교적 전통에서 물려받은 유산 중 부정적인 면을 다음과 같이 들고 있다.15)

① 보수사상(保守思想): 모든 후진 민족의 특징이라고 할 수 있지마는, 이것은 특히 우리 민족과 사회에 깊은 뿌리를 박고 있는 경향이라고 하겠다. …… 그리하여 우리는 동양 3국 가운데서도 가장 이 보수사상의 포로가 된 채 이로부터 벗어나올 줄을 몰랐고, 이로 말미암아 영영 후진국가로서의 면모를 면할 수가 없었다.

---

15) 오천석교육사상문집(3), 서울: 光明出版社, 1975, pp.61-68.

② 사대주의(事大主義): 우리의 숙명이라고도 하겠다. 우리는 광대하고 역사가 긴 중국을 이웃으로 하고 살아야 했던 것만큼, 언제나 그 그늘 밑에서 그 위엄으로부터 오는 중압을 느끼지 않을 수 없었고, 일찍부터 우리나라로 흘러 들어온 그 이웃 나라의 우월한 문화의 지배 밑에서 살지 않을 수 없었다. …… 그리하여 사대주의는 우리의 정치의 방향을 정하여 주는 큰 세력이 되었고, 우리의 문화의 성격과 사고방식을 결정하는 주된 힘이 된 것이다.

③ 관존민비사상(官尊民卑思想): 전제정치 체제에 따르기 마련이다. …… 권력은 일신의 부귀와 영달을 의미한다. 그러므로 관은 우리 민족의 선망의 적이 된 것이다. …… 관존민비사상, 관료주의는 자연히 백성에게 정부를 의존하는 생각을 갖게 하였다.……따라서 일반 민중은 모든 일을 정부에 맡기고 이를 의지하고 살지 않을 수 없었다. 우리나라에 있어서의 일본적 전제정치는 이러한 의존사상에 더욱 부채질하였던 것이다.

④ 가족중심적 이기주의(家族中心的 利己主義): 하나의 패러독스적인 현상이긴 하지만은, 우리 민족은 한편으로 정부에 의존하는 생활을 하였지만은, 이것은 하나의 생활 발현이었고, 그 진정한 충성은 가족에게 있었다. …… 따라서 그들의 충성은 자연 가족에게로 돌아가지 않을 수 없었고, 자기 일가의 안전과 복리만을 생각치 않을 수 없었다.

⑤ 기회주의(機會主義): 정치가 변전 무상하고, 도의 질서가 문란하며, 생활이 빈곤할 때, 대두되는 것은 기회주의다. ……이조 사회의 모든 조건은 기회주의를 배태하기에 적당한 것이었다. 절의를 지키며 시골 땅에 파묻혀 청빈을 즐긴다는 것은 도리어 어리석은 일처럼 보였다. 무슨 기회를 잡아서든지 삶을

지속하고 위로 올라가는 것, 이것이야말로 가장 현실적인 현명한 생활방식인 듯 생각되었던 것이다.

⑥ 패배사상(敗北思想): 현실에 불만이 있을 때 사람이 취할 수 있는 태도는, 적극적으로 이 현실에 대항하여 싸움으로써 이를 바로 잡는 일과, 이에 체념·굴복하는 소극적 태도를 취하는 일이다. 우리 사회에도 부패한 정치와 극심한 민생고에 대한 불만을 반항으로써 나타낸 사례가 없는 바 아니지만은, 대체로 소극적 태도를 취하였다. 이것이야말로 우리 민족을 부패나 빈곤으로부터 해방하지 못한 큰 이유의 하나라고 할 것이다.

⑦ 비실용주의적 사상(非實用主義的 思想): 우리는 실제보다는 이론을, 정신보다는 형식을 중요하기에 이르렀다. 이론이 지나치면 공론이 되는 법이요, 형식이 과하면 허식이 되는 법이다. 우리 민족은 이 두 가지 과오를 더불어 범하였다.

⑧ 분열주의(分烈主義): …… 거기에는 친족관계에 의한 분열이 있었고, 지방색에 의한 분파가 있었으며, 정치적·학문적 파벌도 있었고, 분당적 대립으로 인한 도당이 있었으며, 사회적 지위에 따르는 계급이 엄존하였다. 이러한 분열로 말미암아, 국내적으로는 민족상잔의 싸움이 그칠 날이 없었고, 대외적으로는 이방인의 침략을 초래하는 요인이 되었던 것이다.

⑨ 좌절된 인격(挫折된 人格): 사람이 자기의 원하는 일을 할 수 없거나, 혹은 이에 실패할 때에 생기는 것은 좌절감(frustration)이다. 자기의 욕망을 달성하지 못하는 경우가 쌓일 때에 이 좌절감은 일층 더 심각해지고, 사람의 품성은 정상성을 잃게 된다.……이러한 성격은 분명히 유교의 중압과 정치적 압박으로 오랫동안 시달려 오는 동안에 좌절된 심리

상태로부터 발생한 결과라 하겠다.

　이러한 부정적인 면을 개선광정(改善匡正)하려면

　　첫째, 건전한 인생관, 세계관의 결여

　　둘째, 건전한 민족적 사회의식의 박약

　　셋째, 건전한 경제사상의 결핍 등을 혁신해야 한다고 하였다.

2) 민주적 교육

　천원은 민주주의는 형식의 문제가 아니라, 마음의 문제요, 이론이 아니라 생활의 방식이므로 민주주의는 근본적으로 사람의 행동·태도·감정·사상에 관한 일이다. 사람과 사람과의 문제다. …… 교육은 다만 민주사회를 건설하는 데 필요한 것이 아니라 민주사회를 유지하고 이를 독재로부터 방위하는 일에도 요구된다. 민주주의는 건물 모양으로 한 번 세워 놓으면 늘 그대로 서 있는 것이 아니다. 우리는 언제나 부모의 심정으로 이를 지켜야 한다. 한번 그 방위를 게을리할 때 민주사회는 멸망하고 만다. 민주주의는 사람의 사상·감정·태도·행동의 형태로 존재하는 것인데, …… 이러한 형태가 오직 교육을 통하여 한 세대로부터 다음 세대로 전달 육성될 수 있는 것이다.[16]

　그는 민주교육은 사람에 대한 신앙의 토대에서 출발한다는 것을 누누이 강조하고 있다. 뿐만 아니라 민주사회는 개인의 값을 최고의 가치로 여긴다. 개인에게 무한한 존엄성을 부여한다.

　민주사회는 사람의 지성을 믿고, 개인의 존엄성을 믿으며, 사람의 평등함을 인정한다. 사람의 지성과 평등을 믿는 민주

―――――――――――――――――――

16) 위의 책, p.71.

사회에서는 교육을 받을 기회가 모든 사람에게 균등하게 부여되어야 한다. 나아가 민주교육은 각 개인에 대해 그가 보다 발달할 수 있는 최대 한도까지 육성하는 것을 그 중요한 사명으로 여긴다.

민주교육은 모든 사람이 옳은 인생관을 가지도록 조력한다.

민주교육은 사람의 지적 생활이 풍부해야 할 것이라고 믿는다.

민주교육은 사람의 심미적 생활의 소중함을 잊지 않는다.

민주교육은 행동인을 육성한다.

민주교육은 생각하는 사람의 양성의 필요를 느낀다.

민주교육은 각자가 자신의 주인이 되는 길은 비판적 사고의 능력과 습관을 기르는 일이라고 믿는다.

동시에 민주교육은 민주사회의 사회인을 자율적인 인물이어야 한다고 믿는다.17)

3) 민족교육

민족은 그 자신이 역사의 산물이다. 오랜 역사를 거쳐 오늘에 이르는 동안 지금의 민족들이 형성되었다. 민족은 물질적인 하부구조와 정신적인 상부구조를 가진다. 전자는 인종과 풍토이며 후자는 정치, 언어, 신앙, 교육 등이다. 역사의 면에서 보면 민족은 부단히 움직이는 경향이 있고, 구조의 면에서 보면 민족은 침전되어 있는 경향이 있다.

민족은 개인에 대해서는 보편이 되고 세계에 대해서는 개별이 된다. 여기에 개인과 민족, 민족과 세계 사이의 차이가 생긴다. 민족의 경우 성격과 개인의 경우 성격이 성격으로서

17) 오천석교육사상문집(1), 서울: 光明出版社, 1975, pp.74-79 요약.

다를 바가 없으나, 하나는 '볼 수 없는 성격'인데 비해 다른 하나는 '볼 수 있는 성격'인 것이 이 때문이다.

개인의 성격과 민족의 성격과는 그 표현과 형성의 면에서 다음 세 가지의 차이가 있다.

첫째로, 개인은 눈으로 볼 수 있는데, 민족성은 볼 수 없다. 개인의 성격은 그 걸음걸이와 얼굴의 생김새와 관련이 있고 눈에 보이는 그 행동에 나타난다. 이것은 그 사람에게서만 볼 수 있다. 반면에 민족은 눈으로 볼 수 없으며 또 여러 모양의 다른 성원들을 포함한다. 민족성은 눈으로 볼 수 있는 것이 아니라 그렇게 믿어야 하는 사태이다. 민족성은 과학적으로 설명할 것이 아니고 주어진 사태대로 받아들여야 한다.

둘째로, 개인은 단일의지로서, 그 작용은 일생으로 끝나는데 반해 민족성은 그 민족이 존재하는 한 계속 존속한다. 개인의 성격은 그 한사람의 생애 동안만 계속되는 것으로서 그 사람이 가졌던 성격과 특성은 그 사람의 생으로써 완전히 끝나는 것이다. 그러나 민족성은 그 민족과 운명을 같이 하면서 의지의 덩어리 같은 것으로 그 작용은 여러 세기에 계속되고 때로는 왕성하게 뻗어간다. 민족성이 개인의 성격에 대하여 그 내용이 덜 분명해 보이면서 오히려 더 오랜 지속성과 영향을 갖는다.

셋째는, 개인이나 민족이나 그 성격형성을 자기의식보다 자기도 모르는 사이에 스스로 이루어진다. 개인은 자기 스스로 의식하지 않는 사이에 일정한 성격이 틀에 박힌다. 이 사태가 민족의 경우는 한참 심하다.

민족들이 각각 자기의 성격을 가지고 있으므로 이루 헤아릴 수 없는 자연의 계보, 역사의 계보를 갖는다. 민족의 성격의 현실상황은 그들이 원해서도 아니고, 원치 않아서도 아니고, 자연과 정신, 자율과 타율, 의지와 충동, 자제와 운명이 얽히고 설키어 마침내 지금 보는 대로 민족성을 갖기에 이른 것이다.

그러므로 민족은 역사 속에 있으면서 또 그 속에 있음으로 해서 그 자신의 구조를 갖는다. 앞에서 본 대로 민족의 구조는 하부구조인 인종과 풍토와 상부구조인 정치, 언어, 종교, 교육 등이다. 민족성의 자연적인 기반은 그 위에 작용하는 정신적 요소와 마찬가지로 처음부터 주어지고 또 도저히 바꿀 수 없는 자료가 아니다. 인간은 어느 한도 안에서 그들의 생각과 결정된 행위에 의하여 이것을 바꿀 수 있는 것이다. 한 민족은 생각과 정책에 의하여 그 자신의 인종적 요소의 혼합이나 국토의 개척 그리고 새로운 자원의 발견을 도입할 수 있는 것이다. 정신적 요소인 상부구조에 이르러서는 한층 더 인간의 의욕과 결단 아래 놓인다고 할 수 있다. 민족성의 하부구조는 그 국가 공동체의 모든 성원의 마음을 연결시키는 정보기관이 될 것이다.

이 정신기관은 명주실보다도 더 가늘고, 강철보다도 더 굵은 연쇄로 성원의 마음을 연결시키고 있다. 이 글은 사람들의 마음에 마음으로 번져 나가는 눈에 띄지 않는 정신적인 거미줄이 되는 것이다.18)

조지훈(趙芝薰)은 우리 민족의 민족성 형성요소를 자연에서 해양적이요, 대륙적인 양면 성격을 찾았다. 이 두 가지 자연성이 반도적 성격을 이루었다는 것이다. 이와 같은 자연적 성격

---

18) E. Barker, National Character, London: Methuen and Co. Ltd. 1948.

인 해양성과 대륙성에서 정치적 특질이 다원적·고립적 특성을 이루고 이 두 가지의 정치적 특성에서 다시 두 가지의 문화적 특질이 파생되었다고 본 것이다. 즉, 그 문화적 특질이란 대륙 문화의 정유지(停溜地)의 역할을 담당한 주변적인 특성과 외래 문화를 자기 것으로 수용하여 문화변용의 역할을 한 중심적 특질이다. 이와 같은 논거에서 그는 우리 민족성의 기본구조로서 평화성(平和性), 격정성(激情性), 적응성(適應性), 보수성(保守性), 수용성(受容性), 난숙성(爛熟性)을 지적하였다.[19]

민족성 형성의 요인으로서 한스(N. Hans)가 제시한 자연적 요인(natural factors), 종교적 요인(religious factors), 세속적 요인(secular factors)을 발전시켜 부언한 한기언(韓基彦)은 ① 자연적 제 인자로서 민족적·언어적·지리적 인자를 들고, ② 사회적 제 인자로서 정치적·경제적·사회적 인자를 들고, ③ 사상적 제 인자로서 무교적·유교적·불교적·기독교적·천도교적 인자를 들고, ④ 문화적 제 인자로서 과학적·예술적·문화적 인자를 들었다. 이러한 제 인자에 기준하여 교육사상에 추구되어 온 교육적 인간상을 선비정신은 애국적, 범애적, 합리적, 교양적, 소작적, 봉사적 인간이라고 지적하였다.[20]

민족성의 구조와 그에 영향을 주는 요인에는 서로 다른 견해가 있을 수 있어도 민족성은 고정된 것이 아니고 어디까지나 가면적이고 가소적이라는 데는 거의 모든 학자들이 의견을 같이 하고 있다.

천원은 도산과의 해후에서 민족사상의 터를 다지는 기회가 되었다.

---

19) 조지훈, 「韓國文化史序說」, 서울: 탐구사, 1968, pp.3-11.
20) 한기언, 「韓國思想과 敎育」, 서울: 일조각, 1973, pp.32-35.

천원이 도산과 만나게 된 것은 장리욱(張利郁)이었고 세 사람은 세 차례 자리를 함께 하였다. 그는 이 만남을 통해서 정직과 무실역행의 정신을 다졌던 것이다.

그는 「民族中興과 敎育」을 통해서 한국교육의 민족화를 위해 근대화, 민주화, 한국화를 제시하였다. 그로부터 10년 후 그는 「發展韓國의 敎育理念探究」에서 우리나라의 교육지도 이념으로서 '민주주의의 한국화', '민족주의의 민주화', '근대화의 인간화'를 제시하였다.

그는 민족주의 교육이념은 민주주의 이념과 서로 꽈배기처럼 엮고 틀면서 하나의 민족교육의 원형을 이루는 기본 축으로서 이해해야 할 것이다.

4) 창조에로의 교육

민주주의의 2대 지주는 자유와 평등이다. 그러나 두 사상은 서로 이질적 성격을 지니고 있고 때로는 절대적 속성을 가지고 있다. 자유를 신장하면 평등의 형평이 깨지고 평등을 확대하면 자유가 제한을 받고 축소되기에 이른다. 그렇기 때문에 서로 상범하지 않고 공존공영의 묘를 이루는 것이 민주정치나 민주교육의 과제가 될 것이다. 자유에는 여러 가지가 있으나 성장의 자유처럼 소중한 것은 없다. 이것이 곧 수월(excellence)을 지칭한 것이다

그는 이어서 다음과 같은 내용을 열거하고 있다. "수월은 개인의 생활을 풍부하게 하는 요인일 뿐 아니라, 사회를 향상시키고 인류를 진전시키는 절대적인 요인이기도 하다. 인류의 모든 발명과 발견은 범속(汎俗)의 과실이 아니다. 만일 거기

에 예수·석가·공자와 같은 비범, 소크라테스·플라톤·아리
스토텔레스·칸트와 같은 탁월, 단테·세익스피어·괴테와 같
은 출중, 미켈란젤로·레오나르도 다빈치·피카소와 같은 절
충, 바하·베토벤·바그너와 같은 우수, 아인슈타인·에디슨·
벨과 같은 우월이 없었던들 세상은 얼마나 어두웠을까? 실로
오늘의 인류문명은 이들의 수월"21) 즉 창조생활, 창조교육에
힘입은 바 크다. 그러나 이 수월은 특권계급으로 이루어 민중
을 억압하고 천시하는 데 있지 않고 대중의 행복을 증진시키
려는 봉사의식에 기초를 두어야 한다. KS마크는 우월의식을
상징하는 표식이 아니라 대중의 봉사의식을 상징하는 표식이
되어야 한다.

　뿐만이 아니라 창조생활, 창조교육을 지나치게 거창하게만
생각할 것이 아니라 대중의 창조, 만민의 창조생활에로 확대
되어야 한다. 주어진 여건 속에서 항상 배우는 생활을 하며,
새로운 과제를 추진해 나아가며, 주어진 환경에서 자아를 극
대화하려는 진실된 노력과 끈기도 다름아닌 새로운 창조생활
이 아닐 수 없다. 매일 매일을 새롭게 순간 순간을 생동적으
로 살아가는 삶, 즉 창조의 생활을 극대화할 때 우리 사회는
희망이 넘치고, 나아가 인류문화의 심화에 기여보비하는 삶이
될 것을 천원은 힘주어 강조하였던 것이다.

---

21) 오천석교육사상문집(5), 1975, p.215.

제11장 페스탈로찌의 교육사상이
한국교육에 미친 영향

1. 생애와 활동

가난한 사람을 돕고, 고아를 돕고, 또 보살핌이 없는 아동·학생을 돕는 데 그의 심혈을 기울였기 때문에 스위스(西瑞)에서 존경을 받고 있는 교육자 페스탈로찌(J.H. Pestalozzi, 1746~1827)는 1746년 1월 12일에 쮜리히(Zürich)에서 태어났다. 그는 학생시절에 활동을 했기에 그는 하층계급에서 잊혀진 계층의 기수로서 일찍이 명성을 날렸다. 1774년 고아원을 설립했고 그 곳에서 소외된 아동·학생들에게 그들이 생산하고, 자신있는 삶을 영위해 갈 수 있는 농업과 간단한 상업의 기초를 가르치려고 시도하였다. 이 박애적인 실천은 1780년에 실패로 돌아갔고 절망을 안은 채 그는 이때에 그의 철학에 근본이 되는 일련의 깊은 반성과 금언으로 엮어진 「은자의 황혼」(Die Abendstunde eines Einsiedlers)를 저술하였다. 계속해서 널리 읽혀지고 있는 4권의 교육소설 「린하르트와 게르트루트」(Lienhart und Gertrud)를 출판하였다. 이 내용은 사회적, 도덕적, 정치적 개혁에 대한 그의 사상을 서술 공표한 것이다.

1798년 나폴레옹의 침략을 받았을 때 슈탄츠(Stanz)의 중심가는 파괴되었고 주민들이 대량 학살되었을 때 페스탈로찌는 수십 명의 가난한 아동·학생들을 두루 찾아 가장 곤란하고 동정할 만한 상황에서 그들을 돌보았다. 그는 1805년 이벨당(Iferten)에다 그의 유명한 기숙학교를 세웠다. 그후 20년 동안 이 학교는 전성기를 이루었고 유럽 각처에서 아동·학생들이 모여들었고 그 당시 가장 중요한 유럽의 인물 중 수백여명으로부터 방문을 받았다. 1801년에 「게르트루트가 그의 자녀를 어떻게 가르치는가」(Wie Gerdrud ihre Kinder lehrt)에 대하여 한층 정성들인 그의 교육원리는 감각표현이었다. 즉, 정밀하고 명확한 사고는 실물에 대한 정밀한 관찰에 의거한다. 이와 같이 언어나 사상은 구체적인 사물과 관련을 지을 때만 의미를 갖는다고 하였다.

그러므로 이벨당 기숙학교의 교육과정은 그리기·쓰기·노래하기·신체적 훈련·모형수집·지도만들기 그리고 여행과 같은 학생생활을 강조하였다. 그에 의하면 중요한 과업은 교사양성 부문이었다. 교수방법을 연구하기 위하여 이벨당에 왔던 교육가들은 유럽과 미국의 도처에서 그의 사상을 실천하였고, 페스탈로찌형의 많은 학교를 설립하였다. Fröbel과 Herbart는 지리학자였던 Ritter가 그러했던 것처럼 그에게서 많은 것을 배웠다. Charles와 Elizabeth Mayo에 의하여 경영되었던 미국의 매우 성공적인 Pestalozzian School에서 사용된 실물학습방법(The Object-lesson approach)은 뉴욕의 Owego normal school에 의하여 1861년 미국에서 채용되었고, 먼저 그 나라의 몇몇 교사양성기관에서 지도원리가 되었다.

페스탈로찌의 영향을 가장 두드러지게 받은 곳은 프러시아였다. 독일의 철학자 Fichte는 예나(Jena)에서 패배한 독일 국민들에게 페스탈로찌 원리에 근거한 강력한 교육제도를 통하여서만 독일을 회복할 수 있다고 외쳤다. 그는 1827년 2월 17일에 부르그(Brugg)에서 영면하였다. 페스탈로찌의 생애와 활동은 그의 묘비명에 압축되어 있다.[1]

> HIER RUHT HEINRICH PESTALOZZI/geboren in Zürich am 12. Januar 1746/gestorben in Brugg der 17. Hornung 1827/ RETTER DER ARMEN AUF NEUHOF/PREDIGER DES VOLKS IN LIENHART UND GERTRUD/ZU STANZ VATER DER WAISEN/ZU BURGDORF UND MÜNCHENBUCHSEE GRÜNDER DER NEUEN VOLKSSCHULE/IN IFERTEN ERZIEHER DER MENSCHHEIT/MENSCH, CHRIST, BÜRGER/ALLES FÜR ANDERE, FÜR SICH NICHTS/SEGEN SEINEM NAMEN!

이 묘비명은 만민의 구제, 사회교육을 통한 조국의 건설, 그리고 인간의 구원에 의한 인류의 구원을 위하여 모든 것을 남을 위하여, 자기 자신에게는 아무 것도 없었던(Alles für andere, für sich nichts) 82년의 교육생애가 잘 말해 주고 있다.

2. 근본사상과 교육방법 원리

1) 인간관

페스탈로찌의 사고에 있어서 아주 중심의 위치를 차지하는

---

1) Encyclopaedia Britanica, Vol. 17, N.Y.: 1968, p.726.

것이 곧 인간의 문제이다. 그는 철저하게 인간을 추구하였다. 그는 인간의 문제를 「인류의 발전에 있어서의 자연의 과정에 대한 탐구」(Meine Nachforschung über den Gang der Natur in der Entwicklung des Menschengeschlechts)에서 정신적 인간을 잘 정립하였다. 그의 철학적 주저라고 불리어지는 이 책의 중심은 존재 일반의 문제도 아니고 또 신의 문제도 아니고, 실로 인간 자신의 문제였다.

페스탈로찌는 인간성 안에 동물적·사회적·도덕적인 세 가지 단층(Schichten)을 설정한다. 자연상태에서 사회상태 내지 국가적 상태에서 진보를 흔히 도덕적 순화과정으로 보는 견해에 반대하여, 그는 도덕적인 것은 개성의 내면의 아주 깊은데 그 근본이 있다고 하였다.

「인류의 발전에 있어서의 자연의 과정에 대한 연구」에서 전개한 인간관의 구조는 다음과 같다.

(1) 자연상태(Naturzustand)

인간은 아직도 동물과 근본적으로 다르지 않다. 이 상태의 인간은 거칠고 야수적이고 충동적이나 또한 선한 충동도 포함되고 있다. 원시인이 평화롭게 살고 있었다는 것은 진실이 아니다. 원시인의 모든 토지를 자기 것이라고 주장하였다. 하고 싶다고 생각되는 일을 태양 아래서 행하였다. 원시인은 법률도 인정하지 않았는가 하면 어떤 지배자도 인정하지 않았다. 그의 유일한 법칙은 그 자신의 의지였다. 루소는 인간은 선(善)으로 보았으나 그는 선악이 미분화된 자연상태 그 자체로 보았다. 인간생활에는 이기적인 방향과 이타적인 방향이 있는데 이것들이 올바른 관계, 즉 자연질서에 설 때, 그것은 선이 되지만 이러한 순박한 자연상태는 그 시기가 너무 짧아서 인간은 곧 과중한 이기심에 사로잡히게 된다. 이것이 올바른 의미에서의 타락(Verderben)이다.

(2) 사회상태(Gesellschaftszustand)

이기심으로 자극된 난행을 법으로 규제하는 상태이다. 인간은 생물적인 원시상태로부터 오늘날 인간이 사는 사회상태에로 서서히 발전하였다. 그러나 인간의 사회상태는 어떠한 것을 말하는 것인가. 도덕적 자유를 희구하는 소망과 한편 아직도 인간을 지배하는 동물적 행동간에 부단히 인간 가운데 갈망이 생기는 상태를 말하는 것이다. 이 경우에 인간은 조직이나 법률이나 습관이나 풍습을 만들지만 그것은 그 가운데에 숨은 궁극적 윤리인 목적을 위해서가 아니고 억압, 정쟁, 권력 때문에 이것을 이용하기 위해서다. 우리들이 사는 상태는 아직도 정의의 상태는 아니다. 도리어 그것은 부정이 제도화되고 법률에 규제된 상태이다. 이것은 우리들의 집단간의 교제에 관해서나 국제관계에 관해서도 다같이 말할 수 있는 것이다.2) 자연상태에서 유발된 이기심, 빈욕(貧慾), 권세, 압박 등이 집단적 규제를 받는 상태이다. 그러므로 사회상태는 모든 악덕과 침해가 다만 합법화되고 지지되는 상태에로 나아가게 된다. 그는 다음과 같이 말하고 있다.

---

2) R. Ulrich 저, 한기언 역, 「교육사상사」, 서울: 한국번역도서주식회사, 1958, p.383.

> 사회상태는 그 본질에 있어서 만인의 만인에 대한 싸움의
> 계속이다. 이 싸움은 자연상태의 타락에서 비롯하여 사회상태
> 에서는 그 꼴만 바꾸어서 더욱 심해진다.3)

그의 눈에는 유럽의 여러 국가의 밑뿌리부터 붕괴되어 가고 있
는 것을 시적으로 느꼈다. 이른바 「은자의 황환」(Die Abendstunde
eines Einsiedlers)에서 말한 것처럼 그는 가부장적인 군주정
신을 기대했던 절대주의 국가는 불가능하다는 것을 느꼈다.
한갓 법은 정의라는 너울을 쓴 사회적인 부정에 지나지 않고,
프랑스 혁명은 엉뚱한 요구를 내걸고 또 하나의 자연상태로
돌아가는 징검다리에 불과했던 것이다.

(3) 도덕상태(Sittlicheszustand)

그것이 개인의 문면(門面)에서 타락된 사회상태에서 과감하
게 올라와 비약하는 데 있다. 그것은 새로운 탄생이며 독립된
자아의 행위에 속한다. 우리들은 역사의 이 둘째 상태, 즉 사
회상태로부터 인간이 진정 자유로운 도덕적 자기를 발견하는
셋째 상태를 향해서 노력해야 한다.

> 나는 내 자신 안에 하나의 힘을 가지고 있다 …… 이 힘은
> 동물적 욕구와 사회의 질서와는 관계가 없다. 이 힘은 자주적
> 이다. 내가 존재하는 것은 이 힘이 존재하기 때문이며 이 힘
> 이 존재하는 것은 내가 존재하기 때문이다. 이 힘은 …… 나
> 에게 본래 내재(內在)하는 욕정에서 생긴다.4)

---

3) L. W. Seyffarth, *Pestalozzis Sämtliche Werke*, Bd. VIII, p.446.
4) *Ibid.*, p.384.

사상은 나 자신의 작품이다 …… 종교는 나 자신의 작품이
며 그것은 오로지 고독한 심성에서만 나온다.5)

기독교는 바로 도덕 그것이며 그것은 개개인의 도덕적 인격
에 관한 것이다6)

이 세 단계의 과정은 「은자의 황혼」에서 비롯하여 「린하르
트와 게르트루트」를 거쳐 「인류의 발전에 있어서의 자연의
과정에 대한 탐구」에서 완숙하여 최후로는 「은자의 황혼」에
서 24년을 경과하여 「기초적 도야의 이념에 관한 견해와 경
험」에서 정치형식으로 표현되었다.

2) 가정관

그는 가정을 사회·국가·세계를 구성하는 중핵적 소집단
으로 보았다. 자연의 길, 진리의 길이 보다 순순하게 구현된
곳이 다름아닌 가정으로 보았다. 「은자의 황혼」의 기조는 가
정의 정신의 찬미요 구가(謳歌)이다.

인간의 가정적인 관계가 가장 으뜸가매 가장 뚜렷한 자연적
관계이다. Die häuslichen Verhältnisse der Menschheit sind
die ersten und vorzüglichsten Verhältnisse der Natur7)

아이들이 자연적 관계의 힘이 증대해지면 그 가정은 많은

---

5) *Ibid.*, p.508.
6) *Ibid.*, p.511.
7) *Ibid.*, p.152.

축복을 받게 되지만 이 힘이 소멸될 때는 곧 죄악이 발생된
다. 그가 인간의 평안, 인간의 질서, 정신의 건강을 생각할
때는 언제나 인간관계 속에 보다 본원적인 것으로서의 가정
의 길이 원형으로 되어 있다.

> 그러므로 어버이가 주간하는 가정, 이것이 모든 인간의 순
> 수한 자연교육의 터전이다. Daher bist du, Vaterhaus, Grundlage
> aller reinen Naturbildung der Menschheit[8]

> 어버이가 주간하는 가정이며, 그대야말로 도덕과 국가의 학
> 교이다. Vaterhaus, die Schule der Sitten und des Staats[9]

그는 가정의 외적 생활이 아니라, 가정 속에 사는 인격적
본질인 개인의 정신이 본질적인 것이라고 강조하였다. 그렇기
때문에 누구나 먼저 성실한 가정성원이 된 다음에야 훌륭한
직업인이 될 수 있다고 하였다. 그는 덕성의 훈련의 책임을
양친 특히 어머니에게로 돌렸다. 그는 「그리스토프와 엘제」
(Christoph und Else)에서 하나의 교육기관으로서 학교 이상
으로 가정의 우월성을 강조하였다. 그렇기 때문에 그의 교육
개혁의 근본이념도 이와 같은 가정정신을 교육의 기초로 삼았
던 것이다. 그는 "순수한 진리감각은 좁은 범위에서 도야된다
(Reiner Wahrheitssinn bildet sich in eigen Kreisen)"고 믿었
던 것이다.

---

8) *Ibid.*, p.152.
9) *Ibid.*, p.152.

3) 종교관

그는 인간도야에 있어서 가정의 행복을 중시하였으나 그 가정의 힘이 아무리 크다고 할지라도 거기에 종교적 기초가 결여되었을 때는 무력해지는 것이다. 진실로 신에 대한 신앙만이 가정의 행복의 원천이 된다고 하였다.

> 신에 대한 신앙, 이것은 인류의 성스러운 어버이 마음과 형제 감의 원천이며, 또 모든 정의의 원천이다. Glauben an Gott, Quelle reinen Vater und Brudersinns der Menschheit-Quelle Gerechtigkeit[10]

그에 의하면 신에 대한 신앙없이는 인간도야를 위한 가정도 성립될 수 없는 것이다. 종교가 있고 비로서 가정이 존재한다는 내용을 「린하르트와 게르트루트」의 전구상에서 우리는 볼 수 있다. 신에 대한 신앙이 있느냐 없느냐에 따라서 인류는 신의 자녀와 속세의 자녀로 갈라진다. 도대체 그가 말하는 신이란 무엇인가. 그는 "신은 인류와 가장 가까운 관계"[11]고 한다. 이 "인류의 가장 가까운 관계[12]란 말은 물론 외연적 의미가 아니고 인간의 본성에 어떤 대상의 직접적인 문제이다.

신은 생명의 입장에서 내포적으로 생각하면 총체의 연속통일의 중심점이고 제약되어 있는 사물보다 선행한다. 따라서 추상적인 고찰에 있어서는 그것은 아주 먼 존재와 같이 보이지만은 생명있는 구체적 의식에 있어서는 아주 가까운 관계

---

10) *Ibid.*, p.158.
11) *Ibid.*, p.153.
12) *Ibid.*, p.153.

이다. 그러면서 그는 다음과 같은 말을 하였다.

> 인간은 자기를 위하여 신을 믿는다. 왜냐하면, 인간이 신을
> 믿고 안 믿고는 신에게는 아무런 관계가 없기 때문이다. Der
> Mensch glaubt um seiner selbst willen an Gott: denn was
> macht das Gott, wenn der Mensch nicht ihn glaubt[13]

그렇기 때문에 그에 있어서 신이란 존재일반이나 직접적인 문제는 아니었다. 어디까지나 인간의 도덕적 자기의식의 순수한 표현이었다. 그가 말한 신은 분명히 인간중심주의, 휴머니즘 입장에서 생각한 신이었다. 그의 종교가 특히 기독교의 신앙과 일치하지 않는다고 비난 받는 이유도 바로 여기에 있는 것이다. 결국 페스탈로찌의 신은 사람의 도덕적 최정점, 최종 통일자에 지나지 않는다. 그에 있어서 종교는 도덕의 완성에 있다. 도덕은 종교를 떠나지 않고, 둘이 하나가 되어 '도덕적 종교', '종교적 도덕'은 실로 페스탈로찌의 교육사상의 중심이념이요, 또 최후의 목적이었다.

4) 국가관

페스탈로찌에 있어서 이상국가란 군주와 민중, 어버이 마음과 자녀의 마음이 종교적 관계에 의해서 맺어진 국가를 생각하였다. 이 관계를 그는 다음과 같이 설명한다.

> 군주, 그는 신의 자녀이며 그의 아버지의 아들이다. 군주, 그

---

13) Pestalozzi, *Etwas über die Religion*, Bd. IV. 1872, p.317.

는 아버지의 아들이며 그의 백성의 아버지이다. 신하, 그는 신
의 아들이며 그의 아버지의 아들이다. 신하, 그는 그의 아버지
의 아들이며 그의 군주의 아들이다. 군주의 분신은 신의 상징이
며 한 국민의 아버지이다. 신하의 분신은 군주의 아들, 그 군주
는 그의 신하와 더불어 신의 아들이다. 인류는 이처럼 자유스러
운 관계로 묶어져 있다. 이 얼마나 아늑하고 굳세고 깨끗한가.

Der Fürst, der Kind seines Gottes ist, ist Kind seines Vaters,
Fürst, der Kind seines Vaters ist, ist Vater seines Volks. Der
Unteran, der Kind seines Gottes ist, ist Kind seines Vaters.
Der Unteran, der Kind seines Vaters ist, ist Kind seines
Fürsten, Stand des Fürsten, Bild der Gottheit, Vater einer
Nation. Stand des Unterans, Kind des Fürsten, der mit ihm
Kind Gottes ist. Wie sanft und stark und fein ist dieses,
Gewerbe der Naturverhältnisse Menschheit![14]

그는 입국의 기초를 셋으로 보았다.

첫째는 정치, 둘째는 경제, 셋째는 교육인데 그는 입국은
어디까지나 교육에서 찾았던 것이다. 그는 국가의 기초는 정
치, 경제도 될 수 있으나 그 근본이 되는 것은 역시 교육이라
고 확언하였다.

> 어버이 마음은 군주가 도야하고 형제감은 시민을 도야한다.
> 이 두 가지가 가정과 국가에서의 질서를 낳는다[15]

이와 같이 그는 입국의 기초를 인간의 교육에 구했고 이
인간은 신의 신앙에서 사는 인간이었다. 군주도 신을 믿고,
국민도 신을 믿음으로써 서로 동포로서 결합할 때 비로서 이

---

14) *Ibid.*, p.157.
15) *Ibid.*, p.152.

상의 정치가 이루어진다고 믿었다. 그가 마음에 그리고 있는
이상국가는 한 나라의 군주와 국민과의 관계가 어버이와 자
녀 사이와 같은 관계를 지닌 국가였다. 나토르프는 말하기를
페스탈로찌는 궁극적으로 국가를 인간화할 것을 목적으로 한
다고 하였다.16)

가장 작은 사회단위인 가정이 도덕적으로 완성이 된다면
하나의 확장된 사회의 일부분이 도덕적으로 완성된 것이라고
하였다. 그래서 한 가정집단이 도덕적으로 독립된 시민의 한
지역사회를 이루는 것보다 더 큰 단위로 확장되어 가는 것이
다. 결국 이들 가정의 모두를 포함한 확장의 마지막 상태에서
모든 인간이 도덕적으로 완성되는 이상사회의 실현을 보게
된다고 그는 주장하였다.

페스탈로찌는 효율적인 교육방법으로서 개개인의 사회구성
원이 스스로 자기 자신을 개혁하고 완성하기를 바랐고 이리하
여 많은 개개인이 그러한 완성을 성취한 후에야 오직 사회를
개혁할 수 있다고 하였다.17) 그리하여 가정·사회·국가 그리
고 학교의 기능으로서의 교육은 사회목적을 지니고 있고 이
목적을 성취하기 위하여 사회적인 방법을 사용했던 것이다.

5) 교육방법 원리

실버는 페스탈로찌의 초기작품 「은자의 황혼」을 한마디로

---

16) P. Natorp, "Pestalozzis Pädagogik", Encyclopädisches Hanbuch der
    Pädagogik, hogn, von W. Rein. Bd. VI, p.714.
17) M. Walch, *Pestalozzi and Pestalozzian Theory of Education*,
    Washington D.C. The Catholic University of America Press, 1952,
    p.74.

'선한 자연의 국가상(das Bild guten Natur)'과 기독교적 가부
장제의 아름다운 모습을 그렸냈고, 교육이란 자연과 체제에의
복귀이며, 이런 뜻에서 '인류의 재건(die wiederherstellung des
Menschengeschlechts)'을 노래한 것이라고 하였다.18) 그의 초
기의 활동은 빈민을 경제적으로 구제하기 위한 교육실천이 있
다. '위로부터의 밖으로부터의 교육'이라고 부를 수 있는 이
시기의 사상은 안방교육학(Wohnstubepädagogik), 생산교육학
(Industriepädagogik), 자활기업학교(Erwerfungsschule) 등의
표현으로 대표되며 자기 신분에 알맞은 직업을 가진 자활을
할 수 있는 인간을 만드는 일에 역점이 놓였다. 이 시기에 그
의 관심은 기독교적 가부장체제의 유지와 빈민의 경제적 자
활능력의 육성에 있었다. 슈프랑거는 이 시기의 사상을 신앙
적 가정을 중심으로 하여 동심원적으로 확대되어가는 생활권
(Lebenskreis)의 교육이며, 또한 선량한 군주와 식자들에 의한
민중의 생활환경개선으로 슬기로운 민중을 기르려했던 환경교
육학(Milieupädagogik)이라고 특징지었다. 이에 대해 김정환은
다음과 같이 주장한다.

> 페스탈로찌의 논리는 직선적으로는 전진하지 않는다. 우리
> 는 보통 하나의 명제에서 다른 명제를 추리하고 최후에 결론
> 을 얻는다. 우리에게는 결론이 중요하기 때문이다. 그러나 그
> 의 논리는 직선적이 아니고 순환적이다. 그는 하나의 명제 안
> 에서 맴돌며 마치 누에가 뽕잎을 갉아 먹듯이 그 명제를 먹어
> 버린다. 왜냐하면 그에게는 진리는 아는 것이 중요하지 않고
> 진리 속에 머무는 것(in der Wahrheit zu bleiben)이 중요하기

---

18) K. Silber, *Pestalozzi: der Mensch und sein Werk*, Heidelberg 1957,
   pp.40-50.

때문이다. 진리는 머리로서가 아니고 자기 몸으로써 확인되어
감싸져야 할 삶의 밑바탕의 고향이기 때문이다. 이것은 신학
과 신앙을 비교하면 잘 알 수 있다. 신학은 신앙을 밖에서 체
계 세우는 논리이고, 신앙은 예수 안에 머무는 생활 그 자체
가 아닌가 그는 교육학이 아니고 교육 안에 머물렀다. 그는
결코 교육학을 체계 세우려고 하지 않았다.[19]

페스탈로찌의 관심에의 가능성을 다음과 같이 진단할 수 있다.

첫째로 그는 인격의 생명구조(Lebensstruktur einer Persönlichkeit)
를 밝히는 일이다. 즉, 하나의 인간이 어떻게 외계와 대결해서 자기
를 형성해 갔는가 하는 것이다. 여기에서는 자아와 세계와의 대결
이 문제된다.

둘째는 좀더 좁은 방향으로 그리는 인간의 정신양식(Geistesart
eines Menschen)을 밝히는 일이다. 이 경우 문제되는 것은 자아
의 세계와의 대결, 운명과 환경과의 대결이 아니고 그의 내적
세계를 구성하고 있는 세계관의 근저이다. 즉, 그가 어떠한 정
신의 세계 속에서 자족하면서 살았느냐는 것이다.

셋째로 생각되는 방향은 주관적인 자아관의 발견이다. 근래
에 와서 생의 철학, 실존철학은 보편타당성이라는 객관적 공
식을 타도하고 피와 살이 뛰노는 생명과 '나'로 되돌아가자는
철학이다. 그것은 이 받아들이는 인격의 사고구조에 의하여
차이가 있다는 것이다.[20]

이러한 그의 관심에서 가능성 속에서 그의 교육방법의 원
리를 분석·검토해야 할 것이다. 슈프랑거는 「페스탈로찌의

---

19) 김정환, "페스탈로찌의 사고형식", 「교육과학」, 12월호, 1970, 서울: 중
    앙교육연구소, pp.16-17.
20) *Ibid.*, pp.17-18.

사고형식」(Pestalozzis Denkformen)에서 그의 교육방법의 원리를 각각 생활교육, 도덕교육, 학습의 계열, 심리화, 자연과 기술의 통일로 보았다. 오사다 아라다(長田新)는 「페스탈로찌의 교육학」에서 그를 사회개혁가, 초등교육개혁가, 이상주의 교육가, 기독교육의 강조자, 노작교육가 그리고 교육방법의 연구가로 규정하고, 직관과 기초교육과 노작학습 활동을 통하여 전인교육을 이룩하려고 했다고 논하였다. 월취(M.R. Walch)는 「페스탈로찌의 교육이론」(Pestalozzi and Pestalozzian Theory of Education—a critical study)에서 그의 교육방법의 원리를 사회화, 심리화, 계열화의 셋으로 요약하였다.

위에서 언급한 세 학자의 기본적인 관점과 화우셔레(H. Faucherre)의 「페스탈로찌의 교육방법」(Abriß der Erziehungslehre Pestalozzi)에 시사를 얻어 그의 교육방법의 원리를 다음과 같이 요약할 수 있다.21)

① 자기창조의 원리(Das selbstschöpferische Prinzip)

② 직관의 원리(Das Prinzip der Anschauung)

③ 조화의 원리(Das Prinzip der Harmonie)

④ 친근성의 원리((Das Prinzip der Nähe)

⑤ 개인과 사회의 원리(Das Prinzip der Individualität und Gemeinschaft)

---

21) H. Fauscherre, *Abriß der Erziehungslehre*, Basel 1933, pp.17—35.

3. 인간상

페스탈로찌는「린하르트와 게르트루트」제4권에서 교육활동의
대상으로서의 근본적 정신력을 "정신, 심정 및 기술의 소질"
Anlagen des Geistes, Herzens und der Kunst이라고 지적했다. 그
는 말년의「백조의 노래」(Schwannengesang)에서는 이것을 정
신력(Geisteskriaft), 심정력(Herzenskraft), 기술력(Kunstkraft)
이라고 분명히 했다. 또는 이것을 정신적(geistig), 도덕적(sittlich),
신체적(physisch) 세 가지 힘, 또는 지(kennen), 의(wollen), 행
(können)으로도 표현하였고 머리(Kopf), 가슴(Herz), 손(Hand)이
라고 말하였다.

> 가슴(심정, 감정, 사랑, Wollen, Sittliche)
> 머리(지능, 지(知), 식리(識理), Wissen, Intellektuelle)
> 손(기술, 기능, 력(力), Können, Kunstliche)

이 세 가지는 서로 떨어져 있는 것이 아니라 조화발전에로
나아가 하나의 통합을 이루는 것이다. 그에 의하면 인간성의
세 개의 근본력을 각개가 평등한 것이요, 서로 결합되어 있어
서 분리되는 일이 없이 상호 '조화적' 또는 균형 속에서 삼위
일체를 이루어 발전되는 것이다. 다른 하나를 희생하고 어떤
하나의 힘에 편중하는 것은 그에 의하면 자연을 역행하는 교
육인 것이다. 그는 '뮌헨부흐제의 고별강연'(Abschiedswort an
die Kinder in Müchenbuchsee)에서 다음과 같이 그의 교육목
적을 밝히고 학생들에게 간곡히 부탁했던 것이다.

사고하기 위하여 머리를 도야합시다. 이웃에게 선을 베푸는
일을 할 수 있게 가슴을 도야합시다. 몸과 손과 말을 도야함
으로써 기술을 가집시다. 여기에는 노력이 필요합니다. 자기
자신을 극복해야만 됩니다. 그리고 그것은 예수 그리스도를
통해서 우리에게 보여진 신적인 뜻을 우리가 눈여겨 봄으로써
얻어집니다. 이것이 초점입니다. 여러분은 이 초점을 잊지 마
십시오22)

지식과 도덕과 기능 이 셋의 정신력은 양적 의미에서는 평
등하고 동시에 어느 한 편에서 편중되어서도 안 되지만은 양
적 의미에서 인격의 중핵을 이루는 것은 도덕윤리의 교육인
것이다.

4. 한국교육에 미친 영향

우리나라 문헌상에 최초로 페스탈로찌의 이름이 나오는 것
은 김정환의 조사로는 1908년(융회 2년) 육당 최남선에 의하
여 제작된 잡지 「소년」의 제2년 제7권(1909. 8. 1.)에서이다.
여기에는 ‘페스탈로찌 생애의 처세훈’이라는 제목으로 ‘근세
교육혁신대가’로서 그의 생애와 사상이 10면에 걸쳐 소개되
어 있다. 그 첫 구절이 “18世紀 後半으로부터 19세기 前半에
이르는 동안은 泰東에 있어서 依舊히 昏睡無爲時代로되 泰西
에 있어는 覺醒革新 新時代로 되어야 한번 革新의 북이 프랑
스 政界에 울린 뒤로부터 그 影響이 온 泰西의 天地를 包容

---

22) Pestalozzi, *Abschiedswort an die Kinder in Müchenbuchsee*, Bd. IV.
    1804, p.416.

하여온 死物界를 왼통으로 變造하야 말려 할새 이 때 教育界
에 革新旗를 세운 자가 곧 요한 하인리히 페스탈로찌 先生이
다.”23) 그리고서 그의 사랑과 혁신의 교육생애가 그려지는데
과연 신시대의 호흡하여 구국(救國)의 길을 찾던 청소년의 가
슴을 끓게 하는 글이다. 그러나 “我帝國은 우리 少年의 智力
을 資하야 我國歷史에 大光彩를 添하고 世界文化에 大貢獻을
爲하고자 하나니 그 任은 重하고 責은 大한디라”고 외치며
또 “活動的 進取的 發明的 大國民을 養成하기 위하여 出來한
明星이라 新大韓의 少年은 順曳라도 可離리 못할디라”고 스
스로의 사명과 의의를 천명하고, 또 “向上精神은 新大韓少年
의 人力開發에 從事하난 精神이오, 勞動勞作은 新大韓少年의
天命服從에 努力하는 道理니라”고 다짐한 이 「소년」은 애석
하게도 1911년 5월 권23호로 종간되어 버렸다.

그러나 그의 이념은 도산 안창호, 남강 이승훈, 한서 남궁
억, 인촌 김성수, 월남 이상재 등을 통하여 우리 민족의 가슴
에 소리없이 흘러들었다.

주기용(朱基瑢)24)은 「五山정신에 대하여」에서 이렇게 말하
고 있다.

> 自己를 잊는 이 偉大한 犧牲精神, 불타는 이 民族愛의 精神
> 은 페스탈로찌가 부르짖고 몸소 실현한 이 教育愛 이 사랑은
> 누구나 否認할 수 없는 南岡의 남긴 精神으로서 五山精神의
> 一翼를 갖추고 있는 것이다. 사랑은 教育의 根本理念으로서
> 人類社會는 이 사랑으로 維持하여 가며 사랑으로써 發展되어

---

23) 최남선 편집, 소년, 신문관, 제2년 제7권, 1909. 8. 1, p.5.
24) 주기용은 1940년대 오산학교 교장을 지냈고 남강 이승훈 선생의 서랑
(壻郎)이기도 하다. 후에 월남하여 제헌국의원을 지냈다.

가며 潤澤하여지는 것임으로 사랑이 떠난 社會는 죽은 社會이
며 사랑을 度外視하는 敎育은 뜻을 잃는 敎育이다. 그러므로
페스탈로찌의 쉬탄츠에서의 사랑의 敎育은 敎育의 源泉이며
發祥으로서 欽仰의 焦點이 된 것이오, 敎育의 祖上으로서 崇
仰을 받는 것도 實로 敎育에 사랑을 導入한 페스탈로찌의 偉
大性에 있는 것이다……페스탈로찌가 쉬탄츠 孤兒院의 經營을
위하여 各 方面으로 求乞한 것처럼 南岡 示是 五山學園의 維
持를 위하여 눈부신 活動을 繼續하는 중 한번은 定州 郭山敎
會에서 뜻을 이루지 못하고 눈나리는 저녁때 '긴허리' 敎會로
향하던 途中 눈보라는 길을 길을 덮고 무릎을 지나치게 되어
方向을 알길없어 드디어 그 자리에 꿇어앉아 머리를 조아리며
기도를 계속하였다. 여기에는 五山을 위한 精誠뿐이오. 火焰처
럼 불타는 熱이 心中에서 용솟음 칠 뿐이다. 눈이 몸을 덮어
머리만 往來할 뿐이다. 翌朝에 牛車가 지내다가 救濟히여 生
命을 求하게 되었다는 거짓말 같은 事實이 있다 …… 이 誠·
愛·敬은 실로 敎育의 根本原理인 것이며 理念인 것이다. 페
스탈로찌의 사랑과 후레벨의 '敬'이 敎育思潮의 主流를 이루
웠든 것을 想起하고 現代敎育의 새로운 潮流로서 敬信愛를 들
수 있는 이때에 南岡은 五山敎育에 있어 몸소 敬愛誠의 精神
을 具現하여 五山의 아름다운 얼을 이루었다.25)

한편 평양에 세운 대성학교의 교풍에 대하여 도산 안창호
는 다음과 같이 말하고 있다고 한다.

　　…… 도산의 교육방침은 건전한 인격을 가진 애국심있는 국
　민의 양성에 있었다. 도산이 주장하는 건전한 인격이란 무엇
　인가. 성실로써 중심을 삼았다. 것짓말이 없고, 속이는 행실이
　없는 것이었다……26)

25) 金道泰,「南岡 李昇薰傳記」, 서울: 韓國印刷株式會社, 1950, pp.337-339.
26) 주요한,「安島山全書」, 서울: 三中堂, 1963, p.80.

이렇게 하여 도산은 평양에 남강은 평북 오산에, 한서는 강원도 보리울에, 인촌과 월남은 기호에 교육입국의 기초를 세웠던 것이다. 그런데도 페스탈로찌에 대한 학문적 연구는 이에 따르지 못했다. 너무 조급하여 고전과 원전을 연구할 겨를이 없었다. 그래서 이 면을 맡고자 나선 사람이 외솔 최현배이다.

> 나는 왜정밑의 우리 사회의 무리력과 침체를 타개하여 겨레 경생의 기틀을 짖고자하는 생각에서 처음엔 사회학을 뜻하다가 다음엔 교육학으로 뜻을 돌리어, 페스탈로찌의 생애와 사상을 연구하여, 페스탈로찌의 교육학을 하나 차리어 보고자하여 대학(일본 경도제국대학) 논문으로서 여기 뒤친 논문을 썼던 것이다……27)

그러나 그가 교육학자가 되기에는 상황이 너무 급박하였다. 우리의 얼과 문화가 담겨져있는 '우리말'이 사라져가고 있었던 것이다. 그리하여 그는 한글학자가 되었다. 광복이 되자 교육입국의 꿈을 안고 박지영은 페스탈로찌의 전기를 써내면서 각오를 새롭게 하지고 했다.28)

우리나라의 학자 중 페스탈로찌에 조애가 깊은 이로는 김기석(金基錫), 이인기(李寅基), 왕학수(王學洙), 김정환(金丁煥) 등이다. 김기석은 남강 이승훈의 제자로 일본 동북대학 철학과 출신이다. 그는 오산학교 교원, 서울대 사대학장, 한국교육학회 초대회장을 지내면서 대학에서는 페스탈로찌 특강 및

---

27) 최현배, 「나라건지는 교육」, 서울: 정음사, 1975, p.167-168. 이 책 167 페이지에서 221페이지까지 교육학의 기초, 교육의 뜻과 목적, 교육의 가능한계, 교육의 필요, 교육의 마당, 교육의 원리로 페스탈로찌를 소개하고 있다.

28) 朴之榮, 「페스탈로찌」, 서울: 大韓教育聯合會, 1955.

어록을 내어 국민도의교육에 지대한 영향을 주었다. 이인기는 동경대학 교육학과 출신으로 서울대 대학원장, 숙대 총장, 영남대 총장, 한국교육회 회장 등을 지내면서 페스탈로찌 강의를 하여 많은 후학을 길렀다. 왕학수는 일본 상지대 철학과 출신으로 고려대 교육대학원장, 영남일보, 전남일보 사장을 지냈다. 그는 페스탈로찌의 강의는 물론 「은자의 황혼」, 「게르트루트는 그의 자녀를 어떻게 가르치나」, 「이제린 영전에」를 우리말로 옮겨 간행하였다.29) 그후로는 김정환은 일본 광도대학에서 페스탈로찌를 연구하고 귀국하여 필자와 더불어 「백조의 노래」, 「게르트루트는 그의 자녀를 어떻게 가르치나」 등 몇 편을 번역하여 경지사(耕智社)의 현대교육사상교양전집의 제4권으로 간행하였다.30) 그 후에 김정환은 다시 「은자의 황혼」을 서문당에서 번역 간행하고 「페스탈로찌의 생애와 사상」을 박영사에서 간행하는 등 알찬 저서와 논문을 계속 발표하여 우리나라 페스탈로찌 연구에 활력소를 주었고 필자도 이에 힘입은 바가 크다.

　우리 한국교육이 페스탈로찌에게서 꼭 배워야할 것은 무엇인가?

　첫째, 중산층 육성을 위한 교육을 강화해야 한다.

　둘째, 사회교육 내지 평생교육을 강화해야 한다. 그가 말하는 사회교육이란 학교교육의 테두리일 뿐만 아니라, 가정교육, 직업교육, 사회교육, 종교교육으로까지 확장시켰고, 이것의 종교적·심리적·정치적·사회적 기초 위에서 찾았다는 데 있다.

---

29) 王學洙(譯), 「世界敎育名著叢書」, 페스탈로찌 篇, 同刊行會, 1950.
30) 金善陽·金丁煥(共譯), 「現代敎育思想全集」, 第4卷, 페스탈로찌, 서울: 耕智社, 1968.

셋째, 사랑의 교육이다. 그는 영원 속에 있는 생의 모든 영역은 활기찬 인간의 혼에, 인간의 혼은 사랑에, 그리고 사랑은 신(神)에서 비롯된다고 하였다.

넷째, 밝은 미래를 상망(想望)하고 전진하자는 것이다. 어두운 현재, 불만족스러운 현재 괴롭고 고된 현실을 극복하고 보다 나은 사회를 이룩하려는 의욕과 희망과 노력을 그에게서 배워야 할 것이다.

다섯째, 가정교육의 중요성을 재확인해야 한다. 그러기 위하여 인간교육의 터전이 되는 가정교육을 강화하기 위하여 여성교육의 질과 양에 걸쳐 향상됨으로써 퇴색해가는 안방교육의 기틀을 바로잡아야 할 것이다.

그리하여 현대화로 치닫고 있는 기능 위주의 현실에서 그가 부르짖던 도덕력 함양 내지 신앙을 주축으로 하는 전인적 인간교육관으로 크게 전회시킴으로써 물질문명의 폭포지대로 말미암아 소외되어가는 인간의 정신생활에 확고한 거점을 교육을 통하여 이룩해야 할 것이다.

제12장 듀이의 교육사상이 한국교육에 미친 영향

　해방 이후 우리나라에서 추진된 '새 敎育'의 이론적 배경을 제공한 중심적인 사상은 듀이의 교육사상이었다고 볼 수 있다. 그 동안 많은 사람들이 그의 사상을 연구하고, 또한 많은 사람들이 그의 사상에 대해서 비판하였다. 그러나 적지 않은 비판에도 불구하고 듀이의 교육사상이 한국교육에 크게 영향을 주었고, 민주교육의 수립에 크게 기여하였다는 것은 부인할 수 없는 사실이다. 왜냐하면 그의 교육사상은 광복 후 새교육운동과 더불어 우리 교육의 주된 이론적 근거로서 시대적 요청에 부응해서 신생국가의 새 교육의 정립에 충실히 그 일익을 담당하였다고 생각할 수 있기 때문이다. 이제 듀이의 교육사상이 우리나라에 수용되기 시작한 지 약 반세기가 지나는 시점에서 그의 교육사상을 재조명하고, 그의 교육사상 연구성과에 대한 평가를 통해서 그것이 한국교육에 미친 영향과 공과 및 그 연구의 과제와 전망을 논의하고자 한다. 먼저 듀이의 생애와 활동을 고찰한 후 그가 1897년에 발표한 「나의 교육학신조(*My Pedagogic Creed*)」를 중심으로 교육사상을 개관하고, 그 다음 듀이 교육사상 연구자들의 연구내용 분석을 통하여 그의 교육사상이 과연 우리의 교육현실과 교육실제에 미친 영향은 적합했는가를 검토해 볼 것이다.

1. 생애와 활동

존 듀이(John Dewey, 1859~1952)는 미국의 동북부에 있는 버몬트(Vermont) 州의 벌링턴(Burlington)에서 1859년에 태어났다. 그의 부친은 농부의 아들이었으나 듀이의 유년시절에는 식료품점을 경영하였다. 그는 4형제 중 셋째 아들로 태어났으며, 큰형은 일찍이 세상를 떠났다. 그리하여 듀이는 둘째 형과 그의 동생과 같이 근처에 있는 공립학교에 다녔다. 그의 모친은 비교적 부유한 편이었고, 신앙심이 돈독하였다. 아들에 대한 가정교육이 엄한 편이었으나. 어머니는 자녀에 대한 기대와 희망을 크게 가졌던 것이 오늘의 듀이가 존재할 수 있었던 가장 두드러진 요인이었다. 듀이는 어릴 때는 벌링턴에서 가족과 또 친구들과 조용히 보낼 수 있었으나 남북전쟁 동안에는 가정이 안정되지 못하였다.

듀이는 남북전쟁으로 인해 학령기보다 늦게, 1867년에 학교에 입학했다. 그는 전통적 교과목과 딱딱한 교과서에 권태를 느껴 교과서 외의 책을 즐겨 읽었다.

그는 15세 되던 해 고등학교를 졸업하였다. 둘째 형은 일년 먼저 대학에 입학하였고 듀이는 동생과 같이 버몬트 주립대학에 입학하였다. 형은 신병으로 인해 휴학을 했기 때문에 1879년 졸업할 때는 삼형제가 함께 대학을 나올 수 있었다.[1] 이 대학의 특색은 대부분의 철학교수들이 독일의 관념론이라

는 사변적 철학의 전통을 지키고 있었는데 특히 H.A.P. Torrey
교수에게 많은 감화를 받았다.

1879년 대학을 졸업한 후 그는 펜실베니아 주 남(南) 오일
시티 고등학교(The South Oil City High School)에서 2년간
교사생활을 하였다. 그곳에서 주로 라틴어(羅典語), 자연과학
을 가르쳤다. 그는 그 학교를 사임하고 다시 벌링턴으로 돌아
와 잠시 초등학교에서 교편을 잡았다. 그러는 동안 듀이는 당
시 저명하였던 Torrey 교수의 각별한 지도를 받아 철학을 깊
게 연구할 수 있는 기회를 갖게 되었다. 당시 그는 독일에서
망명해 온 W.A. Harris 교수와 친교를 맺게 되었다. Harris
교수는 Schelling과 Hegel 사상의 신봉자여서 듀이도 독일사
상에 크게 영향을 받았다. 그는 마침내 철학교수로 일생을 마
칠 것을 결심하였다.

그의 처녀논문은 「사변철학(思辨哲學)」이라는 잡지에 1882년
'유물론의 형이상학적 가정(The Metaphysical Assumption of
Materialism)'이 있다.

듀이는 그 해에 Torrey, Harris 양(兩) 교수의 조언에 따라
존스 홉킨스(Johns Hopkin) 대학 대학원에서 철학을 연구하
게 되었다.2) 여기서 그는 G.S Morris 교수와 G. Stanley
Hall 교수의 지도와 영향을 받았다. 그는 어려서 청교도적 종
교 분위기에서 벗어나서 미국의 경험론(empiricism)과 독일의
관념론(idealism)에 대한 지적 교육을 받게 된 것이다. 그는

---

1) *Philosophy of John Dewey*, edited by Paul Arthur Schilpp, P.A.
   Tudor Publishing Co., 1951, p.10.
2) G. Dykhuizen, *The life and Mind of John Dewey*, Southern Illinois
   Univ. Press, 1973, p.28.

empiricism과 idealism을 하나로 꿰뚫는 논문을 발표하였는데 이 논문이 '절대주의에서 실험주의에로(From Absolutism to Experimentalism)'이다.

1884년 듀이는 Johns Hopkins대학 대학원에서 박사학위를 취득하였다. 그 후 그는 Michigan 대학 철학강사가 되었다. 이 Michigan 대학에서 심리학과 논리학에 대한 그의 연구가 성숙되기에 이르렀다. Michigan 대학 시절 그의 개인생활 중 중요한 일로서 26세 되던 해에 제자인 Alice Chipman과 결혼을 하였다. 여기서 1887년에 첫 아들인 Frederick Archibald가 태어났다.3)

1891년에 발표한 '비판적 윤리학설의 개관'(Outline of Critical Theroy of Ethics)과 1894년의 '윤리학연구'(The Study of Ethics)에서 Pragmatism의 맹아를 트게 하였다.

1888년 듀이는 Minnesota 대학으로 옮겨갔으나 1889년 그의 恩師인 Morris 교수가 타계하여 그의 후임으로 Michigan 대학으로 자리를 옮겼다. Michigan 대학에 있는 동안 그는 캐나다의 M. McLellan 교수와 공동으로 교사를 위한 두 저서를 집필하였다. 하나는 「응용심리학－교육의 원리와 실제에로의 서설(序說)(*Applied Psychology: An Introduction to the Principle and Practice to Education*)」이고 다른 하나는 「수(數)의 심리학(*Psychology of Number*)」이다.

1894년 듀이는 Michigan에서 Chicago 대학으로 옮겼다. 그는 Chicago 대학의 교육학과 주임교수가 되었다. 그가 부임한지 2년 뒤에 교육학과 부속학교로서 '실험학교(Laboratory school)'를 창설하였다. 이 학교는 일명 듀이학교라고도 하는

---

3) *Ibid.*, pp.53-54.

데 Chicago 대학의 총장과 듀이 사이의 교육이념의 갈등으로 7년 후에 폐쇄되었다. 이 학교를 운영하는 동안 그는 「학교와 사회」(*School and Society*)라는 책을 발간하였는데 이 책은 여러 나라의 말로 번역되어 전 세계 교사들에게 애독서가 되었다.

소위 진보주의 교육운동이 일어나게 된 것은 Massachusetts 州 Quincy 市 교육장이었던 C.F.W. Parker가 유럽에 유학을 가서 Fröbel의 교육사상에 대한 영향을 받아온 데 있다고 하겠다. 특히 「학교와 사회」 후반에는 거의 Fröbel의 교육사상으로 메워져 있다.

철학적, 심리적, 교육적 분야에서 듀이의 명성이 떨치게 되어 많은 대학에서 초청강연이 있었고 1899～1900년에는 미국 심리학연합회장으로 선출되기도 하였다.[4]

1904년 듀이는 Columbia 대학으로 자리를 옮겼다. 1904년 Columbia 대학으로 와서 1930년 퇴직할 때까지 27년 동안 학자로서의 전성기를 맞게 되었다.

1908년에는 「윤리학」(Ethics)를 비롯하여 1910년에는 「사고하는 방법」(How we think), 1913년에는 「교육에 있어서 흥미와 노력」(Interest and Effort in Education), 그의 딸 베린 듀이와의 공동 실험결과를 정리한 「내일의 학교」(Schools of Tomorrow)를 1915년에 간행하였다. 그리고 1916년에는 그의 대표작으로 알려진 「민주주의와 교육」(Democracy and Education)을 펴내어 미국사상계에 거봉을 이루었다. 1922년에는 「인간성과 행위」(Human Nature and Conduct), 1925에는 「경험과 자연」(Experience and Nature)을 각각 발표하였다.

---

4) *Ibid.*, p.99.

1929년의 「확실성의 탐구」(The Quest for Certainty), 1930년의 「新舊개인주의」(Individualism Old and New), 1934년의 「경험으로서 예술」(Art as Experience), 1938년의 「논리학탐구의 이론」(Logic-The Theory of Inquiry), 1946년의 「인간의 제문제」(The Problems of Man), 1940년의 최후 작품으로 「삶과 지식」(Knowing and The Known)은 그의 학문적 열정을 분출하는 데 충족한 발표였다.

그는 1886년 앨리스 치프만(Alice Chipman)과 결혼하여 6인의 자녀를 두었다. 그 가운데 2인은 죽고 1인의 양자를 맞았다. Alice 부인은 1927년 세상을 떠났다. 그는 줄곧 독신으로 지내다가 1946년 그가 87세 때 흑발의 펜실바니아의 현재 미망인과 재혼했으며 이 부인이 듀이의 최후를 돌본 로버타(Roberta)이다. 로버타 부인은 듀이재단의 이사장으로 그 후계자들을 돌보고 있다. 그의 학문적 생애는 92세인 1952년 뉴욕에서 종언을 고했으며 그의 영광은 7개 대학에서 법학박사, 2개 대학의 문학박사, 2개 대학의 철학박사, 1개 대학의 이학박사, 1개 대학의 명예박사 등 13개 박사학위가 대변해 주고 있다. 그는 명실공히 20세기 학계의 거인임에 틀림없다.[5]

2. 듀이의 근본사상과 교육론

1) 근본사상과 민주주의

듀이는 학교야말로 하나의 사회가 되어야 하며 그러기 위

---

5) 金在萬, 「敎育思潮史」, 서울: 敎育科學社, 1981, p.329.

하여 학교는 사회생활을 제공해야 하며 나아가 학교는 아동
이 사회생활을 수련하는 실험장소가 되어야 한다고 믿었다.
이런 의미에서 1916년에 집필한 「민주주의와 교육」은 민주주
의 개념을 철학적으로 규정한 고귀한 고전적 의미를 지닌다.

듀이에 의하면 민주주의 개념은 공통적인 역할 관계와 독
립된 개인의 자유와 평등의 원리 위에 성립된다고 하였다. 그
는 민주주의가 도덕적 이념과 실험적 이념으로 실현될 때 그
본래의 가치를 발휘하는 것으로 보았다.

듀이는 「민주주의와 교육」에서 교육의 성격을 다음의 네 가
지로 규정하였다. 첫째는 생활의 필요로서의 교육(education as
a necessity), 둘째는 사회적 기능으로서의 교육(eduction as a
social function), 셋째는 方向으로서의 교육(education as direction),
넷째는 성장으로서의 교육(education as growth) 등이다.

첫째로 사람이 산다는 것은 끊임없는 환경에 대한 작용으로
서 자기 자신을 다듬는 과정으로 보았다. 그러나 이렇듯 부단
한 과정은 그 개체의 발생에 의하여 다음 세대로 전승되어 이
작용이 영원히 계속되는 것으로 보았다. 그렇기 때문에 듀이는
넓은 의미에서 교육을 생각하여 삶을 사회적으로 지속시키는
수단이라고 하였다. 개체는 그 개체로 끝나는 것이지마는 그
개체의 내용이 다음 세대로 이어진다는 사실이 교육의 필요성
을 요구하게 되는 것이다. 이와 같이 듀이는 교육을 사회의 저
류(低流) 및 추진력으로 보았기 때문에 단순히 교육을 학교교
육보다는 훨씬 넓은 사회 속에서 이끌어내려고 노력하였다. 그
는 인간의 지식, 신앙, 희망 등을 상호 공유하기 위하여 교류
(communication)의 개념을 무척 중요시하였다. 교류, 전달은
교육의 과정이면서 동시에 현실생활이 교육의 기초가 된다.

둘째로 사회적 기능으로서의 교육에서는 우리들의 사회가 연속적인 자기혁신에서만 존속되고, 미성숙자가 교육적 성숙에 의해서만 도태되는 면을 고찰하였다. 이러한 의미에서 볼 때 교육은 키우는 일이고, 교화하는 일이다. 여기서 듀이는 성장의 조건을 조심스럽게 다루고 있다. 개체는 부단히 환경과 유기적으로 작용하고 변화되어 그 개체에게 바람직한 행동형이 이루어지고 있을 때 올바른 의미에서 환경이라고 부를 수 있다. 이리하여 개체와 또 다른 개체가 더불어 활동하고 작용할 때 그는 이것을 사회적 환경이라고 불렀다. 우리들은 이러한 사회적 환경 속에서 육성되고 있는 것이다. 교육이란 미성숙자가 바람직한 환경에서 생활하는 것이고, 이 속에서 자연히 성장하는 간접적인 뜻을 내포하고 있다. 이런 의미에서 듀이는 미성숙자에게 통정된 환경, 단순화된 환경, 균형이 잡힌 환경, 순화된 환경을 부여할 수 있는 성숙자의 교양과 태도를 강조하였다.

셋째로 방향으로서의 교육은 한 개체의 자율적인 성장에의 행동을 가리키는 말이다. 말(馬)을 강가로 끌고 갈 수는 있지마는 물을 사람이 마시게 할 수는 없다. 이와 마찬가지로 아무리 교화된 환경을 정리하여 한 개체를 에워싸게 할지라도, 그 개체 속에서 성장에로의 행동이 없을 때 다시 말하면 자율적인 방향의식이 고갈되었을 때, 우리가 바라는 행동형의 변화는 바랄 수 없을 것이다. 듀이는 학교교육이 각종 교설과 필기에 의존하는 경향보다는 활동적이고 적극적인 과정으로 이끌어져야 한다고 주장하였다.

넷째로 듀이는 성장으로서의 교육을 들고 있다. 사회는 미성숙자의 활동을 지도하는 정도에 따라서 우리의 미래가 결정된다고 보았다. 미성숙자란 어디까지나 가능성를 지닌 존재이다. 미성숙자는 비록 세련되지는 못했으나 적극적인 힘을 가지고 있다. 이 능력은 의뢰성과 가능성으로서 발현된다. 의뢰성은 인간의 성장을 가능하게 하는 근본적인 힘이고 또한 가능성은 경험에서 학습되는 능력이다. 이렇듯 개체와 환경은 서로 적응하는 상호작용 속에서 성장하는 것이다. 듀이의 교육철학을 프레이지어와 아멘트라우트(Frazier and Amentrout)는 다음과 같이 요약하였다.6)

① 교육은 생활이다(education is life)

교육은 생활을 준비하는 것이 아니라 생활 그 자체다. 사람이 사는 곳은 어디나 다 교장(敎場)이 될 수 있다. 교육은 학교 안에서만 이루어지는 것이 아니라, 사람이 나서 이 세상을 떠날 때까지 줄곧 교육은 계속되는 것이다.

② 교육은 계속적인 경험의 재구성이다(education is a continuous reconstruction of experience)

우리들의 하루 하루의 생활은 지난 경험에 기초를 두고 있다. 그러나 새로운 경험이 날로 부가될수록 이미 경험되어진 그 내용은 항시 재구성되어야 한다. 성장이란 강력한 수용성(受容性)을 말하는 것이다.

③ 교육은 사회적 과정이다(education is a social process)

교육은 다름아닌 민주주의를 목표로 해야 한다. 교육이 바로 성장과 생활이 될 수 있다면 그것은 사회집단의 생활이 되어야 한다. 그렇기 때문에 학교는 민주사회가 되어야 하고 그 속에서 아동들은 자연스럽고 민주적인 생활을 영위하고

---

6) 金善陽, 「敎育史」, 서울: 螢雪出版社, 1981, pp.235-236.

또한 훌륭한 시민성을 갖춘 성년으로 성장해야 한다. 듀이에
의하면 평등이란 도덕적인 것이며, 사회적으로 보증된 정의의
문제이지 심리적 소질에 관한 사실은 아니다.7)

④ 교육은 성장이다(education is growth)

한 아동이 현재의 삶에서 미래의 삶으로 성장될 때, 위대한
교육의 과정이 이루어지는 것이다. 성장이 계속되고 있는 한
교육은 계속되고 있는 것이다. 가정과 학교와 사회 전생활을
통하여 계속적인 성장이 곧 현대교육의 목표가 되어야 한다.

2) 「나의 교육학 신조」(*My Pedagogic Creed*)에 나타난 교육론

(1) 교육이란 무엇인가(What Education is)

나는 이렇게 믿는다.

> 모든 교육은 개인이 인류의 社會意識에 참가함으로써 행하
> 여진다. 이 과정은 無意識的으로 거의 출생시에 시작하며, 또
> 한 무단히 개인의 힘을 형성하며, 의식 속에 침투하고, 기지를
> 형성하며, 그의 觀念을 훈련하며, 또한 감정과 정서를 깨우친
> 다. 이 意識的 敎育을 통하여 개인은 점차 인류가 지금까지
> 累積할 수 있었던 지적 및 도덕적 자원의 분배에 참여할 수
> 있다.
>
> (I believe that-all education proceeds by the participation
> of the individual in the social consciousness of the race This
> process begins unconsciously almost at birth, and is continually

---

7) John Dewey, *Education Today*, Pantam Sons, 1940, p.176.

shaping the individual powers, palurating his consciousness, forming his habits, training his ideas, and arousing his feeling and emotions. Through this unconscious education the individual gradually come to there in the intellectual and moral resources which humanity has succeeded in getting together.)

오직 진실한 교육은 아동이 자기를 찾아내는 사회적 사정의 요구에 의해서 아동의 힘을 자극함으로써 행하여진다.

(the only true education come through the stimulation of the child's powers by the demands of the social situation in which he finds himself.)

이 교육과정은 두 가지면을 가지고 있다. ─하나는 심리학적 면이며, 또 하나는 사회학적 면이다.─그리고 어느 하나를 다른 한쪽에 종속시키거나 무시하면 반드시 나쁜 결과를 가져온다.

(this education process has two sides-one psychological and one sociolgical-and that neither can be subordinated to the other, or neglected, without evil results following.)

요컨데 교육받을 개인이 사회적 개인이며, 사회는 개인의 유기적 결합일 거라고 나는 믿는다. 만일 우리가 아동으로부터 사회적 요소를 제한한다면 여기에는 오직 한 개의 추상물만이 남는다.

(In sum, I believe that the individual Who is to be educated is a social individual, and that society is an organic union of individuals. If we eliminate the social factor from the child we are left only with an abstraction.)

이에 대해 브루너(J.S. Bruner)는 「존 듀이가 가고 그 뒤에 오는 것은 무엇인가(*After John Dewey What*)」에서 다음과 같이 그의 의견을 피력하고 있다.

듀이는 교육의 생활화, 사회화를 강조한다. 또 아동의 의식, 습관, 사고, 감정은 아동 자신이 생활현실에 들어가서 생활사회의 활동에 참여함으로써 형성할 것을 중시한다.

그러나 이에 머무르지 말고 지성화, 개성화에까지 나아가는 것이 교육의 보다 본질적인 관계로 보았다. 아동에게 지성적 능력을 길러주고 지성화의 과정를 중시함으로써 현실사회의 생활양식을 초월하여 나아가게 되는 길이 열리게 된다. 단순한 생활화란 자칫 잘못하면 현실생활에 안주하게 될 가능성이 짙다고 본다. 진실로 아동의 지적 능력을 높이려고 한다면 아동의 내면적 세계를 중시해야 하고 따라서 교육의 과제는 아동의 의식을 엷게 펼려고만 할 것이 아니라 아동의 내면화, 개성화에로 보다 큰 노력을 경주해야 한다.

(2) 학교란 무엇인가(What the School is)

나는 이렇게 믿는다.

> 학교는 본래 한 개의 사회적 제도다. 학교는 아동으로 하여금 인류가 계승해 온 자원의 혜택을 입게 하며 아동 자신의 힘을 사회목적을 위해서 사용하는 데 가장 효과적이 되게끔 온갖 작용을 집중한 地域社會生活의 형식이다.
>
> (I believe that-the school is primarily a social institution. Education being a social process, the school is simply that form of community life in which all those agencies are

concentrated that will be most effective in bringing the
child to share in the inherited resources of the race, and to
use his own powers for social ends.)

그러므로 교육은 생활의 과정이며 장래생활을 위한 준비가
아니다.

(education, therefore is a process of living and not a
preparation for future living)

학교는 한 개의 제도로서 현존 사회생활을 단순화해야 한
다. 말하자면 태생적인 형태로 환원해야 한다.

(the school, as an institution, should simplify existing
social life; should reduce it, as it were, to an embryonic
form.)

이에 대해 부르너는 다음과 같이 응답한다.

듀이에 의하면 학교란 생활사회의 축소요, 여기서는 아동의
현재생활에의 충실을 기해야 한다고 한다. 실로 학교는 생활
사회와 고립하여 단순한 장래준비의 교육장소여서는 안된다.

그러나 학교는 생활사회나 일상생활의 단순한 연속선상에
만 머무를 수는 없다. 학교는 문자 그대로 특수한 생활사회이
며 인간으로 하여금 인간다운 인간으로 되게 하는 기관이다.
새로운 미지의 세계를 탐구하고 생활경험을 넘어서서 지성을
활동하여 진실을 발견하는 것이 학교의 역할이다. 학교의 역
할은 아동으로 하여금 비일상적인 위대성에 접하여 탁월성
(excellence)에 대한 지향성를 갖게 하는 데 있다.

(3) 교육의 교재(The Subject-Matter of Education)

나는 이렇게 믿는다.

> 아동의 사회생활은 그의 모든 훈련 또는 성장에 있어서의
> 집중통일, 또는 상관관계의 기초다.
>
> (I believe that-the social life of the child is the basis of
> concentration, or correlation is all his training is growth.)
> 학교 敎育課程의 교재는 사회생활의 원시적인 무의식적 통
> 일로부터 점차 分化를 보여야 한다.
>
> (the subject-matter of the school curriculum should mark
> a gradual differentiation out of the primitive unconscious
> unity of social life.)

이에 대해 브루너는 다음과 같이 주장한다.

듀이에 의하면 현실사회의 문제해결에 있어서 생활경험이
야말로 진정한 교재요, 지식은 한갖 경험의 파생물에 불과하
다고 한다.

경험을 모태로 해서 지식이 생기는 것이 아니라 도리어 지
식을 모델로 해서 경험이 형성되는 것이다.

진정한 교재는 경험이 아니고 지식이다. 단순히 백화점식의 나
열적인 지식이 아니라 '지식의 구조(the structure of knowledge)'
이다. 지식의 구조는 모든 경험의 풀이요, 다양한 사실적 지
식을 파생케 하는 생산적인 조원이다.

(4) 방법의 성질(The Nature of Method)

나는 이렇게 믿는다.

지도법의 문제는 결국 아동의 힘과 흥미의 발전 순서의 문
제로 돌릴 수 있다. 교재의 제시와 취급에 관한 법칙은 아동
자신의 본성 가운데 포함되어 있는 법별(法別)이다.

(I believe that-the question of method is ulimately reducible
to the question of the order of development of the child
powers and interests, The law for presenting and treating
material is the law implicit within the child's own nature.)

능동적 면은 아동 本性의 발전에 있어서는 수동적 면보다도
앞선다. 표현은 의식적 인상보다도 먼저 생긴다. 근육의 발달
은 감각기관의 발달에 선행한다. 운동은 의식적 감각보다도
앞서 일어난다. 의식은 본래 운동적이며 충동적이고 의식상태
는 행동에 구체화하는 경향을 가진다고 나는 믿는다.

(the active side preceeds the passive in the development of the
child nature; that expression comes before conscious impression;
that the muscular development preceeds the sensory; that
movements come before conscious sensation; I believe that
consciousness is essentially matter as impulsive; that conscious
states tend to project themselves in action.)

이에 대해서도 부르너는 다음과 같이 설파한다.

듀이에 의하면 교육의 과정 방법은 교육목표의 수단이 아
니라고 한다. 그러나 이 중핵을 교정할 필요가 있다. 교육의
목표는 아동에게 지성적으로 이해케 하는 데 있다. 그렇기 때
문에 교육의 목표는 동시에 그대로 교육의 과정이요, 교육의

방법인 것이다.

이렇듯 지성적 이해에 도달케 하려면 잡다한 지식을 제공하여 아동의 머리를 혼란케 해서는 안된다. 이와 같이 혼란을 비켜가면서 아동에게 지성적으로 이해케 하기 위하여 '지식의 구조'를 부여해야 한다.

(5) 학교와 사회적 진보(The school and Progress)

나는 이렇게 믿는다.

> 교육은 사회적 진보와 개량의 기초적 방법이다.
>
> (I believe that-education is the fundamental method of social progress and reform.)

> 교육은 사회의식에 참가하게 되는 과정의 조정이다. 또한 이 사회의식을 기초로 한 개인적 활동의 조정이야말로 사회개조의 유일한 확실한 방법이다.
>
> (education is a regulation of the process of coming to share in the social consciouseness; and that the adjustment of individual activity on the basis of this social consciousness is the only method of social reconstruction.)

이에 대해 부르너는 다음과 같이 의견을 내고 있다.

교육은 물론 사회진보를 위한 하나의 방법이다. 그러나 급격히 변천하고 있는 현대사회에서는 사회진보에 대한 교육의 역할이 중차대하다. 과연 학교가 급격히 변하는 현대사회를 리드하기 위하여는 사회변화를 학교교육 안으로 끌고 들어와야 한다.

최첨단의 지식을 학교교육에 도입하기 위하여는 산학협동
이 제대로 이루어져야 하며, 교수・실업가과학자・예술가・교
사 등을 포괄하는 교육과정 연구기관의 상설화가 요청된다.8)

3. 듀이 교육사상의 연구성과와
한국교육에 미친 영향

1) 한국에서의 듀이 교육사상에 대한 연구성과

(1) 초기 듀이 교육사상의 소개와 연구활동9)

우리나라에서 듀이 연구의 역사가 일천한 데는 일본 식민
지정책(1910~1945)과 밀접한 관계가 있다. 일제 식민지정책
하에서 듀이의 민주주의사상이 용납될 수 없었던 것은 너무
도 당연한 일이다.

우리나라에서의 듀이 교육사상의 소개는 듀이로부터 직접
지도를 받은 제자들에 의해서 시작되었다. 미국의 컬럼비아
대학에서 듀이로부터 직접 지도를 받은 김활란(金活蘭)과 서
은숙(徐恩淑)은 그들의 모교인 이화여전에서 듀이 교육사상을
소개하였으며, 또한 듀이의 제자인 오천석(吳天錫)도 귀국 후

---

8) 이상의 논의는 듀이의 「*My pedagogic Creed*」와 Bruner의 「*After John Dewey What*」의 내용을 대비하여 설명하였다. 金在萬, 教育思潮史, pp.396－398의 내용도 부분적으로 참조하였다.

9) 郭哲圭, "韓國에 있어서 John Dewey 教育思想 및 그 研究 50년의 評價", 「教育開發研究論叢」 第17號, 忠北大學校 師範大學 附設 教育開發研究所, 1997, pp.2-5.

보성전문에서 듀이 교육사상을 소개하였다. 그러나 그 당시는 헤르바르트의 교육사상과 플라톤의 관념론이 유행하였던 시대였다.10)

외국인에 의한 듀이 교육사상의 소개는 연희전문의 창설자인 Horace H. Underwood와 그리고 같은 학교에서 17년간 교육생활을 한 James E. Fisher에 의해 이루어졌다.

그 중 미국 자유주의 사상에 입각해서 학교를 경영하였던 언더우드는 1925년 「Modern Education in Korea」라는 저서를 출판하였다. 백낙준(白樂濬)에 의하면 위의 두 사람은 학교에서 듀이의 자유주의 사상을 강의하였다고 한다.

특히 컬럼비아 대학에서 교육철학을 공부하고 학위논문으로 "Democracy and Mission Education in Korea"를 발표한 피셔는 1928년 이를 단행본으로 출판하였다. 그는 그 책에서 듀이의 민주주의 사상과 교육사상을 소개하고 있으며, 「Democracy and Education」의 내용을 많이 인용하고 있다. 그는 연희전문에서 교육학과 심리학을 강의하는 한편 듀이 교육사상을 고취시켰다. 그러나 일제하 미국으로 강제 귀국되었다가 해방후 다시 미군정(美軍政) 고문으로 내한하여 1950년까지 활동하였다.

반면 일본에서의 듀이 교육사상의 소개는 1919년 듀이가 일본을 방문하여 동경대학에서 2개월간의 강연을 계기로 시작하고 있다. 당시 일본에서의 듀이 연구는 호기심과 매력의 대상이었다고 전하여 지고 있다. 그것은 그의 사상이 전체주의와 민주주의의 갈등 속에서 매우 계몽적이었기 때문이었다.

우리나라에서 일본인의 듀이 교육학 연구서의 소개는 1924

---

10) 林漢永, 「듀우이 敎育思想의 硏究」, 서울: 民衆書館, 1968, p.334.

년 3월 31일 나가노 요시오(永野芳夫)의 저서「ジョンデューイ 教育學の研究及び牽引」에 의해서 최초로 시작하고 있다. 이 저서는 조선총독부 도서관인(印)이 찍힌 기증본으로 조선교육학회(朝鮮敎育學會)에 보내졌던 것이다. 호아시 오사무(帆足 理)가 듀이의「*Democracy and Education*」을「교육철학개론」이라는 이름으로 번역하여 1926년 5월 31일 조선교육학회에 기증한 것이 총독부 도서관에 장서(藏書)되었다. 그리고 와타나베 마사모리(渡部政盛)의 프래그마티즘과 그의 교육학설도 1925년 10월 28일 총독부 도서관에 기증되어 독자들에게 읽혀졌다. 야마시타 도쿠지(山下德治)는 듀이의 1929년의 저서「*Impression of Soviet Russia and The Revolutionary world*」를 1930년에 번역하여 소개하고 있다. 그리고 그는 대교육가(大敎育家) 문고 중에서 존 듀이편을 1936년에 편저(編著)해서 소개하고 있다.11)

이상과 같이 듀이의 교육사상에 관한 해방전의 소개는 미국에서 유학하고 돌아온 국내학자와 일본학자들의 출판물에 의해서 소개되었던 것이다. 그러나 그 활동은 여러 면에서 미미하였다고 볼 수밖에 없는 것이었다.

한편, 해방 직후에 듀이의 교육사상의 소개는 오천석으로부터 시작한다. 1946년 11월 오천석의 저서인「민주주의 교육의 건설」이 출판되어 일선 교사들에게 교육의 민주화를 위해 귀중한 역할을 하였다. 이 책은 해방 후 우리나라에 듀이의 민주교육 사상을 소개한 최초의 저서라고 할 수 있다. 우리나라에서 듀이의 교육사상에 대한 학술적 소개는 그의 저서「*Democracy and Education*」의 번역을 통하여 시작되었다. 이 책의 번역은

---

11) 위의 책, pp.335-336.

1947년 문교부 편수관 최병칠(崔秉七)의 초역을 시작으로 해서, 1948년 11월에 오천석이 상권을 번역하고 후반부는 임한영(林漢永)이 번역하여 1953년 문교부에 의하여 완역판이 간행되었다.

듀이 교육사상에 관한 최초의 석사학위 논문은 1956년 중앙대에서 발표한 유기섭(柳基燮)의 '존 듀이의 교육사상 연구'를 들 수 있다. 그리고 그 후 듀이 사상에 관한 석사학위 논문으로 1950년대에 이남표(李南杓)의 '듀이의 교육철학에 입각한 한국교육 비판'(1957, 연세대)과 Progressivism과 관련해서 논의한 정세화(鄭世華)의 '해방 후 한국 교육사상의 변천에 대한 일고찰'(1959, 이화여대)이 있다. 그러나 듀이 교육사상에 관한 최초의 석사학위 논문이 해방 후 10년이 흘러서 나왔다는 사실을 주목할 필요가 있겠다. 이것은 학문연구의 기반을 구축하는 데 10년이나 소요되었음을 의미하는 것이다.

듀이에 관한 최초의 박사학위 논문은 박봉목(朴奉穆)의 조사에 의하면 Roe, Cangil Yhan이 1920년 Nebraska 대학에 공자와 듀이의 교수법을 비교연구한 논문이었다고 한다. 그리고 그 후 박봉목과 김재만에 의하여 학위논문이 각각 미국과 일본에서 발표되었다. 전자는 니버와 듀이를 사회정의면에서 분석하는 논문이었고, 후자는 듀이의 가치론에 관한 논문이다. 미국에서는 조용태(趙鏞泰)가 1983년 경북대에서 'Dewey 사상에 있어서 자유와 교육'이라는 듀이에 관한 논제로 최초로 학위를 취득한 것으로 조사되고 있다. 해방되고 한 세대가 지나서야 듀이에 관한 학위논문이 나왔다는 것은 학문의 발전속도에 비추어 볼 때 너무 늦은 감이 있다고 하겠다. 더구나

해방 후 우리나라 교육계에서 한때 '듀이 선풍'을 생각할 때
더욱 그러하다.

듀이에 관한 최초의 소개서는 1946년 저술한 오천석의 「민
주주의 교육의 건설」과 같은 해에 허현의 「사회생활해설」을 들
수 있으나, 이는 간접적인 소개서에 불과하였다. 그리고 학위논
문이 아닌 최초의 연구논문으로는 1952년에 가서야 이수남(李
壽南)이 「새 교육」에 '현대교육학과 존 듀이 선생'을 발표하고
있으며, 이어서 林漢永이 1953년 「사상계」에 '존 듀이와 교육
사상'을 발표하고 있다. 정태시(鄭泰時)는 같은 해에 「새 교육」
에 듀이의 「*My Pedagogic Creed*」를 초역해서 '교육과 사회'로
발표하고 있으며, 그 다음해인 1954년 정범모(鄭範謨)가 같은
잡지에 '존 듀이의 인간과 교육사상'을 소개하고 있다. 그러나
이러한 연구서나 논문은 전문적인 것이기보다는 그의 교육사상
에 관한 일반적인 소개서라는 면이 강하게 풍긴다고 할 수 있
다. 이와 같이 초기 듀이의 교육사상의 전파는 「새 교육」과 「사
상계」 등의 잡지를 통해서 이루어졌으며, 아울러 '새 교육' 운
동과 결합하고 있음을 알 수 있다.

(2) 한국의 듀이 교육사상 연구자들[12]

해방 전 우리나라 사람으로서 컬럼비아 대학에서 듀이의
지도를 받거나 그의 교육학을 연구한 사람은 김여제(金與濟),
장리욱(張利郁), 김필례(金泌禮), 황신덕(黃信德), 오천석, 서은
숙, 노재명(盧在明), 김활란(金活蘭), 김마리아, 윤성정(尹珹淳),

---

12) 郭哲圭, 전게논문, pp.9-12.

장석영(張錫英) 등이다. 임한영은 1949년 그 대학에서 교육학을 전공하였다. 김준섭(金俊燮)은 같은 해에 듀이의 프라그마티즘을 공부하기 위해서 그 대학에 왔으며, 서두수(徐斗銖)도 교육학을 연구하기 위해서 그 대학에 왔다. 그 후 오기형(吳基亨), 송효숙(宋孝淑) 등도 그 대학에서 교육학을 전공하였다. 그러나 이들 모두가 듀이의 교육사상을 계속해서 연구한 것은 아니었다. 이들 중 오천석, 임한영, 김준섭 등이 듀이의 사상을 계속해서 심도있게 연구하고 한국에 소개하였다고 볼 수 있다.

듀이를 주제로 해서 외국에서 박사학위를 받은 사람으로 박봉목과 김재만을 들 수 있다. 전자는 1969년 뉴욕대학에서 '듀이와 니버의 사회정의'에 관한 연구로, 후자는 1974년 일본 히로시마 대학에서 '듀이의 교육적 가치론'에 관한 연구로 학위를 받았다. 박봉목은 '한국교육에 미친 듀이사상의 공과에 대한 비판적 연구'를 통해서 듀이사상에 관한 바른 이해에 기여하고 있다. 그리고 그는 '듀이 교육사상이 해방 후 한국교육의 발전에 미친 공과(功過)에 대한 비판적 연구'를 통하여 듀이의 교육사상이 한국교육 발전에 기여하고 있음을 논의하고 있다. 그러나 이들보다 앞서 1920년 Nebraska 대학에서 학위를 받은 Roe, Changil Yahn의 활동에 대해서는 국내에서 알려진 바가 없다.

듀이 저서의 번역을 통해서 듀이의 사상을 소개한 사람과 그 번역서는 최병칠의 「민주주의 교육」(1947)을 효시로 해서 오천석과 임한영의 공역인 「민주주의와 교육」(1952) 외에 이인기(李寅基)의 「학교와 사회」(1954), 오천석의 「경험과 교육」(1957), 한기언의 「나의 교육신조」(1961), 정범모의 「철학의

개조」(1963), 신일철(申一澈)의 「인간성과 행위」(1963), 김재
만의 「경험과 교육」(1965), 김준섭의 「확실성의 탐구」(1965)
등이 있다. 1970년대 이후에 출판된 듀이의 저서에 대한 주
요 번역서는 임한영의 「사고하는 방법」(1979), 신득렬의 「경
험과 자연」(1982), 임한영의 「민중의 신앙」(1983) 등이 있다.
그러나 이러한 번역서는 듀이의 저작 중 극히 일부에 불과한
것에 지나지 않는다.

듀이의 교육사상에 관한 연구서는 오천석의 「민주교육의
건설」(1946), 「민주교육을 지향하여」(1960) 등이 있으나, 이
는 간접적으로 듀이사상을 소개한 저서이다. 그러나 임한영은
본격적으로 듀이사상을 연구한 사람으로서 그는 「듀이철학」
(1985) 등의 저술을 통하여 그를 연구하고 있다.

김준섭은 듀이의 과학철학의 측면에서 듀이의 사상을 연구
하였고, 김태길(金泰吉)은 「듀이의 사회철학」(1980)의 측면에
서 듀이의 사상에 접근하고 있다. 그리고 일찍이 타계한 김재
만은 「듀이철학」(1980)이라는 듀이연구서를 남겼다. 그리고
그의 유고로서 「Dewey: 진보주의 교육과 성장이론」(1988)이
출판되었다. 그 이외에 권선영(權善英)이 듀이의 도덕사상을,
임한영이 그의 교육철학과 교육이론의 이해를, 그리고 방인옥
(方仁玉)이 그의 교육철학과 유치원 교육과정에 관한 연구서
를 내놓고 있다.

권선영과 방인옥은 80년대 후반과 90년대에 등장한 듀이
교육사상의 연구자이다. 정건영(鄭健永)은 1965년부터 「새 교
육」에 듀이에 관한 저술을 썼으며, 박사학위논문도 듀이사상
을 주제로 하고 있다.

듀이 학도로서의 입문으로 볼 수 있는 듀이사상에 관한 국

내에서의 박사학위 취득자는 1956년 중앙대에서 「존 듀이의 교육사상」이라는 논문을 쓴 유기섭을 시작으로 해서 1994년 서울대에서는 조주연과 다른 대학에서 6인을 합쳐서 119명에 이른다. 이러한 사실은 해방 후 10년만에 처음으로 듀이에 관한 유기섭의 석사학위논문이 나왔고, 그 후 약 40년간에 걸쳐 나온 총논문은 1년에 평균 3편의 석사학위논문이 나왔음을 말하여 주고 있다. 그리고 이것은 해방 후 50년이라는 반세기를 놓고 볼 때 연평균 2.4편의 논문이 발간되었음을 말하여 준다.

연대별로 석사학위논문의 발표상황을 분석해 보면 50년대에 3편, 60년대에 5편, 70년대에 15편, 80년대에 51편이 발표되어 80년대에 발표논문수가 가장 많다. 90년대에 들어와서 94년까지 45편이 발표되고 있다. 이러한 추세대로 논문이 발표된다면 90년대에는 80년대보다 발표되는 논문의 편수가 많을 것으로 추정된다. 듀이의 교육사상의 배경이 국제적으로 퇴조하고 있는 것과 비교할 때 국내에서 듀이사상에 관한 연구열은 식지 않고 있음을 보여주고 있다.

듀이에 관한 석사학위논문을 발표하고 있는 대학은 1995년 현재 모두 36개교에 이른다. 그 중 1편의 논문만이 발표되고 있는 대학이 14개교에 달하고 있다. 그러나 서울대에서 14편, 연대에서 12편, 성균관대 8편, 경북대, 이대, 경상대가 각각 7편, 계명대와 한양대에서 각각 6편씩이 발표되고 있고, 동국대, 부산대에서 각각 4편씩이 발표되고 있다. 여기서 특기할 사항은 일반대학원에서 발표된 논문은 69편에 불과하고, 49편이 교육대학원이나 기타 특수대학원에서 발표되고 있다는 사실이다(1편은 미확인). 즉, 교육대학원에서 듀이에 관한 논문이 많이 발표되고 있다는 점에 주목할 필요가 있다. 90년대에 들어와서 1994년까지 불과 5년간에 25편의 논문이 교육대학원에서 발표되고 있다. 이것은 이 기간에 발표된 논문의 약 55%에 해당하고 있다. 이와 같이 80년대와 90년대에 듀이에 관한 논문이 많이 발표되고 있는 것은 그 동안 듀이에 관한 많은 연구로 연구에 관한 자료획득이 용이하였다는 점도 하나의 원인이 되고 있다고 생각할 수 있다. 그러나 학위논문을 발표한 이들 모두가 계속해서 듀이사상의 연구를 심화시켰다고 볼 수 있는 것은 아니다.

듀이사상에 관한 박사학위논문을 획득한 사람은 외국에서 3명과 국내에서 22명을 합쳐 모두 25명에 이른다. 1983년 조용태는 경북대에서 '듀이사상에 있어서 자유와 교육'이라는 논문으로 듀이에 관한 국내 최초의 학위를 획득한 것을 비롯해서, 가장 최근인 1994년 노진호가 '듀이의 반성적 사고에 관한 고찰'이라는 주제로 성대(成大)에서 학위를 취득하고 있다. 이들 중 석사와 박사학위논문을 모두가 듀이를 주제로 해서 쓴 사람은 곽철규(郭哲圭)를 들 수 있다. 그는 1965년 서울대에서 'John Dewey의 교육사상에 있어서의 행위와 선에 대한 연구'와 1986년 중앙대에서 'John Dewey의 지식론에서 조명한 교육사상 연구'로 각각 학위를 취득하고 있다. 그리고 정건영은 '교육경험'을 주제로 해서 1966년과 1989년에 성균관대에서 각각 석박사학위를 취득하였으며, 박영만(朴榮滿)도 듀이의 '실험학교'의 이론으로 1983년과 1993년에 성균관대에서 각각 석박사학위를 취득하고 있다. 듀이사상을 주제로 해서 발표된 박사학위논문이 50여 년이라는 반세기에 걸쳐 총 21편의 논문만이 나왔다는 것은 큰 수확이라고 할 수는 없을 것이다.

국내에서 발표된 22편의 박사학위논문은 1980년대에 12편, 1990년대에 10편이 발표되고 있으나, 해방 후 70년대까지는 발표된 박사학위논문이 없다는 사실에 주목할 필요가 있다. 1990년의 10편의 논문은 전반의 5년 동안에 발표된 것이므로 앞으로 5년간에 더 많은 논문이 발표될 것으로 추정되고 있다. 대학별로 발표된 논문의 총수는 성균관대에서 5편, 중앙대와 경북대에서 각각 3편, 서울대, 동아대 그리고 계명대에서 각각 2편, 그리고 고려대, 이화여대, 충남대, 전북대에서 각각 1편씩의 논문이 발표되고 있다. 이러한 사실은 각 대학에서 지도하고 있는 교수의 전공과 연구성향에 배경을 받고 있는 것으로 생각된다.

2) 듀이 교육사상의 한국교육에 미친 영향과 전망

(1) 한국교육에 미친 영향과 공과(功過)

듀이 교육사상의 바탕이 되고 있는 진보주의 교육은 해방 이후 한국교육에 심대한 영향을 미쳤다. 그것이 한국교육의 공식적인 문서에 반영된 최초의 것은 교육법 제4조에 "교육제도, 시설, 교과와 방법은 항상 인격을 존중하고 개성을 중시하여 교육을 받는 자로 하여금 능력을 최대한으로 발휘할 수 있도록 하여야 한다"고 한 것에서 볼 수 있다.

진보주의는 서양에서 19세기에 전개되었던 신교육운동(The New Education Movement)과 20세기 초 심리학 발달의 영향으로 아동중심교육을 특색으로 하는 미국의 교육운동을 지칭하는 말이다. 이들은 권위주의, 지식중심, 전제주의 등 전통적인 교육에 반항하여 아동의 자유, 흥미, 개성 등을 중시하는 새로운 교육을 전개하기 위하여 미국의 교육자들이 1918년에 진보주의 교육협회(Progressive Education Association)를 창설하고 그들의 교육관을 진보주의(Progressivism)라고 부른데 연유한다. 이들은 1929년에 「민주주의 전선(*Frontiers of Democracy*)」이란 기관지를 발간하면서 그들의 7大 강령을 제시하였다. 이를 요약하면 다음과 같다.

① 자연적 발달을 위한 자유(freedom to develope naturally)

② 모든 학습의 동기로서의 흥미(interest the motive of all work)

③ 감독자가 아니라 안내자로서의 교사(teacher a guider, not a taskmaster)

④ 아동의 발달에 관한 과학적 연구(scientific study of pupil development)

⑤ 신체적 발달에 영향을 주는 모든 것에 대한 관심의 증대 (greater attention to all that affects the child's physical development)

⑥ 아동의 필요에 부응하기 위한 학교와 가정의 협동체제 (cooperation between school and home to meet the needs of child life)

⑦ 교육운동의 지도적 기구로서의 진보적 학교(the progressive school, a leader in education movement)

초기 진보주의의 특징은 '아동중심교육'이라고 말할 수 있다. 다시 말하면, 아동이 자신의 잠재력과 가능성을 균형있는 전인(全人)으로서 자발적으로 발전시키는 일을 돕는 것이 교육이라는 신념에 근거하고 있다. 이러한 진보주의는 자유주의적 인간관과 사회관을 철저히 존중하고 있다.

그러나 미국사회가 30년대의 '대경제공황'을 거치면서 전통적인 교육과 진보적인 교육이 모두가 심각한 사회문제해결에 대하여 별로 기대하지 못하는 교육이란 비난을 받게 되자 진보주의는 종래의 '아동중심교육'에서 '사회문제중심교육'에로 전향하였다.

이리하여 '지역사회학교(community school)'라는 새로운 의미의 학교 개념이 형성되기에 이르렀다. 1944년에 진보주의 교육협회는 그의 명칭을 미국교육협회(American Education Fellowship)로 개칭하고 새로운 강령을 발표하였다.13)

① 인종, 신앙, 경제적 수준에 관계없이 모든 아동에게 균등한 교육의 기회를 제공할 것

② 능력이 달하는 학생들에게 고등교육(대학, 전문학교, 기술훈련)을 제공할 것

③ 미국의 학교들을 생동적인 국민생활의 장이 되게 하여 유능하고 영향력 있는 성인자녀들이 교사가 되어 학교에 머물도록 할 것

④ 17~23세의 젊은이들이 학교를 떠나서 성인사회로 나아갈 때 적극적인 참여가 가능하도록 적절한 프로그램을 세울 것

⑤ 청년들의 집합, 지역사회의 활동, 성인교육을 위하여 수업이 없는 시간에 학교의 시설을 충분히 활용할 수 있도록 할 것

⑥ 진실로 국민사회를 지향하는 모든 지역사회의 기관과 사회단체들과 충분히 협력하되, 어떤 특징이나 실리관계에 학교가 매이지 않게 할 것

---

13) A.E. Meyer, *The Development of Education in the Twentith Century*, Englewood Cliffs, N.J.: Prentice Hall, 1949, pp.72-75.

⑦ 교육의 연구와 실험을 계속 증대시킬 것

⑧ 교육이 사회 속에 그리고 사회가 학교 속에 있도록 하기 위하여 지역사회의 지도자들을 설득시킬 것

이와 같이 초기 진보주의자들은 교육을 사회개조의 수단의 하나로 보았다. 그들은 개인의 성장보다는 현실적인 사회문제의 해결에 참여하는 것을 원하였다. 그들은 '학교가 사회 속에, 사회가 학교 속에'란 슬로건 밑에서 학교의 교육내용도 사회중심으로 구성할 것을 주장하였다. 이러한 초기 진보주의가 한국교육에 영향을 미치기 시작한 것은 1952년 UNESCO-UNKRA의 '교육계획사절단'의 교과서에서부터이다.14)

① 지역사회개량 활동에 있어서 교사와 아동의 흥미 및 활동이 마땅히 증가되어야 한다.

② 사회활동을 위한 지역사회기구에 자극을 주는 데 있어서 학교 관계자의 지도 임무는 더욱 강화되어야 한다.

③ 학교의 설비는 지역사회의 모든 교육적 활동 및 교양적 교육을 위하여 이용될 수 있도록 되어야 한다.

1954년에 중앙교육연구소가 올센(E.G. Olsen)의 「학교와 지역사회(*School and Community*)」를 번역 출간한 후부터는 '지역사회학교의 건설'은 우리 교육계의 슬로건으로 등장하였던 것이다.

특히 4·19 이후 장면(張勉)정권에서 문교장관을 지낸 오천석에 의하여 향토학교운동은 더욱 활성화되었고, 하나의 교육원리로서 실천적으로 정착되는 듯하였다.

이러한 진보주의 교육은 특히 교수방법 및 평가, 나아가 각

---

14) 中央大學校附設教育問題研究所 編, 「文教史」, 서울: 中大出版部, 1967, p.423.

종 정사에 이르기까지 심대한 영향을 미쳤으나 1957년 소련
의 Sputnik 발사 이후 우리나라에서도 비판의 대상이 되었다.
특히 한국의 교육이 미국의 교육사조에 의하여 일반적으로
영향을 받던 경향이 점차 유럽의 교육사조에도 관심을 돌리
기 시작하였다.

한편, 듀이즘이 한국교육에 미친 영향에 대해서 김재만은 자
신의 저서 「존 듀이와 프라그마티즘」의 '한국교육과 Dewey
의 교육사상'에서 다음의 5가지를 들고 있다.15) 그것은 ①
'learning by doing'이라는 말로 표현되는 생활중심교육, ② 교
사중심의 전통교육의 오류에 대안으로서의 아동중심교육, ③
교육을 사회적 과정으로 본 교육의 사회화, ④ 전통교육의 비
과학적인 것에 반대한 과학적 교육, ⑤ 결과 중시에 반대한 과
정 중시의 교육이다. 그러나 이러한 영향들이 구체적으로 어디
에서 어느 만큼의 영향을 미쳤는지는 언급하고 있지 않아 아쉬
움을 남기고 있다. 뿐만 아니라 이것들은 반대파에 의해서 功
이 아닌 過로 비판되고 있는 것들이다. 그러나 김재만은 이 영
향을 긍정적인 功으로 보고 있는데 문제가 있는 것이다.

한기언은 듀이의 교육사상의 영향을 3단계로 분류하여 언
급하고 있다.16) ① 민주교육의 복음과 듀이 교육사상(1945~
1949), ② 듀이의 교육철학에의 회의(1950~1962), ③ 한국교
육철학의 체계화를 위한 노력(1963~현재까지)이 그것이다.
한기언은 듀이의 교육사상의 한국에서의 위치는 15~16세기

---

15) 金在萬, "韓國教育과 Dewey의 教育思想", 한국철학회·한국교육학회
    편, 「존 듀이와 프라그마티즘」, 서울: 삼일당, 1982, p.248.
16) 韓基彦, "韓國教育에 미친 듀이의 教育思想의 影響", 「새 교육」 1967년
    8월호, p.69.

주자학이 한국교육에 차지한 그것에 비할 수 있다고 말하고
있다. 이는 듀이의 교육사상의 영향이 얼마나 컸었는가를 단
적으로 표현한 말이라 하겠다.

　제1단계인 민주교육의 복음과 듀이의 교육사상의 단계는
해방과 함께 '신 교육', '새 교육'이 제창되기 시작한 단계이
며, 듀이 학도들에 의해서 「民主主義와 敎育」을 전거로 해서
민주교육의 복음이 전하여졌던 단계이다. 이 단계에서 듀이의
교육사상은 새 교육이라는 이름 아래 '민주주의 교육의 복음'
으로서 널리 퍼져나갔다. 듀이의 교육사상의 보급에 크게 영
향을 준 것은 미군정하의 문교행정 자체가 듀이사상의 색조
가 짙었다는 것과, 동시에 미국 교육사절단의 내한에 의한 민
주교육을 위한 조언이 큰 데 있었다. 또한 이 단계는 학적이
해(學的理解)의 부족으로 그의 교육사상에 대한 반발이 시작
되었던 시기이다. 그리하여 우리 교육이 철학적 기초 위에 서
지 못하고 시대적 유행물이 된 감이 없지 않았다고 오천석은
이 단계를 상기하고 있다. 듀이의 교육철학에 대한 회의기인
제2단계는 듀이의 교육철학 비판자들의 저서가 간행되기 시
작한 시기이다. J. Maritain, A.N. Whitehead, R. Ulich, R.M.
Hutchins 등의 저서가 1955년부터 1965년 사이에 번역되어
간행되었다. 동시에 이 단계는 이수남, 임한영, 오천석 등의
듀이의 교육철학에 관련된 논문들이 발표되기 시작한 시기이
기도 하다. 이러한 다양한 교육사상과의 접근은 자연히 듀이
사상에 대한 반성과 회의로 연결되었다. 그러나 또한 이 시기
는 1953년에 중앙교육연구소가 발족되어 '교육의 과학화'가
시도된 시기이기도 하다. 이 연구소의 설립도 듀이의 사상을
한국교육에 전파하는 데 기여하고 있다.

1963년부터 시작하는 제3단계는 듀이철학을 무조건 신봉하다시피한 1단계와, 회의가 발생하기 시작한 2단계와 달리 '듀이의 교육철학의 한국적 실천의 모습'을 나타낸 단계라고 할 수 있다. 그러나 그 모습이 어떠한 것인지는 구체적으로 논의하고 있지 않다. 이 단계의 주요 저서로서 임한영의 「교육철학」, 한기언의 「한국교육사」, 오천석의 「민족중흥과 교육」 등이 있다.

이상과 같이 한기언은 듀이 교육사상이 민주교육에 복음적 영향을 주었으며, 2단계인 회의기에도 교육의 과학화라는 영향을 주었다고 논의하고 있다. 그리고 3단계는 그의 영향의 실천적 모습이 나타난 시기로 보고 있는 것이다. 그리고 그 이후의 단계인 70년대는 듀이 교육사상과 '새 교육'에 대한 반성과 정리기라고 할 수 있다.

방인옥은 그의 학위논문에서 유치원 교육과정에 영향을 준 듀이의 교육철학으로서 성장의 교육목적론, 경험적 교육내용론, 교수-학습형태의 흥미론을 들고 있다.17) 그리고 그의 교육철학이 한국유치원 교육과정 구성에 미친 영향으로 1969년의 교육과정을 들고 있다. "이 과정은 생활영역별로 편성되었고, 전인교육, 아동의 흥미, 경험을 중심으로 한 듀이의 교육철학을 표방하고 있다." 이에 반해서 1979년, 1981년, 1987년의 교육과정은 발달영역별로 편성되었고 교육목표를 우선으로 구성한 학문중심 교육과정이지만, 그 교육방법과 운영지침은 아동중심 교육철학을 표방하고 있다고 논의하고 있다. 그러나 1992년의 교육과정은 다시 '듀이의 교육철학으로 회

---

17) 方仁玉, John Dewey의 敎育哲學이 韓國幼稚園 敎育課程에 미친 影響, 中央大學校 大學院 博士學位論文, 1993, pp.168-169.

귀하는 경향'18)임을 표명하고 있다.

해방 후 듀이사상이 우리나라에 미친 영향은 많은 비판에도 불구하고 코페르니쿠스적인 혁명의 결의가 되었음은 부정할 수 없다. 그의 사상은 교육의 이념과 목적으로 인간의 가치를 존중하는 민주적인 인간의 양성을 제시하고 있다. 그리고 그 목적을 실현하기 위한 교육내용으로 경험, 생활, 그리고 사회적인 것을 과학적 방법과 아동존중이라는 교육적 방법을 통하여 성취시키려는 동인을 제시하는 데 크게 영향을 주었다고 생각한다.

이상과 같은 듀이 교육사상의 영향이 한국교육에 미친 공과(功過)에 대해서 논의하려고 한다. 임한영에 의하면 한국교육은 듀이사상과 더불어 괄목할 발전을 해왔다고 전제하고 그의 교육사상이 우리 교육에 적극적 발전을 가져다 준 것은 '아동의 자유'이다19)라고 말하고 있다. 그는 「듀우이 교육사상의 연구」에서 "그의 교육의 민주화에 대한 사상은 우리나라 교육에 특기할 공헌"20)을 하였다고 서술하고 있다. 그러나 그는 듀이사상에 대한 깊은 연구에도 불구하고 그의 사상에 대한 공과(功過)에 관한 언급은 비교적 적은 편에 속한다. 뿐만 아니라 듀이사상이 한국교육에 미친 과(過)에 관한 언급은 찾기가 힘든 편이다.

김재만은 '한국교육에 미친 J. Dewey 교육사상의 영향과 전망'이라는 논문에서 듀이즘이 한국교육에의 공적으로서 생활중심교육, 아동중심교육, 교육의 사회화, 그리고 과정중심교

---

18) *Ibid.*, p.170.
19) 林漢永, "존 듀이의 生涯와 敎育思想", 「새 교육」 1967년 8월호, p.48.
20) 林漢永, 「듀우이 敎育思想의 硏究」, p.351.

육을 들고 있다. 그러나 이것들이 구체적으로 나타난 공적은 무엇이고, 또한 그의 사상의 영향이 바로 공적으로 환원될 수 있는 것인지는 논의되어야 할 과제라고 하겠다. 임한영과 같이 한국의 주요 듀이 학도인 그에게서도 듀이의 교육사상이 한국에 미친 과(過)에 관한 언급은 찾아 보기가 힘들다.

한기언은 그의 논문에서 듀이 교육사상의 공적으로서 "교육의 방향을 전체주의로부터 민주주의로 돌려 놓는 일"21)을 하였다고 밝히고 있다. 즉, 교육제도는 교육의 기회균등을 위해서 단선형으로 되었고, 교사의 권위 대신 아동의 흥미와 자유를 위주로 한 교육이 되었다. 그리고 교과서 중심의 암기위주였던 교육이 생활경험을 통한 분단토의식이며 문제발견식인 자기활동에 의한 유목적적 학습이 되게 하였다. 나아가서는 교육이념, 교육방법 및 교육행정 등 전반에 있어서 방향전환이 단행되었다. 그는 이러한 모든 것을 듀이의 공적으로 돌리고 있는 것이다.

박봉목은 그의 논문에서 듀이사상의 한국교육에의 공헌에 대해서 다음과 같이 말하고 있다. "듀이사상은 2차 대전 후 건국 초기에 일제의 형식을 제거하고 민주적 교육을 수립하는 과정에 전래되었다. 그 당시 극단적 가치를 지닌 진보적 교육운동이 듀이사상을 그대로 담지 못하였으나 듀이사상은 나름대로 한국교육에 이바지하였다".22) 즉, 그에 의하면 듀이의 교육사상은 건국 초기의 민주교육의 기틀을 수립하는 데 나름대로 공헌하였다고 언급하고 있다.

정건영은 그의 논문에서 한국교육에 미친 듀이의 공헌으로

---

21) 韓基彦, "韓國에 미친 듀이 敎育思想의 影響", p.73.
22) 朴奉穆, "韓國에서 듀이에 대한 誤解", 「새 교육」 1971, p.62.

"민주주의 사상과 새 교육이론, 아동존중과 경험중시, 학교와
지역사회의 관계 강화, 과학정신의 고취와 교육학의 발전, 직
업교육과 사회개혁에의 기여"23) 등이 지적되었다고 간접적인
주장을 펴고 있다. 이러한 그의 주장도 나열에 그치고 있으
며, 구체적 또는 논리적 예증을 들고 있지는 않고 있다.

최형영은 한국의 특수사정에 입각한 듀이의 공을 "유교적
풍토의 관념적 교육사상을 현실적 실제적 교육사상으로 전화
해주는 계기를 마련하여 주었다"24)고 말하고 있다. 그리고
그는 과거중심의 획일적 가치기준을 미래중심과 다양성있는
가치기준으로의 전환과 아동에 대한 충실한 이해와 교육활동
의 과학화에로의 강조의 계기가 되었다는데 그의 공을 돌리
고 있다.

이돈희는 그의 논문에서 "그가 아동이 지닌 본질적 속성을
존중하고, 경험의 이론에서 보여주는 발전적 과정과 교호작용
의 사회적 효능에 대한 신앙의 교훈은 아무리 찬양하여도 지
나칠 수 없다"25)고 그의 논문의 결론을 내리고 있다.

이상의 논의가 시사하고 있는 것은 듀이사상의 영향이 바
로 功으로 간주하고 있다는 점이다. 그러나 그 영향이 바로
功이라고 보는 것은 문제가 있다고 하겠다. 왜냐하면 그 영향
이 功으로 작용한 것도 있겠지만, 그 의도와는 달리 나타난
사실도 간과할 수 없기 때문이다. 그러나 임한영과 이돈희가
아동의 자유와 존중을, 그리고 한기언과 박봉목이 교육의 민

---

23) 鄭健永, "John Dewey 教育理論에 대한 批判의 研究", 「인문과학」 제22
    집, 성균관대학교 인문과학연구소, 1992, pp.179-180.
24) 최형영, 韓國人의 John Dewey 教育思想 研究에 관한 一考察, 경북대
    학교 석사학위논문, 1971, pp.87-88.
25) 李敦熙, "듀이 教育哲學의 批判", 「새 교육」 1967년 8월호, p.67.

주화에의 기여를 功으로 들고 있음은 주목할 필요가 있다고
생각한다.

(2) 듀이 교육사상 연구의 과제와 전망

듀이는 민주주의를 실현시키기 위해서 인간성의 과학적 연
구의 필요성을 주장하고 있다. 그래서 그는 인간성의 과학이
라 할 수 있는 행동심리학이나 사회심리학의 연구가 있어야
한다고 보았다. 임한영에 의하면 이러한 "인간성의 과학적 연
구를 통해서 인간의 사유와 행동을 연구해서 인간으로 하여금
도덕사회를 건설하고 타인의 권리를 존중할 수 있는 지성을
도야시켜야 한다"26)는 것이 듀이의 생각이었다고 말한다.

여기서 교육에서의 지성의 성장은 민주사회의 다원론적 경
험에서 성장되는 것이다. 이러한 관점에서 그의 사상이 민주
주의와 실험주의가 통합된 입장임을 볼 수 있다. 그리고 그
민주주의 사회의 중핵이 되는 것은 '사람의 인격'이며, 이 인
격은 사유, 감정, 의사, 행동의 조화된 합일체이기 때문에 교
육에서 중시되는 것이다.

여기서 임한영이 듀이사상의 연구의 과제로 제기한 것은
인간성의 과학적 연구와 민주사회의 다양한 경험, 그리고 교
육을 통해서 지성과 인격을 양성해서 도덕사회를 건설하는
데 필요한 시사점을 얻는데 그 과제가 있다고 임한영은 전망
하고 있다.

김재만은 듀이즘의 수용상의 과제로 ① 충실한 원전연구,

---

26) 林漢永, 「듀우이 敎育思想의 硏究」, pp.352-353.

② 수단과 목적에 대한 바른 이해, ③ 경험적 의미의 애매성의 극복, ④ 변화와 상황에 대한 바른 이해를 들고 있는데, 이것은 다른 말로 옮기면 듀이사상에 대한 연구의 과제라고 할 수 있다. 이러한 과제들이 바로 해결될 때 듀이즘이 올바르게 수용된다고 할 수 있다.

한기언에 의하면 한국교육이 그 동안 너무 미국교육 일변도로 나아갔음을 지적하고, 구미교육에서 예지를 구해야 한다고 보았다. 그러기 위해서 듀이 교육철학에 대한 활발한 비판이 전개되어야 한다고 한다. 그 첫길은 그에게 영향을 끼친 페스탈로찌, 헤르바르트, 프뢰벨에 대한 사적연구(史的研究)가 행해져야 하며, 나아가서 그는 "듀이의 자연주의적 실험주의(연속적 발전관)의 근대적 진보주의를 역사적 실험주의에로 지향해야 하는 일이 필요하다고" 생각하였다. 이러한 관점에서 듀이사상 연구의 과제는 "철저한 듀이연구를 통하여 그의 사상의 주체적 수용과 동화에 힘써야 하며, 학설로서가 아니라 그의 사상의 실천이야말로 우리가 할 일"27)이라고 그는 생각하였다.

이상의 논의에서 임한영은 듀이의 교육사상을 민주주의와 실험주의라는 두 결합체로 보고, 민주사회의 중핵인 인간의 지성과 인격을 도야하기 위한 인간성의 과학적 연구를 통해서 조화의 사회, 즉 도덕적 사회를 건설해야 한다는 것을 연구의 과제로 제시하고 있다. 그러나 한기언은 한 걸음 더 나가서 사적연구를 통해서 듀이의 자연적 실험주의를 역사적 실험주의로 발전시켜야 한다는 것을 연구의 과제로 논의하고

---

27) 韓基彥, "韓國敎育에 미친 듀이 敎育思想의 影響", p.70.

있다. 이렇게 함으로써 그는 듀이사상의 주체적 수용과 동화라는 발전의 단계로 나아갈 수 있다고 본 것이다. 이들 양자와 달리 김재만은 듀이사상 자체에 대한 충실한 연구에 초점을 맞추어 그 과제를 논의하고 있음을 볼 수 있다.28)

우리는 해방 이후 비교적 많은 것을 미국의 교육 특히 듀이의 교육학에서 많은 것을 배워왔다. 그러나 우리가 주의할 것은 미국의 교육사조도 듀이의 교육학도 극히 피상적이고, 부분적으로 수용하였다는 사실이다.

우리나라는 듀이의 교육철학의 영향을 크게 받았다고는 하지만 아직 대부분의 저작이 소개도 미처 못된 실정에 있다. 또한 듀이＝진보주의 교육이라고 보는 견해에도 많은 문제점이 있다. 다만 상대적인 의미에서 페스탈로찌, 슈프랑거 등에 비해 듀이의 연구가 그런대로 활발하였다고는 말할 수 있다.

그 동안 외국의 교육사조에 대하여 정력적으로 도입, 소개한 교육학자들의 학적 공헌에 대하여는 높게 평가하는 동시에 이에 대한 계속적인 전문 교육학자의 확보와 양성에 좀더 힘을 기울여야 할 것이다.

그런 의미에서 듀이 교육학을 보다 총체적으로 연구검토하면서 한국교육에서의 긍정적 평가와 부정적 평가가 객관화되어 한국교육의 질을 향상케 하는 데 모두가 진력해야 할 것이다.

---

28) 郭哲圭, 앞의 논문, pp.29-34 참조.

제13장 광복 후 한국 지식인의 주체의식

　우리나라에서는 지식인에 대한 관심이 갈수록 높아져 가고 있고, 이에 따라 현대사회에서의 지식인의 역할에 대한 논의가 자주 있어 왔다. 동서고금을 막론하고 지식인에 대한 논의는 끊일 사이가 없었고, 우리나라에서도 지식인에 대한 반성과 비판의 논문이 대다수 발표된 것을 보아도 우리 사회에서도 지식인의 문제가 얼마나 중시되어 왔는가를 간과해서는 안될 것이다. 현대 한국의 지상과제인 근대화(modernization)의 과정에 있어서 국가와 사회의 올바른 방향을 위한 지식인의 역할이 절실히 요청되고 있는 것이다.

　지식인의 문제가 제기되는 것은 대체로 그 나라가 국가적·사회적 위기 또는 변혁기에 당면했을 때이다. 우리 사회가 경제적 발전의 결과이든, 정치적 답보의 이유이든 간에 어떤 변화의 국면에 처할 때마다 여러 다른 문제와 함께 지식인의 문제도 반드시 거론되어 왔다.

　조국광복 이후 6·25를 거쳐 4·19에 이르는 동안, 그리고 5·16 이후에도 끊임없이 지식인의 문제가 등장하였다는 것을 지난 기록을 살펴보면 일목요연하게 알 수 있다. 8·15 이후 오늘에 이르는 38년 동안 한국인은 정치, 경제, 사회,

교육, 문화 등의 격동하는 시기에 살아오면서, 많은 사회적 변천을 경험하였고, 따라서 한국인의 의식구조도 많이 변화하였는데, 이러한 변화과정 속에 흔히 '지식층'이라고 불리던 사람들도 그 성장과정과 사회적 체험 속에서 그들의 주체의식 및 역할도 차츰 변화되어 오늘에 이르렀다.

그러면 이 글을 서술함에 있어서 몇 가지 사항을 밝혀두고자 한다. 먼저 이 논고는 시종 한국적 상황과 우리나라 지식인을 염두에 두면서 논의를 펴 나가기로 한다. 전개 순서는 첫째, 지식인의 개념 및 성격과, 둘째, 광복 후 한국 지식인의 주체성과 현대사회에서의 지식인의 역할을 논술하고, 한국 지식인의 의식상황, 그 시대적 구분에 따르는 한국지식인의 주체성의 변화 등을 살펴보고, 셋째, 현대사회에서 지식인의 역할 및 자세를 논의하였다.

연구방법에 있어서는 조국광복 이후 오늘에 이르는 38년 동안, 한국지식인의 활동을 연구범위로 하여 격변하였던 사회변화 과정에서 사회·국가발전에 미친 영향 및 역할을 정치의식 및 현상적 측면에서 살펴보고 현대사회에서 바람직한 지식인의 역할 및 자세를 살펴보았다. 또한 지식인의 주체의식에 관한 연구는 가능하면 각 기능별, 계층별 등으로 그 대상을 선별하여 그들의 의식구조와 가치체계 등을 조사·연구·분석해야 할 것이나, 여기서는 거시적 방법으로 그 동안의 지식인과 주체성에 관한 문헌, 논문, 정기간행물 등을 참고하여 연구하였음을 밝혀둔다.

1. 지식인의 정의

1) 지식인의 개념

우리나라에서 지식인, 또는 지성인이라는 말로 번역되어 쓰고 있는 'intellectual'이라는 말이 널리 쓰이게 된 것은 1898년 프랑스 Dreyfus 사건 이후부터라고 할 수 있는데, 이때의 소위 지식인들은 Dreyfus가 부당하게 투옥된 것에 항의하기 위하여 '지식인 선언(manifeste des intellectuels)'이라는 것을 작성 발표한 일이 있다. 이 사건이 계기가 되어 지식인이라는 말은 정치적 근본문제에 국민적 양심을 대변할 수 있는 학식과 교양이 풍부한 사람을 지칭하는 것으로 적용되게 되었다.1)

그러면 지식인이란 과연 누구를 지칭하는 것일까? 여기서는 어떤 결정적인 정의를 시도하기보다는 저명한 몇몇 학자들의 견해를 소개함으로써 이 개념의 윤곽을 밝히고자 한다.

미첼스(Roberts Michels)는 "지식인이란 지식을 가진 사람, 또는 협의에서 그의 판단이 사고와 지식에 기초를 두고 있고 지식인이 아닌 사람에 비해 감성적 인지를 통해 직접적으로 그리고 전적으로 판단을 내리는 예가 보다 적은 사람이다"2)라고 정의한다. 그러나 이 정의는 지식인으로서 조작적으로

---

1) 全炳梓, "國家發展과 知識人의 意識構造", 「國民意識과 國家倫理」, 韓國精神文化院, 1982, pp.176-177, Lewis S. Feue, "What is Intellectual", in: Aleksander Gella(ed.), *The intelligentsia and the Intellectuals* (Berverly Hills, Callifornia: Sage Publications, 1976), pp.48-49 재인용.

2) 洪承稷, 「知識人의 價値觀 研究」, 서울: 三英社, 1972, pp.11-12. Roberts Michels, "Intellectuals", in: Edwin R.A. Seligman(ed.), *Encyclopedia of Social Science*, Vol. 8, 12th Printing, New York: The Macmillan, 1957, p.118에서 재인용.

확인될 수 있는 어떤 구체적 계층을 가리키는 것이 아니다. 그리하여 쉴즈(Edward Shils)는 발전도상에 있는 나라에서 지식인을 다음과 같이 정의하였다. "신생국가의 현대적 지식인이란 진보된 현대적 교육을 받고 보통 그에 부수된 지적 사려와 기술을 가진 모든 사람들이다. 저개발국가의 지식인들이 직업도 행정관리, 언론, 법률, 교직과 의약직이다.3)

김준엽(金俊燁)은 지식인이란 사회가 필요로 하는 지식을 창조하고 전파하여 응용하는 것을 일상적인 활동으로 하는 직업인이라고 규정하고 사회가 필요로 하는 지식은 다시 인식적 지식, 심미적 지식, 평가적 지식으로 구분할 수 있을 것이며, 과학자는 인식적 지식을, 예술가는 심미적 지식을, 종교인과 사상가들은 주로 평가적 지식을 창조하는 전문화된 지식인들이라고 말할 수 있다고 하고, 지식인의 범주 속에는 창조된 지식의 전파, 즉 communication 분야에 종사하는 언론인이 포함되어질 것이며, 전문적 지식의 실제적 이용, 즉 지적 service에 종사하는 법률인, 의료인, 교육자 등도 포함되어져야 할 것이다. 대학생의 경우에는 그들이 바로 앞에서 규정한 지식인의 범주에서 제외되야 하겠으나 그들의 존재 이유가 곧 지식인이 되기 위한 것이므로 넓은 의미에서는 지식인의 범주 속에 들어가도 무방하리라고 생각한다고 하였다.4)

이상에서 세 가지 일반적 정의를 들었는데 이 밖에도 지식

---

3) 洪承稷, 앞의 책, pp.12-13. Edward Shils, "The Intellectuals in the political development of new status", in: John M. Kautsky(ed.), *Political Change in Undeveloped Countries: Nationalism and Communism*, New York: John wiley and Sons, 1962, p.199에서 재인용.
4) 金俊燁, "現代社會와 知識人의 役割", 「학생이념지도 세미나 논문집」, 1982, p.22.

인의 정의는 학자들의 보는 관점에 따라 다양하게 표현되고
있다. 이상에서 살펴본 것을 토대로 지식인에 관한 여러 가지
의 개념의 정의를 종합해 본다면, 지식인이란 문학의 창조,
전파, 적용과 관련되는 업종에 종사하면서, 현실적이며 구체
적인 사건에 집착하기보다는 보편적이고 추상적인 사고에 익
숙하고, 자신이 추구하는 이상에 비추어 현실의 부족한 점을
비판적으로 보는 사람들이라고 정의할 수 있다. 그러나 여기
에서 필자의 견해로는 지식인을 지적, 정신적 노동력을 제공
하여 생활하는 지식소유자로서, 한 시대의 이념과 가치를 창
조하고 그것을 보존하여, 주로 문자매체를 통하여 생활을 영
위하는 사람들이라고 정의하고 싶다.

2) 지식인의 신분적 성격

지식인 또는 지식계급이라고 하면, 아직도 19세기말 러시
아, 폴란드 등에서 볼 수 있었던 자유로운 비판적 지식인을
연상케되는데, 이들은 봉건사회인 제정국가를 타도하고 새로
운 사회를 건설하기 위한 지식계급이었다. 이러한 지식계급은
매우 혁명적이고 이념지향적이며, 정치적 지식계급이었다. 그
러나 이러한 정치적 목적이 구현될수록 지식계급의 카리스마
적 지도력은 상실되어 가고 새로운 사회조건에 적응하는 현
상을 보여주고 있다.

일반적으로 지식인 또는 지식계급은 사회계급(social class)
으로 인식하지 않고, 사회계층(social stratum)으로 생각하며
지식인은 직업인으로 간주한다. 칼 만하임(K. Mannheim)은
"지식계급은 결코 계급을 형성하지 않고 또 정당을 형성할

수 없으며 합의된 행동이 불가능하다"5)고 하였다. 그의 주장
에 의하면 지식계급은 인간 사상의 사회적 결정에 관한 한
특권적 사회계층으로서 사회의 영향을 비교적 적게 받는다는
것이다. 그 이유는 그들이 비교적 계급에 사로잡히지 않는 계
층(relatively classless stratum), 즉 사회적으로 중립적인 지식
계급이기 때문이다. 지식계급은 교육을 받은 사람들이며, 교
육은 그들로 하여금 '전체적 견지'를 가질 수 있게 한다.

　이러한 지식인이나 지식계급은 또한 그들의 양심과 과제가
성취되고 한편으로 산업화와 관료제가 점차 발달함에 따라
그 성격이 변화하는데, 사회주의 국가와 자본주의 국가에서의
지식인을 살펴보면 보다 분명해 진다.

　사회주의 국가의 중간계급인 지식인들은 노동지식계급
(working intelligentia)이라고 하는 데, 이들은 종래의 중산층
의 개념과도 다르고, 사무원, 기술자, 전문가, 관리직 지식인
으로 통칭되고 있다. 그리고 작가, 예술가, 지도적 학자, 과학
자 등은 창조적 지식계급이라고 부른다. 사회주의 국가에 있
어서 상층지식계급은 유급전문가(salaried specialist) 또는 공
무원(officials)으로 신분 전환이 일어나고 있다.

　한편 다니엘 벨(Daniel Bell)은 영국·미국과 같은 서구에
서는 후기산업사회의 중요한 발전요인이 과학과 기술혁명이
고 이러한 혁명의 주도자는 곧 과학자와 기술자이기 때문에
그들의 수중에 정치적·사회적 권력이 있다고 보며, 만약 이
러한 사회가 도래한다면 지식인은 점차 확대되고 기술관료
(technocrats)의 성격을 지니면서 그 사회의 지배적 지위와 권

---

5) K. Mannheim, *Essay an the Sociology of Culture*, London: Routledge and Kegan Paul, 1956, p.10.

력을 지닌다고 보았다.6)

이와 같이 사회가 안정되고 발달하면 할수록 사회주의 사회의 지식인은 중급관료의 성격이 뚜렷해진다. 따라서 종래의 이념적 비판적 지식계급은 현대사회에 있어서의 기능적, 관료적 지식인으로 변질되고 있는 것이다.

이와 같은 경향에 따라 현대의 지식인은 중간계급의 사회적 신분을 지니고 있다. 앞서 지적한 기술관료와 중급관료로서 지식인 또는 지식계급도 새로운 중간계급(new middle class)의 성격이 뚜렷하다. 이러한 중간계급은 교육은 받았지만 재산이 없기 때문에 노동자의 성격을 지니고 있으나 자본주의 사회에 있어서는 상층 또는 부르조아적 성격을 함께 지니고 있다. 이것은 그들이 종사하는 직업적 성질에서 연유되기는 하지만 동시에 그들의 출신이 대부분 중산층 이상의 계층에 속하고 또한 그들의 사회적 지위가 중간계급에 속하기 때문이다.

우리나라의 경우는 일제시대에 지식계급이 민족적 과제를 해결하기 위하여 형성되었고 이들이 해방 후 권력지배층으로 전환되기도 하였으나 다수는 소멸되었다. 해방 이후에는 남북 분단으로 말미암아 민족적·국가적 과제를 해결하기 위한 지식계급이 형성되기는 대단히 어려운 정치적 여건이었다. 이것은 특히 1960년대 이후 경제발달로 말미암아 급속히 성장되었다. 이러한 지식인의 수요공급은 지식인의 신분적 배경을 중간계급 또는 하층계급으로 확대시켰다. 특히 1960년대에는 농촌의 중산층 출신에게 개방되었고, 1970년대에는 도시 중

---

6) Daniel Bell, *The coming of Post-Industrial Sociey*, New York: Basic Books, 1973, Chapter 3 참조.

산층 출신에게 더욱 개방되었다. 오늘날에도 고등교육이 중산층 이상에게 개방되어 있기 때문에 우리나라의 지식인은 전문직 및 기술관료의 성격이 더욱 뚜렷해진 것 같다. 그러나 이러한 지식인이 민족적·국가적 과제를 해결하기에는 미흡한 신분적 성격을 지니고 있기 때문에 비교적 자유로운 지식인이 지식계급의 성격을 지니기 마련이다. 따라서 앞으로 하층 중간계급 출신의 지식계급이 주도적 역할을 수행할 가능성이 크다고 보아야 할 것이다.

이상에서 살펴본 것처럼 지식인들의 신분적 성격은 사회변화와 함께 변질되었는데 이러한 변화과정 속에서 오늘날 국가발전을 추진하는 나라는 그것이 자본주의 국가이든 사회주의 국가이든 간에 산업화, 기술혁명, 관료제화 및 전문화가 발달하여 화이트칼라 및 기술관료를 양산하였다. 이러한 충원기회의 확대는 대학과 같은 전문교육기관을 발전시켰고, 동시에 하층과 노동자에게도 교육사회가 개방·확대되었다. 그리하여 현대사회의 지식인은 전통적 지식인의 폐쇄적인 신분의 배경과는 달라서 더욱 크게 개방되어 비록 자본주의 사회일지라도 선진국가의 경우는 하층 및 노동자에게도 교육기회가 개방되어 있고, 또한 지식인의 신분적 배경이 상층 또는 부르주아보다는 오히려 중간계급의 성격이 뚜렷해지고 특히 하층 중간계급출신의 진출이 뚜렷해졌다. 앞으로 이러한 현상은 우리나라에서도 크게 두드러지게 나타날 것이다.

2. 광복 후 지식인의 주체성과 현대사회에서의 지식인의 역할

1) 민족성 · 주체성

민족은 하나의 역사적 산물이다. 오랜 역사를 거쳐 오는 동안에 오늘의 민족들이 형성되었다. 민족은 그 자신 구조를 갖는다. 즉, 물질적인 구조와 정신적인 구조로 되어 있다. 이 둘을 완연히 선을 그어 구분할 수는 없으나 역사의 면에서 보면 민족은 부단히 움직이고, 구조의 면에서 보면 어느 정도 민족은 침전되는 면을 보이고 있다. 역사가 민족이 끌고 나가는 시간의 흐름이라면, 구조는 민족이 스스로 수(繡)를 놓는 공간 형성이 된다.

민족성은 물론 자연의 제약을 받으면서 동시에 역사에 의하여 형성되어 간다. 이에 대해 핸스(N. Hans)는 다음과 같은 요인을 들고 있다.7)

첫째는 자연적 요인(natural factors)으로 인종적 요인(the racial factor), 언어적 요인(the linguistic factor), 지리적 · 경제적 요인(geographic and economic factors) 등과, 둘째로, 종교적 요인(religious factors)으로 유럽의 종교적 전통(religious tradition of Europe), 가톨릭 전통(the catholic tradition), 성공회 전통(the anglican tradition), 청도교 전통(the puritan tradition) 등과, 셋째로, 세속적 요인(the secular factor)으로 인본주의(humanism),

---

7) Nicholas Hans, *Comparative Education: A Study of Educational Factors and Tradition*, London: Loutledge & Kegan Paul Limited Broadway House, 1955, p.17.

사회주의(socialism), 국가주의(nationalism), 민주주의(democracy) 등을 민족적 형성의 주요 요인으로 들고 있다.

조지훈(趙芝薰)은 우리 민족의 민족성 형성요소로서의 자연에서 해양적이요 대륙적인 양면 성격을 찾았다. 이 두 가지 자연성이 반도적 성격을 이루었다는 것이다. 이와 같은 자연적 성격인 해양성과 대륙성에서 산출된 정치적 특질이 다린(多隣)적·고립적 특성인데, 이 두 가지의 정치적 특성에서 다시 두 가지의 문화적 특질이 파생되었다고 본 것이다. 즉, 그 문화적 특질이란 대륙문화의 정류지(停溜池) 역할을 담당한 주변적인 특질이다. 이와 같은 논거에서 그는 우리 민족성의 기본 구성요소로서 평화성·격정성·적응성·보수성·수용성·난숙성을 지적하였다.8)

이와 같이 제 요인의 영향을 받아 민족성은 부단히 변천한다. 뿐만 아니라 한 민족은 생각과 정책에 따라 어느 한도 내에서 형성할 수 있는 것이다. 민족성의 형성이 국가생활의 최고 과제가 되어야 한다. 서양의 경우에 정치가 전국가를 지배한 데 반해, 동양의 경우에 정치가 성(城)에서 시작하여 성에서 마치는 데 깊은 뜻이 있다고 할 것이다.

다음으로 주체성에 대해서 살펴보기로 한다. 박종홍(朴鍾鴻)은 주체성이란 주인의식이라 하고, 이 주인의식은 요컨대 책임의식이라고 본다. 자기민족의 위난(危難)과 비운을 당하여 분초간이라도 지성으로 민족을 건져낼 수 있는 구체적 방법과 계획을 세우고 몸바쳐 노력하는 것이 민족에 대한 책임의식이라고 하였다.9) 신일철은 민족주체성이란 한 민족의 단

---

8) 趙芝薰,「韓國文化史 序說」, 서울: 探究堂, 1968, pp.11-13, 17-20.
9) 朴鍾鴻,「主體的 民族史觀」, 光明出版社, 1977, p.91-93.

위가 되어 스스로 능동적 주체로서 국제정치적인 타율에도
불구하고 가능한 한 폭을 넓혀가려는 현명과 인내를 필요로
하는 능동적 자율정신이라고 하였다.10) 오천석(吳天錫)은 주
체성이란 하나의 심적 상태라고 규정한다. 따라서 이것을 개
인적으로 풀이하면 자아의식에서 출발한다고 보고 이 자아의
식이 진정한 의의를 가지는 것은 그가 살고 있는 집단, 국가,
민족, 국가의식으로 중화될 때 비로소 주체의식으로서 의의를
갖게 된다고 하였다.11)

주체성은 선진국에서는 그리 큰 문제가 되지 않는다. 거기
에는 이미 주체성이 있기 때문이다. 그래서 주체성이란 말을
서구어로 옮기기는 퍽 어렵다. 혹자는 subjectivity라는 말로
표현하기도 하나 이 말은 객체에 대한 주체, 즉 상대적인 구
실밖에 못한다. 주체성은 Identity라고도 옮길 수도 있는데 이
낱말 역시 주체성의 의미를 충분히 나타냈다고 보기는 어렵
다. 그는 계속해서 다음과 같이 말하고 있다. 주체성이 단순
히 자아의식만을 의미한다면 거기에 큰 의미를 부여할 필요는
없다. 그 의식이 집단·민족·국가에 결부될 때 차원높은 의
미를 지닌다. 주체성의 원천은 sense of belongingness에 있다
고 하겠다. 즉, 소속의식이다. 나는 한국에 소속한 사람이라는
뜻을 포함한다. 다음으로 주체성은 sense of identity, 즉 동일
체의식을 포함한다. 한국의 역사·전통·관습이 곧 내것이요,
그 이해관계가 곧 나의 이해관계와 같으며, 그 운명이 곧 나
의 운명이요, 그가 가진 꿈과 이상과 동경이 곧 나의 것이라
는 일치감이다. 그리고 주체성은 자립성을 의미한다. 남이 한

---

10) 申一澈, 「主體性의 危機」, 서울: 修文書館, 1977, p.322.
11) 吳天錫, 「發展韓國의 教育理念探究」, 서울: 培英社, 1973, p.224.

다고 해서 이를 맹목적으로 추종하지 않고, 외래의 것이라고 하여 이를 무비판적으로 수용하지 않는 독자적 정신을 의미한다. 이렇게 생각할 때 자주적, 자율적, 자치적 정신이라고 하여 주체성을 구태여 외국어로 표현한다면 autonomous spirit 이라고 번역할 수도 있을 것이다.12)

우리에게 요청되는 주체성을 두 가지로 해석할 수 있는데 하나는 한국인으로서 한국문화의 전통과 개성을 존중하는 민족적 주체성을 지니고 발전시켜야 하는 동시에, 현대를 살아가는 사람으로서 시대적 상황과 그 요청에도 귀를 기울여 역사의 일반적 조류에 역행하는 편협된 폐쇄적 민족주의, 복고주의로 빠지지 않도록 경계해야 할 것이다. 다시 말하면, 보편성 위에서 특수성을 아울러 키워 나갈 때, 민족의 참다운 주체성을 키워 나가는 풍토가 조성되기에 이를 것이다.

2) 광복 후 지식인의 주체의식

(1) 사회변천과 한국 지식인의 의식상황

해방 이후 오늘날에 이르기까지 한국사회는 정치정세, 경제질서, 사회구조, 권력상황 등의 변화에 따라서 끊임없이 변천하고 발전되어 왔다. 더욱이 오늘날처럼 교육이 보편화되고, 교통과 통신수단이 발달되고, 매스미디어가 광역화, 심층화되면서 사회변화는 그 질과 양에서 크게 변모해가고 있다. 이와 같이 급변하는 한국사회의 변천과정에서 나타난 지식인들의 의식상황을 살펴보기로 한다.

---

12) 위의 책, pp.225-228 참조.

해방 전의 지식인들은 그들에 대한 사회의 관심이 각별하였다. 그 당시의 지식인들은 그 시대에 대하여 일종의 비전을 제시해 주고 있었다. 여기에는 물론 지식인의 수가 적었다는 데에도 한 원인이 있겠으나 무엇보다도 일제의 식민정치의 지배를 받고 있었다는 가혹한 현실이 그들의 재임 이유를 입증해 주고 있다. 진실로 그 당시의 지식인들은 민족의 꽃이요, 희망이었다. 이러한 의미에서 과거 일제지배하의 지식인들은 다같이 피해자의 입장에서 민중과 공감할 수 있는 처지에 있었던 민족주의자요, 동시에 사상가였다고 할 수 있다.

그러나 해방 이후의 지식인들은 이와 같은 이미지와는 적지 않게 차이가 보였다. 왜냐하면 지식인을 보는 민중의 '눈'이 달라졌을 뿐 아니라 지식인 자신의 사회적 기능이 점차 변했기 때문이다. 지식인의 이미지 또는 기능이 달라졌다는 것은 비단 한국의 경우만이 아니다. 이른바 사회가 대중화 상황을 띠면서 화이트칼라층이 대량생산되면서 지식인들의 사회적 기능은 국제적으로 변화되어 갔던 것이다. 이러한 추세와 함께 해방 이후에서 6·25 이전까지의 지식인들은 모두 극단적인 정치적 대립의 소용돌이 속에 휘말렸던 감이 있었고, 동시에 민중과의 관계는 제대로 성립되기가 어려웠던 시기였다. 그러나 휴전 무렵부터 4·19에 이르는 동안에는 집권당에 대한 꾸준한 비판적 항거의 방향과 현실 도피적인 무관심했던 양대층으로 당시의 지식인을 구분할 수가 있을 것이다.

그랬던 것이 4·19를 전후한 일련의 격변 속에서 지식인들은 민주주의에의 역행을 규탄, 논박하였을 뿐만이 아니라, 민중에게 직접적인 영향을 미치게 되었다. 즉, 학계·교육계·예술계·종교계를 막론하고 지식인들은 국민대중의 의식을 근대적, 민주적으로 각성케 하는 데 크게 기여하였다고 볼 수 있다. 이에 비해 5·16 이후 70년대의 사태는 도리어 지식인과 민중 사이의 공통의 광장(廣場)이 결합한 상태 속에서 그래도 점차 지식인과 민중의 의식수준은 계속 향상되어 가면서 정치적·사회적 갈등을 자아냈던 것이다.

그랬던 것이 민족의 숙원이었던 남북회담이 열리는 70년대에 들어와서는 이른바 유신체제 아래 다원적 사고가 용납되지 않았던 이유로 이때에 지식인의 활동에는 적지 않은 제약이 따랐던 것이다. 이제 80년대에 들어선 오늘의 시점에서 지식인은 대학교육의 확충, 과학적·기술적, 전문적 직업의 증대와 함께 그 크기와 내부적 분화가 특히 하향적으로 저변 확대되면서, 동시에 지식인 내부에서 서로 상이한 집단들의 상대적 중요성을 이해하는 데 크게 변모되어 가고 있다.

이러한 사실에 비추어 볼 때 오늘의 지식인들은 사회 전체에 대하여 급진적으로 비판하는 의식이 둔화되고, 저마다 살고 있는 사회 기업의 복잡한 활동에서 현실적이고 직접적이고 단기적인 당면 문제를 해결하는 데 더 많은 관심과 정열을 쏟고 있는 경향을 보여주고 있다. 그렇다고 사회 전체의 문제가 나름대로 해결되었다고 간과할 수는 없는 상황이 아직 남아 있다고 보아야 할 것이다.

(2) 시대적 구분으로 본 지식인의 주체성

① 1945~1960년

일제로부터 해방된 1945년은 시대 구분에서 중요한 기점이 된다. 정치적인 종속과 경제적인 식민지적 착취로부터 해방된

것은 분명히, 지식인의 의식구조면에서 큰 개혁을 불러일으켰
던 중요한 계기가 되었다. 제2차 세계대전이 연합국의 승리로
끝남으로 해서 우리 사회는 해방이 되었고, 이를 계기로 주권
을 되찾은 한국은 하나의 신생국으로서 새로운 출발을 하게
되었는데, 이러한 해방이야말로 일찍이 이 땅의 지식인이 언
제나 바라던 상실된 조국의 광복을 의미하는 것이었다.

그러나 불행하게도 이러한 자유를 안겨다 준 8·15의 해방
은 결코 우리 민족의 자주적인 역량에 의하여 성취된 것은
아니었다. 만일 8·15의 해방이 결코 우리 민족의 노력에 의
하여 성취된 것이었다면 우리 사회의 정치질서는 우리 민족
이 원하는 대로 결정되었을 것이다. 그러나 타력에 의한 해방
은 한민족의 염원과는 달리 한반도에 민족분열의 씨앗이 된
남북분단을 가져왔고, 우리 국토를 남북으로 점령한 미·소
양국은 서로 그 정치체제에서 대립된 국가였다. 그 당시의 우
리 사회의 정치, 경제는 종주국이 없는 식민지적 사회구조로
서 자력으로는 자치할 수 없는 파행적이고도 위약한 체제하
에 놓이게 되어, 파정(破碇) 상태에 빠진 경제적 혼란과 위기
가 한꺼번에 몰아닥쳐 오게 되었다. 여기에서 8·15 이후 우
리 사회의 지식인들은 한없는 회의와 사상의 방랑적 시대가
시작된다.

미·소 양국의 한국 점령은 우리의 국토와 그리고 민족을
영구히 분열케하는 비극을 가져왔고, 양국의 군사적 점령의
지리적 한계를 의미하는 38선은 다만 우리 국토의 지리적 분
할선만을 의미하는 것이 아니라, 동시에 우리 민족의 불행한
정신적 분열을 의미하는 것이었다. 우리 사회에 있어서 이러
한 정치적 대립은 필연적으로 우리 지식인의 사상적 결단을

요구했으며, 따라서 민주주의냐 공산주의냐 하는 문제를 중심
으로 우리 사회의 지식계급은 고민하기 시작하였다. 특히 이
러한 고민은 미군정하에서 자유민주주의 정치질서가 실시되
고 있던 남한에서 더욱 심하였다. 공산주의 정치질서가 실시
되고 있던 북한에서는 그 정치의 독재성으로 인해 공산주의
이외의 사상의 선택은 인정하지 않고 있는데 비해, 남한에서
는 그 자유민주주의적 정치 질서의 상대성으로 인하여 민주
주의에 대해서 뿐만이 아니라 공산주의에 대하여도 그 선택
의 자유가 인정되었기 때문이다. 이러한 사상의 선택에 있어
서 그 당시의 지식인은 너무도 그 선택의 예비지식이 미흡하
였고, 공산주의와 민주주의에 대해서도 예비된 지식이 부족하
였다. 물론 3·1운동 이후 세계사조를 따라서 전파된 공산주
의 사상은 우리 사회에도 일찍 파동쳐 왔고 또한 3·1운동
이후 우리 사회에서의 레지스탕스를 과거의 순수한 민족주의
에서 사회주의 경향으로 기울어졌던 일면도 부정할 수 없으
나, 우리 사회의 지식인의 대부분이 공산주의에 대한 예비지
식을 충분히 갖추었다고는 볼 수 없었다.

엄격한 의미에서 8·15해방 이전의 우리 사회의 공산주의
자들은 마르크스·엥겔스의 교리를 신봉한 이상주의적인 사
회주의자일지는 몰라도 독재와 폭력과 숙청과 강제노동에 의
하여 실천되고 있는 볼세비키는 아니었고, 또 그 레지스탕스
의 사회주의적인 경향은 다만 약소민족의 해방에 의한 상실
된 조국의 광복을 위한 하나의 수단에 불과하였다. 그러나 엄
밀한 의미에서 당시 우리 사회에서는 민족주의자와 사회주의
자의 뚜렷한 구별이 혼돈된 채로 존재하였다. 이것은 8·15
이후 과거의 사회주의자들이 대거 전향해온 사실만 보아도

알 수 있다. 이와 같이 사회주의에 대한 이러한 경력과 과정이 있는데 비하여 우리 사회의 지식인은 이른바 민주주의에 대해서는 아무런 예비지식이나 경험이 없었다. 그리고 6·25 이전까지는 일부 지식인은 적어도 사회주의와 공산주의에 대한 이해와 동정이 없는 사람은 진정한 의미의 인텔리겐챠가 아닌 것처럼 여기기까지 하는 경향마저 있었다. 그들에게는 언제나 두 개의 조국이 가능하였는데, 그 하나는 그들이 현실적으로 살고 있는 대한민국이며, 다른 하나는 그들이 필요한 경우에는 언제나 그 속에서 살 수 있다고 상정한 이른바 인민공화국이었다. 6·25동란에 있어서 적치하(赤治下) 우리 사회의 지식인이 보여 준 그 행동의 무궤도성은 바로 그 이전에 있어서 우리 사회의 지식계급이 상정한 그 조국의 이원성에 기인하는 것이었다. 여기에 우리 사회의 지식계급에 있어서의 회의와 방랑의 비극성이 있다.13)

이와 같이 8·15를 계기로 지식인들은 갑자기 민주주의 또는 공산주의를 표방하고 나섰지만, 일제의 오랜 통치 아래서 정치적 훈련의 기회를 갖지 못하였던 지식인들은 뚜렷한 정치의식이나 주체의식을 갖지 못한 채 그들의 마음 속에는 민족, 자유, 평등, 진보 등의 관념이 정리되지 않은 채로 혼재했을 뿐 비교와 비판 그리고 선택을 거친 확신의 체계로서의 주체사상을 요구하기는 무리한 면이 없지 않았다. 그러나 6·25 동란은 8·15 이후부터 지속된 지식인의 회의와 방랑의 시대에 대한 종말을 가져오게 하였다. 사실 신생국가의 민족에게 있어 사물에 대한 판단은 지혜보다는 경험이 더욱 효과적이

---

13) 韓泰淵, "韓國의 知識階級", 「思想界」, 1959. 5, pp.38-40 참조.

었다. 즉, 북한의 남침에 의한 적치하의 3개월간의 체험은 우리 사회의 지식인들에게 너무나 귀중한 교훈을 주었다. 사회주의와 공산주의의 이론이 인류의 역사에 대하여 어떤 약속을 하건 안하건 간에 지배 형태로서의 공산주의적 정치질서는 인류의 역사와는 역행하는 노예의 질서임을 모든 사람들이 깨달았던 것이다. 여기서 비로소 우리 사회의 지식인은 자유민주주의와 또한 그것을 기본 질서로 하는 조국과 직결됨을 깨달았다. 그러나 6 · 25이후에 있어서의 지식인들은 그들의 사상의 선택이 자유민주주의로 결단된 다음에는 역사의 창조와 사회활동에 있어서 주도권을 일부 정치가에게 빼앗긴 채로 다만 소극적인 현실도피에만 급급하고 있었다.[14]

한편 문화적 측면에서 볼 때 한국은 8 · 15를 계기로 독립국으로서 새 출발을 하였으나 경제와 군사 그 밖의 여러 가지 면에서 미국의 절대적 영향을 받아 문화 일반에 있어서도 미국식 또는 서구식 민주주의가 받아들여졌다. 물질적으로는 서양의 기계문명의 지배를 받게 되었을 뿐만이 아니라 정신적 상태까지도 미국화되어 가는 경향마저 있었다. 이것은 근대화의 방향이 채 잡히기도 전에 일제의 식민지가 되었고 주로 타력에 의해서 그 굴레를 벗어난 그 당시의 우리 사회에서는 서구적 민주주의 실현을 위한 준비 또는 기반이 허술하였고, 민주주의에 대한 이론적 이해가 부족하였으며, 또 민주주의 제도가 그 본래의 정신과 부합할 수 있기 위해서 필요한 실천적 제반 준비가 더욱 부실하였기 때문일 것이다.

최인훈(崔仁勳)은 소설 「灰色人」에서 당시의 지식인의 모습

---

14) 앞의 책, pp.40-41 참조.

을 다음과 같이 그리고 있다. 지성인이기 위해서는 될수록 많은 외국어를 습득해야 할 입장에 놓이게 되었고, 외국에서 돌아온 예술가들은 미국문학, 프랑스 문학의 선전원 자격으로 돌아온 듯한 태도를 취하는 사례가 많았던 것이다.15) 소위 지식인으로 자처하는 사람들이 자진해서 미국화 내지 서구화를 서둘렀던 것이며, 또 그것을 자랑으로 여기기까지 하였다. 그러나 이러한 풍조에 대한 반성이 식자들 사이에서 일어나기 시작하였고, 외래문물의 맹목적 수용에 대한 신랄한 비판과 더불어 우리나라 전통문화에 대한 관심이 일부 지식인들에게 높아지기 시작하였다. 이러한 반성의 여론은 특히 민족주의 경향이 강한 젊은 대학생들 사이에서 강하게 일어났다.16)

이상에서 고찰해 본 바와 같이 해방 후 한국은 미국과 소련의 양대국의 세력권 내에 들어가 남북한이 분단 점령되어 남한에는 자유민주주의, 북한에는 공산주의에 이념과 제도가 도입되었다. 그럼으로써 남북한에는 상극대립하는 외래 이데올로기를 실천하는 정치세력이 형성되고, 미·소 양국의 보호와 지원에 의하여 두 지식계급의 이념대결은 계속되어 6·25 동란의 열전으로 화하였다가 3년 후 휴전을 맺어 양극의 냉전체제는 그대로 고착되면서 우리 사회는 또 다시 일부 지식인들의 외래문화에 대한 맹목적인 수용이 젊은 민족주의 세력층에 강한 반발을 일으키기도 하였다.

김진만(金鎭萬)은 해방 이후와 6·25를 거치면서 당시의 지식인의 지도를 다음과 같이 서술하였다. 8·15 직후 수년 동

---

15) 崔仁勳, 「灰色人」, 서울: 三中堂, 1974, p.49쪽, p.93쪽 참조.
16) 金泰吉, "現代小說에 나타난 韓國人의 價値觀 硏究", 學術院 「論文集」, 제19집, 1980, p.66.

안 한국의 정치풍토는 분열과 혼란으로 지속되었고, 그 사이
에 좌익과 우익으로 갈라지고 또한 중간노선이 나타나 6·25
동란이 시작될 때까지 지식인에게는 사회의식이나 사회참여에
대한 새로운 국면이 생겨났다. 사회참여니 '앙가쥬망'이니 하
는 말이 본격적으로 쓰여지게 된 때도 바로 이 시기였다. 이
에 더하여 크게 불행했던 것은 그 당시 우리의 정치의식의 혼
란과 불분명한 상황에서 지식인들의 일부가 좌익운동에 참여
했던 것이었다. 다시 말하면, 찬탁(贊託), 국대안(國大案) 반대
와 같은 운동에 적극적으로 참여하는 자(者)만이 왕성한 사회
의식의 소유자라고 해석되고, 반탁(反託), 국대안 찬성쪽에 가
담하는 자의 사회의식은, 당시에 유행하던 말을 빌면 '반동적'
인 의식이었고 그들의 행동은 뜻있는 '앙가쥬망'이 될 수 없
다는 생각이 놀라우리만큼 널리 퍼져 있었다.17)

그랬던 것이 6·25동란을 계기로 국론은 통일의 조짐을 보
이기 시작하였다. 좌익의 입장에 섰던 사람들이 점차 자취를
감추었을 뿐만이 아니라, 중간계급을 들고 나왔던 사람들도 보
기 어렵게 되었다. 이때에 이대통령 영도하의 집권세력은 6·25
를 고비로 하여 친일관료세력과 피상적으로 미국화된 관료세
력의 혼합체로 바뀌었다. 그들은 입으로는 미국식 자유민주주
의를 주장하면서도 그 행동에 있어서는 한국사회의 역사적,
풍토적 조건을 무시하고 정권유지를 위하여 일인독재정치의
길을 걸어가고 있었다. 전통사회의 유물과 직수입된 외래사조
의 혼합체인 이 지배세력은 점고하는 민중과 지식인들의 불만
을 억누르기 위하여 민주주의를 담았지만, 그 반민주주의적인

---

17) 金鎭萬, "知識人의 社會意識", 「思想界」, 1965. 5, p.76.

실천으로 말미암아 아무도 그것을 믿는 사람은 없었다. 사회적·경제적인 개혁에 있어서 아무런 의욕도 보이지 않았을 뿐아니라 한국의 사회경제적 불안은 더욱 심해갔다.18)

이리하여 오랜 동안 자유당 정권 밑에서 지식인들은 소극적이고 냉소적인 체질을 몸에 익히게 되었고, 현실참여나 주체의식을 상실한 채 국외자의 위치로 남아 있었다.

② 1960∼1970

李정권과 자유당의 비민주적인 횡포는 1960년 정·부통령 선거에서 자행한 부정에 의하여 극에 달하였다. 이른바 3·15 부정선거는 반대파의 대통령 입후보자를 폭력으로 방해하여 무경쟁상태를 조작하였으며, 부통령선거에 있어서는 '부정선거 비밀지령'에 의하여 '유권자의 약 4할을 기권케함으로써, 투표시간 전에 그만큼 되는 수의 무더기 표를 투입하고, 또 4할은 3인조, 9인조를 통하여 내통식 공개투표를 유권에게 강요하는'19) 묘안을 실천에 옮겼던 것이다.

이러한 반시대적 모순이며, 민주주의를 근본적으로 부정한 이 만행은 학생들을 비롯한 국민의 분노심을 자극하여 급기야 4·19를 일으켜 이로 인해 이정권의 자유당체제는 무너지고 말았다. 4·19를 계기로 하여 한국 지식인들은 참으로 오랜만에 회색의 방관자에서 책임있는 현실참여자, 인사이더로 전환하게 되었다. 지식인들은 이 사회의 격동 속에서 다시 주체의식을 맛보았고 역사에 대한 책임감을 느끼기 시작하였다. 지식인들은 일제 식민지 통치의 잔재와 봉건적 잔재를 거부

18) 林芳鉉, 「近代化와 知識人」, 서울: 知識産業社, 1976, pp.234-236 참조.
19) 東亞日報, 1960. 3. 18일 社說 참조.

하고 직수입된 민주주의의 국호 밑에 숨은 구질서, 구지배세
력의 정체를 폭로하고, 사회 경제적 개혁을 통한 조국의 근대
화와 이를 수행할 새로운 정치 지배세력을 요구하고 나섰다.
이정권은 무너지고 과도정부에 이어 장면정권을 수반으로 하
는 민주당정권이 출현하였다. 그러나 이들 세력은 체질적으로
구질서에 속하는 세력이었다. 따라서 이들 구정권은 지식인들
과 민중의 욕망을 충족시킬 수는 없었다.

이러한 상황을 쉴즈(E. Shils)는 다음과 같이 진단하고 있
다. 어떤 신생국가도 성격있는 세력, 지성 및 고도의 도덕적
자질 있는 엘리트의 존재없이는 근대화를 이루고 잔존하며
자유롭고 민주적인 국가가 될 수는 없다. 근대적 군대조직을
통하여, 혹은 근대적 주도적이며 고도의 교육기구 확립을 통
하여, 아무리 소규모라도 일단 근대화의 도정(道程)에 들어선
나라라면, 다시는 전통적인 과도정치의 대안으로 역전할 수는
없다. 전통적 과도정부체제의 너절함과 부패, 그리고 무능한
과도체제와 대중의 정치적 무관심 및 빈곤의 결핍은 기술적
으로 훈련되고 직업적으로 조직화된 젊은 장교로 하여금, 그
러한 상태에 더 이상 견디지 못한 나머지 조만간 구질서를
전복하고 그것을 근대화를 위한 과도정치와 대치하도록 만든
다. 학생과 근대적 고등교육기관의 실업자들은 그들의 지적
자질이 아무리 빈약하다 해도 전통적이며 과도적인 억압사회
에 대한 혈기왕성한 반란에서 근대이념을 내걸게 된다.[20]

---

20) Edward Shils, "The Military in the Political Development of the
New States", John J. Johnson, ed., *The Role of the Military in
Underdeveloped* Countries(Princeton, N.J.: Princeton University Press,
1962), p.20.

이와 같은 불안스런 상황 아래 장면(張勉) 정부의 무능과 이에 대한 학생들의 파상적(波狀的)인 데모 속에서 1961년 5·16군사혁명이 일어났던 것이다. 5·16의 주체세력은 5·16군사혁명이 4·19정신을 계승하였다고 공언했으나 4·19의 주동세력으로 볼 수 있는 대학생 계층은 5·16에 대해서 퍽 거리감을 갖고 있었다. 대학생에는 여러 부류가 있었으므로 5·16을 보는 그들의 견해를 한데 묶어 말할 수는 없으나, 적어도 정치나 사회문제에 관심이 많은 대학생들의 경우는 현실부정적인 태도를 가진 경향이 두드러지고 있었다. 당시 지식인들은 혁명보다는 이상적 견지에서 현실의 개조를 요청하는 경향이 나타나게 되었다. 5·16군사정권도 '구악(舊惡)의 일소'와 '인간개조' 등 혁신을 외치고 나서기는 하였으나, 이미 집권층으로서 현실에 대한 책임을 져야 할 위치에 놓인 그들은 함부로 변혁과 급진적 태도를 취할 입장이 아니었다. 밖으로는 안보의 열쇠를 쥔 미국의 의견을 무시할 수 없었고, 안으로는 경제적 기반이 강한 보수세력과 제휴하지 않을 수 없었다. 여기에 지식인들은 본래부터 보수세력에 저항을 느껴왔고, 새로운 보수세력으로 등장한 군사정부에 대해서도 큰 기대를 갖지 않은 것으로 보여진다.

또한 5·16 주체세력과 지식인들은 다같이 민족을 앞세워 민족주의를 들고 나왔다는 점에 있어서 공통점을 보이고 있었으나 정치적 현실을 대하는 태도에서는 현격한 차이를 보이고 있었다. 특히 대학생들은 일본과 미국에 대한 반감으로 반일·반미를 주장한 민족주의인데 반해 군사정권은 북쪽과 대결해 가며 정권을 유지해야 한다는 부담을 안고 있어 일본과 미국의 세력을 필요로 하고 특히 미국과 일본을 맹방으로 삼지 않을 수 없는 민족주의로서 현실과 타협하면서 출발할 수밖에 없었다. 한편 반일과 반미에 역점을 두었던 대학생들의 민족주의는 타협을 싫어하는 젊은이들의 기질에 따라서 급진적 혁신을 지향하는 동시에 남북통일을 시급한 당면과제로 생각하는 경향이 강하였다. 이와 같은 양자의 입장은 모두 민족주체성을 강조하였다는 점에서 공통점을 찾아볼 수 있으나, 기존 보수세력을 지지기반으로 삼았고 다른 하나는 대중의 대변자임을 자처한 이상주의적 민족주의에 가까웠던 까닭에 두 입장이 하나의 통합된 힘으로 뭉쳐지기는 어려웠다.

5·16군사정권에 대한 비우호적인 많은 젊은 지식층의 대학생들은 사회현실 전반에 대해서는 불만을 품게 되어 시위라는 방법으로 나타났다. 대학생들의 데모는 4·19의 여세를 몰아 민주당정권 시절에는 유행처럼 빈번히 일어났으며 5·16 이후에도 같은 행태가 계속되었다. 이러한 사태에 대한 군사정권은 강한 제압으로 저지하였고, 강한 제압에 대한 젊은 지식층은 더욱 반발하는 가운데 군사정권은 공화당을 주축으로 삼은 민간정부로 형태를 바꾸었는데, 그 뒤에도 정부와 젊은 지식층 사이의 불협화는 여전히 계속되었다.21)

이와 같은 상황 속에서도 5·16혁명의 주체세력은 국가와 민족의 자주번영을 위한 제도의 개혁과 경제개발을 기본으로 하여 민정에로 복귀, 제3공화국의 헌정을 민주공화당의 지도자가 담당하여 출항하였다. 제3공화국 정부가 이끈 제1, 2차 경제개발계획의 수행은 60년대 한국의 상을 부각시켰고, 조국 근대화라는 신앙을 낳게 하였다. 따라서 60년대의 경제성

---

21) 金泰吉, 앞의 논문, pp.60-62 참조.

장은 곧 민족자본의 축적을 가속화시키게 되었고 나아가서는 자립경제의 터전을 마련하기에 이르렀다. 그러나 험준한 조국 근대화라는 이름의 산은 결코 경제개발로써만 이룩되고 또 정복되는 것은 아니었다. 여기에는 민주국가의 바람직한 인간상, 즉 민주국가의 주체성을 확립키 위한 지식인들의 주체의식이 저변에 확대되어야 한다.

그리하여 박대통령은 오랜 준비과정을 통해 국회를 거쳐 1968년 12월 5일 국민교육헌장을 선포하였다. 국민교육헌장은 초절·중절·종절로 구성되어 있다. 즉, 머리말에는 민족중흥을 위한 사명·조국의 전통·자주독립·인류에의 공헌 등으로 시작하여 교육의 지표로, 중절에서는 개인윤리로 성실한 마음과 튼튼한 몸·학문과 기술개발·창조 개척정신을 들었고, 사회윤리로는 공익과 질서·능률과 실질·상부상조하는 협동정신을, 국가윤리로는 자유와 권리·책임과 의무·국가건설·국민정신 등으로 우리의 3대 교육지표를 설정하고 종절에 가서 맺는 말로 애국애족·근면한 국민과 민족의 슬기와 줄기찬 노력으로써 역사창조를 하자는 민족적 신념의 재확인으로 끝을 맺었다.

이 헌장은 비단 교육계뿐만 아니라 사회일반에까지 널리 보급되어 국민정신에 많은 영향을 주었다. 그러나 일부 지식인들 사이에는 보편성보다 특수성이 지나치게 강조되었다는 평가를 받고 있었다. 이 헌장에 대한 긍정적·부정적 평가는 모든 것이 역사 속에서 그러하듯이 앞으로 시간이 더 흘러야만 올바른 평가가 나올 것으로 본다.

③ 1970년대 이후

1970년대 와서 국내외의 정세가 다시 불안스러워지는 가운데, 정부는 보다 빠른 경제성장과 보다 확고한 국가안보를 위해서는 보다 강력한 행정부가 필요하다고 판단되었고, 이러한 판단에 따라서 1972년 10월에 헌법을 개정하여 정치체제를 크게 바꾸었다. 이것이 바로 10월유신체제인데 이 정치체제는 구미의 전형적인 민주주의 체제와는 상당한 거리가 있어서, 많은 지식인들의 반항을 초래하기도 하였으나 정부측에서는 비록 민주주의의 근본정신은 같다 하더라도 그 구체적 적용은 각국의 실정에 적합해야 한다고 주장하면서 '한국적 민주주의'를 추구하는 데 모든 국민이 협력할 것을 요청하였다.

공화당 정권은 10월유신의 기본목표를 다음과 같이 설정하였다.22)

① 자주적인 민족활로를 개척하여 안정과 번영을 기약하는 국방배양을 가속화하고 국력의 조직화를 이룩한다.

② 민족주체세력을 형성하여 조국의 평화통일을 실현한다.

③ 한국적 민주주의를 정립 발전시킨다.

④ 국토의 종합적 개발과 자조적 지역개발로 조국근대화의 복지사회를 이룩한다.

⑤ 우리 사회의 모든 부조리, 비능률, 비생산성, 무질서를 척결하는 사회혁신을 이룩한다.

이상의 5개 항목으로 되어 있다. 이것을 당시의 역사적 시한 속에서 고려할 때 긍정적으로도 볼 수 있고 부정적으로도 볼 수 있다. 그러나 유신이념은 민족주체성을 강화하려는 의

---

22) 朴大統領 演說文集, 第5輯, 1973.

욕의 표시이며, 보다 적극화된 민주적 정책노선의 방향설정일
뿐, 성공적인 정치이념의 요건을 구비하고 있는 것은 아니었
다. 즉, 유신체제의 이념은 민족주체성의 확립에 따른 한국적
민주주의의 토착화이고 이러한 목표를 달성하기 위한 수단으
로 내세워진 것이 국력배양의 가속화와 국력의 조직화였는데,
이 국방배양의 가속화를 위해서 제기된 것이 국토의 종합적
발전과 자조적 지역개발이었으며, 국력의 조직화를 위해 요구
된 것이 민족주체세력의 형성이었다. 국력배양의 가속화를 위
해서 정부가 가장 큰 역점을 두어 온 것이 공업화를 통한 고
도성장정책과 농촌개발정책이었으며, 이러한 정책은 다른 민
주주의 국가에서는 모방하기 어려운 희귀한 발전정책 유형을
제시한 것이었다.

　이러한 상황 아래서 1970년대부터 가속되기 시작한 산업화
와 도시화의 성향은 국민대중은 물론 지식인들의 주체의식을
대중심리적인 것으로 변질시켜 가고 있었으며, 따라서 이들은
거대한 도시사회에서 무정형적이고 무조직적인 집합체의 한
성원으로 떨어져 스스로의 주체성과 귀속감을 잃고 대중심리
에 휩쓸리는 경향이 나타나고 있었다. 그러나 70년대 후반부터
실질화하기 시작한 자립경제와 자주국방에 힘입어 일부 지식
인들 사이에는 민족문화 및 전통문화에 대한 개발 붐과 기운
이 일고 있었는데 확실한 것은 지난 60년대 보다 70년대, 그
리고 70년대보다 80년대에 들어서면서 전보다 훨씬 더 민족문
화에 대한 재발견과 함께 주체의식이 강화되고 있는 사실이다.

　주체성이라는 용어가 70년대에 가장 유행한 낱말이 된 연
유(緣由)는 대체로 그 앞에 '민족'이라는 서두가 붙어 있었기
때문인데, 이 말은 문화공동체로서의 한 민족이 자기동일성을

유지해 나가자면 고정불변한 것이 있어야 하고, 그것은 언제나 변화하는 외부의 것에 대해 '자아'를 주장할 수 있어야 한다는 뜻이다. 즉, 사람이 민족적 주체성을 외친다는 것은 바로 민족적 자아를 주장하는 것과 통한다고 할 것이다.23) 그런데 전통사회 내부에서 민족적 일체감이 외부로부터 아무런 충격없이, 적어도 이질적 문화의 침투가 없을 때에는 주체성의 문제 자체부터 거론될 의미는 없는 것이다. 또한 이질적 문화와의 갈등이 발생했거나 전통문화와의 단절현상이 일어났을 때 비로소 주체성의 논의가 배태된다.

주체성의 논의는 한편으로는 전통문화의 회복으로 나타나지만, 다른 한편으로는 외래문화가 토착하지 못한 데서 오는 반성도 포함하고 있는 것으로 보아야 할 것이다. 이와 같이 민족문화의 주체성에 대한 지식인들의 관심이 논의되는 시기에 충격적인 10·26사태가 발생하여 우리 사회는 정치·경제·사회 등에 혼선이 야기되는 계기가 되었다. 따라서 정부당국은 '경제발전에 병행하는 정치발전'이 앞으로 우리들의 과제임을 천명하였고 이에 대한 다수의 국민들이 원칙적인 찬동을 느끼고 있으나 지식인들은 '정치발전'이라는 단어의 의미가 상당한 융통성을 지닌 것이어서, '정치발전'이라는 목표설정에 있어서 막연한 합의에 도달한 우리 사회의 여러 계층 사람들이 한국의 미래상에 대하여 구체적인 합의에 이르렀다고는 보기 어렵다. 지식인에게는 더욱 그러하다. 이와 같은 갈등과 혼란 속에서 우리의 민주주의가 토착화되어야 할 크나 큰 과제를 안고 80년대에 접어든 것이다.

---

23) 崔載喜, "民族的 主體性의 再發見", 「世代」, 1965. 5, p.86.

3. 현대사회와 지식인의 역할

1) 현대사회와 지식인 역할의 중요성

광복 이후 오늘에 이르기까지 한국의 정치·경제·사회·
문화·교육 등에 걸쳐서 급격한 사회의 변화는 말할 것도 없
고 이에 따라 한국인의 의식구조도 많은 변화를 거쳐 지금에
이르렀다. 현대는 특히 불확실성의 시대(age of uncertainty)
라고 불려지고 있거니와 현대인들이 현대사회의 초기에 지니
고 있었던 과학에 대한 신뢰와 진보에 대한 신념이 크게 흔
들리게 되었으며 이로 인해 적지 않은 불안을 느끼고 있다는
것을 단적으로 말해 주고 있는 것이다. 뿐만이 아니라 현대인
들이 오늘의 상황을 불확실성의 시대로 인식하게 되는 또 다
른 이유는 현대사회의 구조가 지나치게 대규모화하고 복합적
인 것이 되었다는 점이다. 현대인들은 그들이 살고 있는 사회
적 환경을 스스로 통제하고 관리하기 어려울 만큼 사회조직
은 대형화하였고 무한한 변수의 작용은 예측하기조차 힘들
만큼 사회구조가 복잡하게 된 것이다. 또한 앨빈 토플러(A.
Toffler)가 말한 대로 현대의 산업사회는 집중화, 표준화, 집
권화, 획일화 등의 특성을 지니고 있어서 산업사회는 인구도
집중되고, 자본도 집중되며, 권력도 또한 집중되고 있다. 이처
럼 집중화된 사회는 자연히 대형화의 조직체로 확대되어지며,
표준화의 원리에 지배되어 상품과 부분품이 표준화되는 것을
비롯해서 심지어 학교에서의 교육과정, 교육방법 그리고 교육
평가에 이르기까지 획일화되고 표준화되어 가고 있다. 뿐만
아니라 대중매체에 의해서 불특정 다수의 대중을 대상으로

양산되는 표준화된 대중문화는 문화영역을 지배하게 되고 이러한 사회적 환경 속의 현대인들은 가치관과 생활양식에까지도 표준화를 감수하지 않을 수 없게 되는 데 이르렀다.

이와 같은 국제사회적 파고의 영향을 받아 한국사회도 인간화의 이상보다는 산업주의적인 가치관이 지배적이라고 할 수 있다. 왜냐하면 한국사회에는 아직도 계층간, 지역간의 불균등이 상존하고 있으며, 사회구조와 가치관 사이에도 적지 않은 괴리가 남아있기 때문이다.24) 이와 같은 격동하는 사회문화의 와중에서 어려운 난제들을 시대와 환경의 도전(challenge)으로 받아들이고 그에 적절한 응전(response)의 길을 찾아 내는 것은 오늘날 지식인들의 사명이라고 하겠다. 특히 지식인들은 단지 주어진 사회현실이나 그가 속해 있는 계급이나 집단에 맹목적으로 순응만 하는 것이 아니라 이에 대해 반성하고 나아가 이를 분석, 평가할 수 있는 지성을 지니고 있다. 그래서 지식인들은 사회의 제약을 어느 정도 초월할 수도 있고, 그들이 속해 있는 계급이나 집단의 입장에서 상대적이나마 해방되어 비교적 객관적으로 사회를 선도할 수 있는 능력을 지녔다. 오늘날과 같이 격동하는 시대 속에서 지식인들의 역할과 사명은 실로 중요하다고 하겠다.

---

24) 金俊燁, "現代社會와 知識人의 役割", 「學生理念指導세미나 論文集」, 1982, p.21.

2) 현대사회와 지식인의 역할

첫째, 지식인은 과학적 지식을 창조 또는 산출하는 역할을
수행한다.25) 자연과 사회의 현상 가운데서 일반화할 수 있는
이론을 구성함으로써 현상을 체계적으로 설명하고 원인과 결
과 등의 관계를 밝힐 수 있는 인식적 지식을 산출하는 것이
다. 따라서 지식인은 이러한 과학적 지식을 실제적인 목적에
어떻게 응용할 수 있는가를 탐구하는 실용적·응용적 지식의
창조는 물론, 더 나아가서 바람직한 가치에 대한 이념적 지식
도 창조해야 한다. 즉, 바람직한 사회에 대한 이념, 바람직한
삶의 양식에 관한 가치관, 옳고 그름을 판단하는 도덕적인 기
준을 창조하는 기능을 수행해야 한다. 또한 이와 같은 지식인
의 창조적 기능 속에는 비판적 기능도 포함되어진다. 인식적
지식은 진실과 허위의 구분을, 심미적 지식은 미의 기준을,
평가적 지식은 정(正)과 사(邪)의 구분을 가능하게 해주는 지
식이라고 한다면 그와 같은 지식의 창조는 비판적 정신능력
과 그 과정이 없이는 불가능한 일인 것이다. 한편, 문홍주(文
鴻柱)는 지식인이 담당해 온 역할을 문화의 창조 및 전파하
고 지식인의 문화창조는 지식의 보편성 추구에서만 이루어지
는 것이 아니라 특수성의 소화를 통해서 이루어지며, 우리나
라의 지식인이 인류적 보편성을 갖는 문화를 창조하려면 한
국의 역사와 사회가 그에게 던지는 특수성을 소화할 때에야
비로소 가능성이 있다고 하였다. 그러므로 지식인이 자기가
처한 특수상황을 지적 문화창조의 제약조건으로만 의식한다
면 지식인의 창조적 역할은 기대할 수 없다고 하였다.26)

---

25) 金俊燁, 위의 논문, p.22.

둘째로, 우리나라의 지식인은 흑백논리와 냉소주의가 지배하고 있는 지식인들의 풍토를 극복해야 한다. 황성모(黃性模)의 주장에 의하면 한국사상에는 '지양(止揚)'의 역사가 없다는 것이다. 그는 역사상 고려조에서 조선조로 넘어오는 과정에서 불교와 유교의 대결을 새로운 차원에서 통합하는 일이 없이 일방적으로 이질사상을 배척하는 전통만을 남겼다는 사실을 지적한다.27) 이렇게 지양이 없는 양자택일의 양극적 흑백논리는 오늘에도 그대로 남아서 오늘의 한국국민을 지배하고 있다. 비단 사회현실뿐만이 아니라 인간의 사상과 논리에서도 완전한 것은 없고 상대적이기 때문에 서로 다른 견해간의 긴장관계는 충분한 토론과 합의의 과정을 거쳐서 이 양쪽을 포괄하면서도 이 양자를 초월하는 보다 합리적이고, 보다 높은 귀결에 도달할 수 있다는 것은 알지 못하고, 또 알고 있다고 하여도 이론적으로는 알고 있으나 이를 실제에 옮기려는 성의와 태도의 훈련이 미흡했던 것 같다. 학자들은 이런 이념과 기풍을 대학의 캠퍼스 내에 파급시키는 데 좀더 과감할 필요가 있다. 또한 지식인들이 냉소주의를 극복하지 못하는 한 그들에게 적극적 역할은 기대할 수는 없는 것이다. 지식인의 방관적 냉조주의는 대중을 정치적 무감각(apathy)으로 이끌어 젊은 세대를 목적 상실의 방향으로 전락시키는 위험성이 드러나고 있다. 그렇기 때문에 지식인은 궁극적 이념과 가치에 대한 확신과 신념을 굳게 다질 필요가 있다.

---

26) 文鴻柱, "現代社會와 知識人의 役割", 「學生理念指導세미나 論文集」, 1982, p.31.
27) 黃性模, "現代韓國社會의 精神的 狀況", 「國民倫理學」, 성남: 韓國精神文化研究院, 1982, p.264.

  셋째로, 지식인은 민족공동의 문화를 계발하는 역할을 해야
한다. 서구의 근대화 과정에서 민주국가를 건설하는 데 바탕이
되었던 민족문화는 봉건시대의 지역문화를 민족공동체의 문화
로 승화 발전시킨 지식인의 공헌이 컸던 점을 소홀히 넘길 수
는 없는 것이다. 우리나라의 경우 지식인들은 민족사적 정통성
에 입각한 민족문화의 창달과 민족문화의 보존 및 연구에 꾸
준한 노력을 계속 유지해 오고 있는 현실은 퍽 바람직한 일이
다. 민족의 고난과 회한의 경험을 승화시켜 차원 높은 문화적
일체감의 근원을 창조해 온 지식인의 역할은 근대화의 가장
튼튼한 기반이 되었음을 다시금 재음미할 필요가 있다.

  마지막으로, 지식인은 이렇게 심도있고 체계적인 이론에 근
거한 진단을 젊은 세대와 사회대중의 지도에 있어서도 제시하
는 용기를 가져야 한다. 우리 민족은 일제식민지 통치에서 해
방된 지 거의 40년이 되어간다. 그런데도 우리 국민은 아직도
일제치하에서 나라의 독립을 찾으려고 적대하고 항거하는 정
신상태를 그대로 가지고 있는 현상을 너무나 많이 찾아볼 수
있다.28) 우리는 역사를 부정적·소극적으로도 볼 수 있고 긍정
적·적극적으로도 볼 수 있다. 청년들은 일반적으로 현대문명
을 부정적인 측면에서 자기 자신을 동일시하는 경향이 있다.
그리하여 이들은 유교적 윤리는 봉건적이라고 버리고, 불교적
인생관은 소극적이고 배척하고, 수도원적 윤리는 금욕적·비인
간적이라고 배척한다. 기사도적 신사도는 비현실적이라고 팽개
치고, 윤리적 사고방식은 딱딱하고 인간미가 없다고 비난하고,
기독교적 사랑은 현실성 없는 유물이라고 부정한다.29)

---

28) 高範瑞, "오늘의 韓國社會와 知識人의 役割", 「論文集」, 第1輯, 春川:
    翰林大學, 1983, p.43.

현 시점에서 우리 사회는 항거의 정열과 적대시하는 감정만으로는 복지국가를 건설할 수는 없다. 보다 심도있는 체계적 이론과 지적인 정열이 요청되는 것이다. 우리나라의 지식인 특히 대학생을 대하는 가정·학교·사회의 지식인들이 민족공동체의 입장에 서서 좀더 객관적이고 합리적인 이념에 기초한 결단과 용기가 사회통합과 국가발전에 큰 저력이 될 것이다.

---

29) 朴奉穆, "韓國人 教育觀의 發展的 融合의 課題", 「現代韓國社會의 精神的 多元性과 民族的 融合의 課題」, 教育分科, 城南: 韓國精神文化硏究院, 1983, p.18.

찾아보기

〈인명〉

[ㄱ]

●저자●

김 선 양 ●약 력 ●
(金善陽)   서울대학교 교육학과 학사
          서울대학교 교육학과 석사
          성신여자대학교 대학원장
          인하대학교 사범대학장
          한국 평생교육기구 사무총장 및 교육원장
          한국교육사학회 회장
          한국교육철학회 회장
          한국교사교육학회 회장
          前) 인하대학교 교육학과 교수
          現) 동방정신문화연구소 대표

●저서 및 역서 ●

『교육사』, 형설출판사, 1983
『교육철학』, 교문사, 1985
『교육학개론』, 세영사, 1987 외 다수.

현
대 한국교육사상사

●초판 인쇄   2004년 8월 30일
●초판 발행   2004년 8월 31일

●지 은 이   김선양
●펴 낸 이   채종준
●펴 낸 곳   한국학술정보㈜
             경기도 파주시 교하읍 문발리 538-2
             파주출판문화정보산업단지
             전화   031) 908-3181(대표)·팩스   031) 908-3189
             홈페이지 http://www.kstudy.com
             e-mail(e-Book사업부)   ebook@kstudy.com
●등   록   제일산-115호(2000. 6. 19)
●가   격   22,000원

ISBN   89-534-2021-0 93370   (Paper Book)
       89-534-2022-9 98370   (e-Book)